CW00821935

Contre-histoire de la philosophie

XI

L'AUTRE PENSÉE 68

LA CONTRE-HISTOIRE DE LA PHILOSOPHIE COMPREND :

I. Les Sagesses antiques
II. Le Christianisme hédoniste
III. Les Libertins baroques
IV. Les Ultras des Lumières
V. L'Eudémonisme social
VI. Les Radicalités existentielles
VII. La Construction du surhomme
VIII. Les Freudiens hérétiques
IX. Les Consciences réfractaires
X. La Pensée postnazie
XI. L'autre pensée 68
XII. La Résistance au nihilisme (à paraître)

MICHEL ONFRAY

Contre-histoire de la philosophie

XI

L'AUTRE PENSÉE 68

BERNARD GRASSET
PARIS

Couverture :
Philippe Ramette
Exploration rationnelle des fonds sous-marins : le contact, 2006
Photographie couleur 150x120 cm
Photo : Marc Domage.

ISBN 978-2-246-80548-9

SOMMAIRE

Contre-histoire de la philosophie, onzième partie
L'AUTRE PENSÉE 68

Contre-histoire de la philosophie, onzième partie

L'autre pensée 68

« Le désert croît. »

NIETZSCHE,
Ainsi parlait Zarathoustra.

INTRODUCTION

Une esthétique de la négation

« Un apiculteur, dit Mme de Gaulle,
affirme qu'en Mai, dans toute la France
les abeilles étaient enragées aussi. »

MALRAUX,
Le Miroir des limbes (Pléiade, 689).

1

Le temps des voyants. Si Arthur Rimbaud a raison, ce que je crois, alors l'artiste voit avant l'heure de manière évidente ce que les autres comprendront bien plus tard : la lettre dite du voyant fournit une épistémologie à la modernité du XXe siècle. Lisons : « Je dis qu'il faut être *voyant*, se faire *voyant.*

Le Poète se fait *voyant* par un long, immense et raisonné *dérèglement* de *tous les sens.* Toutes les formes d'amour, de souffrance, de folie ; il cherche lui-même, il épuise en lui tous les poisons, pour n'en garder que les quintessences. Ineffable torture où il a besoin de toute la foi, de toute la force surhumaine, où il devient entre tous le grand malade, le grand criminel, le grand maudit – et le suprême Savant ! – Car il arrive à l'*inconnu* ! Puisqu'il a cultivé son âme, déjà riche, plus qu'aucun ! Il arrive à l'inconnu, et quand, affolé, il finirait par perdre l'intelligence de ses visions, il les a vues ! Qu'il crève dans son bondissement par les choses inouïes et innommables : viendront d'autres horribles travailleurs ; ils commenceront par les horizons où l'autre s'est affaissé ! » Cette lettre à son ami Paul Demeny, envoyée de Charleville le 15 mai 1871, offre la clé de l'épistémologie de notre modernité. Rimbaud a seize ans ; la Commune de Paris bat son plein. Peut-être y joua-t-il un rôle…

Rimbaud annonce donc que le poète (mais on peut l'entendre au sens large du terme et, relativement à l'étymologie, le considérer comme le créateur de forme, l'inventeur…) voit l'avenir. Il cherche son âme, la trouve et la cultive, il visite des contrées inédites, il revient chargé de connaissances inouïes, il donne forme à l'informe, mais il peut aussi faire de l'informe avec la forme, il vole le feu, il prend l'humanité en charge, il trouve une langue, il contribue au langage universel à venir, il multiplie le progrès, il prépare l'avenir matérialiste. « En attendant, écrit Rimbaud, demandons aux *poètes* du *nouveau* – idées et formes » (Pléiade, 252-253). En avance sur son temps, comme à la proue du navire de l'histoire, le poète capte avant tous la longueur d'onde du futur.

Si l'on demande aux poètes du XXe siècle à quoi va ressembler le futur de leur civilisation, ils répondent, chacun avec leurs instruments. Et l'on découvre alors dans ce siècle qui commence avec la boucherie de la Première Guerre mondiale et se termine avec l'effondrement de l'Empire soviétique les formes et les forces d'une esthétique de la négation. « Mai 68 » hérite de cette esthétique nihiliste consubstantielle à l'affaissement de la civilisation judéo-chrétienne en Occident avant qu'une autre civilisation ne la remplace...

2

Une religion de la destruction. Le *Manifeste du futurisme* qui paraît en 1909 place le siècle sous le signe de la barbarie revendiquée comme le summum de la civilisation : Marinetti célèbre la guerre pour son hygiène existentielle, la vitesse et le mouvement qui grisent, la violence gratuite, l'agressivité au quotidien, le coup de poing, l'insulte ; il vante les mérites du militarisme et du patriotisme ; il veut un corps nouveau, mélange de muscles et d'électricité, d'acier et de lumière ; il invite à raser les musées, brûler les bibliothèques, détruire les lieux de culture ; il projette de rayer Venise de la carte pour en faire un parking...

En 1914, Duchamp, lecteur de Stirner et de Nietzsche, fomente un coup d'État contre le Beau – et réussit sa prise de pouvoir. Après que le philosophe du *Gai Savoir* eut annoncé la mort de Dieu, l'artiste français annonce celle du Beau pour montrer que Dieu, le Vrai, le Beau, le Bien et le Juste entretenaient un rapport incestueux. Duchamp prélève dans un magasin un vulgaire porte-bouteilles à quelques sous, le signe, l'expose et en fait une œuvre d'art. On n'ignorait pas depuis Vinci que l'art était *chose mentale*, on ne le sait que mieux avec

Duchamp qui inscrit ainsi son nom dans le grand mouvement de l'histoire de l'art.

Car il y eut en effet un long temps d'art figuratif avant que les impressionnistes ne fassent passer le sujet au second plan au profit des effets de la lumière. Manet peint moins des nymphéas, des façades de cathédrale ou des meules de foin que les métamorphoses de la lumière sur ces objets. Lorsque Kandinsky aperçoit un jour une peinture de Monet à l'envers, il comprend que le sujet importe moins que son traitement : dès lors, il évacue le sujet et se concentre sur le traitement. La peinture devient abstraite.

La fin du sujet culmine en 1918 avec le *Carré blanc sur fond blanc* de Malevitch qui va plus loin encore en supprimant *presque* toute trace d'abstraction. La blancheur comme sujet, objet, forme et fond, traitement, sens, invention et proposition. Monet tuait Ingres, mais Kandinsky assassine Monet, avant que Malevitch ne trucide Kandinsky à son tour et que, pour preuve, il reste cette toile sur laquelle le blanc d'un carré peint se dessine sur le blanc du carré de la toile (79,4 × 79,4 cm). La peinture devient sa propre référence. Cette œuvre annonce les monochromes qui eux-mêmes préfigurent la mort de la peinture et l'investissement des artistes sur le terrain des happenings, des performances et autres esthétiques de l'éphémère. 1914-1918 fut donc aussi une guerre esthétique au cours de laquelle le crime, le meurtre, l'assassinat faisaient la loi : on épargnait les hommes, mais on abolissait leurs mondes – mort du sujet, mort de la figure, mort de l'abstraction, mort de l'art...

Le *Premier Manifeste du surréalisme,* qui paraît en

1924, invite aussi beaucoup à détruire : la raison, la logique, l'intelligence, le positivisme, le réalisme, la morale au profit du rêve, de la folie, de la magie, de la psychanalyse, de l'ésotérisme, de l'alchimie. En matière d'écriture, la syntaxe, la grammaire et le style comptent moins que l'automatisme psychique et la dictée de l'inconscient. En 1929, dans le *Second manifeste*, André Breton écrit : « L'acte surréaliste le plus simple consiste, revolvers aux poings, à descendre dans la rue et à tirer au hasard, tant qu'on peut, dans la foule. »

La Seconde Guerre mondiale permet à Marinetti et à Breton de voir leurs vœux exaucés : la raison a disparu au profit de la folie, l'intelligence a laissé la place à la violence, la guerre a triomphé de l'entendement, la mort a vaincu la vie, les œuvres d'art ont disparu en fumée dans les villes bombardées, le champ de bataille, l'hygiène futuriste et le revolver, instrument surréaliste, ont marqué la première moitié du XXe siècle. Ces paroles d'artistes, ces théories de penseurs, ces logiques noires ont produit leurs effets dans le concret. Le Livre de l'histoire du XXe siècle fut écrit selon les principes de l'écriture automatique et du cadavre exquis.

3

Génie du *lettrisme*. Après la guerre, la destruction continue. Dans le monde des lettres apparaît Isidore Isou et avec lui le lettrisme. Dans l'histoire des avant-gardes, le personnage et son mouvement font l'objet d'une sous-exposition dommageable au profit du futurisme de Marinetti, du dadaïsme de

Tzara, du surréalisme de Breton et du situationnisme de Debord. Isidore Isou a pourtant formulé une théorie générale de la subversion dans tous les domaines : poésie, littérature, peinture, sculpture, photographie, théâtre, pantomime, cinéma, danse, roman, architecture, psychologie, science, théologie, économie politique, mathématique, médecine, chimie, physique, érotisme.

On lui doit le cinéma sans images, la poésie réduite aux lettres, la peinture confondue aux écritures, le récit romanesque remplacé par une immense fresque avec collages formels de pictogrammes, d'alphabets planétaires, d'hiéroglyphes, de mots croisés, de rébus, d'anagrammes, l'architecture déconstruite. Le poète roumain travaille à la réalisation d'une société future n'ayant rien à voir avec le socialisme étatique construit sur son culte du travail et de la productivité et son indexation sur l'idéal ascétique. La société à venir sera débarrassée du travail, toute au loisir créatif et tendue vers l'expansion individuelle hédoniste.

Juif pourchassé par les nazis, Isidore Isou (1925-2007) quitte la Roumanie pour Paris et s'installe à Saint-Germain-des-Prés en août 1945. Le 8 janvier 1946, il organise la première manifestation lettriste : une lecture publique de poèmes. Il rédige en même temps une *Introduction à une nouvelle poésie et à une nouvelle musique.* Dans la logique nouvelle du lettrisme, le poème se constitue désormais de sons dépourvus de sens. Voici, par exemple, un texte de Jean-Paul Curtay intitulé *Un dieu déchiré se repose quelques instants sur la route de l'éternel printemps ou rondeau d'après Charles d'Orléans :* « Ogan labessé son danbo / Séban déboidur édobuie / Essé glondue débroidérie / Gonsollié rian clarido. » Un texte que l'on comprend mieux lorsque l'on sait qu'il s'agit d'une parodie d'un poème de Charles d'Orléans : « L'hiver a laissé son manteau / De vent, de froidure et de pluie / Et s'est vêtu de broderie / De soleil riant, clair et beau. » A priori, le sens premier disparaît au profit du seul son qui devient sens second. Isidore Isou rédige un *Premier manifeste du soulèvement de la jeunesse* en 1947, publié en 1950, dans lequel il analyse la condition existentielle de dix millions de jeunes présentés comme des esclaves de leurs familles, de leur époque, de l'économie du moment, soumis à la hiérarchie, sans pouvoir et sans liberté. Les anciens exigent qu'on leur obéisse sous prétexte que, forts de leur expérience, ils sauraient plus et mieux qu'eux. Isou propose de révolutionner l'enseignement en ayant recours à de nouvelles méthodes pédagogiques afin de permettre aux jeunes d'apprendre plus vite et mieux, donc de passer moins de temps dans la machine scolaire ; il invite à supprimer le baccalauréat. Les jeunes portent une mission, celle de sauver ce monde en perdition : « Les jeunes sont l'attaque, l'aventure ; ils doivent cesser d'être une marchandise pour devenir les consommateurs de leur propre élan… *Si la jeunesse ne se sauve pas, elle perdra le monde.* »

4

Les antéchrists lettristes. Comment la jeunesse pouvait-elle imaginer se sauver tout en sauvant le monde – et vice versa ? Le 9 avril 1950, le jour de la messe de Pâques, un groupe de quatre lettristes entre dans Notre-Dame de Paris ; l'un d'entre eux est déguisé en dominicain. Plusieurs milliers de personnes venues du monde entier sont rassemblées pour l'office. L'un des quatre garçons, Michel Mourre, vingt-deux ans, monte en chaire pour lire le discours que son ami Serge Berna, vingt-cinq ans, a préparé :

« Aujourd'hui jour de Pâques en l'Année sainte
Ici
Dans l'insigne Basilique Notre-Dame de Paris
J'accuse
L'Église catholique universelle du détournement mortel de nos forces vives
En faveur d'un ciel vide.
J'accuse
L'Église catholique d'infecter le monde de sa morale mortuaire
D'être le chancre de l'Occident décomposé
En vérité je vous le dis : Dieu est mort
Nous vomissons la fadeur agonisante de vos prières
Car vos prières ont grassement fumé les champs de bataille de notre Europe
Allez dans le désert tragique et exaltant d'une terre où Dieu est mort
Et brassez à nouveau cette terre de vos mains nues
De vos mains d'ORGUEIL
De vos mains de prière
Aujourd'hui, jour de Pâques en l'Année sainte
Ici, dans l'insigne Basilique de Notre-Dame de France, nous clamons
La mort du Christ-Dieu pour qu'enfin vive l'Homme. »

Au départ, les quatre garçons avaient d'abord envisagé un lâcher de ballons rouges. Quand Michel Mourre a prononcé la formule nietzschéenne, « Dieu est mort », l'organiste a fait sonner son instrument plein jeu pour couvrir la voix de l'antéchrist ! L'annonce de la bonne nouvelle n'alla pas plus loin. Les gardes suisses menacèrent les jeunes hommes de leurs hallebardes et tailladèrent la joue de l'un d'entre eux, Jean Rullier, vingt-cinq ans. Mourre, maculé du sang de son ami, s'enfuit vers la sortie en prenant soin, tout de même, de bénir l'assemblée. La police empêcha le lynchage.

Le lendemain *L'Humanité*, journal du Parti communiste français, faisait un gros titre sur l'événement pour... le condamner. Même réprobation dans *Combat* qui ouvrit toutefois un débat dans ses colonnes. Mourre fut examiné par un médecin psychiatre dont le rapport permet de se demander qui était vraiment le fou dans l'affaire – il y parlait de « cogito préréflexif », d'« orthosexualité honteusement avouée », d'une « irritation à la suggestion que l'Être ait pu précéder l'Existence », et autres formules issues du brouet sartrien. Mourre fit onze jours de détention avant d'être libéré. Pour information, il écrivit dans la foulée un *Malgré le blasphème* pour faire amende honorable et mourut en 1977 – bigot intégral...

5

Avant-gardes, suites. Isou propose également de changer la ville – une thématique appelée à nourrir abondamment les œuvres d'Henri Lefebvre,

Guy Debord et l'Internationale situationniste. Dès 1950, dans *Les Journaux des Dieux*, il aborde le sujet avant d'en préciser les thèses dans *Manifeste pour le bouleversement de l'architecture* en 1966. Contre la vieille architecture et l'urbanisme caduque, Isou propose que les constructions deviennent des signes associés aux caractères phoniques, lexicaux, idéographiques. Les vieux matériaux laisseront place aux nouveaux : « Fleurs, livres, légumes, comètes, météores, papillons ou éléphants, parties de cadavres ou d'êtres vivants. » En lieu et place des bâtiments construits pour les élites (palais pour les rois, églises pour l'aristocratie, arcs de triomphe pour les chefs de guerre vainqueurs), Isidore Isou souhaite des palais pour les sans domicile fixe, des églises transformées en toilettes publiques, des arcs de triomphe devenus des cafés ou des cimetières pour chiens... En 1956, il propose une anti-architecture, dite infinitésimale, qui se propose de détourner les constructions ou leurs éléments de leurs destinations habituelles. Le but ? Produire des bâtiments qui agissent différemment sur nos corps concrets : l'ouïe, la vue, l'odorat, le goût, le corps dans sa totalité doit être sollicité et ravi par les nouvelles constructions. Isidore Isou invente également un cinéma d'avant-garde qui donnera des idées à Guy Debord. En 1951, le poète roumain projette en marge du Festival de Cannes un film intitulé *Traité de bave et d'éternité* dans lequel il dissocie le son et l'image (ce qui se nomme depuis « cinéma discrépant ») et qui incise le négatif pour produire des ciselures sur l'image à l'écran. Le film sera interrompu à cause du chahut – il obtient le prix Saint-Germain-des-Prés. Un jeune homme de vingt ans assiste à la représentation et s'agrège à ce groupe lettriste : il s'agit de Guy Debord. Un an plus tard, Debord a réalisé un film de soixante-quatre minutes intitulé *Hurlements en faveur de Sade*, et qui alterne voix off/écran blanc & silence/écran noir.

Enfin, le mardi 18 février 1964, à l'Odéon, une soirée a lieu avec un concert d'« art aphoniste », autrement dit, selon la définition donnée par Roland Sabatier, l'historien de ce mouvement lui aussi acteur du lettrisme, un « Art ayant pour contenu une émission de silence par les mouvements de l'interprète (gestes, ouvertures et fermetures de la bouche) ou l'utilisation d'instruments non sonores » (*Le Lettrisme*, 205). Sur ce terrain, il avait été précédé par le concert donné par John Cage en 1952, *4'33* – une performance de quatre minutes trente-trois secondes sans musique, le concert étant constitué par les bruits venus de la salle pendant cette période sonore...

Les avant-gardes doivent donc beaucoup à Isou : le cinéma dépourvu d'images, la poésie débarrassée des allégories, des métaphores, du sens, l'architecture déconstruite, la peinture sans sujet, sinon la lettre, les romans sans histoire, la musique silencieuse. Quand Alain Robbe-Grillet publie *Sur quelques notions périmées* (1957), un texte repris dans *Pour un nouveau roman* (1963), et qu'il semble révolutionner le roman en supprimant les personnages, l'intrigue, la psychologie, il s'inscrit dans la sensibilité du moment ; quand, en 1963, l'architecte Peter Cook et ses amis proposent dans *Archigram* une architecture de l'accumulation d'éléments recyclables, de l'obsolescence, du consumable planifié, du produit jetable, de la durée de vie limitée, ils héritent plus qu'ils n'inventent...

6

Multiplicité des craquements. L'avant-garde esthétique ne constitue pas, seule, la vérité du poète devenu Voyant disant mieux le monde avant quiconque. Il existe en effet une culture populaire qui, elle aussi, annonce les craquements d'un monde, la fin d'une civilisation et l'avènement de potentialités illimitées. La chanson, le cinéma, le jazz, la pop music, la BD ont joué un rôle important dans cette aventure : dans les années 50, le rock aux États-Unis avec Bill Haley ; Elvis Presley surnommé « Pelvis » à cause de ses mouvements de hanche sur scène ; en 1962, le phénomène *Salut les copains* en France et les « idoles des jeunes » qui deviennent des modèles existentiels pour toute une génération ; les succès planétaires des Beatles & des Rolling Stones dans les années qui précèdent les événements ; les concerts engagés de Bob Dylan, dont celui de la Marche sur Washington en compagnie de plus de 200 000 pacifistes qui luttent pour l'égalité des droits entre Noirs et Blancs – c'est le jour du fameux discours de Martin Luther King « *I have a dream* », le 28 août 1963 ; l'arrivée sur le marché des Who (1965), du Velvet Underground (1967) ; les concerts performances de Jimi Hendrix. De son vivant, Elvis Presley vend plus de 700 millions de disques : quel intellectuel, quel philosophe, quel avant-gardiste peut se targuer de toucher autant de monde sur la planète ?

Le cinéma montre également la fin d'un vieux monde : en 1956, le film *Et Dieu créa la femme…* arrive sur les écrans. Quatre ans plus tôt, la chanson de Georges Brassens *Gare au gorille* est interdite d'antenne sur les ondes d'État. Le film de Roger Vadim fait de Brigitte Bardot une icône mondiale de la libération sexuelle, du corps libertin : elle devient un sex-symbol sur tous les continents. La scène qui la montre en train de danser sur une table un mambo sur un rythme endiablé de tam-tam a probablement autant fait pour la liberté des femmes que *Le Deuxième Sexe…* De même *Jules et Jim* (1961) de Truffaut qui fait exploser le couple monogame, fidèle, bourgeois, au profit d'une configuration amoureuse de deux hommes pour une même femme. Ajoutons à cela *À bout de souffle* (1960) ou *Pierrot le Fou* (1965) de Jean-Luc Godard qui transforme en héros positif un voleur, un chauffard, un meurtrier de gendarme, un libertin, un compagnon de délinquants.

7

Caen, le Mai d'avant mai. Mai 68 a moins été un produit des « *sixties* philosophantes », comme le pensent Luc Ferry & Alain Renaut dans *La Pensée 68. Essai sur l'antihumanisme contemporain,* qu'une preuve de la crise de civilisation qui affecte l'Occident. La lecture des événements souffre toujours d'une double erreur : d'une part, croire que Mai fut français, d'autre part, imaginer qu'il ne fut que parisien… Car il y eut des craquements planétaires dans la totalité du monde occidental dont le Mai 68 français fut un fragment.

Car il n'y eut pas de Mai qu'à l'Université de Nanterre, sur les barricades du Quartier latin, dans les amphithéâtres de la Sorbonne ou dans les rues de la capitale : la province a connu elle aussi cet effondrement de civilisation. On peut même préciser que la province, Caen en l'occurrence, fut aux avant-postes de ce que Paris allait connaître quelque quatre mois plus tard. N'en déplaise à Luc Ferry & Alain Renaut, les ouvriers de la SAVIEM n'ont pas lu Foucault, Derrida, Bourdieu et Lacan quand ils initient leur mouvement dès janvier.

Rappelons les faits : le 18 janvier 1968, Alain Peyrefitte, ministre de l'Éducation du général de Gaulle, inaugure le nouveau bâtiment de lettres sur le campus de Caen ; des étudiants demandent une entrevue, elle est refusée ; un groupe défile en ville, un autre attend le ministre protégé par les CRS ; un camion rempli de charbon passe, les étudiants restés sur le campus subtilisent des boulets et canardent le ministre ; les forces de l'ordre répondent avec des gaz lacrymogènes ; une délégation est reçue par Peyrefitte – sans suite. Nous sommes deux mois avant le mouvement dit du « 22 mars ».

Le même jour, des ouvriers de l'usine SAVIEM à Blainville-sur-Orne présentent leurs revendications au patronat : pétition de trois mille signatures, demande d'augmentation de salaires, exigence de reconnaissance de droits syndicaux ; le patronat fait la sourde oreille ; les salariés votent une grève illimitée ; d'autres usines s'associent aux revendications ; dans la nuit du mercredi 24 janvier, le préfet envoie les CRS contre les piquets de grève ; à la reprise du travail, à 7 heures du matin, les ouvriers en colère décident de marcher sur la préfecture – les échanges sont violents.

Deux jours plus tard, Caen connaît des manifestations monstres. Les échanges entre grévistes et CRS sont violents. Les affrontements ont lieu toute la nuit. La chambre de commerce est attaquée. Plus de 200 personnes sont blessées côté manifestants ; 36 hospitalisées ; 85 interpellées, quand 13 passent en comparution immédiate et écopent de deux mois de prison ferme. D'autres usines s'associent au mouvement. Finalement, après de longues négociations, des accords sont trouvés, le travail reprend. Pas question alors de structuralisme althussérien, de déconstruction derridienne ou de généalogie foucaldienne…

Quatre mois plus tard, les étudiants réactivent la contestation. Ils s'opposent à la réforme Fouchet (à laquelle Michel Foucault a contribué…) qui limite l'accès des étudiants à la sociologie. Le 6 mai, le bâtiment de sociologie est occupé ; Claude Lefort, alors membre de *Socialisme ou Barbarie*, soutient le mouvement ; d'autres instituts emboîtent le pas – sciences, lettres ; l'université est occupée. Caen se met en grève – cheminots, maison de la culture, SMN, théâtre de Jo Tréhard, Moulinex, Banque de France, grands magasins, transports en commun. Le mouvement de Mai concerne alors la France entière.

8

Les fissures de l'Occident. Mai 68 fut un mouvement occidental. Dans leur *Journal de la Commune* *étudiante,* Alain Schnapp et Pierre Vidal-Naquet rapportent les soulèvements et les contestations de Turin & Varsovie, Berlin & Berkeley, Dublin & Moscou, de Chine aussi (67). Dans *Le Miroir des limbes,* Malraux renvoie Mai 68 au contexte international : « États-Unis, Hollande, Italie, Allemagne, Inde, Japon, même Pologne » (725). Ces événements correspondent à une crise dans la civilisation judéo-chrétienne. Le happening de Pâques effectué par des lettristes en 1950 exprime, dix-huit ans avant l'heure, la quintessence de Mai 68 : la rébellion contre toute autorité en général et, en particulier, contre le christianisme qui mutile les vies, infecte l'existence avec une morale de mort, nourrit les champs de bataille européens des deux dernières guerres et empêche l'homme de se réaliser véritablement.

La civilisation occidentale judéo-chrétienne s'est construite sur les enseignements de saint Paul : haine de ce monde-ci, vénération de l'au-delà, goût pour l'idéal ascétique, détestation des corps, mépris de la chair, rancune contre les femmes, récusation des désirs, interdiction des plaisirs, ressentiment contre la vie, interdiction de la sexualité, condamnation des pulsions, célébration de la souffrance, culte du péché, passion pour l'interdit, invitation à la sujétion, enseignement de la soumission, exhortation à l'obéissance, religion du travail, légitimation de l'esclavage. L'empereur Constantin fut le bras armé de cette idéologie mortifère et sa conversion au début du IVe siècle fut celle de l'Empire : elle fondait la civilisation judéo-chrétienne.

Mai 68 propose très exactement l'inverse du paulinisme : souci de ce monde-ci, abolition des arrière-mondes, refus de l'idéal ascétique, passion pour la chair, amour des femmes, philosophie du désir, recherche des plaisirs, goût de la vie, libération de la sexualité, confiance dans les passions, refus de la souffrance, abolition du péché, transgression de l'interdit, suppression de toute sujétion, récusation de la soumission, refus d'obéissance, aspiration au loisir, abolition de l'esclavage.

Mai 68 s'avère une vaste entreprise de déchristianisation consubstantielle à l'effondrement de plus d'un millénaire de civilisation judéo-chrétienne – ceci dit par-delà bien et mal, indépendamment de toute considération morale. Nous pouvons donc écrire de la civilisation judéo-chrétienne qu'elle est née en 312, date de la conversion impériale, et qu'elle s'est effondrée en Mai 68, non sans avoir vécu, avec la déchristianisation de la Révolution française, un point de non retour au-delà duquel se sont amorcées la décadence et la chute de cet Empire. *Cela fut.*

9

Des chrysanthèmes sous le poncho. Les murs ont porté les signes de cette déchristianisation avec des slogans sans ambiguïté. Voici un florilège de ces citations de Mai : dans un ascenseur de la cité U de Nanterre : « Jouissez sans entraves. Vivez sans temps morts » ; dans le hall du grand amphi de la Sorbonne : « Savez-vous qu'il existait encore des Chrétiens ? » ; sur le boulevard Saint-Germain : « Assez d'églises » ; dans un escalier de Sciences-Po : « Je décrète l'état de bonheur permanent », plus loin : « La Nature n'a fait ni serviteurs ni maîtres, je ne veux donner ni recevoir de lois » ; les fameux « Sous les pavés, la plage » ou bien : « Il est interdit d'interdire » ; devant la cafétéria du hall C de Nanterre : « Inventez de nouvelles perversions sexuelles » ; dans la même université : « Vive la cité unie-vers Cythère » ; à la nouvelle faculté de médecine : « Jouissez ici et maintenant » ; à Censier : « Aimez-vous les uns sur les autres », ou bien encore : « Soyez réalistes, demandez l'impossible », et puis : « Ni maître, ni Dieu. Dieu, c'est moi » ; à la faculté de droit d'Assas : « La bourgeoisie n'a pas d'autre plaisir que celui de les dégrader tous » ; à Odéon : « Faites l'amour et recommencez » et dans un escalier du hall, cette citation de Nietzsche : « Il faut porter en soi un chaos pour pouvoir mettre au monde une étoile dansante » ; dans le hall E de Nanterre : « Plus jamais Claudel », à côté de : « Le sacré, voilà l'ennemi » ; à Condorcet, une citation prêtée à Baudelaire : « Dieu est un scandale, un scandale qui rapporte » ; à Langues O : « La mort est nécessairement une contre-révolution » ; dans le hall Richelieu de la Sorbonne : « Ceux qui prennent leurs désirs pour des réalités sont ceux qui croient à la réalité de leurs désirs » ; à Médecine : « Qu'est-ce qu'un maître, un dieu ? L'un et l'autre sont une image du père et remplissent une fonction oppressive par définition » – et Mai avait décidé d'en finir avec toutes les figures du Père.

En effet, après Mai, les pères n'ont plus parlé de la même manière à leurs enfants, ni les maris à leurs femmes, ni les patrons à leurs ouvriers, ni les instituteurs à leurs élèves, ni les professeurs à leurs étudiants, ni les riches aux pauvres, ni les capitalistes aux prolétaires, ni les bourgeois aux ouvriers, ni les vieux aux jeunes, ni les Blancs aux Noirs, ni les prêtres à leurs ouailles, ni les journalistes à leurs lecteurs, ni les citadins aux ruraux. La hiérarchie (étymologiquement : le pouvoir du sacré) a vécu.

Le mois de Mai fut court, mais il a généré une *épistémè,* pour le dire avec un mot de Foucault, sous laquelle nous vivons encore : un tropisme anti-autoritaire d'État en regard duquel l'autorité s'exerce de façon privée, cachée, violente, sauvage. Le pouvoir d'État n'est plus. Désormais, faute d'une positivité qui aurait suivi Mai, la puissance publique se trouve entre les mains des banquiers, des fonctionnaires, des bureaucrates, des marchands, des négociants, des publicitaires. Le Père est mort au profit d'une multitude de barbaries libérales proliférantes. Le capitalisme paternaliste défunt a laissé place à la brutalité de la finance mondiale.

André Malraux raconte que le général de Gaulle a compris la nature de l'insurrection de Mai, qu'il a saisi la nature de cette crise de civilisation et lui a répondu en souhaitant *d'abord* le retour au calme par la dissolution de l'Assemblée nationale suivie d'élections nouvelles, *ensuite* en apportant une réponse référendaire à la question de Mai, à savoir la participation – une formule de cogestion ouvrière sabotée par la droite giscardienne associée à la gauche, ce qui a conduit à la démission du Général le 27 avril 1969 ; il meurt l'année suivante, dix-neuf mois plus tard, le 9 novembre 1970.

Malraux conclut *Le Miroir des Limbes* en racontant l'émotion générale qui saisit les Français lors de ce deuil. La foule se rend à l'Arc de triomphe pour déposer des fleurs. Il écrit : « Des hippies ouvrent leur poncho pour en retirer des chrysanthèmes. Le grand drapeau où tentent de se réfugier les pigeons emplit l'arche sonore de son claquement mouillé. Au-dessus des hippies, les listes des combats napoléoniens perdent dans l'ombre leur veillée de Victoires. Les vivants jettent leurs fleurs, et la Flamme, tour à tour rabattue et verticale, teint et illumine leurs faces ruisselantes » (732). Ceux qui firent Mai 68 n'eurent probablement pas de chrysanthèmes sous le poncho ; mais quelques années plus tard, sous couvert de gauche libérale, et avec l'aide du plus constant ennemi du général de Gaulle, François Mitterrand, ils devaient déborder largement le Général par sa droite. Les matraqués d'hier sont devenus les matraqueurs d'aujourd'hui. Rien de neuf sous le soleil…

I

HENRI LEFEBVRE

et « la grandeur dans la vie quotidienne »

1

Un trajet d'homme libre. Henri Lefebvre a été beaucoup lu, beaucoup pillé, mais jamais cité au prorata de ce qu'il a fourni comme idées ou comme concepts à des philosophes plus en vue que lui dans le XXe siècle. Traducteur et lecteur de Marx, pédagogue d'un Marx plus libertaire, ce que dit le texte, que d'un Marx étatiste, ce que prétendait la défunte Union soviétique, lucide dans les années d'avant-guerre sur la dangerosité des fascismes européens en général et du nazisme en particulier, dès 1939 déconstructeur d'un Nietzsche arraisonné par certains fascistes, lucide sur le déni de l'histoire manifeste chez les existentialistes, marxiste persécuté par le Parti communiste français dont il fut membre pendant trente ans, initiateur de la sociologie rurale à partir de ses Pyrénées natales, philosophe de la ville, penseur de la modernité, analyste critique de la vie quotidienne, maître à penser des situationnistes qui n'en revendiquaient aucun, ou presque, professeur à Vincennes avant que Vincennes ne soit Vincennes, inventeur, dit-on, de Mai 68, théoricien de l'État (lui qui appelait à son dépérissement...), cet auteur prolifique, mieux connu dans le monde qu'en France, a été éclipsé par les modes et les vogues de l'existentialisme sartrien, du structuralisme parisien, du marxisme althussérien de l'École normale supérieure, de la postmodernité ou de la « French Theory »... Henri Lefebvre fut paradoxalement un nietzschéen de gauche, un existentialiste non sartrien, un marxiste libertaire, un situationniste non dogmatique, autrement dit : un homme libre que la définition univoque ne parvient pas à contenir...

Henri Lefebvre est né le 16 juin 1901 à Hagetmau dans les Landes (Pyrénées), d'un père haut fonctionnaire breton et picard, voltairien, anticlérical, probablement franc-maçon et d'une mère béarnaise, catholique pratiquante. Son père confectionnait le civet de lapin le jour du vendredi saint pendant que sa mère passait la journée en prières pour l'expiation de ce fait ostensiblement antichrétien ! La famille quitte les Pyrénées pour la Bretagne. Son père est mobilisé du côté de Dunkerque lors de la Première Guerre mondiale. Le jeune garçon effectue ses études à Saint-Brieuc puis au lycée Louis-le-Grand à Paris où il prépare le concours de polytechnique en vue d'une carrière d'ingénieur. À cette époque, il lit Nietzsche et Spinoza.

Une pneumonie le contraint à renoncer. Il se destine alors à des études de droit et de philosophie à Aix-en-Provence, une ville choisie pour son climat. Il suit les cours de Maurice Blondel qui l'initie à la philosophie catholique en général, à Augustin et Thomas d'Aquin en particulier. Il obtient sa licence à Aix en 1918 puis quitte le Sud pour Paris et la Sorbonne où il rencontre Pierre Morhange, Norbert Guterman, Georges Politzer et Georges Friedmann. Ils deviennent le groupe dit des Philosophes et créent une revue intitulée

Philosophies. Le groupe refuse l'idéologie dominante du moment : le spiritualisme, l'idéalisme, le néo-kantisme, le thomisme. Bergson et Alain, mais aussi Brunschvicg, deviennent leurs têtes de Turcs. Comme des antidotes ou des contrepoisons, Lefebvre lit Schopenhauer et Schelling. En 1919, il obtient son Diplôme d'études supérieures à la Sorbonne sur *Pascal et Jansénius.*

2

Un Marx surréaliste. Henri Lefebvre rencontre les surréalistes. En 1924, il écrit pour *Philosophies* un article sur Dada, « Sept manifestes dada », et devient l'ami de Tzara. Il rencontre Max Jacob, mais ses perpétuelles propositions d'homosexualité le gênent (« avec Max, c'était tout de suite la main à la braguette », écrit-il dans *Le Temps des méprises* (40) et ils se fâchent quand Lefebvre entre au PCF. Puis il fait la connaissance d'André Breton qui lui fait découvrir *La Science de la logique* de Hegel et Marx, alors inconnu. Lefebvre a vingt ans. Plus tard, il désacralisera les surréalistes, il en fera « des petits voyous » (Hess, 45) égocentrés, rois de la provocation qui épate le bourgeois... Avec Péret, Aragon et Breton, Lefebvre fut de quelques-uns de ces happenings où la violence, la provocation, la brutalité et l'insulte se partageaient la vedette. Lorsque les surréalistes proposent au groupe des Philosophes de souscrire à la révolution marxiste, la rupture a lieu.

Brunschvicg le dissuade d'entreprendre une thèse sur Hegel. À l'époque, Marx est inconnu. Lorsqu'il le découvre, le jeune homme ne l'oppose pas à Bakounine : il envisage les deux socialistes comme des penseurs d'accord sur l'essentiel (la fin de l'aliénation, la réalisation de l'homme total, la société sans classes, le dépérissement de l'État...) qui ne se séparent que sur les modalités pratiques de la période de transition – des malentendus, des broutilles selon Lefebvre. Son Marx libertaire n'interdit pas son adhésion au Parti communiste français en 1928. À cette époque, le PCF est en gestation. Ses amis du groupe *Philosophies* le suivent. Ce Marx de papier fascine les jeunes intellectuels.

Le philosophe se marie, il devient père de famille une première fois en 1925, puis une deuxième l'année suivante. En 1926, il effectue son service militaire dans un bataillon de chasseurs à pied. À Paris, il avait signé une pétition avec les surréalistes contre la guerre au Maroc ; à l'armée, où l'on se souvenait de cette signature, on le lui fit savoir... Entre mai 1926 et mai 1927, il part en campagne en Allemagne. Démobilisé en novembre de cette année-là, Henri Lefebvre rejoint Paris où, après avoir balayé les usines Citroën, il travaille comme chauffeur de taxi pendant deux ans, un métier qu'un accident de nuit, faute de sommeil, l'empêche de continuer. En 1928, il devient père de famille pour la troisième fois, en 1930, une quatrième fois, puis en 1946 et en 1964 – ce qui fait six enfants au total... Cette année-là, Henri Lefebvre donne quelques cours à la Sorbonne à la demande d'une association d'étudiants de gauche.

Son Marx présenté comme un compagnon de Bakounine, moins obsédé d'économie et plus soucieux de réaliser l'homme libre, ne paraît pas en contradiction avec ce que l'on sait alors de l'Union soviétique : en 1928, on peut encore ignorer que le soviet libertaire y tient moins de place que la bureaucratie révolutionnaire... Toutefois, le massacre des marins de Kronstadt qui revendiquaient le pouvoir aux soviets en faisait la démonstration pour qui voulait bien le savoir dès 1921, mais l'espoir investi dans ce moment marxiste en URSS était plus fort que tout. Le *Retour de l'URSS* de Gide paraît en novembre 1936. La *Revue marxiste* fondée par les amis en 1928 disparaît. Le groupe éclate. En octobre 1929, Henri Lefebvre devient professeur de philosophie dans un lycée privé à Privas où, dixit Rémi Hess, il met en place « un contre-enseignement de la philosophie » (Préface à *L'Existentialisme*, XI). En 1932, il quitte Privas pour Montargis, une ville dans laquelle il sera conseiller municipal communiste et mènera la vie classique du militant.

3

Un « contre-enseignement de la philosophie ». Quid de ce contre-enseignement ? En 1930, Henri Lefebvre a lu *La Science de la logique* de Hegel, *Le Capital* de Marx, *Matérialisme et empiriocriticisme* de Lénine : comment intégrer ces lectures au programme de la classe de philosophie au baccalauréat ? De même : que faire du surréalisme, des parutions récentes de Sartre sur l'imagination ou de la psychanalyse et de la tentative freudo-marxiste de l'époque ? Et l'économie politique, faut-il également l'enseigner ? Il s'agit de penser le programme dans une configuration matérialiste et dialectique.

Lefebvre partage avec Nizan la critique sévère de l'idéalisme de la Sorbonne et de la tradition universitaire spiritualiste. *Les Chiens de garde* de Nizan date de 1932, mais ce livre est précédé par un article qui contient toutes les intuitions de l'ouvrage : « Notes-programme sur la philosophie ». Lefebvre aura probablement lu ce texte paru dans *Bifur* en décembre 1930. La question est : comment en finir avec la philosophie complice du capitalisme et quelle philosophie proposer qui serait une arme idéologique pour accélérer le processus révolutionnaire ?

Lefebvre critique la séparation entre travail manuel et travail intellectuel, il souscrit à l'idée que la philosophie est morte avec Hegel qui l'achève. Le matérialisme prend la suite et la forme d'une science – la philosophie devient alors elle aussi une science. Il élimine l'abstraction et avec elle la vieille philosophie. La psychologie, science bourgeoise selon les marxistes orthodoxes, laisse place à des considérations sur Pavlov ou Wallon ; la logique permet d'aborder la question de la dialectique ; l'histoire autorise des considérations sur le matérialisme historique ; la sociologie pouvait être présentée comme une science… En revanche, l'histoire de la philosophie posait plus de problèmes : la traditionnelle opposition entre l'erreur idéaliste et la vérité matérialiste, ou bien la transformation fautive de Descartes et de Spinoza en matérialistes avant l'heure, relevaient trop de l'artifice et de la simplification abusive… Fallait-il enseigner les matérialistes oubliés et célébrer les précurseurs ? Ou transformer l'histoire de la pensée en un genre de combat entre l'idéalisme et le matérialisme ?

Henri Lefebvre opte pour une lecture directe des auteurs en tenant compte du marxisme, mais sans les réduire avec un schématisme simpliste.

Il réintroduit dans son cours des concepts abandonnés ou des préoccupations oubliées : la théorie de l'image et de l'imagination, ou bien celles de la sensation ou de la perception se trouvent revues à neuf avec le surréalisme ou les ouvrages récents de Sartre sur l'imaginaire – la transcendance de l'image, l'aliénation par l'image absolue, l'image chose en apparence surréelle ; la phénoménologie permet de traiter avec originalité les questions de l'Autre en partant de l'objectivité d'autrui pour parvenir à sa conscience privée ; la psychanalyse peut séduire mais il faut distinguer les faits réels, les concepts sujets à révision et l'interprétation qui relève très souvent d'une métaphysique à dénoncer…

Henri Lefebvre a travaillé théoriquement (comme penseur et militant) et pratiquement (comme enseignant de lycée) à ce projet d'un contre-enseignement pendant dix années – entre 1930 et 1940. À la Libération, il eut envie de publier ce cours à destination des élèves de terminale et des étudiants de philosophie, mais également des militants les plus instruits. Huit volumes ont été annoncés. Seul le premier tome parut sous le titre *Logique formelle, logique dialectique.* La préface proposait l'esquisse de ce projet vaste et ambitieux.

4

Traverser la guerre. Lefebvre a été lucide sur la montée des périls. En 1938, il publie *Hitler au pouvoir. Bilan de cinq années de fascisme en Allemagne.* Il a lu *De la guerre* de Clausewitz, ce que pratiquement personne n'a fait à cette époque, mais aussi *Mein Kampf* d'Adolf Hitler. Il a donc compris tout de suite que le dictateur national-socialiste qui, parlant des Français, écrit : « Ce peuple de plus en plus négrifié et lié aux aspirations juives de domination universelle est un danger permanent pour la race blanche » a l'intention de déclarer un jour prochain la guerre à la France… On ne prêtera malheureusement attention à cet ouvrage ni au PCF, ni ailleurs !

À l'époque, il lit Nietzsche. En 1939, il publie un *Nietzsche* dont la diffusion est bloquée dès l'automne par la « drôle de guerre ». Le gouvernement Daladier supprime les éditions communistes parce que le PCF se trouve engagé dans une politique de collaboration avec l'occupant suite au pacte germano-soviétique signé le 23 août. L'ouvrage est saisi et pilonné début 1940. Puis il est mis sur la liste Otto… Avec ce texte, Nietzsche se trouve lavé de toute compromission avec le national-socialisme et il devient le philosophe capable d'achever, de parachever ou de contribuer à la véritable révolution à laquelle Lefebvre aspire en marxiste libertaire qu'il est. Dans *La Somme et le Reste*, il confie qu'il a retenu son propos car le Parti venait de lui reprocher des idées que l'ennemi de classe pouvait utiliser contre le projet de révolution prolétarienne !

Le 10 février 1941, Henri Lefebvre est suspendu

d'enseignement par le gouvernement de Vichy parce que, communiste, il est considéré comme un allié de l'Occupant puisque l'Allemagne nazie a signé un pacte de non-agression avec l'Union soviétique communiste et que le PCF souscrit à cette collaboration entre Hitler & Staline. La version officielle est qu'Henri Lefebvre fréquente des milieux résistants, qu'il fait de l'espionnage, qu'il faillit à une mission, mais par humanité...

Rémi Hess, son biographe, écrit dans *Henri Lefebvre et l'aventure du siècle* : en 1943, « Lefebvre s'installe dans la vallée de Campan, en liaison bien entendu (*sic*) avec les réseaux de résistance locaux » (114) – le même Rémi Hess précise, dans son introduction à *L'Existentialisme*, à propos de l'épisode Nizan sur lequel ni l'un ni l'autre ne furent très élégants : « Lefebvre était un grand conteur » (XXV)... On ne saura pas grand-chose de ce que cette proximité avec des résistants pyrénéens a pu concrètement produire sur le terrain... Ce qui est certain, c'est que Lefebvre consacre l'essentiel de son temps à travailler sur les archives de ce village et commence sa future thèse de sociologie rurale. À la Libération, il est capitaine des FFI à Tarbes... En 1945, il est responsable du service culturel à la radio de Toulouse. Il donne également des cours à l'École de guerre.

5

Existentialisme et marxisme. Quelque temps après la Libération, sauf une poignée d'individus trop franchement collaborationnistes, tous les intellectuels ou presque revendiquent un passé de résistant – même Sartre qui écrivit à plusieurs reprises dans *Comoedia*, un journal collaborationniste dirigé par un homme qui fut assez intime avec lui pour faire embaucher Simone de Beauvoir à Radio Vichy en 1944... Les Comités d'épuration noyautés par le PCF organisent le silence sur les enthousiasmes des communistes pour la collaboration avec Hitler entre le 23 août 1939 et le 22 juin 1941, ou bien encore sur la complicité avec l'occupant d'un grand nombre d'éditeurs de la place de Paris.

Jean-Paul Sartre devient une vedette littéraire et philosophique internationale. L'existentialisme fait parler de lui depuis octobre 1945 et la mémorable conférence de Sartre intitulée *L'existentialisme est un humanisme*. Saint-Germain-des-Prés devient le carrefour du monde intellectuel. Le jazz, les zazous, le whisky, les caves, la trompinette de Boris Vian, tout cela sonne la fin des privations consubstantielles à la vie sous l'Occupation. Sartre qui fut le contraire d'un philosophe engagé théorise l'engagement avec tout le brio normalien dont il est capable. Henri Lefebvre n'aime pas beaucoup. Il publie *L'Existentialisme* en 1946 et attaque violemment Sartre avec des arguments dont certains sont très éloignés de la philosophie...

En 1947, il signe le premier tome d'une *Critique de la vie quotidienne* qui en comportera trois (1961 et 1981) – son chef-d'œuvre. Le premier est sous-titré : *Introduction* ; le deuxième : *Fondements d'une sociologie de la quotidienneté* ; le troisième : *De la modernité au modernisme (pour une métaphilosophie du quotidien)*. Les deux premiers volumes de cette somme de 784 pages constituent la base philosophique sur laquelle se construit le situationnisme. À cette époque, il publie beaucoup sur le marxisme : après *Le Matérialisme dialectique* (1939), *Karl Marx. Une métaphilosophie de la liberté* (1947), *Le Marxisme* (1948), *Pour connaître la pensée de Karl Marx* (1948). En 1947, il obtient sa réintégration dans l'Éducation nationale et redevient professeur au lycée de Toulouse. En 1948, il entre comme chargé de recherche au CNRS – un lieu où le PCF fait la loi. Il publie alors une série d'ouvrages consacrés à de grandes figures de la littérature française – Rabelais, Descartes, Diderot, Pascal, Musset...

6

Le professeur de Mai. En 1954, il obtient son doctorat et prend du grade au CNRS où il devient maître de recherche. Le PCF le suspend en 1958 – il quitte le Parti. Âgé de cinquante-sept ans en 1958, il rédige son autobiographie philosophique : *La Somme et le Reste.* Il entre alors à l'université comme enseignant de sociologie, d'abord Strasbourg en 1961, puis Nanterre en 1965. À Strasbourg, il est invité par Gusdorf à succéder à Gurvitch. Sa réputation de marxiste le précède, les familles catholiques interdisent à leurs enfants de suivre ses cours... À Nanterre, il dirige le département de sociologie dans lequel il propose une analyse critique et contestataire du vécu, de la vie quotidienne, de la sexualité, de la réalité concrète de la société ici et maintenant. Il remplit des amphithéâtres de deux mille auditeurs.

Guy Debord a lu un article de Lefebvre intitulé

« Le romantisme révolutionnaire », car il cite son nom dans le premier numéro de l'*Internationale situationniste* dans *Thèses sur la révolution culturelle* en juin 1958, il découvre « la théorie des moments » de Lefebvre dans *La Somme et le Reste* en 1960. Dans le quatrième numéro de l'*IS*, Debord critique les thèses de Lefebvre. Le 17 mai 1961, Debord enregistre une conférence intitulée *Perspectives de modifications conscientes dans la vie quotidienne.* Elle est diffusée dans une séance du Groupe de recherche sur la vie quotidienne que Lefebvre dirige au CNRS. L'*IS* publie le texte dans sa sixième livraison en août 1961.

Vincent Kaufmann écrit dans *Guy Debord. La révolution au service de la poésie* que l'auteur de *La Société du spectacle* « a d'emblée de l'estime pour Lefebvre, puis de l'amitié pendant deux ans, période autour de laquelle il devient difficile de déterminer exactement ce que l'un doit à l'autre, tant les conversations, les discussions et les moments passés ensemble paraissent avoir été nombreux et chaleureux » (246). Les deux hommes se brouillent bientôt et l'on ignore les motifs précis de cette rupture – des femmes selon Lefebvre, le reproche que Debord aurait voulu reprendre la direction d'une revue...

En 1962, il rédige une *Introduction à la modernité* (1962) et sa *Métaphilosophie* (1965). Il travaille à un livre qui paraît la même année : *La Proclamation de la Commune* – la thèse de cet ouvrage ? La révolution est toujours *d'abord* une fête... Les événements de Mai vont bientôt lui donner raison. Les situationnistes lui reprochent de nourrir ce travail (lui-même nourri de « 14 thèses sur la Commune » paru dans *Arguments* en 1962, une revue dans laquelle le Conseil interdit de publier sous peine d'exclusion de l'*IS*...) d'un pillage des situationnistes et de signer de son seul nom les découvertes d'une pensée élaborée en commun... En 1963, un tract situationniste intitulé *Aux poubelles de l'histoire* accuse Lefebvre de plagiat...

En Allemagne, il passe pour un auteur proche de l'École de Francfort ; en France, on fait peu de cas de son travail. Le marxisme recule, le structuralisme triomphe. Mai 68 a lieu, on lui en attribue la paternité – les premières grenades explosent alors qu'il déjeune avec Barthes dans un restaurant du Quartier latin. L'étoile de Sartre pâlit. Les situationnistes revendiqueront la paternité des événements ; certains parleront de Lefebvre ; d'autres de Marcuse, chaque camp refusant d'imaginer que les paternités puissent être multiples... Henri Lefebvre écrit un *Au-delà du structuralisme* en 1970.

7

De la ville au tombeau. L'homme qui illustre à merveille la sociologie rurale dans ce qu'elle a de meilleur (*La Vallée de Campan*, sa thèse, en 1963, ou *Pyrénées* en 1966) excelle également dans une pensée de la ville et de l'urbanisme. Il faut dire que l'Internationale situationniste a abordé cette question dix ans auparavant, dès 1958, dans la première livraison de l'*Internationale situationniste* – voir « Formulaire pour un urbanisme nouveau »... Henri Lefebvre affirme qu'il se pose des questions sur ce sujet dès 1952 car, non loin de Navarrenx, son village pyrénéen, on trouve à cette époque du pétrole. Le site de Lacq (Mourenx) surgit alors et ravage le paysage agricole au profit d'un complexe industriel associé à un plan urbain important.

Si les situationnistes abordent le sujet théoriquement dès 1958, Henri Lefebvre prend soin d'antidater sa conscientisation et de l'enraciner dans une expérience subjective, personnelle : l'arrivée de bulldozers, l'arrachage de haies, l'indemnisation des paysans à qui on ne demande pas leur avis, l'usage de la dynamite pour faire sauter les souches, le rouleau compresseur de l'administration et de la bureaucratie... À la faveur de cet événement, Lefebvre comprend qu'il assiste à la fin du monde rural et à l'avènement d'une civilisation urbaine : la mort des campagnes millénaires laisse place à la civilisation des villes tentaculaires. Il s'agit de penser cette révolution.

1952, les travaux du site de Lacq, 1958, les textes des situationnistes sur l'urbanisme, 1968, la première d'une importante série de publications d'Henri Lefebvre sur ce sujet : en 1968, *Le Droit à la ville*, en 1970, *Du rural à l'urbain* et *La Révolution urbaine*, en 1972, *La Pensée marxiste et la ville*, en 1973, *Espace et politique*, 1974, *La Production de l'espace*. Ces textes examinent l'urbanisme contemporain pris entre son usage de droite qui favorise les promoteurs et néglige les usagers et son usage de gauche qui, théoriquement, se soucie des seconds sans que ces derniers parviennent à s'emparer de la question et encore moins à proposer une autre façon d'habiter la ville. En juin 1973, il prend sa retraite. Il profite de cette liberté recouvrée pour voyager beaucoup – Tokyo, Montréal, New York,

Los Angeles, San Francisco – et travailler concrètement sur le terrain de l'urbanisme.

Libéré du travail salarié, Henri Lefebvre publie une grande quantité de livres. En 1975, *Hegel-Marx-Nietzsche ou le royaume des ombres.* Puis, l'année suivante, une magistrale synthèse sur l'État en quatre volumes. Suivront *Présence et absence* en 1980, *De la modernité au modernisme : pour une métaphilosophie du quotidien* en 1981, *Qu'est-ce que penser ?* en 1985, *Une pensée devenue monde. Faut-il abandonner Marx ?* qui présente un Marx libertaire (1980), *Le Retour de la dialectique* (1986), et *Lukàcs 1955* (1986), une conférence prononcée à l'Institut hongrois le 8 juin 1955.

Entre le 2 et le 5 janvier 1991, Patricia Latour et Francis Combes rendent visite au philosophe dans sa maison des Pyrénées. Ces deux militants communistes conversent avec lui, au coin du feu, avec les chats, les livres, les affiches de l'ETA punaisées au mur, la télévision allumée, les interventions de sa compagne... Les deux militants reproduisent le contenu de leurs discussions dans *Conversation avec Henri Lefebvre.* Alors qu'ils corrigent les secondes épreuves de ce petit livre, ils apprennent la disparition du philosophe.

Henri Lefebvre meurt dans la nuit du 28 au 29 juin 1991 à l'âge de quatre-vingt-dix ans. Cet homme qui connut la Première Guerre mondiale (treize ans au début, dix-sept à la fin), la révolution bolchevique et la naissance de l'URSS (dix-huit ans), la montée des fascismes en Europe (la trentaine), la Guerre d'Espagne (trente-sept ans), la Seconde Guerre mondiale (quarante ans au début, quarante-quatre à la fin), le stalinisme (la cinquantaine) et la déstalinisation (cinquante-cinq ans lors du rapport Khrouchtchev), Mai 68 (soixante-sept ans), la mort du général de Gaulle (soixante-neuf ans), Mitterrand au pouvoir avec des ministres communistes (quatre-vingts ans), la Perestroïka (entre quatre-vingt-quatre ans et sa mort), la chute du mur de Berlin (quatre-vingt-huit ans), n'assistera pas à la mort de l'URSS qui lui survit quelque six mois (26 décembre 1991) – cet homme naît sous le magistère de Bergson et meurt sous celui de BHL...

8

Le nietzschéen de gauche. Henri Lefebvre publie un *Nietzsche* aux Éditions sociales internationales en 1939. Il s'agit d'une présentation générale de la vie et de l'œuvre de l'auteur de *Par-delà le bien et le mal*, suivie d'une anthologie. Cette œuvre de Lefebvre s'inscrit dans le courant du nietzschéisme de gauche au XXe siècle qui connaît trois temps : *avant la Première Guerre mondiale*, avec Georges Palante et son *Précis de sociologie* (1901) ; *après 14-18 et avant la Seconde Guerre mondiale*, avec l'article de Georges Bataille qui paraît dans un numéro spécial de la revue *Acéphale* en janvier 1937 ; *Réparation à Nietzsche* ; *après 1944*, avec le *Nietzsche* de Deleuze (1964), mais aussi avec le colloque de Royaumont début juillet 1967 qui réunissait Gilles Deleuze, Michel Foucault parmi un aréopage de spécialistes du philosophe allemand. Foucault intervint sur *Nietzsche, Freud, Marx* et Deleuze sur la volonté de puissance.

Le livre publié dans une maison d'édition communiste s'ouvre sur une exergue de Marx – concession faite au Parti... Précisons qu'en 1949, dix ans plus tard donc, il place en exergue à sa *Contribution à l'esthétique* une citation de Jdanov et une autre de Marx : « L'art est la plus haute joie que l'homme se donne à lui-même »... qui n'est pas de Marx, mais de lui ! Trois ans plus tard, le Parti, découvrant la supercherie, le suspend pendant un an... Écrire un texte en faveur de Nietzsche dans une maison d'édition communiste relevait de l'art subtil de l'équilibriste !

Il faut donc chercher, et trouver, quelques idées dissimulées dans l'ouvrage susceptible d'une lecture à plusieurs niveaux. Premier niveau, Henri Lefebvre éparpille des considérations biographiques sur le philosophe : l'enfance austère, la mort du père pasteur alors qu'il a quatre ans, la mère « dont il parla toujours avec une exquise piété filiale » (41), « c'est oublier que dans *Ecce homo* il fait d'elle et de sa sœur des arguments contre sa théorie de l'éternel retour... », l'écriture autobiographique dès ses jeunes années, l'école de Pforta, l'enseignement de la philologie à l'université, la découverte de Schopenhauer qui révolutionne sa vie, celle de Wagner, ses relations avec le compositeur, puis sa rupture, sa maladie qui le contraint à abandonner l'enseignement, ses nombreux voyages dans toute l'Europe, sa douceur légendaire dans les pensions de famille, ses visions de l'éternel retour et de Zarathoustra, sa folie, sa mort...

Deuxième niveau, Henri Lefebvre procède de la même manière avec ses considérations sur la pensée et la philosophie de Nietzsche réparties ici ou là : la possibilité de régénérer le peuple allemand par le mythe, le rôle du dionysisme, le wagnérisme politique, le salut de la civilisation par l'art, l'antichristianisme, le perspectivisme, le diagnostic du nihilisme européen, la nécessité d'une transmutation des valeurs, le déterminisme de la volonté de puissance, la figure de Zarathoustra, les cycles de l'éternel retour, la construction du surhomme...

Troisième niveau, le choix des textes dans l'œuvre complète : ils lissent les aspérités de l'œuvre complète et constituent un corpus clos, cohérent, qui présente l'immense avantage pour l'éditeur d'un philosophe compatible avec la vision du monde marxiste : le terreau de l'Allemagne dans lequel pousse la pensée de Nietzsche, la définition du philosophe, les attaques contre la religion avec la mort de Dieu et contre la morale avec l'articulation du nihilisme et du perspectivisme, la nécessité de nouvelles valeurs, les trois métamorphoses présentées comme la modalité nietzschéenne de la dialectique, le surhumain assimilé à la réalisation de l'humain (un projet conciliable avec le Marx des *Manuscrits de 1844*...), l'éternel retour générateur de joie – une joie qui pourrait être celle de la réalisation de l'humain par une révolution...

9

Le Nietzsche de Lefebvre. Les moments biographiques, les concepts essentiels, les textes choisis constituent un assemblage tramé dans lequel il existe une place pour les thèses de Lefebvre sur Nietzsche. *La première* : Nietzsche se contredit, il affirme tout et son contraire, on trouve dans son œuvre complète de quoi justifier une chose et son contraire : il illustre l'esprit révolutionnaire *et* il manifeste de la haine pour toute révolution ;

il manifeste un esprit destructeur *et* il vante les mérites de la tradition, de la continuité, de l'hérédité ; il méprise les masses *et* il célèbre le génie populaire ; il vante les mérites du rapport féodal et militaire à autrui *et* il déteste le militarisme ; il célèbre la tyrannie *et* en même temps la révolte ; il consent à la violence comme accoucheuse de l'histoire *et* il vante les mérites de la générosité spirituelle ; il critique l'idéalisme *et* illustre l'idéalisme le plus naïf ; il accumule les éloges de l'aryanisme *et* condamne expressément le racisme ; il veut la pensée pure débarrassée des passions *et* l'irrationalisme instinctif ; il attaque la science *et* veut la connaissance ; il tient l'inconscient en haute estime *et* il exalte la conscience – il pousse au paroxysme toutes les contradictions sans jamais parvenir à les résoudre car, concession faite au Parti, il ignore la dialectique de Hegel dont la vérité se trouve chez Marx & Engels...

Cette première thèse de Lefebvre – « À toute évaluation nietzschéenne, on peut opposer une évaluation contraire » (82) – se trouve affaiblie, sinon contredite, chez lui par une *deuxième thèse* : « Nietzsche n'a pas eu plusieurs systèmes ni plusieurs périodes distinctes, parce qu'il n'a eu qu'un problème unique : être » (56) – une idée juste, forte et vraie qui résout les contradictions de détails au profit de la cohérence existentielle du tout. Il écrit : « En tant qu'individu et être humain, Nietzsche est insaisissable. Ses biographes et ses commentateurs n'ont pas réussi à saisir son individualité et sa pensée. Pour quelles raisons ? Parce qu'il n'était pas un être, mais un effort vers l'être. Nietzsche est tout entier dans son devenir. Sa vérité est dans son mouvement » (86). Idée subtile, car elle fonde l'impossibilité de récuser la philosophie d'un penseur à cause du caractère irréfutable de sa vie philosophique.

Et cette vie, Henri Lefebvre l'aime. Il associe souvent le philosophe allemand et Rimbaud – deux grands brûlés existentiels… Nietzsche est un philosophe-artiste, un poète, un styliste, un lyrique, un romantique, une grande vertu à laquelle, du moins on l'imagine, il s'identifie en partie. Henri Lefebvre écrit de Nietzsche : « Il conseille : sois discret et fier, mais conduis ta vie de façon à accomplir un jour ce pour quoi tu es irremplaçable. Conquiers un style. Sois rigoureux » (82). Cette invitation rimbaldienne n'exclut pas qu'on puisse l'incarner dans le projet d'un Marx souhaitant *changer la vie* lui aussi.

Nietzsche est caduc et dépassé sur nombre de sujets : plus question aujourd'hui de trouver un équivalent humain à la religion, de transférer des sentiments anciens sur des symboles nouveaux ou de croire au rêve du rôle déterminant de la morale et de la religion. En revanche, Nietzsche reste d'actualité – voire : il devient un philosophe d'avenir – dans son désir de créer un bonheur nouveau qui déclasse et surclasse le vieux bonheur des philistins. Henri Lefebvre pose les bases d'un nietzschéisme de gauche en expliquant que la question n'est pas *Marx ou Nietzsche* mais *Nietzsche avec Marx*. Il écrit : « On peut même penser qu'un jour, lorsque les problèmes humains seront enfin abordés dans une communauté humaine délivrée de tout ce qui l'opprime et l'arrête, beaucoup de pages de Nietzsche reprendront un sens valable et profond. La partie systématique de sa pensée tombera ; resteront ses “perspectives” sur l’avenir de l’homme, sur le possible humain » (86).

10

Un hédonisme nietzschéen. D’où cette *troisième thèse* : le passé de Nietzsche a un avenir. En l’occurrence dans un hédonisme vitaliste, un matérialisme jubilatoire, un post-nietzschéisme nietzschéen dont Lefebvre donne la formule. Le philosophe allemand propose de trouver le sentiment de l’éternité. Comment ? En multipliant le désir ; en voulant tout ; en reculant les limites de la vie ; en unifiant des contenus contradictoires comme la contemplation, l’action, l’amour ; en vivant la vie terrestre comme une chance. Le philosophe français invite à interpréter autrement l’éternel retour.

Pour Nietzsche, l’éternel retour condamne à la répétition infinie de ce qui a déjà eu lieu et qui aura toujours lieu. Le surhomme nietzschéen a compris le mécanisme de ces cycles répétés : il n’y a que de la volonté de puissance ; la liberté n’existe pas ; nous vivons ce que nous avons déjà vécu un nombre infini de fois et nous le revivrons de la même manière pour l’éternité ; il faut aimer notre destin ; cet *amor fati* nous conduit à la jouissance d’être qui est le souverain bien ; ce réel tragique est la loi de ce qui est. Henri Lefebvre invite à dépasser ce fatalisme ontologique qui oblige l’individu à dire un grand « Oui » aux lois du cosmos. Il écrit : « À l’impératif du retour : “vis tout instant de telle sorte que tu puisses l’accepter pour l’éternité”, on peut opposer une autre conscience de la vie. (...) Au retour éternel, on peut opposer l'unité de la vie, parce qu'elle est inépuisablement créatrice. »

Il poursuit : « Chaque moment de la vie est infiniment précieux. Et c'est ainsi que le matérialiste proclame la valeur de la vie humaine, de la vie individuelle et de ses moments. Vis tout instant en sachant qu'il est unique. Approfondis chaque instant par la conscience de son contenu, de toute la puissance et de toute la réalité humaine qu'il enveloppe. Éternise-le par cette conscience de son unicité. Vis-le de façon à le dépasser dans une conscience toujours plus lucide d'un contenu toujours plus profond. Cet impératif du dépassement s'oppose à l'impératif du retour. Et n'est-il pas plus nietzschéen ? » (99). Au nom de Nietzsche, Henri Lefebvre dépasse Nietzsche, ce qui est, à proprement parler, se comporter en nietzschéen.

Nietzsche contemple la vie qu'il aimerait vivre ; Henri Lefebvre invite à vivre pleinement la vie qui est. Il reproche au philosophe allemand d'être encore trop prisonnier de l'idéal et de l'idéalisme, du concept et du conceptuel, de la théorie de la vie qu'il ne sait pas, ne peut pas, ne veut pas vivre. L'ancien fut un poète lyrique ; il aurait dû se faire romancier pour inventer des types humains et proposer des solutions personnelles. Nietzsche entretient un rapport intime avec lui-même sans souci d'autrui ; il vise l'union et la coïncidence avec les forces cosmiques dont il se sait fragment ; il se soucie de la vie en soi, de la force en soi, de l'action en soi et non de ce que peuvent être concrètement la vie, la force, l'action ; il reste prisonnier de lui-même, il manque à son œuvre la vie concrète qui aurait justifié sa pensée. Mais Lefebvre ne conclut pas que ce défaut invalide toute sa philosophie.

11

Nietzsche plus marxiste que Marx ? Concessions faites au marxisme, à son éditeur, à son parti, aux camarades, Lefebvre pointe ce qui manque à Nietzsche, or, c'est étrangement de n'être pas marxiste ! Par exemple : on cherche en vain chez lui une théorie de la dialectique, une pensée de la division du travail, des développements sur l'aliénation, une pensée de l'histoire, un militantisme soucieux de praxis (ce qui, au demeurant, n'est pas vrai, ces théories-là se trouvent chez lui, mais pas sous leurs formes marxistes, et pour cause...). De fait. Mais Marx se trouve-t-il invalidé parce qu'on ne rencontre pas chez lui une ontologie du cosmos, une métaphysique de la volonté de puissance ou une pensée du temps cyclique ?

Henri Lefebvre pense que Nietzsche aurait dû prendre en considération la théorie hégélienne du Maître et de l'Esclave, tout en précisant ailleurs que cette dialectique se trouve résolue dans l'œuvre de Marx & Engels – une autre façon de reprocher à Nietzsche de n'être ni Marx ni marxiste... Mais, pour faire bonne mesure et contrebalancer cette concession, dans la suite de son analyse de la nature du pessimisme, il affirme : « Le désespéré nietzschéen est plus proche du Lumpenprolétariat que du prolétariat, et le nietzschéisme est en un sens (*sic*) une philosophie de déclassés » (92). Ainsi, l'auteur de la *Généalogie de la morale* est coupable de n'être pas marxiste, certes, mais il n'est pas si éloigné que ça de la vérité puisque sa figure ontologique, le pessimiste, entretient une parenté évidente avec la figure politique du sous-prolétariat marxiste ! Le fait que, dans l'œuvre de Marx, il existe un statut du prolétariat plus conséquent que celui du sous-prolétariat transforme Nietzsche en un marxiste plus radical que Marx puisqu'il prend plus et mieux encore les choses à la racine !

Concessions faites au nietzschéisme cette fois-ci, comme une nouvelle fois en occasion de contrebalancer et d'égarer le lecteur communiste mal intentionné, Henri Lefebvre ne donne pas à l'histoire le rôle central dans la production du sens, du réel, du monde – comme le croient les tenants du dogme marxiste. Ainsi : « Lorsqu'on explique la tragédie antique à partir des superstitions paysannes de la Grèce, cela n'enlève rien à l'émotion tragique. Réciproquement, on n'a pas besoin de connaître cette explication pour être directement ému par la tragédie » (106). À mots couverts, entre les lignes, et sur un autre sujet, en fin stratège et en habile tacticien, Henri Lefebvre affirme le pouvoir supérieur de l'émotion sur l'explication généalogique par l'histoire. Dans la configuration marxiste des années 30-40, cette affirmation constitue une déclaration de guerre à l'esthétique du parti en même temps qu'un éloge à bas bruit de l'esthétique nietzschéenne !

On comprend que, plus tard, dans son autobiographie, concernant cet ouvrage, il écrive en forme d'autocritique : « Au nom de Joseph [Staline], de Mao et de Maurice [Thorez], amen. Camarades, je m'accuse d'avoir manqué d'orgueil. Comme le parti, en la personne de représentants autorisés, venait de me passer un savon pour quelques affirmations susceptibles d'utilisation par l'ennemi de classe, je n'ai pas osé aller jusqu'au bout de mes propres idées. J'ai péché, camarades, par excès de modestie. Que cette tache reste sur mon nom et ma réputation ; que cette faute ne soit jamais assez expiée, jamais pardonnée. Amen » (*La Somme et le Reste*, 468). Henri Lefebvre a tergiversé, écrit avec le regard du parti par-dessus son épaule, il a retenu ses idées, corseté son audace et laissé sous forme embryonnaire des pensées qu'il aurait fallu développer...

12

Dénazifier Nietzsche. Dans *La Somme et le Reste*, Lefebvre précise que, dans les années 1936-1938, Nietzsche lui semblait plus d'actualité que jamais et qu'il lui coûtait de voir comment les nazis s'en réclamaient. Partant du principe que Nietzsche avait écrit tout et le contraire de tout, il affirme qu'on peut toujours trouver des citations pour faire du philosophe allemand un précurseur du fascisme ou du national-socialisme. Écartant qu'on puisse se contenter de quelques phrases prélevées dans l'œuvre complète pour embrigader le penseur du surhumain, Henri Lefebvre sollicite les idées-forces de sa vision du monde et constate que certaines pourraient être revendiquées par les nazis, mais d'autres non.

Ainsi, Henri Lefebvre pense que le Reich peut lui emprunter l'idée du mythe, l'apologie de l'irrationnel, l'éloge du primitif, la célébration de Dionysos, la défense du racial, le diagnostic de nihilisme européen, le pessimisme, le culte de l'héroïsme, la philosophie de la tragédie, la justification du réel comme il est (précisons toutefois que les nazis voulaient changer le réel, en l'occurrence le déjudaïser et l'aryaniser, ce qui n'est pas se contenter du monde tel qu'il est...), le destin transfiguré quand on le reconnaît...

En revanche, le même IIIe Reich ne pourra pas souscrire à sa critique du ressentiment, car voilà l'un des moteurs de ce totalitarisme, à son refus de la rumination historique du passé, à sa haine de l'État présenté dans le *Zarathoustra* « comme le plus froid de tous les monstres froids », à son universalisation de l'individu contre les masses, à sa critique du wagnérisme, car le fascisme est pour Lefebvre un wagnérisme, à sa détestation des masses, des foules et des peuples en nage. À quoi l'on pourrait ajouter un argument de taille : son perpétuel philosémitisme – Henri Lefebvre signale ailleurs que dans ce passage consacré à le dénazifier que Nietzsche présentait toujours les juifs comme « une race très remarquable » (68)...

Lefebvre est antifasciste, antinazi. Nietzsche lui sert à mener ce combat. Il veut réaliser le communisme et affirme, semble-t-il paradoxalement, qu'à ce moment-là, on aura besoin de Nietzsche. Comment ? « Le socialisme ne résout pas tous les problèmes de l'homme ; il inaugure au contraire l'époque dans laquelle l'homme peut poser en termes vrais (sans mélanges de préjugés sociaux) les problèmes humains de la connaissance, de l'amour et de la mort » (108). Autrement dit : Nietzsche ne saurait appartenir aux fascistes, aux nazis puisqu'il est le revers nécessaire de l'avers marxiste. Le philosophe français écrit : « Le surhumain de Nietzsche, c'est l'humain » (117) – et l'humain, il se réalise par la révolution marxiste. Quand celle-ci aura eu lieu, qu'elle aura contribué à supprimer les aliénations, à libérer les potentialités créatrices de chacun, alors il faudra une éthique pratique : ce sera ce nietzschéisme proposé par Lefebvre : un matérialisme vitaliste qui fait aimer la vie avec passion.

« C'est pourquoi, conclut-il, il est d'absurde d'écrire : Nietzsche contre Marx... » (117, cette expression se trouvant dans *Socialisme fasciste* de Drieu la Rochelle), Henri Lefebvre pense en effet qu'il faut écrire *Nietzsche avec Marx*, car il s'agit de construire un bonheur et une beauté qui n'auront plus rien à voir avec les définitions et les pratiques des philistins, des bourgeois et autres tenants de l'ancien monde. Marx a son utilité : il prépare la société d'après l'aliénation ; Nietzsche la sienne : il travaille à une éthique de la joie dans cette société. En ce sens, quand Lefebvre rédige ce faux exergue de Marx à sa *Contribution à l'esthétique* (« L'art est la plus haute joie que l'homme se donne à lui-même »), il crée une chimère féconde – celle du nietzschéisme de gauche...

13

Hegel contre Freud. Vingt ans plus tard, dans *La Somme et le Reste*, Henri Lefebvre revient sur son rapport à Nietzsche en commentant sa monographie de 1939. On lui a reproché de parler de lui dans ce livre sous prétexte d'analyser un tiers, de ne pas accabler le lecteur de notes en bas de page ou de références savantes, de ne pas proposer d'analyse fouillée de tel ou tel concept. En effet, il y consent... Mais il précise que tels n'étaient pas ses propos. Il voulait réfléchir sur la subjectivité, regrette d'ailleurs de ne pas être allé assez loin sur ce sujet, il a abordé Nietzsche en compagnon de route, en rimbaldien porteur de contradictions, mais aussi de potentialités magnifiques pour mener « une vie philosophique » – le titre d'une partie de cette autobiographie. Il regrette son dogmatisme d'alors, ou bien sa naïveté d'avoir cru qu'une méthode marxiste débouchait systématiquement sur la vérité. Puis il conclut : « Il aurait fallu écrire sur Nietzsche un énorme plaidoyer en trois volumes, sans craindre d'ennuyer » (479). Ce gros œuvre n'a pas eu lieu...

En revanche, Henri Lefebvre revient sur le philosophe allemand en 1975 dans un livre intitulé *Hegel-Marx-Nietzsche ou le royaume des ombres.* Mai 68 a eu lieu, le colloque de Royaumont, via Foucault, avait proposé une autre trilogie, *Nietzsche-Marx-Freud*, et l'on peut imaginer que le philosophe français n'a pas été sans penser à cette triade proclamée déesse sur le papier en juillet 1964 et devenue reine dans la rue en Mai 68 lorsqu'il a proposé la sienne. Pourquoi Hegel, le théoricien de l'État prussien, à la place de Freud, le mythologue de la libido ?

Lefebvre parle peu de Freud et de la psychanalyse dans son œuvre. Cet ouvrage lui permet, en passant, de livrer son sentiment sur la pensée magique viennoise. Précisons que, sorti du PCF en

1957, Henri Lefebvre confesse dans une note sa nouvelle orientation politique : « Celui qui écrit ces lignes, automne 1973, se déclare prochinois, donc “maoïste”, stratégiquement. (À suivre) » (52) – il n’y aura pas de suite… Or, dans les années 70, le maoïsme et la psychanalyse font bon ménage grâce à l’entregent de Jacques-Alain Miller, gendre de Jacques Lacan.

Lefebvre constate que la psychanalyse mérite considération tant qu’elle suppose l’observation clinique et les succès thérapeutiques ; il salue également le fait qu’elle a permis de mettre le langage et la sexualité au-devant de la scène. En revanche, il constate que, via sa pratique, elle s’institutionnalise et joue un rôle dans la division du travail – pour le dire autrement, elle manifeste un évident caractère contre-révolutionnaire. De même, elle ne relève pas de la science : « Cette idéologie véhicule son mythe, l’inconscient, ce sac à malices qui contient tout ce que l’on y met : le corps, la mémoire, l’histoire individuelle et sociale, le langage, la culture et ses résultats ou résidus, etc. » (50). Sur le terrain de la connaissance de notre partie sombre, Freud va beaucoup moins loin que les moralistes français, sinon Augustin ou… Nietzsche. Enfin, l’auteur de *Métapsychologie* néglige l’histoire, les conditions sociologiques d’existence d’un être qu’elle réduit à sa seule libido mise en scène sur un théâtre allégorique de mythes et d’extrapolations littéraires.

Si Freud ne figure pas dans la trilogie lefebvrienne, c’est parce que Nietzsche s’y trouve et que le philosophe allemand va beaucoup plus loin sur le terrain de la psychologie des profondeurs que le docteur viennois. Freud réduit la libido à une allégorie personnelle, alors que Nietzsche considère le corps dans sa totalité. Pour lui : « le grand désir dont l'énergisme se cache dans le corps total (et pas seulement dans le sexe), ce grand désir qui devient "grandeur suprême", qui naît du corps et dans le corps, se révèle danse, chant, puis désir d'éternité, éternel lui-même. Il n'a rien à voir avec la pauvre libido sexuelle, ni même avec l'Éros platonicien. "Mein Weise Sehnsucht", dit Zarathoustra : la sagesse embrasée, désir sur les montagnes, désir aux ailes frémissantes, cette raison ardente crie et rit » (50-51). Lorsqu'il associe la libido à Platon, on ne peut pas ne pas songer à Lacan qui consacre son séminaire de l'année 1960-1961 à la lecture du *Banquet*.

Henri Lefebvre pose la question : « Nietzsche lui-même ne verrait-il pas dans le succès de la psychanalyse un nouveau symptôme de la décadence ? Un malaise aggravé ? Une forme de nihilisme européen ? À coup sûr. Il y a quelque chose de morbide dans ce nouvel avatar du judéo-christianisme, qui tente de se recycler en rattrapant la malédiction jetée sur le sexe, mais qui conserve dans le langage et les concepts "tous les signes du non-corps" » (51). La percée de la psychanalyse est présentée comme la cause de l'occultation de la pensée de Nietzsche. Le freudisme garantit l'ordre établi en détournant la pensée critique des sujets essentiels : disserter sur la libido freudienne et l'inconscient magique dispense d'attaquer les vraies questions – le pouvoir centralisé de l'État, l'aliénation économique produite par le capitalisme, autrement dit, les sujets de Hegel et de Marx, les deux autres piliers de la trilogie du combat lefebvrien.

14

Du bon usage de Nietzsche. Dans *Hegel-Marx-Nietzsche*, Lefebvre propose une analyse de notre modernité à partir de trois thématiques : celles de l'État-Nation hégélien, de la critique marxiste de la société et de « la révolte nietzschéenne » (10). L'augmentation des États partout sur la planète, même s'ils se contentent de donner un cadre, une forme, à la réalité souterraine de l'économie de marché capitaliste, est une évidence – or l'État est par nature conservateur, voire contre-révolutionnaire : rappelons que Lefebvre défend un Marx libertaire dont la finalité n'est pas la création d'un État socialiste, avec sa bureaucratie de Parti, mais une société dans laquelle l'État aura disparu ; les pouvoirs publics ne se préoccupent plus que de questions économiques et célèbrent la croissance comme condition de possibilité et garantie de la souveraineté nationale, de l'indépendance et du bonheur des citoyens – Marx avait annoncé que l'économie politique serait la vérité de l'avenir, ses prédictions s'avèrent justes ; les protestations, les contestations de type rimbaldiennes se sont multipliées, on veut tout, tout de suite et l'on critique la vie quotidienne, le devenir de la civilisation préoccupe la jeunesse qui s'oppose aux forces de l'État, de la Société et de la Morale – voilà pourquoi, selon Henri Lefebvre, le monde moderne peut être dit triplement hégélien, marxiste et nietzschéen.

« Pourquoi ne pas appliquer à notre triade : Hegel, Marx, Nietzsche, le modèle triadique lui-même ? Hegel serait le Père, la Loi ; Marx le Fils et la Foi ; Nietzsche l'Esprit et la Joie ! Cette application ne dissimule pas son intention parodique... » (40). Certes, mais la chose se trouve tout de même dite... Henri Lefebvre confronte ensuite ces trois pensées, il examine leur complémentarité et leurs contradictions, mais croit toujours que la dialectique peut réconcilier les contraires et parvenir à une synthèse qui s'inscrit toujours dans le cadre du nietzschéisme de gauche.

Qui choisir ? Sûrement pas Freud, on l'a vu... Alors, Hegel ? En son temps, sa pensée de l'État incarne une utopie ; un siècle plus tard, cette utopie s'est réalisée de façon planétaire... Marx ? Il veut abolir l'État, le salariat, l'exploitation, l'aliénation par la révolution dont la classe ouvrière est le bras armé, mais il n'y aura pas de paradis au bout des fusils de la révolution marxiste... Nietzsche ? Il annonce la mort du sens et des valeurs mais propose un nouveau sens et de nouvelles valeurs : la vie transfigurée, la passion du présent, l'art de vivre ici et maintenant le temps présent avec densité. Le surhumain dit oui à la vie et veut tout, tout de suite.

Mais doit-on choisir ? Hegel ? Son État rationnel a dégénéré en État bourgeois ; le grand style philosophique a laissé place à la tyrannie de la bureaucratie ; l'identification du Savoir, du Pouvoir et de la Raison étouffe sous les manigances de la petite politique ; l'humanisme de la Raison disparaît au profit de la manipulation des hommes ; l'humanisme des sciences et la connaissance s'effondrent et l'on découvre des appareils de production et de contrôle. Ainsi, « accepter la conception hégélienne, c'est accepter de se mettre au service de l'État, c'est-à-dire des hommes de l'État, sélectionnés (à rebours) par leurs propres appareils » (218).

Marx ? Son postulat qui consiste à identifier la nature et la société ne se réalise pas dans les faits ; l'épistémologie marxiste est contrariée par le réel qui démontre autre chose que ce qu'avait prévu l'auteur du *Capital*. L'identification de la vie sociale et de la vie naturelle ne tient pas face à l'observation du monde. Son affirmation qu'en luttant contre l'aliénation et pour la réalisation d'une société sans État le prolétariat travaille à sa propre disparition ne conduit-elle pas à la disparition de la classe ouvrière comme telle ? Ce qui priverait la révolution de son bras armé...

Nietzsche alors ? La jubilation dans l'adhésion au monde qui définit le surhumain conduit à des impasses : « Ne risque-t-on pas de retourner vers un naturalisme poétique, où le soleil et la nuit, le tonnerre et les éclairs, la mer, les lacs, les vents, mènent grand train prophétique ? » (220). L'égotisme n'est pas à craindre, le sujet se trouvera dilué, mais la constitution d'une caste, d'une élite, d'une aristocratie qui se couperait du reste du monde pour mener sa vie philosophique nietzschéenne de façon littéraire ne doit-elle pas être redoutée ?

Il ne faut pas choisir, mais maintenir les trois moments et conserver ceci de Hegel : la pensée de l'État car il faut connaître ce que l'on doit dépasser ; ceci de Marx : la possibilité de la révolution via le prolétariat comme instrument de la réalisation de l'histoire que définit la fin de l'aliénation et la société sans État ; ceci de Nietzsche : la possibilité d'une nouvelle subjectivité dans « l'adhésion au présent, dans un corps, le "oui" à la vie. Une pratique poétique en découle, créatrice de différences subjectives » (222). Autrement dit : penser et connaître la loi et les mécanismes de l'État avec Hegel ; théoriser et pratiquer la fin de l'État et la réalisation d'une société sans lui avec Marx ; se réaliser sans l'État, se créer liberté avec Nietzsche. Pour Henri Lefebvre, en 1975, l'avenir se pense sous le signe nietzschéen.

15

Une « haine mortelle » pour Sartre. Si Nietzsche fut le génie tutélaire de Lefebvre, Sartre fut sans conteste son malin génie... En 1946, il publie *L'Existentialisme*, un pamphlet, comme il dira, un ouvrage très peu nietzschéen tant il transpire le ressentiment... Peu de temps avant la rédaction de son livre, il écrit à Norbert Guterman le 31 juillet 1945 : « Le danger idéologique est d'autant plus grand que Sartre passe pour un génie – qu'il flirte avec nos amis – qu'il introduit sa philosophie par la littérature, etc., et enfin qu'il se croit et que ses amis le croient un rénovateur de la France. » Il poursuit : « Sais-tu pourquoi Sartre m'empêche de dormir ? parce que toute sa philosophie représente le développement de mon *manifeste* paru il y a vingt ans dans *Philosophies*. Et j'ai parfaitement vu, à cette époque, tout ce que ça pouvait rendre. J'en ai pondu des centaines de pages. Et j'ai abandonné ça, avec le succès et la gloire, l'argent et les femmes, pour la vie dure et médiocre, pour la pensée militante travaillant sur les problèmes réels. Alors, ce type, je le hais mortellement » (préface à *L'Existentialisme*, XXIII). Résumons : Henri Lefebvre avoue une haine mortelle pour Sartre (ce qui n'est pas peu !) parce qu'après la guerre le philosophe à la mode obtient le succès, la gloire, l'argent et les femmes avec ses idées d'avant-guerre qu'il lui vole !

La première partie de *L'Existentialisme* se propose donc de montrer que les idées examinées par Lefebvre en 1929 sont celles que Sartre développe dans *L'Être et le Néant* en 1943. Mais la place prise par la narration de la vie de bohème du groupe dit des « Philosophes » a plus d'importance que l'analyse conceptuelle : les vingt ans ombrageux de Paul Nizan, ses fâcheries avec sa famille, la force brutale de Georges Politzer, ses provocations de Bergson sous forme de happenings, ses échecs à constituer une psychologie concrète, les performances de Norbert Guterman qui plie ses poissons pour les cuire tant sa poêle est petite, le partage de la chambrée avec Benoît Mandelbrot, le futur penseur des fractales, l'autoritarisme gesticulateur de Pierre Morhange, « verbeux et sophiste » (15), mystique et délirant, leur participation à certains scandales des surréalistes à La Closerie des Lilas, leur projet de société secrète qui réunirait un « trust de la foi » (31) susceptible de rassembler tous ceux qui croyaient en quelque chose, puis leur désir d'un monastère, leur envie d'acheter une île pour y vivre en autarcie alimentaire, l'incapacité à mener à bien l'un et l'autre projet, les sorties dans les bars le soir, les femmes, les discussions dans les cafés, les fâcheries et les réconciliations, les nuits d'angoisse métaphysique – tout cela tient une grande place dans le plaidoyer *pro domo* d'Henri Lefebvre ! Pour qualifier cette jeunesse d'avant-guerre en quête d'elle-même, Lefebvre parle des « existentialistes de 1924 » (45). Que la vie de bohème de ce groupe de jeunes garçons fous puisse faire penser à celle des existentialistes de 1946 dans les caves de Saint-Germain-des-Prés avec le jazz et les zazous, pourquoi pas – mais est-ce suffisant pour revendiquer une antériorité ?

16

« **L'excrémentialisme de 1945** ». Henri Lefebvre rédige son manifeste en septembre 1924 ; il paraît dans les numéros 5 et 6 de *Philosophies* sous le titre « Positions d'attaque et de défense du nouveau mysticisme ». Il écrit : « Ce programme posait pour la plupart des problèmes traités depuis lors par l'existentialisme, et même quelques autres qu'ils se gardent bien de soulever car ils risqueraient de se trouver coincés (notamment celui du sens ultime de la philosophie existentielle : idéalisme ou matérialisme ? ou plutôt fidéisme ? mais quelle foi ? et pourquoi ?) » (21). Quels étaient ces sujets traités ?

On peut s'étonner que Lefebvre revendique le titre de philosophe existentiel et la qualité de mystique, même nouveau, tout en reprochant à Sartre de l'avoir pillé, car, la chose n'est pas une découverte, Sartre ayant développé une philosophie existentialiste sans jamais souscrire à quelque forme de mysticisme que ce soit, on voit mal qu'il puisse piller des idées qui n'étaient pas les siennes. Par ailleurs, Henri Lefebvre confond la philosophie existentielle et la philosophie existentialiste – ce qui n'est pas exactement la même chose : les stoïciens, les épicuriens, les cyniques, les cyrénaïques développent une philosophie existentielle, mais nullement existentialiste. Dans la configuration de l'existentialisme du XXe siècle, André Lalande précise dans son *Vocabulaire technique et critique de la philosophie* ce qui distingue existentiel et existentialiste, la philosophie de l'être qui définit l'existentiel n'étant pas celle de l'existence qu'il nomme l'existentialisme : « Il conviendrait donc de réserver le terme d'existentialisme à la philosophie de Sartre, de Merleau-Ponty et de Mme Simone de Beauvoir qui acceptent cette désignation, et à celle de Gabriel Marcel, puisqu'il a souvent admis d'être appelé "existentialiste chrétien" » (320). Dans les deux cas, philosophie de la subjectivité en acte antique ou philosophie de l'être contemporaine, le terme *existentialisme* ne convient pas – le mot est historiquement daté et doit sa popularité, quoi qu'on en pense, à Jean-Paul Sartre.

Au-delà du registre anecdotique qui consiste à présenter la vie de bohème d'un groupe de jeunes philosophes en 1924 comme généalogique de l'existentialisme de 1945, ou de crier au pillage existentialiste d'une œuvre au nom de l'existentiel, sinon de désigner Sartre, athée revendiqué, matérialiste radical, comme un pilleur de tombes mystique, qu'y a-t-il dans ce fameux texte intitulé « Positions d'attaque et de défense du nouveau mysticisme » qui justifierait un existentialisme de 1924 ? Henri Lefebvre critique le mysticisme ancien, celui de la pensée magique et mythique, la théologie et la métaphysique, au nom d'un mysticisme nouveau ; il critique également l'idéalisme coupable de tenir le monde à distance ; il ajoute que l'existence est un donné avec lequel il est impossible de ne pas faire et que, de ce fait, la vie s'avère une aventure qu'il faut pleinement vivre. Dans cette configuration, l'autre tient une place essentielle. Le manifeste se termine « par une affirmation mystique », dixit Lefebvre, qui suppose « la reconnaissance spirituelle d'un absolu » (*L'Existentialisme*, 22).

Cette dissertation de jeune homme – Lefebvre a vingt-trois ans – s'inscrit dans l'esprit du temps : un futuriste, un surréaliste, un freudien peuvent autant y trouver leur compte que, plus tard, un existentialiste germanopratin… La première partie de *L'Existentialisme, Pourquoi je fus existentialiste (1925) et comment je suis devenu marxiste*, relève plus de l'amertume d'un philosophe qui, devant le succès considérable de Sartre, s'écrie : « Pourquoi pas moi ? », plutôt que de l'exercice philosophique digne de ce nom – pourquoi, sinon, s'abaisser à donner dans la scatologie si souvent associée à la critique de l'existentialisme en parlant de « l'excrémentialisme de 1945 » (30) ? Le ressentiment est un grand moteur dans l'histoire de la philosophie, il explique plus d'une idée que le naïf imagine produite par un cerveau calme et serein…

17

Un Nietzsche existentialiste. La deuxième partie de *L'Existentialisme* s'intitule, de façon programmatique, sinon polémique : *L'existentialisme (1830-1946)*. Henri Lefebvre souhaite donc faire de l'existentialisme sartrien un moment dans la longue histoire de l'existentialisme qu'il fait donc commencer en 1830 avec un Kierkegaard promu défenseur d'un « existentialisme magique » (87) au même titre que... Nietzsche. La philosophie de Nietzsche concerne sa vie, écrit-il, dès lors, parce qu'il s'inscrit dans une logique *existentielle* en se proposant de résoudre des problèmes personnels, le philosophe allemand devient un penseur *existentialiste*...

Certes, dit-il, Nietzsche n'a jamais perdu le contact avec la nature, notamment parce que la volonté de puissance est la vérité de tout ce qui est et qu'il pense en regard de ce donné ontologique. Dans la vision nietzschéenne du monde, le Moi et le Je se trouvent dilués, sans consistance propre, puisqu'ils ne sont que des fragments de ce grand tout qu'est la volonté de puissance. Henri Lefebvre devrait se demander comment une philosophie existentialiste, autrement dit une philosophie du sujet, peut exister chez quelqu'un qui nie l'existence du sujet... Toujours selon Lefebvre, Nietzsche supprime l'individu en l'absorbant dans le cosmique – une thèse qui l'aurait conduit jusqu'à la folie... Mais, redisons-le, comment supprimer un individu puisque l'ontologie nietzschéenne abolit la notion même d'individualité ?

S'appuyant sur sa vie de solitaire, d'errant apatride, de malade, de myope (!), d'habitué de pensions de famille misérables, de célibataire incapable d'aimer, de mélancolique dépressif se réfugiant dans la folie (ce qui est oublier le facteur le plus matérialiste qui soit : le tréponème...), Henri Lefebvre conclut : « La pensée comme le devenir personnel de Frédéric Nietzsche furent donc commandés invisiblement par une dialectique "existentielle", c'est-à-dire vécue et non point pensée et rationnellement conçue » (119). Là encore, Henri

Lefebvre confond existentiel et existentialiste (il prend soin d'ailleurs d'entourer de guillemets le premier mot...) : le fait de vouloir mener une vie philosophique définit la démarche existentielle, nul besoin de réussir, il suffit d'avoir essayé. La folie de Nietzsche ne prouve pas l'échec existentiel, encore moins l'échec existentialiste... Lefebvre conclut que Nietzsche ne fut que pensée ; pire, il affirme qu'il n'a pas réussi sa vie et il réduit son œuvre à un symptôme morbide.

L'existentialisme, en revanche, nomme une philosophie du sujet libre qui s'engage et choisit, dispose d'une conscience et d'un libre arbitre avec lesquels il crée des situations dont il doit assumer la responsabilité. Le nietzschéisme est une philosophie de l'abolition de ce qui constitue l'appareillage conceptuel existentialiste : abolition du sujet séparé du cosmos, négation du libre arbitre, affirmation de la pure nécessité, suppression de la conscience au nom d'une grande raison corporelle dont le moteur est la volonté de puissance, l'individu selon Nietzsche est un fragment de la nécessité et n'a pas d'autre liberté que d'y consentir. Ce penseur existentiel fut le contraire d'un philosophe existentialiste.

L'Existentialisme se conclut sur un éloge du matérialisme dialectique présenté comme l'antidote à la raison phénoménologique (Lefebvre consacre un chapitre à Heidegger, « La métaphysique du grand guignol ») et à la méthode psychanalytique, toutes deux coupables de dérive irrationaliste. Avec Marx, la science célèbre « la Raison concrète » (209) via un savant usage de la logique, de la méthodologie, et une sévère mais juste théorie de la connaissance.

Contre l'existentialisme auquel Henri Lefebvre associe la phénoménologie, la psychanalyse, le nietzschéisme, le philosophe français oppose clairement une pensée marxiste : « Seul *l'idéal matérialiste* de l'homme social – cet idéal sans *idéalisme* peut sauver l'humain » (215).

18

Marx contre Nietzsche. Dans ce livre écrit entre septembre 1945 et février 1946, l'ancien défenseur de Nietzsche contre les nazis se fait plus critique envers le philosophe allemand. Certes, il ne souscrit pas à l'idée que tout l'œuvre de Nietzsche s'avère compatible avec le national-socialisme, mais quelques-unes de ses thèses posent problème : « l'immoralisme, la réhabilitation de l'égoïsme, l'apologie de la dureté, et le tristement fameux : "Rien n'est vrai. Tout est permis !". Ces thèses, par lesquelles un cérébral hypertrophié s'efforçait de retrouver "la vie", ne constituent pas le nietzschéisme – un de ses aspects seulement, celui par lequel il prépare l'hitlérisme. »

Et plus loin, à propos du surhomme : « L'idée du Surhumain se trouble, dans la pensée de Nietzsche, dans le *Zarathoustra* et en même temps elle reçoit un contenu nouveau. Lorsqu'il veut déterminer avec un peu de précision le sens du Surhumain, tantôt il imagine des êtres d'une force et d'une férocité colossales, les "grands fauves blonds" – les purs Aryens, les futurs compagnons d'Hitler et de Goebbels. Tantôt il se représente de grands Européens, d'une culture et d'une intelligence synthétique prodigieuses, s'intégrant toutes les finesses et tous les “esprits”, y compris l'esprit juif » (123). Lefebvre a pourtant vu que le surhomme était une figure ontologique, celle de l'homme qui dit « oui » à tout et aime le *fatum* ; comment peut-il imaginer que les nazis qui disaient « non » à tant de choses aient pu se réclamer du penseur de *Zarathoustra* ? Eux qui voulaient changer le monde dont Nietzsche affirmait qu'il se répétait sans cesse dans les mêmes formes se situaient aux antipodes du nietzschéisme qui est sagesse d'acceptation et non révolution aryenne…

Le Henri Lefebvre de 1939 n'est plus celui de 1946 – mais la guerre est passée par là, comment peut-on en sortir indemne ? Poursuivant son analyse du surhomme, il affirme que les contradictions mêmes qui travaillent l'œuvre du philosophe allemand se retrouvent chez ses disciples. Ainsi : « Il y eut un nietzschéisme de droite et un nietzschéisme de gauche, dont les droits sur l'œuvre de Nietzsche étaient égaux et pouvaient au même titre se recommander du surhomme ; leurs prétentions et leurs échecs se valent » (124). En 1946, l'histoire permet en effet de penser ainsi !

Songeons aux couples nietzschéens de gauche et nietzschéens de droite qui opposent pendant un demi-siècle Georges Palante & Jules de Gaultier, Daniel Halévy & Gustave Thibon, Georges Bataille & Drieu La Rochelle, Roger Caillois & Thierry Maulnier, Gilles Deleuze & Martin Heidegger… Henri Lefebvre renvoie dos à dos ces oppositions transcendées par la théorie de l'éternel retour et qui supposent un Nietzsche authentique – auquel Henri Lefebvre dépourvu de ses habits de militant ne refuse pas son adhésion, à mi-mot : à savoir le Nietzsche poète, poète auteur de vers, mais aussi poète de son existence. Il a proposé une voie, elle était sans issue ; mais cette impasse s'avère féconde, car elle permet de savoir où se trouve le vrai chemin. En cet immédiat après-guerre, Lefebvre croit que Marx et le marxisme, plus et mieux que Nietzsche et le nietzschéisme, offrent une voie praticable pour réaliser l'homme total, l'homme nouveau.

Quelques années plus tard, dans *La Somme et le Reste*, Henri Lefebvre écrit : « Ce livre sur *L'Existentialisme*, paru en 1946, aurait pu porter un sous-titre : "L'art de se faire des ennemis". Pour l'excuser, ici, je l'accuserai. Oui, il faut des ennemis. Et même certains ennemis sont les meilleurs de vos amis, si vous définissez l'ami comme celui qui vous rend service. Cependant point trop n'en faut. Que le philosophe se garde de penser sur le mode du défi. Il risque d'y perdre sa conscience. Ainsi l'ont perdue, mêlant sans pouvoir s'y reconnaître la bonne et la mauvaise, se croyant forts et ardents, certains dogmatiques » (509). Livre dogmatique et de mauvaise foi ? C'est un ouvrage emblématique des tensions qui travaillent l'Europe effondrée dans les ruines de cette Seconde Guerre mondiale juste achevée.

19

Contre le structuralisme. Henri Lefebvre a donc combattu la mode existentialiste au nom d'un Marx libertaire qui ne plaisait ni au parti communiste ni aux staliniens ; au nom de ce même Marx libertaire, il part en guerre contre une nouvelle mode, celle du structuralisme. Il publie *Au-delà du structuralisme* en 1971, un livre qui, quatre ans plus tard, se trouve allégé de quelques textes dans une nouvelle formule intitulée *L'Idéologie structuraliste. Avec l'existentialisme,* Lefebvre n'avait pas aimé le déni de l'histoire, l'oubli du réel, le refus du concret, la relégation de la vie quotidienne, le pur produit de la société bourgeoise décadente, sinon, dans une version moins philosophique et plus franchement polémique, la « métaphysique de la merde » (63), la « phénoménologie spirite », l'« excrémentialisme de 1945 », l'infantilisme scatologique (!), la « pensée magique » ; *avec le structuralisme,* le philosophe français s'attaque à un même monde – déni de l'histoire, oubli du réel, refus du concret, relégation de la vie quotidienne, produit de la décadence au nom d'une invisible *Structure* transformée en alpha et oméga de la philosophie contemporaine.

Son premier combat l'a mobilisé de l'après-guerre à la *Critique de la raison dialectique* (1962) ; le second l'a requis d'un texte fondateur de cette nouvelle école, *L'Anthropologie structurale* de Claude Lévi-Strauss (1958), à l'après-Mai 68 de Vincennes, en passant par le Barthes d'un article donné aux *Lettres nouvelles* (1963), l'Althusser de *Lire le Capital* (1965) et le Foucault des *Mots et les Choses* (1966). Si *L'Existentialisme* fut, selon son propre aveu, l'art de se faire des ennemis puissants (la tribu des *Temps modernes,* « titre quelque peu prétentieux » [7] avait-il écrit...), il en ajoute de plus redoutables en la personne de penseurs bientôt honorés par l'Académie française, le Collège de France, l'École normale supérieure...

Dans *L'Idéologie structuraliste,* Henri Lefebvre

affirme : « L'après-guerre a été marqué par l'existentialisme dont J.-P. Sartre a écrit que seules les lacunes du marxisme officiel motivaient son existence philosophique. Aujourd'hui, l'existentialisme est épuisé. Pour autant qu'il y ait une vue théorique, elle comporte un retour à Marx. Pour y trouver quoi ? Les concepts permettant d'élucider la société dans laquelle entre la France depuis les années 1950-1960 » (117-118), en l'occurrence : penser les problèmes afférents à la colonisation et à la décolonisation, analyser la crise de l'historicité, réfléchir aux logiques perverses de la société de consommation. Au lieu de cela, le prétendu retour à Marx s'avère une gabegie intellectuelle : les structuralistes pensent plus le texte qui dit Marx et celui qui le commente que la vérité dialectique de sa pensée porteuse d'une riche potentialité pour penser l'état des lieux et envisager le changement.

20

Au nom d'un Marx libertaire. Le Marx que Lefebvre oppose aux existentialistes de la décennie 45-55 et aux structuralistes des années 55-75, mais aussi à la pensée conservatrice ou réactionnaire de droite de l'après-guerre jusqu'aux lendemains de Mai 68, c'est également le Marx qui déplaît au parti communiste, aux tenants d'un marxisme dogmatique, aux dévots d'une ligne militante indexée sur l'Union soviétique qui stérilise le débat, l'empêche ou l'interdit. Quand Lefebvre effectue une anthologie des textes de Marx traduits avec son ami Norbert Guterman et avec Paul Nizan en 1934, mais aussi quand il publie son *Pour connaître la pensée de Marx* (1948), il offre déjà un Marx antisoviétique – mais selon lui, léniniste, car le philosophe français défend également un Lénine libertaire qui aurait fait la révolution pour l'abolition de l'État...

Sa critique des structuralistes s'effectue donc au nom de ce Marx-là, le Marx de la pensée dialectique, du matérialisme historique, de la fin de l'aliénation, de la réalisation de l'homme total, de l'analyse du fétichisme de la marchandise, de la révolution incarnée dans la vie quotidienne, de la plasticité conceptuelle... Henri Lefebvre voit une actualité à Marx, mais celle-là, pas une actualité de papier qui se soucierait plus du texte marxiste comme d'un fétiche que de la pensée vivifiante qu'il comporte. Non pas la religion structuraliste de la lettre de Marx, mais l'actualisation d'une praxis dans l'esprit de Marx – un esprit, redisons-le, libertaire.

Henri Lefebvre fait du structuralisme l'« idéologie de la classe dominante, travestie en scientificité » (7). En 1957, le rapport Khrouchtchev promettait une démocratisation de l'URSS ; elle n'a pas eu lieu. Au contraire, « le mouvement se fige à nouveau dans les cadres du dogmatisme étatique. Face au stalinisme rétabli, le capitalisme est entré dans une phase de consolidation ; prospérité, c'est-à-dire *croissance* accompagnée de mesures administratives et pratiques (donc étatico-bureaucratiques) favorisant la croissance continue. Remarquable vis-à-vis : le capitalisme d'État et le socialisme d'État. Des deux côtés, reprise en main autoritaire et centralisée de la société entière par l'État » (7-8). Le structuralisme s'inscrit dans cette logique historique :

par son refus de l'histoire, il laisse le monde au capitalisme qui déploie une nouvelle formule technocratique, moderne, industrielle...

21

Politique des structuralistes. Ainsi, parlant du structuralisme, Lefebvre écrit : « Pendant les années 1960-1970, ce fut l'idéologie au pouvoir » (9), alors que Mai 68 l'a refusée et que les structuralistes, on l'oublie trop souvent, agissaient de même en critiquant le mouvement... La biographie de Michel Foucault lui donne raison : alors qu'il travaille à la rédaction des *Mots et les Choses,* Foucault participe à la commission du ministre gaulliste Christian Fouchet sur la réforme de l'enseignement : « Celle-ci tente de contenir la massification de l'enseignement universitaire par une orientation préalable dénoncée comme élitiste par la gauche universitaire, ce qui contribue à "préchauffer" l'ambiance de l'avant-Mai », écrit José Luis Moreno Pestaña dans *Foucault, la gauche et la politique* (50). Avant Mai, Foucault intriguait auprès des mandarins Jules Vuillemin et Jean Hyppolite pour entrer au Collège de France – ce sera chose faite en 1970.

La biographie de Jacques Lacan confirme également la thèse de Lefebvre. Élisabeth Roudinesco, pour n'avoir pas à écrire clairement que Lacan fut dans un premier temps opposé aux événements de Mai avant de les récupérer à son avantage, écrit dans *Jacques Lacan. Esquisse d'une vie, histoire d'un système de pensée* : « Sa doctrine prônait le scepticisme à l'égard de toute forme d'engagement subjectif qui ne tiendrait pas compte de l'assujettissement du sujet au signifiant » (436) – ce qui, une fois le sabir décodé, donne : Lacan tournait le dos à toute forme d'engagement politique et ne croyait qu'à l'engagement qui consiste à s'allonger sur son divan.

Quant à Claude Lévi-Strauss, il est intéressant de l'entendre expliquer à Didier Eribon en 1988 comment il avait vécu Mai 68 : « Une fois passé le premier moment de curiosité, une fois lassé de quelques drôleries, Mai 68 m'a répugné (*sic*). » Question suivante : « Pourquoi ? » Réponse : « Parce que je n'admets pas qu'on coupe des arbres pour faire des barricades (des arbres, c'est de la vie ; ça se respecte), qu'on transforme en poubelles des lieux publics qui sont le bien et la responsabilité de tous, qu'on couvre des bâtiments universitaires ou autres de graffiti. Ni que le travail intellectuel et la gestion des établissements soient paralysés par la logomachie » (116)...

Concernant Barthes, François Wahl confie dans un entretien sur France Culture le 14 mai 1986 : « En fait, Roland n'a pas du tout aimé 68, et il n'a pas aimé 68 précisément parce que c'était une prise de parole (...). Parce que ce qui venait au premier plan, par exemple dans les amphis de la Sorbonne, c'était de la parole et pas de l'écriture, et que cela lui semblait être une certaine déchéance au regard de la lettre, que cela lui semblait être moindre au regard du texte, et en ce sens un déficit » (Louis-Jean Calvet, *Roland Barthes*, 202). Il ajoute que Barthes trouve les événements vulgaires et inutiles, qu'il a peur des débordements de rue et des mouvements de foule. Sa réponse à

Mai ? Tenir un séminaire sur les relations entre le langage et le mouvement étudiant, ou bien entre le langage et la révolution. Rire des étudiants auxquels il propose ce nouvel exercice de fuite devant le réel dans le texte. En 1977, il entre au Collège de France...

22

Une nouvelle pensée magique. Henri Lefebvre a donc eu raison de diagnostiquer un compagnonnage entre le structuralisme et le pouvoir comme il est, et d'ajouter que les hérauts de cette nouvelle école n'ont pas beaucoup aimé les événements... Le structuralisme affirme l'existence de structures, indépendantes de l'histoire, qui déterminent la réalité de ce qui est. En héritiers de Freud qui affirme dans *Totem et Tabou* un inconscient phylogénétique se transmettant du premier homme aux contemporains que nous sommes, sans passer par la biologie, la physiologie, le corps, les structuralistes posent qu'il existe des structures en soi et que le réel n'en est jamais que le produit. On ne s'étonnera donc pas que la psychanalyse freudienne, notamment dans sa version lacanienne, tienne un rôle cardinal dans l'économie du système structuraliste.

Lefebvre inscrit cette nouvelle école dans un combat deux fois millénaire qui oppose les éléates aux éphésiens, autrement dit les disciples de Parménide d'Élée à ceux d'Héraclite d'Ephèse. De Nietzsche à Heidegger, Lefebvre note un retour aux présocratiques, il s'inscrit donc lui aussi dans cette relecture et établit une séparation nette entre Parménide qui défend l'immobilité de la sphère comme perfection et Héraclite qui affirme l'impossibilité de se baigner deux fois dans le même fleuve à cause du courant qui interdit une identité fixe de l'onde.

Du côté de la sphère, on trouve donc : Parménide et ses dissertations sur l'être, Platon en digne héritier avec ses Idées pures, les idéalistes qui affirment que le concept a plus de vérité que le réel, les tenants de l'identité du même ; du côté du fleuve : Héraclite et son invention de la dialectique, les matérialistes défenseurs de la dynamique et du mouvement, une triade qui réunit Hegel, Marx et Lénine, les défenseurs de l'Autre, les partisans du devenir. On comprend que les structuralistes cheminent aux côtés de Parménide et incarnent un éléatisme contemporain alors qu'Henri Lefebvre, défenseur d'un Marx libertaire, fonctionne en antithèse, voire en antidote, à ce poison-là…

Henri Lefebvre passe donc au crible les textes les plus emblématiques de Lévi-Strauss, Foucault et Althusser. Le nom de Barthes apparaît, celui de Lacan aussi, mais ils ne font pas l'objet d'analyses spécifiques. Quelques considérations sur les *Problèmes de linguistique générale* d'Émile Benveniste et sur les travaux de Roman Jakobson lui permettent de s'inscrire en faux contre leur théorie du langage que démarquent les structuralistes : « La langue n'existe pas a priori avec des structures qu'elle imposerait ensuite au réel ; le réel est d'abord, la langue se trouve ensuite construite par les hommes. » Le langage n'a pas de référentiel. Il ne renvoie à rien d'autre, ni au réel, ni à l'homme, ni à l'œuvre ou à telle œuvre, ni au quotidien, ou bien au non-quotidien » (70). Cette croyance à l'autonomie de la langue qui existerait sans racines comme une structure en l'air infusant ensuite le réel relève de la pensée magique. Le structuralisme incarne une variété sidérante d'idéalisme – ce qui lui permet de fonctionner comme une arme de guerre anti-marxiste.

23

Pour Marx, vraiment. Louis Althusser fait l'objet d'un traitement particulier dans *L'Idéologie structuraliste* : cet homme qui affirme effectuer un retour à Marx de la même façon que Lacan réaliserait un retour à Freud se contente de vider la substance de Marx, d'en épuiser les potentialités pratiques révolutionnaires, via la dialectique, et de faire du philosophe de l'aliénation, de l'homme total, de la fétichisation de la marchandise un vulgaire agenceur de structures... Lefebvre consacre un long texte, « Forme, fonction, structure dans Le Capital », à montrer que Marx s'inscrit non pas dans le courant éléatique althussérien, mais dans celui, héraclitéen, de la pensée dialectique. La lecture structuraliste contribue à la mort de Marx.

Lefebvre note dans le *Pour Marx* d'Althusser quelques révérences faites à Staline. L'auteur de *La Somme et le Reste* a quitté le PCF ; il critique la calcification du Parti ; il dénonce le rôle néfaste de l'URSS dans la glaciation de l'intelligence marxiste ; il écrit sans cesse que la Russie bolchevique a trahi l'idéal libertaire de Marx & de Lénine, qui était d'abolir l'État, au profit de son renforcement ; il en appelle au Marx total et dialectique contre le dernier Marx utilisé aux fins de la religion économique contre l'humanisme premier, toujours actif chez l'auteur du *Capital*. Dès lors, fort de cette position critique dans le marxisme français, il s'étonne qu'Althusser se garde d'affronter la scolastique marxiste, de dénoncer « l'exégèse byzantine de Marx » (115) qui triomphe chez les intellectuels officiels du parti.

En bon structuraliste, Louis Althusser se contente de tenir un discours sur les discours tenus sur Marx ; il bricole des analyses qui recyclent des morceaux de psychanalyse à la mode pour traquer et distinguer chez Marx des contenus réels et des contenus manifestes ; il néglige absolument la nature dialectique de la pensée du philosophe allemand ; il introduit des concepts venus d'ailleurs (structure, découpage, coupure, agencement...) pour jongler avec les idées et s'adonner à des exercices de virtuosité assimilables à une scolastique contemporaine ; il vide Marx de sa substance lyrique, vivante, romantique au profit d'« un système constitué par des arrangements conceptuels bien ordonnés. Le marxisme est là, devant nous. Les os dépouillés de chair par un habile anatomiste, ont été désarticulés, démontés, et puis remontés en tenant soigneusement compte des articulations. Est-ce la pensée de Marx ? C'est un squelette. (...) Cela ne correspond que trop bien à un ascétisme intellectualiste dont l'idéologie règne au-dessus de la société dite de consommation, et qui la couvre, se consommant lui-même sans danger » (158-159).

Louis Althusser, attaché à l'École normale supérieure qu'il ne quittera jamais, n'aura pas l'occasion de monnayer son structuralisme utile au pouvoir capitaliste pour élargir son empire sans contre-pouvoir par l'obtention de prébendes du genre Académie française (Lévi-Strauss) ou Collège de France (Lévi-Strauss, Foucault, Barthes). Lui qui a accumulé les délires, les séjours en hôpital psychiatrique, les soins lourds, qui accueillit Lacan dans son séminaire, étrangle sa femme le 16 novembre 1980. Déclaré irresponsable lors des faits, il finira sa vie dans une maison de repos. En 2003, le psychanalyste German Arce Ross parlera de « l'homicide altruiste de Louis Althusser »...

24

La vie quotidienne. Henri Lefebvre oppose le structuralisme à la vie quotidienne : d'une part, la structure rigide, parménidienne, idéaliste, platonicienne, issue des essences, anhistorique ; d'autre part, la vie quotidienne, la plasticité dialectique, le mouvement de la vie, le flux du fleuve, l'histoire, la grande, celle du monde et de l'univers, la petite, celle de l'individu le plus nu. Cette opposition sépare le marxisme désossé d'Althusser et le marxisme vitaliste de Lefebvre. D'un côté, *Pour Marx* (1965), un livre constitué d'articles agglutinés parus entre décembre 1960 et mars 1965, de l'autre, la somme homérique de la *Critique de la vie quotidienne,* une aventure commencée en 1945 et terminée avec la publication du troisième volume en 1981.

Le premier volume de la *Critique de la vie quotidienne* est donc écrit à Toulouse entre août et décembre 1945. Il paraît en 1947 aux éditions Grasset avec pour sous-titre : *Introduction.* Le deuxième volume, sous-titré *Fondements d'une sociologie de la quotidienneté*, sort en 1962 aux éditions de L'Arche. Le troisième volume, sous-titré *Pour une métaphilosophie du quotidien*, paraît chez le même éditeur l'année de l'arrivée de François Mitterrand au pouvoir...

Cette somme de presque huit cents pages est touffue, parfois longue, répétitive ; elle juxtapose, par exemple, un chapitre très lyrique intitulé « Notes écrites un dimanche dans la campagne française » et des chapitres très didactiques comme « Les instruments formels », « Les catégories spécifiques » ou la « Théorie des processus »... Lorsque le premier tome de cette vaste épopée reparaît aux éditions de L'Arche, Henri Lefebvre l'accompagne d'un substantiel avant-propos à une seconde édition rédigé entre décembre 1956 et février 1957. Cette centaine de pages constitue un genre de livre dans le livre qui ramasse les informations et ouvre des pistes. La critique de la vie quotidienne y apparaît moins comme l'occasion d'un long discours de nature programmatique (tome 1) ou épistémologique (tome 2), mais comme une réelle philosophie de libération de l'aliénation moderne.

25

Théorie d'en haut contre praxis d'en bas. Lefebvre commence son analyse en constatant, à juste titre, que la vie quotidienne constitue un sujet philosophique totalement oublié par la tradition occidentale. Même Lénine, confie le philosophe français, ne s'y est pas intéressé ! Ceux qui sont parvenus au plus proche, comme Marx & Engels ou l'auteur de *Matérialisme et empiriocriticisme*, sinon

Feuerbach, se sont souciés d'aliénation, mais sans jamais considérer qu'il existait deux types d'aliénation : *celle d'en haut*, l'aliénation comme concept qui autorise de merveilleuses envolées lyriques, philosophiques, analytiques, et *celle d'en bas*, l'aliénation vécue dans la vie quotidienne par des hommes et des femmes concrets, inscrits dans une histoire triviale : la famille, l'usine, le bureau, le travail, le logement, le loyer, la ville, le village, la campagne, le loisir, la croyance, la religion, la mode, l'époque, le temps... Lefebvre propose une théorie pour une praxis révolutionnaire.

De même qu'il existe une façon surplombante, transcendante, sinon transcendantale, de considérer le monde, l'aliénation, il existe une façon surplombante de considérer la révolution. Or il y a loin de la théorie de la révolution à son incarnation. Lefebvre pense la liaison entre ces deux mondes habituellement séparés : la pensée dispose d'une quelconque légitimité si et seulement si elle va produire des effets dans la réalité. En ce sens, aux antipodes de la pensée existentialiste, Henri Lefebvre propose une pensée existentielle. Lire Marx ne constitue pas une fin en soi ; c'est le préalable à la réalisation marxiste d'une vie où l'aliénation a disparu.

Lefebvre effectue donc une révolution copernicienne en regardant le pays dit du socialisme réel non pas avec les yeux de Chimène du théoricien familier des œuvres de Marx et Lénine, mais avec le regard du sociologue qui interroge la vie quotidienne et se demande ce qui a été changé, ou non, dans le quotidien du Soviétique moyen depuis la révolution de 1917. Ainsi, à quoi bon, pour la secrétaire ou l'ouvrier soviétique, que la révolution le rende virtuellement propriétaire de son bureau et de son atelier puisque la révolution a décrété l'abolition de la propriété privée et l'appropriation collective des moyens de production si, dans le détail de sa vie quotidienne, rien n'a changé ?

Le problème n'est pas d'en finir avec le capitalisme au profit du socialisme, mais d'abolir l'aliénation qui, elle, procède de la division du travail. Dès lors, poussons le paradoxe, un capitalisme qui abolirait la division du travail serait préférable, aux yeux de Lefebvre, à un socialisme qui la conserverait. Mais ce paradoxe ne tient pas car, toujours selon le philosophe français, le propre même du capitalisme est de fonctionner sur le principe de la division du travail. De sorte que, si le socialisme entretient la division du travail (et l'URSS de ces années-là se trouve dans ce cas...), alors il n'est pas socialisme ! Fidèle à son Marx libertaire, Henri Lefebvre considère que le marxisme vise l'abolition de l'État, qu'il travaille à son dépérissement. Il ajoute que Lénine s'inscrit lui aussi dans cette logique-là. Si la Russie bolchevique met tout en place pour que l'État dure, voire qu'il se renforce, alors il ne peut se réclamer de Marx. La mesure de la réalité du socialisme, ou du socialisme réel, se trouve explicitement dans la vie quotidienne. C'est donc elle qu'il faut interroger selon l'ordre des principes d'une sociologie à fonder. C'est ce à quoi Lefebvre s'emploie.

On comprend que ce Marx si proche de Bakounine, cette façon de rapprocher Lénine de ce Marx si désirable, cette ardeur à jouer un Marx vivant, philosophe de l'abolition de l'aliénation et de l'État, penseur de la méthode dialectique, contre un Marx mort, théoricien de la structure, dévot de l'économisme comme d'une religion nouvelle représentant un horizon indépassable, puisse valoir à Lefebvre le courroux du Parti communiste français, des intellectuels organiques de ce parti et du marxisme structuraliste d'Althusser – et des siens qu'il associe toujours : à savoir les complices de *Lire Le Capital*, Jacques Rancière, Pierre Macherey, Étienne Balibar, Roger Establet, tous coupables de dépeçage de la chair de Marx au profit d'un squelette d'acier inutile pour travailler à la fin de l'aliénation et à la réalisation d'une vie quotidienne transfigurée.

26

Éloge d'un nouveau philosophe. La *Critique de la vie quotidienne* contient une généalogie du nihilisme contemporain qui ne peut que déplaire au petit milieu parisien, puisque Lefebvre assassine sur le papier les héros décadents que celui-ci porte au pinacle : l'hystérie de Baudelaire, le dérèglement de Rimbaud, les bizarreries de Lautréamont, la cartomancie de Breton, la mécanique paranoïaque des surréalistes, la dépression existentialiste, la posture rhétorique de Sartre, tous moments idéologiques qui contribuent à la société dans laquelle nous vivons.

Puis il ajoute une critique du marxisme – « le marxisme est devenu ennuyeux » (I.96) – englué dans la scolastique, requis par des débats byzantins, oublieux du projet libertaire de Marx : changer la vie, notamment dans sa modalité quotidienne. Que reproche Lefebvre aux philosophes marxistes ? « La fausse clarté, la pédagogie se prenant pour la mesure de la pensée, le dessèchement dogmatique et la schématisation squelettique, la propagande s'emparant des thèmes idéologiques » (I.95). Début 1957, on peut songer, pour la pédagogie qui se prend pour mesure de la pensée, au Roger Garaudy de *Théorie matérialiste de la connaissance* (1953) et, pour le dessèchement squelettique, à Althusser qui a publié *À propos du marxisme* (1953) et *Note sur le matérialisme dialectique* (1953)

Enfin, il accable les philosophes qui jargonnent, s'enferment dans des débats de chapelle, passent leur temps à proclamer la mort de la philosophie, jouissent de leur virtuosité technique et annoncent des profondeurs illusoires – en passant, le nom de Sartre n'apparaît pas, mais comment ne pas songer à lui quand il est question des « littérateurs qui atteignent la gloire, les grands tirages, la fortune » (I.96) ? Le philosophe n'est pas l'homme des essences, des idées, des concepts, de l'abstraction pure, cette époque n'est plus et il faut un nouveau philosophe capable de prendre en considération le *concret* – où l'on retrouve les thèses du Politzer d'*Introduction* (1926) et du Nizan des *Chiens de garde* (1932).

Ce nouveau philosophe, Henri Lefebvre en fait le portrait – il s'agit, bien évidemment, d'un autoportrait. Il n'a plus commerce avec le nouménal flottant dans l'éther du monde intelligible car il se collette au réel, non pas l'idée du réel, mais la réalité du réel : « La critique de la vie quotidienne proposera d'instituer une vaste enquête qui serait intitulée : *Comment on vit* » (I.209). Changement d'objectif : le réel, et non les idées ; changement de méthode : l'enquête, et non la cogitation pure. On comprend que l'institution philosophique ne le porte pas dans son cœur... Il ne propose rien moins qu'abolir la corporation des philosophes en chambre, d'anéantir la caste des penseurs en pantoufles et de célébrer le *sociologue* – l'autre nom du philosophe quand il s'occupe de la vie quotidienne.

27

La matérialité du monde. La définition de la vie quotidienne est une chose à la fois simple et complexe : *simple*, car point n'est besoin d'une longue et fastidieuse définition pour comprendre ce dont il s'agit ; *complexe*, parce que la multiplicité des registres associés interdit une saisie globale, générale, totale. De plus, le caractère plastique, mouvant, fluide de toute vie dans le quotidien (une autre façon de dire la vie quotidienne) empêche une formalisation définitive et l'enfermement dans une série de définitions. *La* vie quotidienne est une facilité de langage pour ramasser et tenter de dire un peu *les* vies quotidiennes, avec vies multiples activées dans des quotidiens multiples.

Henri Lefebvre invite donc le nouveau philosophe à sortir de sa bibliothèque, à quitter son bureau, à descendre de son estrade de professeur, pour aller à la rencontre des gens dans leurs vies. Il ira au-devant des gens et interrogera, questionnera, sollicitera des témoignages, rassemblera des documents, reconstituera des vies réelles d'individus concrets dans la configuration même de leur quotidien. Quelles questions (se) posera-t-il face à ces personnes ? « Comment ces individus "privés" se sont-ils formés ? Sous quelles influences ? – Comment ont-ils choisi leur orientation, leur métier ? – Comment se sont-ils mariés ? – Comment et pourquoi ont-ils eu des enfants ? – Comment et pourquoi ont-ils agi en telle circonstance de leur vie ?... » (I.210).

Poursuivant son analyse, il précise : « Cette enquête, méthodiquement poursuivie, substituerait enfin des "vérités humaines" solidement établies aux divagations des philosophes ou des romanciers (y compris ceux qui s'attendrissent sur les "êtres", et ceux qui prétendent apporter des lucidités cruelles sur "l'existence"). Elle contribuerait vraisemblablement à déplacer les centres d'intérêt, à montrer concrètement l'aliénation, les fictions, le hasard, le destin, dans la vie et la mort des hommes » (*ibid.*). L'enquête entrera dans le détail de la vie quotidienne, des journées de travail, de fête ou banales.

Au lieu de théoriser sur le capitalisme en soi, ou en tant que structure, le nouveau philosophe se demandera « comment, dans sa vie de chaque jour, quotidiennement, l'homme moyen se trouve en rapport avec les trusts. Où les rencontre-t-il ? Comment les aperçoit-il et se les représente-t-il ? Comment se meut-il dans la structure complexe que révèle la théorie ? Comment lui apparaît-elle du matin jusqu'au soir d'une journée entière ? » (I.211). On comprend que ces objectifs nouveaux et cette méthode inédite apportent une réponse sévère aux élucubrations existentielles ou structuralistes, autrement dit métaphysiques et ontologiques.

Le nouveau philosophe selon les vœux de Lefebvre abordera ainsi toutes sortes de questions, de sujets : la façon d'organiser sa vie en fonction du milieu social, l'emploi du budget selon son appartenance de classe, les rapports aux loisirs et au temps libre, les modes de sociabilité, les formes actives de la famille, de l'amour, la relation à la culture. À l'issue de ces analyses de terrain, Henri Lefebvre annonce ce que l'on trouverait : « L'enquête montrerait comment le Français se trouve depuis longtemps un des hommes les plus *exploités* de l'univers capitaliste, par une des bourgeoisies les plus habiles – tour à tour perfide et brutale, et toujours très "moderne", très au courant de tous les procédés de la lutte des classes (en particulier au moment précis où elle nie cette lutte au nom de la nation ou bien au nom de l'individu, indifféremment !...) » (I.212).

On découvrirait également un état des lieux terrible : la dégradation de la structure sociale agricole et industrielle, mais aussi celle de la vie individuelle et quotidienne ; la permanence d'un certain nombre de mythes sur lesquels la société asseoit son pouvoir comme la richesse dite naturelle de la France, le tropisme de la clarté et de la mesure dans la pensée française ; les modalités de l'asservissement des citoyens qui persistent à se croire libres alors qu'ils vivent sous le régime de la plus brutale oppression capitaliste ; l'étrange paradoxe qu'il y a, au nom de la liberté, à se jeter dans les bras de ceux qui leur promettent l'asservissement ; la misère spirituelle dans laquelle se trouvent la plupart qui sont, de ce fait, disponibles pour les solutions spirituelles les plus toxiques ; la dangerosité de certaines idéologies qui, comme l'existentialisme qui ne se trouve pas nommé, diagnostiquent une angoisse mais en font un produit de la nature humaine là où il n'y a que production de l'histoire, etc.

Mais cette enquête ne déboucherait pas que sur un état des lieux terrible : « La critique de la vie quotidienne apportera sa contribution à *l'art de vivre* » (I.213). La question du bonheur est neuve ; sur ce sujet, tout reste à dire, tout reste à faire. Et Henri Lefebvre, fidèle à son souci, n'envisage pas de nouvelles dissertations sur le bonheur, de nouveaux concepts, des théories nouvelles, des débats nouveaux, des péroraisons nouvelles – il envisage toujours les choses de façon immanente, à la base du réel et non, de façon transcendante, par son sommet. Pour mener à bien ce projet, il faut « retrouver ou créer la grandeur dans la vie quotidienne » (I.140).

Il s'agit donc d'un projet qu'on pourrait dire nietzschéen car « l'art de vivre suppose que l'être humain considère sa propre vie – l'épanouissement, l'intensification de sa vie – non comme un moyen pour une "autre" fin, mais comme sa propre fin. Il suppose que la vie tout entière – la vie quotidienne – devienne œuvre d'art et "joie que l'homme se donne à lui-même" » (I.214). Il ne s'agit pas de trouver ou retrouver des recettes de sagesse bourgeoise, d'aménager son temps pour le loisir, de viser le confort trivial et de vouloir le plaisir consumériste, mais d'envisager la fin de l'aliénation – projet de Marx & de Lénine, rappelons-le, selon Henri Lefebvre.

28

« **Le grand pléonasme** ». La *Critique de la vie quotidienne* nomme donc l'entreprise menée par le philosophe matérialiste, un nouveau philosophe dans l'esprit nietzschéen, guidé par la pensée historique et la méthode dialectique d'un Marx libertaire. Le travail de *négativité* consiste à déconstruire l'aliénation en la montrant à l'œuvre, en acte, dans la vie quotidienne ; le moment de *positivité* suppose qu'après la destruction de ce qui aliène, on réalise un homme dans l'esprit de l'homme total du Marx des *Manuscrits de 1844* : un homme qui ignore la vie mutilée, la coupure entre la théorie, la contemplation, le travail intellectuel et la pratique, l'action, l'activité manuelle. Ce travail du négatif s'effectue dans les trois volumes de la *Critique de la vie quotidienne* ; l'heure du moment positif qui verra l'avènement de homme faisant de sa vie une œuvre d'art, activant l'art de vivre, ce sera incontestablement l'individu des événements de Mai 68 pensé comme une fête.

Avant d'en venir à Mai 68, voyons ce qui, dans ces années de l'immédiat après-guerre, constitue l'aliénation comme une vérité existentielle et sociale, ontologique et historique, factuelle et métaphysique. Ne perdons pas de vue que, bien que datées (décembre 1956/février 1957), ces analyses apparaissent aujourd'hui d'une redoutable pertinence intellectuelle. L'intelligence critique montrée par Henri Lefebvre en matière d'analyse de ce qui aliène l'homme et la femme du XXe siècle surclasse nombre d'intellectuels de l'époque – Sartre par exemple, si l'on souhaite donner raison à Henri Lefebvre…

À l'heure où il écrit ces analyses, en 1956, la France compte 500 000 téléviseurs, soit 6,1 % des ménages ; juste après la guerre, en 1949, on comptait 3 000 récepteurs, soit 1 % des foyers équipés ; au cours des années 60, près de deux millions de petits écrans trônent dans les maisons ; à l'heure où j'écris, le problème n'est plus de savoir s'il existe un poste dans chaque habitation, mais combien… En un demi-siècle, la France a construit son foyer autour de cet instrument. Contemporain de *Pour vous Madame* (1951), *Trente-six chandelles* (1952), *La Piste aux étoiles* (1954), *La Caméra explore le temps* (1957), Henri Lefebvre livre des analyses qui conservent leur pertinence dans la civilisation numérique.

La *Critique de la vie quotidienne* inscrit l'émergence de la télévision dans la naissance de la civilisation des loisirs : les activités qui supposaient des acteurs agissants (la promenade en famille, la marche, la randonnée, le sport, le camping, le jardinage, le bricolage, la fréquentation du musée…) laissent place à des consommateurs passifs (le cinéma, la télévision, l'écran). La civilisation industrielle crée le besoin de loisir chez les masses afin de pouvoir le satisfaire et de dégager des bénéfices par les activités afférentes à la satisfaction de ces désirs.

Le loisir devient divertissement ; le consommateur lui demande l'oubli de ses conditions de travail, de la souffrance quotidienne, de l'exploitation ordinaire, de la misère journalière, du labeur habituel. La radio, le cinéma, la télévision offrent un monde séparé, distant, éloigné du vécu, embelli.

Henri Lefebvre de prédire : « D'habiles fournisseurs produiront *au jour le jour* des images de la *quotidienneté*, images dans lesquelles le laid devient beau, le vide plein, le sordide grand. Et l'affreux "fascinant". L'exploitation des exigences et de l'insatisfait que chaque homme "moderne" porte en lui est si habile et si persuasive que l'on peut difficilement se refuser à la séduction ou à la fascination de ces images » (I. 43).

Les « mass-media » (II. 225), comme on ne dit plus, présentent deux aspects, l'un, positif, l'autre, négatif : ils permettent de porter à la connaissance du plus grand nombre les chefs-d'œuvre des civilisations ou les trésors de l'humanité par des émissions qui « affinent le goût, améliorent le niveau culturel, instruisent, éduquent, vulgarisent une culture encyclopédique. *En même temps,* elles rendent passifs ceux qu'elles atteignent. Elles les infantilisent. Elles leur "présentent" le monde sur un mode particulier, celui du spectacle et du regard, dont nous avons noté et dont nous soulignons encore l'ambiguïté : la non-participation dans la fausse présence » (II. 225-226).

Lefebvre reproche aux médias de former le goût, quand il s'avère mauvais, d'obnubiler le jugement, de fasciner et d'écœurer par la saturation d'images, par la multiplication d'actualités et l'empilement de « nouvelles sans nouveautés » (II. 226) ; il ajoute qu'avec l'addition de commentaires, le langage se trouve menacé en même temps que la cohérence, la réflexion, le vocabulaire et l'expression verbale ; il craint l'épuisement du monde de l'expression au profit d'une situation effrayante qui nous conduit vers un « point limite où chacun sera spectacle pour tous, et où l'événement se diffusera pendant son accomplissement, point limite que nous appelons le grand Pléonasme, la Tautologie suprême, l'Identité ultime du réel et du connu, fin de la surprise dans l'illusion de la surprise incessante – fin de l'ambiguïté dans son triomphe » (II. 226).

29

« **Auschwitz,** ***cité capitaliste*** ». Lefebvre met en relation les analyses de Marx sur l'aliénation, la fétichisation de la marchandise et la mystification. Il renvoie à la présentation des *Morceaux choisis* de Marx effectuée en son temps (1934) avec Norbert Guterman sur l'importance généalogique de la *fétichisation de la marchandise* pour mettre à jour la généalogie de l'aliénation. L'analyse se trouve dans *Le Capital*. Que faut-il entendre par cette expression ?

L'argent, la monnaie, la marchandise et le capital n'existent pas en soi, mais en fonction des relations que les hommes entretiennent. Quand les hommes croient que ces réalités conjoncturelles existent comme des réalités substantielles, en soi, ils en font des fétiches : ils leur confèrent une vie autonome. Ainsi, « en maniant l'argent, on oublie, on ne sait plus qu'il est du travail "cristallisé" et qu'il ne représente que du travail humain ; une illusion fatale lui confère une existence extérieure. La théorie du fétichisme montre donc la base *économique, quotidienne,* des théories *philosophiques* de la mystification et de l'aliénation » (I. 193). Le fétichisme de la marchandise suppose une réification des rapports sociaux et une personnification des choses – la relation humaine devient un objet pendant que les choses acquièrent une autonomie. Les hommes se trouvent ainsi arrachés à eux-mêmes, à leur nature, à leur existence.

Le capitalisme génère donc une aliénation que la critique de la vie quotidienne se propose d'abolir. Henri Lefebvre utilise une audacieuse comparaison pour expliquer le mécanisme de la société capitaliste : il la rapproche du camp de concentration (une idée qui fait la réputation du philosophe italien Giorgio Agamben qui effectue des variations sur cette idée dans *Moyens sans fins*) et fait du nazisme la formule la plus crue de la société capitaliste. Henri Lefebvre s'interroge en effet sur la question « de la vie urbaine, de la vie populaire, de la vie des cités industrielles », puis il pose la question : « Où, comment, dans quelles expériences révèle-t-elle son essence ? » (I. 254-255) et il répond brutalement : *dans les camps de concentration nazis...*

On ne peut se contenter de dire des camps qu'ils étaient conçus et pensés pour exterminer : cette sale besogne pouvait s'effectuer plus facilement en fusillant les détenus en masse. Pas plus qu'on ne peut dire qu'ils étaient voulus pour le travail : le rendement dans les enceintes concentrationnaires était dérisoire et les corps destinés au travail maltraités, donc nullement performants. Les déportés revenus qui témoignent soulignent le caractère absurde, *ubuesque* écrit David Rousset dans *Les Jours de notre mort*, de ce monde-là. Ubuesque, mais brutal, violent, humiliant : il s'agissait de supprimer toute dignité aux détenus. L'absurde coexiste avec la raison : l'absurde dans le détail, la raison dans le plan d'ensemble. Henri Lefebvre voit cette barbarie absurde des camps à l'œuvre dans les usines, les bureaux de l'administration, le tribunal, la caserne, la grande ville. « La barbarie scientifique » (I. 258) qui caractérise l'univers concentrationnaire se trouve dans les fondations mêmes de notre vie quotidienne.

Les nazis ont voulu recréer dans les camps la jungle des origines : la science se proposait le retour à l'état d'avant la science. La ruse, la violence, la jalousie, l'égoïsme, l'abolition de la solidarité, l'extinction de la fraternité au profit des instincts les plus bas, voilà ce que voulaient les promoteurs de l'univers concentrationnaire. L'intelligence devait succomber sous les assauts de la sauvagerie. Le cortex s'effaçait au profit du cerveau reptilien. La société du camp montre une évidence terrible : « Auschwitz, *cité capitaliste* » (I. 260).

Il existe donc des explications à l'univers concentrationnaire. Certes, on peut en appeler au sadisme hitlérien, ou bien à la constitution d'otages virtuels, mais Henri Lefebvre donne une signification, la sienne : « Le fascisme représente le cas limite du capitalisme – et le camp de concentration la forme extrême et paroxystique, le cas limite de la cité moderne, de la ville industrielle. Les intermédiaires entre nos villes et le camp de concentration peuvent être nombreux : le coron de mineurs, les baraquements des villages provisoires pour ouvriers, les villages des travailleurs coloniaux… Le rapport n'en existe pas moins ! » (I. 261). La lumière noire du camp de concentration éclaire d'une lueur terrible la vie quotidienne qu'il nous faut désormais penser en relation avec cette cruelle vérité.

30

L'antidote au camp. Si le camp de concentration expose la quintessence de la vie quotidienne aliénée par le régime capitaliste dont le fascisme constitue la formule la plus sévère, peut-on envisager un autre monde ? La réponse est oui. Henri Lefebvre persiste dans son marxisme hétérodoxe : il croit que Marx & Engels, mais aussi le marxisme, tout autant que Lénine, donc le marxisme-léninisme, fournissent une réponse. Certes, il faut tourner le dos à la lecture fossilisée de Marx et des siens que pratiquent les bureaucrates de l'Union soviétique, aidés en cela par leurs intellectuels organiques relayés en France par une communauté de néo-bolcheviques dommageables pour la vitalité de Marx et du marxisme.

Henri Lefebvre ne perd jamais une occasion d'en appeler à son Marx libertaire : l'auteur du *Manifeste du parti communiste* est le même que celui du *Capital*, il veut, de la même manière que celui des *Manuscrits de 1844*, la fin de l'État, son dépérissement, sa disparition. Lénine lui aussi fait sienne cette fin du dépassement de la machine étatique au profit d'une gestion directe du monde par les travailleurs. Si la dictature du prolétariat a un sens, ça n'est pas, selon le dogme soviétique, la dictature du parti sur le prolétariat, mais le pouvoir donné aux prolétaires.

La matrice du marxisme hétérodoxe de Lefebvre se trouve dans la Commune. Il écrit en 1965 *La Proclamation de la Commune* en prenant à revers la théorie marxiste classique d'une révolution manquée parce qu'elle n'était pas inspirée par Marx... Pour Lefebvre, le Marx qu'il revendique, celui de l'abolition de l'État, est bien l'inspirateur de la Commune – au même titre que Proudhon, dont on sait pourtant que Marx l'a détesté, pourchassé, combattu, vilipendé... Voilà donc les deux frères ennemis réconciliés ! Ainsi, le philosophe du fédéralisme, du mutualisme, de la coopération, l'auteur de *Philosophie de la misère*, est promu compagnon de route du penseur de la dictature du prolétariat, de la nécessaire violence dans l'histoire, du messianisme révolutionnaire. Le signataire de *Misère de la philosophie* entièrement consacré à démonter et ridiculiser Proudhon se trouve donc adoubé... proudhonien à sa manière !

Henri Lefebvre écrit en effet : « La grande idée de la Commune, idée que les marxistes ne peuvent rejeter, à savoir la gestion démocratique directe de leurs affaires par les citoyens réunis en conseils, commissions et comités, cette idée ne peut se séparer du proudhonisme qui le premier l'exposa » (154). La lutte qui oppose faussement, selon Lefebvre, les tenants du socialisme autoritaire marxiste et les défenseurs du socialisme libertaire proudhonien se trouve abolie. Marx, Proudhon & Lénine, parce qu'ils veulent pareillement la fin de l'État et le pouvoir des travailleurs sur leur outil de production, œuvrent dans le même sens.

Si le *Camp nazi* incarne la quintessence du capitalisme et le fascisme sa formule la plus visible, la *Commune parisienne* en offre l'antidote le plus efficace. Le Camp a besoin de l'État qui est son instrument : la Commune exige son abolition. Auschwitz vit de hiérarchie, de soumission, de sujétion, d'aliénation, d'humiliation, de déshumanisation ; les Fédérés, de contrats, de mutualisation, de coopération, de partage, de fraternité, de solidarité. Sous le régime national-socialiste, la violence et la mort font la loi, on tue, on massacre, on torture, on s'acharne en barbare sur le corps de l'être auquel on dénie l'humanité ; dans les quelques semaines qu'a duré la Commune, la peine de mort a été abolie et la guillotine brûlée devant la statue de Voltaire le 6 avril 1871. Les nazis célébraient un culte à la pulsion de mort ; les Communards, à la pulsion de vie.

31

Éloge de la Commune. Henri Lefebvre écrit : « La Commune ? Ce fut une fête, la plus grande fête du siècle et des temps modernes. L'analyse la plus froide y découvre l'impression et la volonté des insurgés de devenir les maîtres de leur vie et de leur histoire, non seulement en ce qui concerne les décisions politiques mais au niveau de la quotidienneté » (389-390). De fait, la Commune fut un grand exercice de philosophie politique concrète. J'ai déjà eu l'occasion de répondre à cette question : « Que fut la Commune de Paris ? », en donnant cette réponse : « Une brève insurrection populaire qui dura deux mois, entre le 18 mars et le 28 mai 1871. Pendant ces dix semaines, les Communards ont réalisé un nombre incroyable de gestes révolutionnaires : suppression des ventes du mont-de-piété ; abandon des poursuites pour loyers non payés ; allongement des délais pour le paiement des dettes ; attribution de pensions pour les blessés, les veuves, les orphelins, les gardes nationaux tués au combat ; réquisition des logements inhabités ; création d'orphelinats ; ventes publiques d'aliments aux prix coûtants ; distributions de repas ; instauration du mandat impératif ; proclamation du droit sacré à l'insurrection ; proclamation de la République universelle pour réaliser dans les faits l'abolition de l'esclavage votée en 1848 ; incendie de la guillotine place Voltaire, suppression de la peine de mort ; attribution des ateliers abandonnés aux coopératives ouvrières après indemnités aux propriétaires ; réduction du temps de travail à dix heures par jour ; encadrement ouvrier dans les usines et les ateliers ; interdiction du travail de nuit pour les enfants ; égalité des salaires entre hommes et femmes ; création d'un salaire minimum ; reconnaissance de l'union libre ; mariages par consentement mutuel ; gratuité des actes notariaux ; séparation de l'Église et de l'État ; rupture avec le Concordat ; suppression du budget des cultes ; sécularisation des biens du clergé ; école gratuite et laïque ; laïcisation des hôpitaux ; liberté de la presse ; reconnaissance de droit des enfants illégitimes ; instauration d'une inspection des prisons ; création d'écoles professionnelles… »

Cette fête, Henri Lefebvre la voudrait constitutive à nouveau de la politique. Il sait que la Révolution russe n'a produit aucun effet dans la vie quotidienne du Soviétique moyen. La preuve de la révolution, c'est le changement qu'elle apporte dans le vécu le plus banal, le plus commun, le plus trivial. On comprend qu'avant Mai 68, la pensée d'Henri Lefebvre ait pu nourrir la théorie situationniste. Guy Debord et Raoul Vaneigem, pour les plus connus, ont lu son œuvre, l'ont rencontré, ont débattu avec lui. Son marxisme libertaire avait tout pour déplaire à la droite, au Parti communiste français, aux intellectuels néo-staliniens de ce Parti, aux althussériens et autres tenants d'un marxisme structuraliste. Il avait également tout pour déplaire à Marcuse qui, en politique, préférait Dionysos à Apollon.

32

« **Un réformisme révolutionnaire** ». Quand il analyse Mai 68 dans *L'Irruption de Nanterre au sommet*, l'année même des événements, Henri Lefebvre se réjouit d'abord que les faits donnent tort aux structuralistes qui proclamaient la dépolitisation de la société, la fin de la lutte des classes, la caducité du marxisme, le caractère daté de ses analyses, le dépassement de l'humanisme. Il aime également que la vitalité de la rue donne tort aux embaumeurs de la pensée de Marx, dont ceux qui, au moment même où commencent les échauffourées, dissertent scientifiquement sur Marx à l'Unesco – notamment en compagnie de Marcuse...

Il constate ensuite que la crise n'est pas révolutionnaire en soi mais qu'il lui faut transformer, encadrer, porter la spontanéité révolutionnaire dans un parti. Or le PCF a décidé qu'il ne souhaitait pas cette révolution – la suite lui donne raison... Il l'écrit sobrement et clairement : « Pas de situation révolutionnaire sans parti révolutionnaire ; pas de parti révolutionnaire sans théorie révolutionnaire. » À quoi il ajoute, très concrètement :

« Conjoncturalement, les conditions de la transformation révolutionnaire impliquent : neutralisation des classes moyennes, alliance du prolétariat avec les paysans et une partie de la petite bourgeoisie, isolement politique de la grande bourgeoisie dominante ainsi que de son appareil d'État bureaucratique et militaire » (33). À défaut, on sait ce qu'il advint...

Henri Lefebvre souhaite l'autogestion et non le renforcement de l'État. Il lutte contre le socialisme étatique soviétique et ne peut donc vouloir pour la France d'après-Mai ce qu'il voudrait abolir dans la Russie bolchevique. Il ne croit pas plus dans une gauche réformiste susceptible d'accéder au pouvoir dans le cadre existant. L'État étant monopolistique par définition, il n'est pas la solution, mais le problème. Lefebvre annonce que le prolétariat ancien est mort et se trouve remplacé dans les banlieues par des individus logés, nourris, distraits. La jeunesse ouvrière ressent de l'angoisse, de la haine et recourt volontiers à la violence. Les cités posent problème, l'urbanisme est sauvage, la ville problématique. Parlant de la jeunesse désemparée, il écrit : « Ceux qui les ont vus dans les manifestations ont été surpris par leur style : décontractés dans la violence, partant à la conquête de la ville et de la vie avec une audace transcendante, souvent sous le signe des drapeaux noirs » (92) – ces analyses datent de 1968...

La solution n'est pas dans l'opposition réforme/révolution que Lefebvre trouve caduque : une révolution est un ensemble de réformes avec pour but la réalisation de l'autogestion. Les réformes révolutionnaires sapent les fondations de l'édifice. Le bond révolutionnaire et la gradualité réformiste fonctionnent dans une relation dialectique, le tout visant l'abolition de l'État. Il faut « un réformisme révolutionnaire orienté par une théorie de la transformation globale (industrielle et urbaine) » (117).

Ni le socialisme étatique de type bureaucratique, le PCF soviétisant, ni le socialisme réformiste dans le cadre de l'État, mais ce *réformisme révolutionnaire* libertaire qui n'oublie pas que Marx & Lénine visaient en leur temps ce même objectif libertaire avant d'être pris en otage par l'URSS et le bloc de l'Est : le dépérissement de l'État et la réalisation de l'autogestion. Pendant de longues décennies, Henri Lefebvre a proposé au marxisme du moment de sauver la mise par un retour à ses sources libertaires ; on le sait, le marxisme n'a pas saisi l'occasion, ni avant Mai, ni après. Bien au contraire, il a persisté dans le mouvement inverse, celui de la dictature. Cette proposition théorique reste d'actualité : lire Marx non pas comme le fondateur de la religion marxiste soviétique, mais comme le penseur libertaire de la fin de l'aliénation et de la réalisation d'un homme pour qui la vie mutilée serait un très ancien souvenir.

II

HERBERT MARCUSE

et « le rêve de l'hédonisme »

1

Issu de Marx. Herbert Marcuse naît le 19 juillet 1898 d'un père qui fut, dit-on, un lointain cousin d'un certain Karl Marx... L'enfant arrive dans une famille riche, le père ayant fait fortune d'abord dans les usines de tissage, ensuite dans l'immobilier. Il vit dans une grande maison avec domesticité. Un chauffeur le conduit à l'école. En 1933, lors de l'arrivée d'Hitler au pouvoir, ce même chauffeur quittera les Marcuse pour se mettre au service de Goebbels. Succès scolaires, bar-mitsva en 1911.

Quand se déclenche la Première Guerre mondiale, Marcuse a seize ans. Au printemps 1916, il est mobilisé, mais sa vue défaillante lui vaut de ne pas être envoyé sur le front. Il est versé dans une unité de zeppelins décimée par les tirs de la défense anglaise et donc réduite à néant. Il obtient une permission extraordinaire et assiste à des cours à l'Université de Berlin. En 1917, il prend sa carte au parti de Rosa Luxemburg, avant de le quitter. En novembre 1918, à Berlin, il participe aux combats qui opposent les révolutionnaires, dont il est, au pouvoir. Les Allemands perdent la guerre. Il reprend ses études en 1919 tout en continuant dans l'activisme révolutionnaire.

Il entre à l'université de Fribourg où il succombe

au charme philosophique d'Husserl et de la phénoménologie. Il manifeste un intérêt pour cette philosophie nouvelle, mais se désole qu'elle ne laisse aucune place à la politique. Il fait de Hegel l'antidote à cette pensée insoucieuse de social et d'histoire. Pourtant, la philosophie ne l'intéresse pas ; il est inscrit en littérature et travaille à une thèse sur le roman d'artiste allemand – un genre qui oppose l'individualité solaire et solitaire de l'artiste à la société dévoreuse de singularités. Le monde de l'art et celui de la vie sont antinomiques. Mais l'artiste fournit des modèles existentiels, esthétiques, politiques alternatifs à la société. L'État, l'Église, l'Université et toutes les institutions sont mises en péril par les artistes qui inventent un esprit nouveau. Il soutient sa thèse en octobre 1922. Husserl participe au jury. L'idée que l'artiste offre une issue esthétique au nihilisme politique et à la brutalité névrotique du capitalisme trouve donc sa généalogie dans ce travail de jeunesse. Quand il écrira *La Dimension esthétique* en 1977, il approfondira les intuitions de l'époque de sa thèse.

Marcuse a découvert le travail du philosophe hongrois Georg Lukács (1885-1970) qui contextualise le roman dans l'histoire de son temps. Pour lui, l'idéologie portée par un roman est souvent celle de la bourgeoisie qui empêche la classe ouvrière de parvenir à la conscience de soi, ce qui constituerait le premier temps d'un grand moment révolutionnaire. Lukács, théoricien marxiste depuis 1917, mais aussi praticien révolutionnaire (il est l'homme de la Terreur rouge en Hongrie), défend le réalisme littéraire, seule façon de conduire la classe ouvrière à la conscience de soi.

2

Politique de l'esthétique. Dans cette perspective, il combat la modernité littéraire en général – et Kafka, Joyce, Beckett en particulier. Au moment où Marcuse travaille à sa thèse, Lukács rédige ce qui reste son opus majeur : *Histoire et conscience de classe* (1923). À cette époque, le penseur hongrois a publié *L'Âme et les formes* et *La Théorie du roman*. Le trajet de Lukács – critique littéraire, néohégélianisme, conversion au marxisme, engagement militant, écriture – fournit un modèle existentiel à Herbert Marcuse. Mais Lukács soutient le socialisme soviétique alors que Marcuse incarne déjà une gauche radicale libertaire en dehors des partis.

Marcuse publie *Le Triangle*, un mensuel expressionniste. En 1924, il épouse Sophie, une étudiante en mathématiques. Il s'installe avec elle dans le domicile familial. Le père de Marcuse lui donne des parts dans une société éditoriale et de commerce de livres anciens. Il dispose donc de loisirs et travaille en même temps sur Schiller qui fournit nombre d'idées à *Éros et civilisation*. Le poète allemand auquel on doit les *Lettres sur l'éducation esthétique de l'homme* associe esthétique et politique, il fait de la revendication artistique une priorité sur la politique. Avant Wagner, avant Nietzsche, Schiller propose une esthétique politique, voire une politique esthétique. Marcuse s'inscrit très tôt dans ce lignage.

D'abord enthousiaste à la nouvelle de la prise de la Bastille le 14 juillet 1789, défenseur de l'idéal républicain de liberté, d'égalité, de fraternité,

Schiller pense autrement la révolution à partir de la décapitation de Louis XVI le 21 janvier 1793, puis il manifeste clairement sa désapprobation vis-à-vis de la Terreur et de la barbarie sanguinaire de la Révolution française. Il voit bien que l'idéal revendiqué cache des passions tristes – la jalousie, le ressentiment, l'envie, l'arrivisme, l'ambition, le carriérisme... Marcuse sait que la révolution charrie ce genre de boue existentielle.

3

Avec, sans et contre Heidegger. Marqué par Husserl, touché par Schiller, intéressé par Marx, Marcuse lit *Être et Temps* (1927) de Martin Heidegger. Il apprécie la recherche ontologique du philosophe allemand qui peste contre la métaphysique occidentale coupable d'une double faute : l'oubli de l'être et le seul souci des étants, autrement dit, dans un langage platonicien, l'oubli de l'Idée et le souci de l'Apparence. Sous une allure nouvelle, avec des formules spécifiques au style mystico-poétique d'Heidegger, la vieille ritournelle de Platon se trouve à nouveau chantée en plein XXe siècle : il s'agit d'une critique du matérialisme au nom de l'idéalisme qui se pare du vocabulaire allemand et oppose l'ontologique à l'ontique – autrement dit : la science de l'être en tant qu'être et la science des étants, plus prosaïquement de ce qui est, de ce qui existe concrètement.

On peut imaginer que l'ontologie heideggérienne retient moins l'attention du jeune Marcuse que la critique de la technique qui se trouve dans ce gros livre ou bien encore la généalogie d'une philosophie qui s'appuierait sur le concret de l'être subjectif : l'existence humaine de l'être fournit la base à partir de laquelle une nouvelle philosophie est pensable. À cette époque, Marcuse croit qu'il est possible d'effectuer une synthèse méthodologiquement hégélienne entre le Marx des *Manuscrits de 1844* et le Heidegger de la subjectivité concrète d'*Être et Temps*. Marxisme et existentialisme semblaient deux philosophies susceptibles d'en produire une troisième.

Marcuse devient l'assistant d'Heidegger – dans le lieu même où Heidegger avait été l'assistant d'Husserl : à Fribourg. En 1929, Marcuse publie « Sur la philosophie concrète », un article qui invite, toujours à partir d'Heidegger, à mettre le concret au centre des préoccupations théoriques et pratiques de la philosophie. Il se propose alors de mener un combat « pour de nouvelles possibilités de l'être » (*Philosophie et révolution*, 156) qui renvoie à « la vie ». Il aime que son maître parle de philosophie concrète, mais il trouve qu'il ne va pas assez loin dans la matérialité de cette concrétude. Contre le marxisme officiel qui échoue sur le terrain concret, Marcuse propose un genre de « marxisme heideggérien ».

Marcuse rédige sa thèse d'habilitation à enseigner à l'université sur Hegel avec Heidegger comme directeur : *L'Ontologie de Hegel et la théorie de l'historicité*. Il la soutient en 1932. La passion de Marcuse pour Heidegger qui datait de 1928 évolue vers une détestation explicite après la guerre, en 1947 : le souci heideggérien du concret avait eu le temps de montrer ses limites, l'auteur d'*Être et Temps* ayant pris sa carte au parti nazi dès 1933 avant de devenir un recteur d'Université nazi très zélé... Peu de temps avant l'arrivée d'Hitler au pouvoir, Herbert Marcuse s'exile en Suisse et entre à l'École de Francfort. En 1934, il rejoint les États-Unis et débarque à New York le 4 juillet. On découvrit plus tard, par une lettre d'Husserl à Riezler, que le nazi Heidegger bloqua l'habilitation du juif Marcuse (Wiggershaus, 98).

4

À l'École de Francfort. Marcuse entre à l'Institut de recherche sociale de Francfort, dite École de Francfort, en 1933. Le philosophe Max Horkheimer le dirige. Qu'est-ce que l'École de Francfort ? Un rassemblement de philosophes fondé en 1923 à Francfort par Felix Weil, fils d'un riche négociant en grains ayant fait fortune en Argentine et qui consacre son argent à cette cause philosophique. Il organise la *Première semaine de travail marxiste* à l'été 1922 en Thuringe afin de mettre au point un marxisme vrai ou pur. C'est l'embryon de l'École. Celle-ci se propose d'étudier le marxisme en dehors des contraintes de politique politicienne, ce qui n'a tout de même pas empêché l'École d'entretenir des liens avec l'Institut Marx-Engels de Moscou. Aux côtés d'Horkheimer, on trouve Adorno qui rend compte de la thèse de Marcuse sur Hegel dans la *Revue de recherche sociale* (1932).

Arrivés au pouvoir, les nazis ferment ce lieu de recherche marxiste. L'École devient la Société internationale de recherche et essaime à Genève, à l'École normale supérieure de Paris où Célestin

Bouglé les accueille et à Londres, puis aux États-Unis jusqu'en 1950, avant le retour en Allemagne. C'est à cette époque que l'Institut est nommé École de Francfort. Le milieu universitaire tient à distance respectable ces philosophes qui pensent des objets qui leur répugnent : la nature du prolétariat, le rôle et la fonction de la classe ouvrière, la montée du fascisme, les mécanismes de l'autorité, le rôle de la famille dans la constitution du fascisme, les potentialités pratiques du marxisme, les modalités du racisme... Les tenants de l'École de Francfort défendent une « théorie critique ».

L'École de Francfort est également le lieu dans lequel Erich Fromm propose de concilier le premier Marx humaniste et penseur de l'aliénation avec le dernier Freud philosophe et sociologue de la culture. Fromm a très tôt signalé dans *La Mission de Sigmund Freud* que le psychanalyste viennois défendait une philosophie foncièrement réactionnaire, conservatrice, qu'il avait manifesté un réel compagnonnage avec les régimes fascistes européens, qu'il a proposé une théorie personnelle et subjective, et non une science universelle, qu'il était d'un autoritarisme insupportable dommageable pour la discipline, qu'il avait construit la psychanalyse comme un mouvement religieux ; il le sauvait toutefois pour la dimension critique de son analyse de la société comme d'une instance produite par le refoulement libidinal. Son livre *Grandeur et limites de la pensée freudienne* (1980) a réitéré la critique effectuée dès 1959.

On lui doit également une réflexion sur *La Crise de la psychanalyse* et la nécessité d'envisager un salut de cette discipline moribonde et inefficace par un compagnonnage avec la théorie du premier Marx, celui des *Manuscrits de 1844* qui proposent une théorie de l'aliénation doublée d'une invitation à réaliser « l'homme total », autrement dit l'individu capable de s'épanouir dans le travail manuel, la production intellectuelle, la théorie et la pratique, la contemplation et l'action. Dans *La Conception de l'homme chez Marx*, il sauve le marxisme par le freudisme et le freudisme par le marxisme. Marcuse s'inscrira dans ce même lignage – une liberté que n'aimeront pas les purs et durs de l'École de Francfort qui, moins libertaires que Fromm et Marcuse, auront toujours du mal à rompre avec une version autoritaire de Marx.

Cette période d'avant-guerre s'avère riche en publications d'articles : « Les fondements philosophiques du concept économique de travail » (1933), « La lutte contre le libéralisme dans la conception totalitaire de l'État » (1934), « Autorité et famille » (1936), « Réflexions sur le caractère affirmatif de la culture » (1937), « La philosophie et la théorie critique » (1937), mais aussi « Contribution à la critique de l'hédonisme » (1938) et « Raison et révolution » (écrit en 1939-1940, publié en 1941).

5

L'hédonisme en philosophie. Quelles sont les thèses de cette « Contribution à la critique de l'hédonisme » ? De façon paradoxale, on pourrait dire que Marcuse propose en cette année 1938 un *hégélianisme épicurien* – voire un *épicurisme hégélien* !

L'association de ces deux mots peut paraître étonnante quand on sait que le philosophe allemand a proposé une très sévère critique d'Épicure et de l'épicurisme dans ses « Leçons sur l'histoire de la philosophie » (bavardages, futilités, inconséquence, inintérêt, vulgarité, simplicité, trivialité, superficialité...) qui semble empêcher ce genre de réconciliation. Hegel se réjouissait en effet que les œuvres d'Épicure aient été perdues et écrivait : « Nous ne pouvons avoir aucun égard pour les pensées philosophiques d'Épicure, ou plutôt, ce ne sont nullement des pensées » (500).

Cet article paru dans la *Revue de recherche sociale* contient toute l'œuvre à venir du Marcuse de Mai 68. Il constate en effet que les philosophes traditionnels, idéalistes, critiquent l'hédonisme ou l'eudémonisme (que Marcuse ne distingue pas) au nom d'une vérité supérieure : la Raison – Platon, Aristote, Spinoza, Leibniz, Kant, Fichte, Hegel, Hermann Cohen. Pour cette série de penseurs, le plaisir ou le bonheur ne sauraient constituer le souverain bien qui est la Raison confondue avec la Vertu, la Vérité, la Loi, la Famille, la Société, l'État, le Travail...

En revanche, il associe l'hédonisme et la « Théorie critique », autrement dit, la pensée de l'École de Francfort : « Dans la mesure où la protestation matérialiste de l'hédonisme préserve un aspect de la libération de l'homme décrié ailleurs, il rejoint le propos de la Théorie critique » (176). Mais quel hédonisme ? Marcuse effectue une esquisse de l'histoire de l'hédonisme comme philosophie du bonheur universel en une phrase : « On trouve de telles tentatives dans l'eudémonisme antique, dans la philosophie chrétienne du Moyen Âge, dans l'humanisme et dans la philosophie française des Lumières » (186) – on songe en effet à Aristippe de Cyrène et Épicure, à l'épicurisme romain de Lucrèce ou à sa formule tardive chez Philodème de Gadara ; aux Frères et Sœurs du Libre Esprit, aux millénaristes du genre Joachim de Flore ; à Erasme et Montaigne, aux libertins baroques ; à La Mettrie, Diderot, Helvétius, D'Holbach ou Dom Deschamps...

6

Cyrénaïques & épicuriens. Marcuse examine les deux hédonismes antiques les plus célèbres : celui d'Aristippe et des cyrénaïques, celui d'Épicure et des épicuriens. Pour Aristippe et les siens : il faut expérimenter le plaisir le plus souvent possible ; peu importe la nature des désirs, tous les plaisirs sont bons pourvu qu'ils soient plaisirs ; la volupté est désirable en soi, sans aucune autre considération ; les voluptés physiques sont supérieures aux voluptés morales de la même manière que les douleurs physiques sont supérieures aux douleurs morales ; les cyrénaïques n'entendent pas du tout sacrifier l'individu à la société ; pas plus ils ne souscrivent à la décision sociale de ce que seraient les bons et les mauvais plaisirs ; le bonheur est subjectif, particulier, il ne saurait viser l'universel, le général ; la vérité n'existe pas, il n'y a que convention sociale et la société ne doit pas faire la loi de l'individu.

Les épicuriens développent une théorie hédoniste différente : le plaisir est le souverain bien, certes, mais pas à n'importe quel prix ; il existe une diététique des désirs et des plaisirs : tous les plaisirs ne sont pas bons en soi, mais relativement à leurs coûts : si un plaisir ici et maintenant doit se payer d'un déplaisir plus tard, il n'est pas un plaisir désirable et il faut s'en écarter ; il existe donc une hiérarchie des plaisirs avec, au sommet, les plaisirs désirables parce que non coûteux en déplaisirs et, à la base, les plaisirs indéfendables car coûteux en déplaisirs à venir ; le meilleur plaisir parmi les bons plaisirs est celui qui assure de la plus grande sécurité et de la plus grande durée possible ; le sage vise l'ataraxie qui définit le bonheur consubstantiel à l'absence de troubles : ne pas souffrir, c'est donc jouir ; les sens sont les organes du plaisir, eux seuls peuvent conduire à la connaissance de ce qui est – or les sens sont décriés par la philosophie classique dominante.

7

Marx au service de l'hédonisme. Marcuse constate que, pas plus chez Aristippe que chez Épicure, l'hédonisme ne constitue une théorie politique : cette école antique propose un idéal individuel dans une cité qu'elle n'envisage jamais de changer. L'hédonisme est amoral. Le futur auteur de *Éros et civilisation* souhaite qu'il devienne moral par un souci de changer la vie quotidienne des gens de façon concrète et universelle – il parle d'une « conception objective du bonheur » (191) vers laquelle il faut conduire l'hédonisme contemporain. La Théorie critique s'inscrit dans la logique d'un eudémonisme universel.

Voici l'impératif catégorique de cet hédonisme de l'École de Francfort selon Marcuse : « Avec le développement complet des individus et des forces de production, la société pourra avoir comme devise "À chacun selon ses facultés, à chacun selon ses besoins". Ici, on retrouve l'ancienne définition hédoniste, qui voyait le bonheur dans une satisfaction des besoins sous tous les rapports » (194). Marcuse a découvert les *Manuscrits de 1844* de Marx en 1932. À cette occasion, il a même dit qu'il avait eu l'impression d'écrire ce texte lui-même et que les thèses de Marx semblaient récapituler les cinq dernières années de son travail.

Dans son *Essai sur Les manuscrits philosophiques de 1844* (1932), il analyse le concept d'aliénation selon Marx : les hommes ne s'appartiennent pas, le capitalisme se nourrit de leur substance, il produit des vies mutilées. Le travail, qui est la source de toute richesse, enrichit le capital, mais jamais les travailleurs auxquels un salaire est octroyé tout juste pour que le capital puisse survivre et refaire ses forces de travail qu'il se voit obligé d'aliéner sans cesse. Le prolétaire subit l'aliénation qui consiste en la séparation de son travail et de sa production : le produit génère une réification qui dépossède le travailleur du fruit de son travail. La division du travail ne permet rien de créatif. L'ouvrier se trouve séparé de son produit, de son humanité, de sa nature, de la nature, des autres hommes. Le travail, en régime capitaliste, nourrit l'aliénation. Il inscrit l'hédonisme à venir dans cet esprit : l'abolition de l'aliénation, la réconciliation du travailleur avec lui-même, la fin du travail aliénant, la réalisation de l'homme total, la destruction de la fétichisation de la marchandise, la libération par le travail.

8

L'hédonisme contre le capitalisme. Dans la civilisation capitaliste, l'hédonisme consiste à célébrer et consommer les biens de consommation. La possibilité de satisfaire ses désirs se trouve donc en relation étroite avec le pouvoir d'achat : « la jouissance conserve un caractère de classe » (195) et les partenaires d'une relation hédoniste relèvent de la même catégorie sociale. Dès lors, « la plus grande partie de l'humanité ne peut disposer que de la fraction la moins chère des marchandises » (195). Seuls les plus puissants peuvent accéder aux plaisirs présentés par la société comme désirables. Les classes opprimées doivent se contenter de divertissements plus triviaux : le sport et le cinéma qui leur présente un monde d'illusions dans lequel ils peuvent oublier leur condition d'hommes aliénés par le système capitaliste via sa société de consommation.

Dans un monde où le travail est présenté comme une valeur, le plaisir ne saurait en être une : il apparaît même comme une antivaleur, une contre-valeur. Le capitalisme inscrit donc le plaisir dans un cadre qui lui permet de le récupérer. Ainsi le plaisir sexuel se trouve rationalisé par la classe dominante qui l'inscrit dans le cadre hygiéniste : la sexualité contribue à la santé physique, psychique et morale des partenaires ; elle trouve son sens dans la production d'enfants, ce qui suppose la création d'une famille car il s'agit d'« engendrer de nouvelles forces de travail pour le processus de domination de la nature par la société » (198). La bourgeoisie arraisonne donc le plaisir sexuel qu'elle encage dans la logique traditionnelle du mariage, de la monogamie, de la fidélité, de la cohabitation.

Vouloir le sexe pour lui-même, parce qu'il donne un plaisir simple, facile, gratuit, épanouissant, passe donc pour le comble de la lubricité. La libido doit trouver sa finalité dans la grossesse qui permet la construction d'une famille. Les enfants fourniront donc des bras pour le travail et le fonctionnement de la machine capitaliste, puis, éventuellement, des soldats pour aller au combat afin d'assurer l'impérialisme du capital qui a besoin d'étendre son territoire pour écouler ses produits. Dans cette configuration, l'hédonisme constitue une arme de guerre contre le capital, la valeur, le travail, la production, le profit.

La journée de travail se trouve organisée pour laisser très peu de place au temps libre ; celui-ci se restreint au loisir qui lui-même se réduit à la détente et à tout ce qui permet au travailleur de reconstituer sa force physique, et rien d'autre. Ainsi le capitalisme organise la limitation du plaisir et l'interdiction de l'hédonisme. Le capitalisme ne se contente pas d'interdire le plaisir, il le réprime tellement qu'il crée un faux hédonisme qui suppose des jubilations perverses : plaisir d'humilier, de s'humilier, plaisir de l'héroïsme guerrier qui suppose le sacrifice de soi, plaisir de faire souffrir autrui, plaisir de s'infliger de la douleur... Marcuse ajoute « les innombrables formes frelatées de la sexualité » (202) – sans plus de précision, on peut imaginer qu'il songe à la perversion, au sens freudien, définie comme le détournement de la libido hors la génitalité hétérosexuelle.

Le véritable plaisir est positif, politique, communautaire, social. Marcuse fournit le programme : « La mise à disposition de la communauté des moyens de production, l'adaptation du processus de production aux besoins de l'ensemble, la réduction de la journée de travail, la participation active des individus à l'administration du tout » (205). La réalisation de ce programme ne permettrait pas d'en finir avec la maladie, les fous et le crime, mais les besoins s'en trouveraient changés, les plaisirs également.

9

Un hégélianisme épicurien. Marcuse envisage l'hédonisme comme une occasion d'en finir avec l'aliénation et de réaliser l'homme total, réconcilié avec lui-même. Quand il écrit ce texte, « Contribution à la critique de l'hédonisme », il a quarante ans. Il a soutenu sa thèse sur Hegel six ans plus tôt et il reste marqué par le philosophe idéaliste. Même si, dans ses *Leçons sur la philosophie de l'histoire*, Hegel vomit Épicure et les épicuriens, même si, dans les *Principes de la philosophie du droit*, il fait de l'hédonisme ce qui sape et détruit ce à quoi il aspire (la Famille, la Société civile, l'État), Hegel pense le plaisir de façon dialectique dans la *Phénoménologie de l'esprit*.

Dans son ouvrage majeur, Hegel oppose en effet « la frivolité » (I. 304) de celui qui vise son plaisir particulier à « la gravité » de celui qui « cherche son plaisir dans la présentation de l'excellence de sa propre essence et dans la production du *bien-être de l'humanité* » (*ibid.*). Marcuse épouse cette thèse : contre l'hédonisme cyrénaïque qui semble préfigurer l'hédonisme consumériste du capitalisme, il propose l'hédonisme épicurien qui va au-delà de la formule frelatée imposée par le capital. Hegel lui permet donc de dépasser la contradiction qui existe entre les deux modalités de l'hédonisme antique au profit d'une philosophie du plaisir constituée en regard de la Théorie critique. Il écrit : « Le rêve de l'hédonisme a toujours été de lier le bonheur et la vérité » (206), une formule derrière laquelle se cachent Épicure pour le bonheur, Hegel pour la vérité et Marx pour le bonheur et la vérité...

Marcuse veut en finir avec la politique capitaliste et ce qui l'accompagne : fonctionnarisation, bureaucratisation, creusement de l'écart des salaires, corruption des ouvriers achetés par le capital. Puis il mobilise Hegel dans son projet néo-épicurien. Il s'agit de réaliser le bonheur universel et de contribuer à un hédonisme généralisé. Hegel a signalé que le progrès général s'obtient par l'entremise de l'individu particulier qui, seul, peut donner au sujet la passion sans laquelle rien n'est possible dans l'histoire. La ruse de la raison explique en effet les mécanismes de ce procédé : l'individu croit agir seul, en fait, il réalise le projet de l'histoire. Le grand homme croit créer l'histoire ; en fait, il est créé par elle. « Les grands hommes de l'histoire sont ceux dont les fins particulières contiennent la substantialité que confère la volonté de l'Esprit du monde », écrit-il dans *La Raison dans l'histoire.* Ce contenu de l'histoire qui ne peut pas ne pas se réaliser (c'est en fait, dans le vocabulaire de l'idéalisme allemand, l'autre nom de la Providence chrétienne...) se trouve « dans l'instinct collectif inconscient des hommes » (113).

Marcuse continue son analyse de Hegel : les hommes doivent viser le bonheur dans une société raisonnable – autrement dit : constituée en regard de la Raison. Mais parce qu'ils sont les instruments inconscients de la ruse de la raison, certains hommes qui font l'histoire peuvent parfois agir de façon « extrême, irrationnelle, explosive » (208). On les voit en effet détruire, briser, casser, avancer sans souci d'éthique ou de morale, tendus vers l'efficacité de leur action ; ils passent pour des criminels aux yeux d'autrui qui ne comprend pas le processus de cette dialectique de et dans l'histoire. On peut imaginer ici que Marcuse songe aux révolutionnaires de 1793 ou à ceux de la Russie soviétique.

La réalisation d'une société raisonnable permettrait la réalisation de la liberté, l'abolition de l'aliénation, la production d'un homme total dans un monde où l'exploitation aurait disparu. L'hédonisme libertaire de cette société nouvelle (l'*être* néo-épicurien) n'aurait alors plus rien à voir avec l'hédonisme consumériste de la société capitaliste (l'*avoir* néo-cyrénaïque). « L'épouvantail du jouisseur déchaîné qui ne songerait qu'à satisfaire ses besoins physiques est encore un résultat de la division entre les forces de production spirituelles et les forces de production matérielles, entre le processus de travail et le processus de consommation. L'une des présuppositions de la liberté est l'abolition de cette séparation. L'épanouissement des besoins matériels doit aller de pair avec l'épanouissement des besoins moraux et intellectuels » (210).

Voilà pourquoi, dans une formule paradoxale, Marcuse peut écrire que « l'hédonisme est aboli dans la théorie critique et la praxis » (210). Dans l'esprit hégélien, la réalisation de l'hédonisme correspond à son abolition : la félicité et la raison se confondent, de même que le bonheur et l'Idée, le particulier et le général, le subjectif et l'objectif, l'individuel et l'universel. Même si Hegel ne vise jamais cet objectif hédoniste, Marcuse l'enrôle dans son combat. Que l'auteur des *Principes de la philosophie du droit* devienne un philosophe qui prépare à l'hédonisme universel, voilà qui permet d'inscrire Marcuse dans le courant des hégéliens de gauche dans la suite de Bruno Bauer, Ludwig Feuerbach, Marx & Engels, Arnold Ruge. Il illustre dans ce début du XXe siècle un courant puissant dans l'Allemagne du siècle passé.

En 1939, Marcuse publie, en anglais, aux États-Unis où il vit alors, *Raison et Révolution. Hegel et la naissance de la théorie sociale*, afin de critiquer les lectures des fascistes italiens qui, via Croce et le Gentile des *Fondements du fascisme*, récupèrent Hegel pour justifier leur État totalitaire. Marcuse analyse ensuite les textes des fascistes allemands qui, via l'Alfred Rosenberg du *Mythe du vingtième siècle* et Carl Schmitt, récusent Hegel, coupable de descendre en droite ligne idéologique de la Révolution française, responsable d'avoir généré le marxisme, incarnant une pensée du pouvoir étrangère à la race germanique... Reste donc un seul Hegel, le bon, le vrai, celui de Marcuse : le philosophe de la pensée négative et de la dialectique qui rend possible la révolution à venir parce que la généalogie de son système se trouve dans la réponse à cette question : comment célébrer la Révolution française, qui ouvre un nouveau monde planétaire, celui de l'universel concret de la liberté, via l'État, tout en évitant la Terreur ? Marcuse va passer sa vie à tâcher lui aussi de répondre à cette interrogation : la Révolution de 1789 sans la Terreur de 1793.

10

Intelligence avec l'ennemi ? Exilé aux États-unis, Herbert Marcuse avait écrit en juin 1942 « La nouvelle mentalité allemande », un texte dans lequel il réfléchissait sur les conditions d'émergence d'un régime totalitaire ; sur sa nature et son fonctionnement ; sur ses ressorts psychologiques ; sur le terrain de crise économique qui nourrit l'envie de dictature ; sur l'idéologie qui contribue à la formation d'un programme politique ; sur l'implication des industriels. Il fournit cette analyse au département d'Intelligence de Guerre (*Office of War Information*, OWI). En mars 1943, il rejoint le Département des Services Stratégiques (OSS), section Europe, et y travaille jusqu'à la fin de la guerre.

Il travaille auprès du gouvernement américain entre 1942 et 1951. Il dépend du ministère des Affaires étrangères au service des études et du renseignement, « L'Intelligence ». Il s'agit, à l'époque, de faire connaître la nature véritable du nazisme par tous les moyens, d'informer les citoyens américains sur l'idéologie nationale-socialiste, donc de contribuer à l'effort de guerre antifasciste. Là où il se trouve, il élabore aussi intellectuellement et concrètement l'après-guerre, les modalités de la dénazification, la reconstruction de l'Europe, la fondation d'une nouvelle démocratie post-Auschwitz.

Bien sûr, il y eut plus tard de beaux esprits marxistes qui firent de ce combat antinazi de Marcuse une preuve d'intelligence avec l'ennemi... américain ! Certes, les services dans lesquels il engage son talent de philosophe donnent naissance en 1947 à la *Central Intelligence Agency*, la CIA – l'Agence centrale du renseignement. Mais les marxistes se rendent-ils compte que le combat antinazi mené par Marcuse avec les Américains l'installait du bon côté de la barricade, alors que les défenseurs de l'URSS furent unis avec l'Allemagne nazie le temps du pacte germano-soviétique, autrement dit entre le 23 août 1939 et le 22 juin 1941 ?

Marcuse publie également « Totalitarisme, destin du socialisme à l'ère de l'unidimensionnalité » en septembre 1945. Puis « Remarques sur Aragon, l'art et la politique à l'ère totalitaire ». Dans ces deux textes, on trouve deux thèses majeures qui contribueront au renom planétaire de Marcuse : le concept d'*homme unidimensionnel* pour caractériser la figure de la modernité technologique, et l'idée du salut politique par l'esthétique, une hérésie dans le milieu marxiste qui ne jure que par la révolution prolétarienne obsédée d'appropriation collective des moyens de production. Pour Marcuse, la superstructure idéologique est moins un reflet de l'infrastructure économique qu'un instrument pour abolir le vieux monde et réaliser l'hédonisme auquel il aspire.

11

Contre l'existentialisme sartrien. Pendant le succès de Sartre, en 1948, Marcuse publie « L'existentialisme. À propos de L'être et le Néant de Jean-Paul Sartre ». Il ouvre son analyse en rendant hommage à Albert Camus – une fois n'est pas coutume... Certes, Camus n'est pas existentialiste, il l'a beaucoup fait savoir à une époque où on associait son travail à celui de Sartre. Marcuse met en exergue les premières pages du *Mythe de Sisyphe* dans lesquelles Camus affirme que l'absurde s'avère l'indépassable vérité – et comment ne pas lui donner raison quand on regarde à quoi ressemble l'époque : triomphe de l'ère totalitaire, apogée du régime nazi en Europe, occupation de la France par les troupes alliées, destruction des valeurs occidentales par les fascismes européens, impuissance de la philosophie à prévoir ou endiguer cette peste brune ; sur quoi, en effet, peut-on construire sa vie dans une pareille configuration ?

Peut-on encore construire sur le cogito cartésien ? Le Moi contemporain n'a plus grand-chose à voir avec celui de Descartes : à l'époque où Camus écrit, Dieu est mort, la religion ne fait plus la loi, le sens de la transcendance a disparu, le nihilisme règne partout, la morale s'est volatilisée... Le Moi flotte entre deux eaux, il se trouve jeté dans un monde absurde, dépourvu de sens, de finalité et d'espérance. Pour Descartes, il permettait la fondation d'un monde nouveau ; chez Camus, il est aussi sable que ce monde nouveau devenu poussière. L'idéalisme, le matérialisme, le spiritualisme, le rationalisme n'ont rien empêché : l'époque est absurde, Albert Camus est positivement crédité pour son tableau ontologique du nihilisme européen.

Selon Camus, l'homme cherche son bonheur dans un monde dépourvu de sens, il invite à mener une vie philosophique indexée sur l'art – un tropisme partagé par Marcuse. Camus refuse de construire une *philosophie de l'existence*, comme Sartre, et préfère inviter à une *existence philosophique*, loin des concepts, de la théorie et des exercices de normalien de l'auteur de *L'existentialisme est un humanisme*. L'auteur de *Noces* propose de vivre une vie absurde ; celui de *La Nausée*, d'en faire des livres. On se doute que Marcuse s'inscrit dans le lignage existentiel camusien plus que dans la ligne existentialiste sartrienne.

12

Le juif coupable d'être persécuté. Marcuse voit bien qu'à cette époque Jean-Paul Sartre refuse et récuse l'histoire : son existentialisme économise la réalité la plus concrète au profit des idées pures. La montée du fascisme, l'Europe totalitaire, la Seconde Guerre mondiale, la Libération, l'ouverture des camps nazis, tout cela compte pour rien chez Sartre qui envisage l'homme de façon ontologique, métaphysique et métahistorique. Sartre se propose de critiquer l'idéalisme, le spiritualisme, la philosophie dominante, mais, écrit Marcuse, « l'existentialisme est partie prenante de l'idéologie qu'il attaque, et son radicalisme est une duperie » (218).

On ne s'étonnera donc pas, écrit Marcuse, que *L'Être et le Néant* puisse paraître en 1943, dans un Paris occupé par les nazis : la légende rédigée par Simone de Beauvoir selon laquelle, trop imbécile, la censure allemande n'a pas compris ce qu'il y avait à déchiffrer dans ce livre, alors que le Français moyen, lui, avait saisi qu'il s'agissait bien d'un éloge de la liberté en pleine Occupation, donc d'un acte de Résistance, est une fiction qui fait encore trop souvent la loi. Si la censure nazie a donné son imprimatur à ce livre, c'est qu'elle l'a effectivement lu pour ce qu'il est : un « Essai d'ontologie phénoménologique », c'est son sous-titre, et non un traité de résistance politique. Certes, Sartre & Beauvoir ont célébré la liberté, mais il s'agissait de la liberté ontologique et pas de la liberté politique.

Faut-il une preuve que Sartre n'a de souci que de la liberté ontologique et jamais de la liberté politique ? Marcuse s'appuie sur *L'Être et le Néant* pour montrer que, selon Sartre, il n'existe pas d'antisémitisme nazi en soi, mais qu'en revanche le consentement des juifs à l'antisémitisme constitue cet antisémitisme : le nazi existe donc parce que le juif le constitue comme tel. Ni l'un ni l'autre n'a d'existence concrète en vertu du postulat de normalien que « l'existence précède l'essence » et qu'il ne saurait y avoir de judaïsme historique. Le juif n'est rien d'autre qu'un fantasme nazi auquel il donne corps. D'où cette phrase terrible de Sartre : « Défense aux juifs de pénétrer ici. – Restaurant juif, défense aux aryens d'entrer, etc., ne peut avoir de sens que sur et par (*sic*) le fondement de mon libre choix » (Sartre, 607, Marcuse, 230). Autrement dit : si antisémitisme il y a, c'est parce que les juifs le veulent bien. On comprend que pareille thèse puisse valoir imprimatur nazi dans la France qu'ils occupent !

Marcuse pointe le risque réel, chez Sartre, de « verser dans le solipsisme transcendantal » (224). Le philosophe qui croit proposer une nouvelle philosophie, soucieuse de l'homme réel et de l'individu concret, commet le même paralogisme que le chrétien affirmant qu'il ne saurait vanter les mérites de l'idéal ascétique, puisque son Dieu s'est fait homme et qu'il s'est incarné – un Dieu de chair et d'os faisant la preuve que le christianisme est bien une religion qui célèbre la chair. Sauf que cette chair est celle de l'anti-corps du Christ ! Sartre parle de liberté, mais il disserte dans le ciel des idées, en compagnie de Platon…

Or, le réel n'est pas l'idée du réel, le concret ne se réduit pas à l'idée du concret, l'étroit terrain de jeu sartrien ; Marcuse écrit : « *La réalité humaine,* c'est par exemple un ouvrier français sous l'occupation allemande ou un employé new-yorkais. Sa liberté est restreinte et son choix dicté à un point tel que leur interprétation existentialiste paraît une pure dérision.. Sartre s'efforce cependant de prouver que, même dans une situation où il est déterminé à un point extrême, l'homme est et reste absolument libre. Certes, dit-il, cet ouvrier est réellement asservi, opprimé et exploité, mais il a "choisi" librement cette situation, et il est parfaitement libre de la modifier à tout instant. Il l'a librement choisie, car cet "asservissement", cette "oppression" et cette "exploitation" n'ont de sens que pour et par le pour-soi, qui a posé et accepté ces "valeurs" et les subit. Et il est libre de changer cette condition à tout moment, puisque ces valeurs cessent pour lui d'exister à partir du moment où il cesse de les poser, de les accepter et de les subir » (229). Liberté ontologique sartrienne contre liberté concrète marcusienne ; idée de la liberté contre réalité de la liberté ; exercice de sophistique d'un normalien idéaliste contre pensée politique d'un juif pourchassé par les nazis ; tropisme solipsiste d'un mandarin germanopratin contre philosophie subversive d'un exilé qui sait que le concret n'est pas une idée...

Marcuse enfonce le clou en écrivant : « Quand la philosophie, en vertu de ses concepts théologico-existentiels de la liberté et de l'homme, en arrive au point de décrire les juifs persécutés et les victimes du bourreau comme étant et demeurant des êtres absolument libres et maîtres des choix qu'ils font, c'est que ces concepts philosophiques sont tombés au niveau de la pure et simple idéologie » (231). La liberté ontologique est une fiction d'étudiant, la fantaisie du normalien que Jean-Paul Sartre ne cessera jamais d'être – quoi qu'il en dise dans *Les Mots* en se prétendant libéré du monde factice des idées qui a toujours été le sien...

13

Sartre 48, un penseur capitaliste. Marcuse fait de la liberté sartrienne une variante de la liberté luthérienne : « L'existentialisme semble donc être une composante de la philosophie bourgeoise » (218). On s'étonne donc, et c'est une *première contradiction* chez Sartre, que le philosophe de l'ontologie lie son propos à la révolution prolétarienne qu'il appelle de ses vœux. Car comment peut-on écrire, d'une part, que les hommes sont libres et que, d'autre part, ils doivent le devenir ? De quelle manière peut-on devenir ce que l'on est déjà ? Ou bien encore : que voudrait dire chercher à obtenir ce que l'on possède déjà ? Si Sartre peut écrire dans *L'Être et le Néant* : « Les tenailles du bourreau ne nous dispensent pas d'être libres » (587), à quoi bon en finir avec les tenailles du bourreau pour se libérer, puisqu'on est déjà libres ?

Cette liberté ontologique sur laquelle il concentre ses efforts, dans le plus total oubli de la liberté politique concrète, fait de Sartre un philosophe bourgeois emblématique – écrit Marcuse. Quand il développe sa théorie d'Autrui, il le montre comme un ennemi qui veut s'emparer de moi. L'intersubjectivité sartrienne est toujours pensée sur le mode agressif et négatif : l'appropriation, l'assujettissement, la domination et la servitude. Sartre écrit longuement sur le sadisme et sur le masochisme comme s'ils étaient des modalités courantes de la relation à autrui. L'autre est toujours « le *voleur* qui me ravit mes possibilités » (231-232).

Ainsi : « Derrière le langage nihiliste de l'existentialisme se dissimule l'idéologie de la libre concurrence, de la libre initiative et des chances égales pour tous. Tout le monde peut "transcender" sa situation, mettre à exécution son propre projet : tout le monde est absolument libre de ses choix. Si défavorables que soient les conditions, l'homme doit les assumer et se réaliser lui-même à partir de cette contrainte. Tout un chacun est maître de son destin » (232). Le Sartre de *L'Être et le Néant* est plus proche du Stirner de *L'Unique et sa propriété* que du Descartes du *Discours de la méthode* : son *pour-soi*, l'autre nom de la conscience, ressemble à s'y méprendre à l'*ego* stirnérien et non au *cogito* cartésien. Sous la plume de Marcuse, Sartre 1948 est le penseur emblématique du capitalisme libéral...

14

Contradictions sartriennes. Sartre met sur un pied d'égalité ontologique l'ouvrier salarié et le patron de l'entreprise, l'employé et l'intellectuel, le serviteur et le maître, le juif persécuté et le nazi persécuteur, le résistant et le collaborateur, car il n'a aucun souci de leur existence concrète. Marcuse dégage une *deuxième contradiction* chez lui : en se moquant de l'existence concrète, puis en réduisant chacun à n'être qu'une essence définie par sa liberté, il affirme le contraire de l'une de ses thèses majeures : car écrire que « l'existence précède l'essence », en faire même la définition de l'existentialisme, et se moquer de toute existence concrète qui réduit chacun à être ce qu'il est a priori, à savoir une essence réductible à la liberté ontologique, c'est affirmer le contraire de sa fameuse thèse.

Car, ou bien *l'existence précède l'essence* : et il n'y a que des individus concrets plus ou moins libres dans des situations où la liberté est plus ou moins grande, et l'essence advient ensuite ; ou bien *l'essence précède l'existence* : et la liberté absolue existe en soi, indépendamment de ses conditions d'existence historique concrète. Puisque Sartre penche pour cette deuxième thèse, alors la première est fausse – c'est pourtant celle qu'il proclame sur le papier... Si le pour-soi, autrement dit la conscience, fait advenir tout ce qui est, alors la vérité du monde n'est pas dans le monde, mais dans la conscience qui le fait surgir.

En affirmant que la liberté est au fondement de tout, et que cette liberté veut d'abord néantiser la liberté d'autrui pour s'affirmer, Sartre aborde la question de la chosification. L'aliénation s'avère donc le fin mot de toute intersubjectivité. Ainsi, l'ouvrier est chosifié, transformé en objet par le propriétaire qui l'inclut dans ses biens propres. Dans « Matérialisme et Révolution », Sartre affirme que la réalité empirique et concrète des sujets se trouve aliénée dans le mode de production capitaliste. Plus question d'imaginer que l'aliénation procéderait du choix de l'ouvrier de l'être, comme il est écrit stricto sensu dans *L'Être et le Néant* ; l'aliénation n'est plus un effet de la paresse du pour-soi qui ne voudrait pas s'en affranchir et lui donnerait de la sorte son efficacité, mais un produit venu de l'extérieur, l'*en-soi,* pour le dire dans le vocabulaire sartrien.

Or si l'aliénation est un produit du pour-soi, elle ne peut l'être de l'en-soi – autrement dit : si l'aliénation est un effet de conscience, donc un processus ontologique interne, elle ne peut être un effet de réel, donc un processus ontique extérieur. Si la liberté est une affaire métaphysique, comment peut-on politiquement la réaliser ? Quand il analyse l'aliénation, Sartre s'installe sur le terrain de l'ontologie phénoménologique ; quand il donne les moyens de s'en affranchir, il change de registre et s'installe sur le terrain politique de la révolution prolétarienne. Mais les deux mondes ne sauraient être réunis aussi facilement que Sartre le laisse croire.

Si la société crée la liberté, notamment par la révolution prolétarienne, alors la liberté n'est pas un concept ressortissant purement de l'ontologie. *Nouvelle contradiction...* Le capitalisme empêche donc une liberté dont Sartre nous disait pourtant qu'elle existait avant toute chose, également répartie en chacun, dans l'absolu, de façon totalement indépendante de l'histoire. Si le pour-soi fait la loi, alors l'en-soi ne le peut pas : en affirmant que la révolution marxiste réalise la liberté, Sartre montre qu'elle n'était pas ontologiquement ou que, du moins, elle n'avait pas les pleins pouvoirs qu'il affirmait dans l'épicentre de son gros livre de 1943.

15

Que peut la philosophie ? Marcuse note que Sartre veut en finir avec l'esprit de sérieux qui fait la loi dans la philosophie. Sa description du garçon de café qui joue au garçon de café est devenue un morceau de bravoure philosophique souvent cité et rarement lu... Le futur penseur de Mai 68 montre bien comment Sartre joue lui aussi au philosophe, non sans talent, mais au détriment du concret, de la réalité, de l'histoire et de la vérité matérielle du monde. Nizan souhaitait en finir avec *Les Chiens de garde,* nul doute qu'ayant assez vécu pour lire *L'Être et le Néant,* le philosophe mort d'une balle perdue sur le front de Dunkerque en 1940 aurait, comme Marcuse, inscrit ce gros ouvrage dans la liste des monuments de l'idéalisme, du spiritualisme et autres idéologies au service du capitalisme et de l'exploitation libérale.

Dans cette lutte contre la philosophie pratiquée par les normaliens comme un jeu d'enfant, Marcuse écrit : « L'existentialisme joue avec chaque affirmation jusqu'à ce qu'elle se révèle être négation, modifie chaque proposition jusqu'au moment où elle s'inverse en son contraire, pousse toute thèse à l'absurde, transforme la liberté en contrainte et la contrainte en liberté, le choix en nécessité et la nécessité en choix ; il va de la philosophie aux belles-lettres et inversement, mêle ontologie et sexologie, etc. » (245). Marcuse parle de « jeu d'artiste » ou de « roman existentialiste », et il déclare la guerre à cette vieille philosophie incapable de penser le réel concret, les souffrances de la classe ouvrière, les mécanismes du totalitarisme nazi qui écrase l'Europe, les logiques contemporaines de l'aliénation, la plasticité du capitalisme, la production de l'homme unidimensionnel.

La philosophie échoue à saisir la vérité du monde concret parce que sa tradition est idéaliste, spiritualiste. Depuis plus de vingt-cinq siècles, elle obéit à la loi de ceux qui la construisent : des aristocrates oisifs, des théoriciens fumeux, des défenseurs de l'état de fait, des vendeurs d'arrière-mondes, des intellectuels nébuleux. La philosophie évite le monde réel et concret pour lui préférer l'idée du monde. La production matérielle, la pratique concrète, la praxis révolutionnaire, la misère effective, les soucis de la population opprimée constituent des objets à part : la philosophie ne s'y intéresse pas.

Sociologiquement, les philosophes proviennent

d'un monde dans lequel on ignore la brutalité du monde. Si certains la connaissent, c'est par les livres, avec le filtre des bibliothèques, épurée par les discours savants. Comment, dès lors, plus de deux mille ans de pensée auraient-ils pu produire autre chose que l'idéologie en vertu de laquelle l'intelligible platonicien, l'âme chrétienne, la substance pensante cartésienne, le nouménal kantien, l'ontologique heideggérien, la liberté sartrienne font la loi au détriment du sensible, de la chair, du corps, de l'empirique, de l'ontique ou de la politique ? Avec son existentialisme, Sartre s'avère un pur produit de la tradition philosophique occidentale.

16

Apostille en faveur de Sartre. Marcuse ajoute une page à son article sur Sartre en 1968 – soit vingt ans plus tard. L'auteur de *L'Être et le Néant* a tourné le dos à son existentialisme d'après-guerre : entre la Libération et les événements de Mai, Sartre a rattrapé le temps perdu en politique. L'homme qui se moquait du Front populaire en 1936, qui n'a pas vu monter les fascismes en Europe, qui n'a rien compris au nazisme avant la guerre, qui a considéré le camp de prisonniers comme un moment pas désagréable dans sa vie, qui a écrit dans un journal collaborationniste, qui a pistonné Beauvoir pour qu'elle travaille à Radio Vichy, a compris l'intérêt qu'il y avait à prendre le train marxiste en marche.

Dès lors, il multiplie les professions de foi en faveur des régimes marxistes-léninistes de l'Est, il défend les camps soviétiques comme moments nécessaires de la dialectique du mouvement révolutionnaire, il célèbre le Cuba de Castro, il vante les mérites du dictateur nord-Coréen Kim Il-sung, il admire avec Simone de Beauvoir, la Chine de Mao... Pendant ce temps, Sartre affirme dans ses *Entretiens* avec John Gerassi que de Gaulle est un « fasciste », un « porc », un « homme de Néandertal », un « crétin pompeux », une « merde », un « maquereau réac »...

Marcuse signale que, dans une note de *L'Être et le Néant,* Sartre n'excluait pas une morale de la délivrance et du salut » (248), mais qu'il faudrait pour cela une « conversion radicale ». Or, cette conversion du philosophe français a eu lieu : pour preuve, Marcuse signale les engagements politiques concrets de Sartre : sa préface aux *Damnés de la terre* de Franz Fanon, son militantisme contre la guerre au Vietnam, son anticolonialisme en faveur de Saint-Domingue. Marcuse prend soin de ne rien dire de son soutien à toutes les dictatures marxistes planétaires. Puis il conclut : « Si réellement, comme il le craint, (Sartre) est devenu une "institution", alors c'est une institution où conscience morale et vérité ont trouvé refuge » (248). Pourtant, Marcuse avait sur l'Union soviétique un jugement bien différent de Sartre...

17

Quid de l'URSS ? En 1952-1955, la fondation Rockefeller lui accorde une bourse pour écrire *Le Marxisme soviétique* à Columbia, puis Harvard. Dans *Sur Marcuse,* Jean-Michel Palmier signale que ce livre est peu étudié. Ce qui est vrai. Pourquoi ? Probablement parce qu'il interdit une historiographie lisse qui permettrait de tailler dans la vie et l'œuvre du philosophe une ligne droite : formation hégélienne, moment heideggérien, conversion marxiste, invention d'une gauche libertaire qui irrigue le mouvement de Mai 68. Car ce livre montre un Marcuse très peu critique du totalitarisme soviétique : il refuse qu'on puisse parler de *socialisme* pour caractériser l'Union soviétique, mais il refuse également qu'on puisse parler de *totalitarisme* sous le prétexte fallacieux que le mot trop imprécis correspond « à une très grande variété de systèmes sociaux ayant des structures différentes » (99)...

Les deux thèses sont soutenues dans tout le livre ; et il ne faut jamais isoler l'une au détriment de l'autre : car, d'une part, *la gauche* veut sauver son modèle théorique marxiste et prétend que le socialisme soviétique n'a rien à voir avec ce que devrait être le socialisme – voilà pourquoi Marcuse affirme que l'URSS n'est pas socialiste ; d'autre part, *la droite* souhaite flétrir le socialisme théorique et pratique au nom du totalitarisme – et Marcuse ne veut pas être assimilé à cette droite-là. Ce qui donne un texte ambigu dans lequel le philosophe évite tout ce qui pourrait être retenu contre lui par la gauche qui, on le sait, ne perd jamais une occasion de décerner des brevets d'orthodoxie et d'hétérodoxie. Il faut du courage pour se réclamer de la gauche sans épouser son catéchisme et souscrire à son orthodoxie.

Sartre fut un philosophe brutal, et en même temps qu'un homme brutal, un penseur brutal. Sa défense de l'Union soviétique et du marxisme s'effectue à la hache : le 15 juillet 1954, dans *Libération* (celui de l'époque…), il affirme : « La liberté de critique est totale en URSS et le citoyen soviétique améliore sans cesse sa condition au sein d'une société en progression continuelle » ; dans la *Critique de la raison dialectique*, en 1960, il fait du marxisme « l'horizon indépassable de notre temps » ; en 1965, dans *Les Temps modernes* il affirme « un anticommuniste est un chien, je n'en démordrai pas » – avant inviter à voter François Mitterrand à la présidentielle de la même année…

Marcuse se fait plus subtil, mais il ne condamne à aucun moment l'Union soviétique dans ce livre de 1954. S'il soulève un certain nombre de problèmes (dictature, totalitarisme, conservatisme, bureaucratie, terreur…), il n'incrimine jamais le marxisme, jamais Marx, jamais le marxisme soviétique, jamais l'Union soviétique, mais toujours les conditions extérieures : une fois, c'est à cause des efforts de guerre exigés par la Seconde Guerre mondiale imposée par le fascisme hitlérien, une autre à cause de la menace impérialiste planétaire qui contraint à la surenchère en matière d'armement, ici il fustige la puissance des monopoles capitalistes, là l'obligation à la productivité, a priori nécessaire au bien-être de tous, mais il ne lui viendrait jamais à l'idée de mettre en cause : une faiblesse théorique chez Marx, une faille doctrinale dans le marxisme, une erreur d'interprétation soviétique, une falsification étatique voulue par le Politburo. Dans ce livre de presque quatre cents pages, on ne trouvera pas un mot contre Lénine, jamais ; aucun contre Staline, nulle part ; nulle dénonciation du goulag dont on connaît pourtant l'existence depuis 1947 avec les livres témoignages de Margarete Buber-Neumann...

On peut donc lire ce livre en privilégiant les critiques de l'URSS et en oubliant de les lire à la lueur des excuses données par Marcuse ; on obtient alors un livre critique sur l'Empire soviétique. Mais l'honnêteté veut qu'on ne fasse pas l'impasse sur la double invitation de lecture qui nous est faite par l'auteur : certes, l'URSS n'est pas socialiste, mais elle n'est pas pour autant totalitaire. Il nous faut alors intégrer les critiques non pas dans une démarche globale antisoviétique, mais dans une démarche dialectique qui invite l'URSS à s'amender dans le sens marxiste ! Car le marxisme soviétique n'est pas socialiste parce qu'il n'est pas assez marxiste ! Il deviendrait socialisme s'il était plus marxiste...

Dans la réflexion du philosophe, le réel soviétique compte pour rien face au souci philosophique de Marcuse qui interroge le marxisme soviétique – et non la société soviétique. Lucide sur Sartre quand il évolue dans le pur monde des idées, il ne l'est pas sur lui-même quand il procède exactement de la même façon. André Gide a publié dès novembre 1936 un *Retour de l'URSS* où le réel soviétique est convoqué pour critiquer le marxisme soviétique, puis le communisme tout court. Mais Marcuse n'a pas souci des files d'attente, de la militarisation de la société, de l'intrusion de la police dans la vie privée, du déclin de la culture, de la formation d'une caste d'apparatchiks vivant comme des nababs, de la misère du peuple, de la généralisation du mensonge dans le pays, et de tout ce que Gide dénonce, puisque seule importe une réflexion sur *le marxisme soviétique*...

18

« **Le marxisme transcendantal** ». La démarche de Marcuse dans cet ouvrage est simple : il souhaite utiliser le texte de Marx contre ce que le marxisme soviétique a fait de lui. Il critique donc le marxisme (pratique) au nom du marxisme (théorique) comme tous les intellectuels idéalistes qui persistent à dissocier le texte (sacré) et son incarnation (imparfaite) en affirmant que le réel n'a rien à voir avec l'idée dont il procède. Ce genre de fantasme platonicien traverse les époques et l'on peut solliciter la catégorie de « marxisme transcendantal », une expression utilisée par Marcuse en 1930, pour se demander si, à cette époque, et avec ce livre en particulier, le philosophe devenu américain ne défend pas un *marxisme transcendantal* de la même manière qu'on pourrait parler de *liberté transcendantale* pour nommer la liberté sartrienne de *L'être et le Néant.*

Pour Marx, le socialisme suppose que le contrôle des moyens de production se trouve entre les mains des producteurs immédiats ; ça n'est pas le cas en URSS. Pour Marx, le prolétariat doit disposer du pouvoir sur son destin ; en URSS, c'est le Parti qui dispose de ce pouvoir. Pour Marx, il faut viser l'abolition de l'État et tout doit converger vers l'objectif de son dépérissement ; en URSS, l'État se trouve renforcé et dispose des pleins pouvoirs. Pour Marx, le socialisme réalise la liberté concrète ; en URSS, l'État et le Parti font régner la terreur. Pour Marx, l'art contribue à la réalisation de l'homme total, il est réappropriation de soi après disparition de l'aliénation ; en URSS, le réalisme socialiste fait la loi et toute recherche esthétique innovante se trouve condamnée comme formalisme et intellectualisme. Pour Marx, la dialectique constitue un mode de pensée critique susceptible de rendre compte des contradictions du monde réel ; en URSS, elle est devenue un catéchisme enseigné dans les écoles : devenue dogmatique, elle sert à légitimer le régime en place. Pour Marx, le socialisme incarne un moment qui doit conduire à la réalisation du communisme ; en URSS, le communisme est loin d'être présenté comme l'idéal à réaliser, car l'État vise simplement la reconduction de sa bureaucratie. Pour Marx, le marxisme réalise la société sans classes ; l'URSS a construit une société inégalitaire avec des classes, dont celles des apparatchiks. Pour Marx, les valeurs de l'éthique bourgeoise devaient disparaître avec la réalisation de la révolution prolétarienne ; en URSS, « l'éthique soviétique » (268) réactive les valeurs petites-bourgeoises de travail, de famille, de patrie, de maternité, de natalité, de fidélité, de monogamie.

Marcuse noie ces thèses dans de longs développements, comme pour tromper le lecteur auquel il faudrait le souci d'une lecture plume à la main afin de sortir de la gangue publicitaire pour l'URSS les condamnations qui s'y trouvent, mais présentées comme des effets d'une cause extérieure au marxisme. Par exemple, quand Marcuse écrit que l'URSS mène « une lutte systématique (...) contre les tendances libertaires qui pourraient mettre en danger les objectifs du régime » (325), il affirme ce qui peut réjouir un militant antitotalitaire ; mais c'est sans compter sur une autre phrase qui annule cette déclaration pour reporter la responsabilité sur autre chose que Marx, le marxisme, le communisme, le marxisme-léninisme, l'URSS, le marxisme soviétique – qu'il veut conserver purs, comme une formule transcendantale. Voici cette autre phrase : « L'élimination de l'éthique libertaire relève des exigences de l'industrialisation primaire » (347).

Autrement dit : la compétition internationale imposée par le capitalisme oblige l'URSS à renoncer aux options libertaires pour leur préférer la dictature qui leur permet de continuer ce combat à égalité avec la puissance capitaliste mondiale. Ce qui permet à Marcuse d'écrire : « Il est sûr que la politique staliniste du totalitarisme a été payante » (347) – en d'autres termes : sous régime soviétique, une rigoureuse discipline au travail, l'augmentation de la journée de travail, l'autorité directoriale, le salaire aux pièces, les primes à la production, l'acceptation du jeu de la concurrence, le souci de la rentabilité, constituent un excellent programme puisqu'il permet de réaliser en deux décennies ce qui autrement aurait été obtenu dans un long temps. Sur le papier, Marx impose un certain état d'avancement de l'économie pour envisager le socialisme ; peu importe que cette fin dogmatique, théorique, littéraire, philosophique, idéale, transcendantale, impose aux Soviétiques des moyens semblables à ceux du pire capitalisme, *idéologie oblige...*

19

Défense de la terreur soviétique. Contrairement à ce qui a pu être dit par ceux qui n'ont pas lu *Le*

Marxisme soviétique mais ont déduit un hypothétique contenu à partir de ce qu'ils savaient de l'auteur d'*Éros et civilisation* et de *L'Homme unidimensionnel*, ce livre ne constitue pas une condamnation du régime soviétique. En revanche, il condamne la pression capitaliste internationale sous prétexte qu'elle contraindrait la Russie bolchevique, à son corps défendant, à mener une économie de guerre, à militariser la société, à soumettre le pays à un régime policier. Devenu citoyen américain, puis bénéficiaire d'une bourse octroyée par la fondation Rockefeller, Marcuse a la prudence et l'habileté, sinon le cynisme, d'épargner les États-Unis dans son plaidoyer pour l'URSS...

Marcuse analyse la terreur avec laquelle l'URSS assure son pouvoir, il écrit que « cette terreur se rapproche d'un système social normalement concurrentiel dans la mesure où les répressions ne sont plus violentes (par exemple révocations ou rétrogradations). Dans sa fonction historique, la terreur peut être progressive ou régressive, selon qu'elle prépare ou non effectivement, grâce à la destruction des institutions répressives, à l'épanouissement d'institutions libérales et l'utilisation rationnelle des forces productives » (148-149). Que doit-on comprendre ? Que le goulag des années 50, l'hospitalisation dans les services psychiatriques des années 60, les tortures chimiques, les « colonies de redressement par le travail » destinées à remplacer le mot « goulag » comptent pour rien ? Et que la *terreur progressive* qui assassine, mais pour le progrès du communisme, est défendable, au contraire de la *terreur régressive* qui abat des hommes sans souci du progrès de la classe ouvrière ?

Cette autre citation, enfin : « La terreur tend à devenir essentiellement technique, et en URSS aujourd'hui la terreur strictement politique semble être l'exception plutôt que la règle » (149). À cette époque, en 1954, pour être plus précis au printemps 1954, des prisonniers du goulag de Kengir au Kazakhstan se soulèvent, prennent possession du camp pendant quarante jours au cours desquels le camp a été autogéré de façon démocratique. Au matin du 25 juin, l'armée soviétique a pilonné le camp avec des chars en massacrant entre cinq et sept cents prisonniers. Alexandre Soljénitsyne a raconté ce soulèvement dans *L'Archipel du Goulag*. L'Union soviétique de cette époque n'est pas ce que Marcuse en dit dans son *Marxisme soviétique*. En matière de Russie bolchevique, Marcuse & Sartre évoluent à cette époque dans un même déni de réalité – c'est le prix à payer pour un dévot au marxisme transcendantal...

20

Le penseur de Mai 68. Le Marcuse de la postérité n'est pas l'auteur de ce plaidoyer pour l'Union desdites Républiques dites Socialistes dites Soviétiques... Mai 68 l'a recouvert de lauriers sous lesquels disparaît ce thuriféraire de la Russie totalitaire. L'homme qui publie *Éros et civilisation* (1955) puis *L'Homme unidimensionnel* (1964) semble ne plus avoir grand-chose à voir avec le défenseur de la terreur progressive soviétique... Le socialisme autoritaire perd l'un des siens ; mais le socialisme libertaire gagne l'un des siens. Ces deux œuvres contribuent grandement à l'esprit de Mai.

Éros et civilisation, sous-titré *Contribution à Freud*, paraît en 1955 à Boston. C'est peu dire qu'il tranche sur le caractère convenu des livres de philosophie du moment ! Marcuse inscrit son travail dans le lignage freudo-marxiste, même s'il n'utilise pas cette expression. Mais le travail entamé par Gross, poursuivi par Wilhelm Reich et, surtout, par Erich Fromm, un temps associé lui aussi à l'École de Francfort avant d'être récusé par le noyau dur marxiste, se trouve clairement poursuivi par l'œuvre de Marcuse qui intervient dans le débat philosophique en affirmant sans détour l'imbrication du sexuel et du politique.

Le tableau qu'il propose de l'époque tranche avec la double vulgate marxiste et freudienne qui sévit alors – à cette époque, Garaudy chez les communistes ou Lacan chez les psychanalystes restent très en deçà de leur temps en matière de lucidité sur cette décennie d'après-guerre. Marcuse note que la lutte des classes ne peut plus se penser comme à l'époque de Marx, car tout est mis en œuvre pour réconcilier le travailleur avec le système, notamment avec le développement de la société de consommation et la propagation de loisirs abrutissants.

Le philosophe américain ajoute à ce tableau d'autres constats : la prolifération d'une information tronquée, l'anéantissement des véritables oppositions, leur lissage dans le spectacle d'un prétendu dialogue, le triomphe des idéologies anti-intellectuelles, l'ensemble contribuant à la standardisation de l'existence et à la production de ce qui deviendra « l'homme unidimensionnel ». Il constate également, une idée qui ne laissera pas

Michel Foucault indifférent, que plus l'étendue des contrôles sur l'ensemble de la sexualité s'avère important, moins il est nécessaire d'activer socialement l'intolérance – dès lors, ce qui passe pour de la tolérance en matière de mœurs ne fait qu'accompagner, souligner et signifier la domination des corps.

De même, Marcuse constate que l'automation dans la production devrait servir une société dans laquelle le loisir prendrait une place de plus en plus importante, mais qu'il n'en est rien dans les faits : l'automation se met au service du capitalisme et permet d'augmenter la productivité sans générer de réduction du temps de travail. Alors qu'elle aurait pu être un instrument de libération du prolétariat, elle s'avère un dispositif d'asservissement de la classe ouvrière. Le robot ne libère pas les hommes car il sert de modèle à la production : au lieu de le libérer, le robot comme machine transforme l'homme en machine aliénée.

Face à ce terrible constat d'un capitalisme dominant, Marcuse souhaite un monde non répressif dans lequel les besoins instinctuels sont libérés ; il invite à satisfaire tout ce qui, dans la civilisation, se trouve refoulé, contenu, retenu, réprimé ; il veut abolir la répression partout où elle se manifeste ; il propose d'en finir avec cette société brutale pour les corps qui laisse plus de place à la pulsion de mort qu'à la pulsion de vie, à Éros qu'à Thanatos. Il donne à la sexualité un pouvoir libérateur et souhaite que la sexualité sorte du cadre monogamique, nataliste, procréateur, familialiste dans lequel le capitalisme l'enferme pour devenir une énergie généralisée capable de transfigurer la société en lieu de plaisir.

21

Éros-Marcuse & Freud-Thanatos. Marcuse effectue une lecture de Freud que le psychanalyste viennois aurait désapprouvée puisqu'il part d'un même constat des faits, certes, mais pour parvenir à des conclusions radicalement opposées. Dans *Malaise dans la civilisation*, Freud développe en effet cette thèse selon laquelle toute civilisation résulte de la sublimation de pulsions libidinales socialement réprimées transfigurées en produits socialement acceptables. La libido réprimée nourrit donc la civilisation. À quoi Freud le pessimiste ajoute qu'il ne saurait en être autrement : toute civilisation est répressive, il est impensable d'imaginer une société bâtie sur autre chose que sur la négation des pulsions libidinales.

Pas question pour Marcuse de souscrire à cette vision tragique, pessimiste, sombre du docteur viennois. Il conserve cette analyse, sans songer une seule seconde à la mettre en cause, mais en tire des conclusions opposées : oui, la civilisation est un produit de la répression de la libido ; non, il n'en sera pas tout le temps ainsi ; oui on peut envisager un monde dans lequel la société ne serait pas la résultante d'une négation libidinale, mais, au contraire, d'une affirmation pulsionnelle. Le grand non freudien à la sexualité libre devient un grand oui marcusien qui envisage d'en finir avec le capitalisme répressif grâce à la célébration d'Éros.

Le mécanisme répressif capitaliste a construit une version frelatée du bonheur qui se trouve paradoxalement assimilé à ce qui le contredit : le travail, la famille, la monogamie, la paternité, l'obéissance deviennent pour les hommes des occasions, du moins le croient-ils, de s'épanouir, de donner un sens à leur existence, de vivre au jour le jour sans se rebeller, en acceptant l'ordre des choses sans jamais le mettre en question. Éros est devenu paradoxalement l'auxiliaire de Thanatos ; dès lors, l'aliénation devient joie, la soumission, plaisir, la sujétion, jouissance. Selon cette logique perverse, plus la servitude s'accroît, plus le progrès augmente. Ainsi, la civilisation exige de plus en plus de répression pour devenir de plus en plus performante. Ce faisant, elle augmente en même temps l'aliénation des hommes.

Marcuse avalise également l'opposition proposée par Freud entre principe de plaisir et principe de réalité. Du côté du principe de plaisir : la jouissance, le désir, la sexualité, la libido, les instincts, la satisfaction, le plaisir ; du côté du principe de réalité : la société, la civilisation, l'ordre, la loi, la répression, l'inhibition. Dans la société capitaliste, tout ce qui relève du principe de plaisir se trouve subsumé sous le principe de réalité, ainsi la société passe avant la jouissance, la civilisation avant le désir, l'ordre avant la sexualité, la loi avant la libido, la répression avant les instincts, l'inhibition avant la satisfaction. Marcuse veut tout simplement inverser l'ordre des choses.

Cette logique perverse existe depuis très longtemps. Elle se reproduit grâce à l'éducation qui dresse les enfants à souscrire à ce programme social. Cette première période d'une existence laisse place à celle de l'adulte que l'on destine au travail parce qu'il détourne la libido et permet, Nietzsche l'avait superbement vu, de rationaliser la répression et d'obtenir des individus qu'ils consument leur énergie libidinale dans des tâches laborieuses qui les épuisent. Dès lors, du berceau au tombeau, la libido se trouve réprimée. Freud affirme qu'il en a toujours été ainsi et qu'il en sera éternellement de même ; Marcuse, non.

De la même manière que Marcuse emprunte à Freud sa théorie de la civilisation comme sublimation, sa thèse sur l'opposition structurante entre principe de plaisir et principe de réalité, il souscrit à une nouvelle opposition : celle qui associe Éros et Thanatos. Lorsqu'il met au point sa seconde topique (ça, moi et surmoi, Marcuse y souscrit également...), Freud affirme qu'il existe dans l'épicentre même de la cellule une pulsion de mort, un « principe de nirvâna » en vertu duquel ce que veut la vie, c'est l'état d'avant la vie, autrement dit : le néant.

Dans les années 1920, Freud biologise donc la psychanalyse dont il n'a cessé de dire qu'elle était construite sur des figures allégoriques et sur des métaphores. Ce virage a été refusé par nombre de ceux qui se réclament pourtant de lui... Freud en conclut au caractère inéluctable, inévitable, obligatoire de l'agressivité entre les hommes. Dès lors, il s'appuie sur cette théorie pour fonder son compagnonnage avec les fascismes européens, seuls capables d'empêcher, selon lui, les manifestations de cette pulsion dans des révolutions, des conflits, des guerres. Toute cette analyse se trouve dans *Pourquoi la guerre ?*, un texte fort logiquement dédicacé à Mussolini de façon élogieuse.

Marcuse ne croit pas au mécanisme pessimiste

de Freud ; il sait qu'il existe une pulsion de mort, que Thanatos existe, certes, mais il ne croit pas à son caractère *biologique* – il fait de cette pulsion la résultante *physique* d'une logique des forces : la répression que la société inflige entretient, nourrit la pulsion de mort, mais elle est culturelle. Il suffit d'inviter à une autre logique, d'effectuer la révolution pour la réaliser, alors la pulsion de vie aura raison de la pulsion de mort, Éros fera la loi et Thanatos n'aura pas le choix. L'opposition entre Éros & Thanatos résume bien celle qui met dos à dos Freud & Marcuse.

22

Jouissance de la servitude volontaire. *Éros et Civilisation* propose deux concepts innovants pour aller au-delà de la lecture freudienne trop biologisante (naturelle) et prendre en considération les informations données par la société et par l'histoire (culturelles) : la « sur-répression », autrement dit « les restrictions rendues nécessaires par la domination sociale » et « le principe de rendement », à savoir « la forme spécifique du principe de réalité dans la société moderne » (42). Marcuse explique comment fonctionne la sur-répression en analysant les modalités du refoulement du principe de plaisir libidinal au nom d'un principe de réalité, le travail. De même, il examine le fonctionnement du mariage monogamique indexé sur la fidélité, la monogamie, la cohabitation, la procréation, et montre les rouages de cette mécanique sur-répressive. De même avec la division du travail, le contrôle public de la vie privée.

La civilisation capitaliste désexualise l'organisme et concentre la sexualité sur le seul génital. Alors que la sexualité concerne le corps dans sa totalité, avec les cinq sens, et toutes ses potentialités érotiques, la société réduit la libido à l'exercice génital hygiénique. La théorie freudienne des perversions fournit une solide caution théorique à la répression libidinale puisque, selon Freud, toute sexualité qui sort des limites étroites de la génitalité familialiste se nomme perversion...

Cette même civilisation mutile la vie sexuelle autant sur le terrain quantitatif que sur le terrain qualitatif : pas souvent, peu de fois, pas longtemps, pas brillant... Cette répression génère donc des inhibitions, des souffrances qui entretiennent le mécanisme de la pulsion de mort. Où l'on retrouve cette thèse freudo-marxiste centrale : une sexualité réprimée nourrit la pulsion de mort avec laquelle naissent, vivent et prolifèrent l'agressivité, la violence, la brutalité, la guerre, les conflits. La pulsion de mort n'est donc pas un donné naturel biologique mais un produit culturel de civilisation : impossible de changer quoi que ce soit, dit Freud, biologie oblige ; tout peut être changé, affirme Marcuse, sociologie oblige.

Que faut-il entendre par « principe de rendement » ? « Sous sa loi, la société est stratifiée d'après le rendement économique compétitif de ses membres » (50) : le gain, la concurrence, l'expansion constante, la rationalisation de la domination, l'aliénation au travail, la division des tâches. La domination de ce principe conduit chacun à mener une vie mutilée, à côté de soi, à se retrouver déserté par sa libido, à investir cette énergie dans des activités utiles socialement dirigées. L'individu subit la répression, l'intègre et finit par la vouloir comme condition de possibilité d'un plaisir pervers, détraqué – la jouissance de la servitude volontaire.

23

Nietzsche en remède à Freud. Ce constat terrible de ce à quoi ressemble la civilisation occidentale au mitan du XXe siècle est contrebalancé par la proposition d'un autre monde. Marcuse part en guerre contre les philosophies classiques, freudisme compris, qui, au nom de la raison, fustigent le corps, le désir, le plaisir, les sensations, les émotions. Mais il fait une exception pour Nietzsche qui propose une inversion des valeurs et part d'un principe de réalité aux antipodes de celui que propose la pensée occidentale depuis plus de deux mille ans. Pour le philosophe du *Zarathoustra* : « La forme traditionnelle de la raison se trouve rejetée sur la base de l'expérience de l'être-comme-fin-en-soi, de l'être-plaisir (*Lust*) et joie » (111). Nietzsche a congédié le futur au nom du présent, l'arrière-monde au nom de l'ici-bas, le temps au nom de l'éternité dans la répétition du Même.

Marcuse pense l'éternel retour comme « la volonté et la vision d'une attitude *érotique* envers l'être pour lequel la nécessité et la satisfaction coïncident » (112). L'éternité fut longtemps la récompense promise par la pensée de l'idéal ascétique pourvu qu'on ait renoncé à vivre de son vivant ;

avec Nietzsche, elle devient cadeau offert à quiconque aura vécu pleinement le présent, l'instant, en le vouant, en le désirant, en l'aimant. La terre est belle, le ciel inexistant ; la mort existe, mais la vie reviendra éternellement. La culpabilité doit laisser la place à la libération : « L'humanité doit arriver à associer la mauvaise conscience non pas avec l'affirmation des instincts de vie, mais avec l'acceptation des idéaux répressifs » (113).

Au passage, Marcuse effectue une lecture fautive de Nietzsche en écrivant « La mort *est* ; elle n'est vaincue que si elle est suivie de la renaissance réelle de tout ce qui était ici-bas avant la mort ; cette renaissance n'est pas envisagée comme une simple répétition, mais comme une re-création souhaitée et désirée » (113). Ainsi, dans la configuration de l'éternel retour, la souffrance revient, mais non pas telle qu'elle fut, mais telle qu'on peut en faire une occasion de transformer cette négativité en positivité conduisant à la joie par le consentement qu'on y donnerait. Or les textes de Nietzsche sont formels : l'éternel retour est retour éternel du Même sur lequel l'homme, dépourvu de libre arbitre, ne dispose d'aucun ascendant : même quand il croit vouloir la répétition, l'homme est voulu par elle... Deleuze fera sienne cette lecture de Marcuse...

24

Pouvoirs de l'imagination. Marcuse souhaite inverser les valeurs lui aussi, mais, pourtant, il ne se réclame pas explicitement de Nietzsche. Toutefois, son analyse de la pensée du philosophe allemand se trouve stratégiquement intégrée entre les deux parties de l'ouvrage, à la fin d'un chapitre intitulé « Intermède philosophique ». La première partie s'intitule « Sous la domination du principe de réalité » ; la seconde : « Au-delà du principe de réalité » ; Nietzsche se trouve entre les deux mondes : l'ancien qu'il faut décrire ; le nouveau qu'on doit bâtir. Un hasard ?

Une autre société est possible, elle ne sera pas indexée sur le principe de rendement : là où l'ancienne morale s'appuyait sur le principe de plaisir soumis au principe de réalité, la nouvelle fonctionnera à l'inverse ; jadis, Éros subissait la loi de Thanatos, demain, ce sera l'inverse ; depuis toujours, la mort pesait d'un poids terrible sur la civilisation, dans l'avenir, la vie irriguera la société ; dans le passé, la sexualité était mutilée, instrumentalisée, canalisée, génitalisée, le futur en fera son principe actif. À la façon de Nietzsche, Marcuse veut couper la civilisation en deux avec un avant lui et un après lui. Il aspire au comput nouveau.

Dans le dispositif de transvaluation marcusien, l'imagination joue un rôle cardinal. Elle s'affirme en effet comme la seule valeur libre à l'endroit du principe de réalité. Marcuse développe la théorie freudienne de l'imaginaire comme liaison des couches les plus profondes de l'inconscient au conscient et à ses produits, dont l'art. On y trouve « les archétypes de l'espèce, les idées éternelles mais refoulées de la mémoire individuelle et collective, les images taboues de la liberté » (128) – Marcuse épouse les thèses du Freud sociologue, celles de *Totem et Tabou*, dont, bien sûr, celles qui concernent le complexe d'Œdipe, la horde primitive, le meurtre du père, le viol généalogique de la femme...

Marcuse utilise indistinctement imaginaire et imagination. Au nom du Logos, la raison sociologique a séparé le principe de plaisir et le principe de réalité en subsumant le second au premier ; avec Éros, l'imagination utopique réconcilie les deux principes et met le principe de réalité à l'école du principe de plaisir. L'art peut donc être entendu de deux façons : dans le monde capitaliste de l'homme unidimensionnel, il manifeste le retour du refoulé et signifie l'échec de la libération des instincts qui aura nécessité une sublimation ; dans le monde à venir, il devient un moment dans la dialectique de l'accomplissement de l'histoire. Dans le jargon hégélien, Marcuse affirme : « L'art ne survit que là où il se nie, là où il sauve sa substance en niant sa forme traditionnelle et par là niant la réconciliation ; là où il devient surréaliste et atonal » (132) – à cette époque, et concernant l'atonalisme, un autre philosophe de l'École de Francfort, Adorno, a précisé les modalités de cette proposition dans *Philosophie de la nouvelle musique.*

Dans le vieux monde, la sexualité est placée sous l'empire du principe de réalité, l'imagination travaille contre elle ; dans un autre monde, l'imagination se nourrirait de la sexualité – comme les surréalistes qui puisent dans le rêve, l'inconscient, l'automatisme pour nourrir leur créativité subversive. Avec le surréalisme, « l'art s'est allié avec la révolution » (135). Il faut viser « une *réalité érotique* dans laquelle les instincts de vie trouveraient l'apaisement dans un accomplissement sans répression » (133). La dynamique d'une libido lâchée constituerait une nouvelle civilisation dans laquelle le renoncement, l'idéal ascétique, l'inhibition ne seraient plus que de mauvais souvenirs. Le pouvoir de l'imagination doit laisser place à l'imagination au pouvoir. Pour Freud, l'imaginaire renvoie au passé phylogénétique ; pour Marcuse, au futur politique.

25

Grand Refus et utopie. L'imagination fonctionne comme l'instrument du « Grand Refus » (135) qui se définit comme « protestation contre la répression non nécessaire, la lutte pour la forme ultime de la liberté » (*ibid.*). L'art permet ce genre de formulation. Si la même affirmation était faite sur le terrain politique, elle ne serait pas du tout acceptée. Même remarque si ce terrain était celui de la philosophie... On parlerait alors d'utopie pour dénigrer, déconsidérer, déprécier la formule et la vider de son contenu. Mais l'utopie perd son sens quand on ne pense plus en tournant son regard vers le passé mais qu'on tend vers le présent et ce que Marcuse nomme « la civilisation avancée » (137). Le temps est venu de réaliser ce qui passe actuellement pour une utopie.

Il faut en finir avec le principe de rendement et viser le principe de plaisir confondu et réalisé dans le principe de réalité. Marcuse décrit cette société dans laquelle la pénurie ne ferait plus la loi parce que l'abondance règnerait grâce à l'automatisation des tâches. Cette société nouvelle se caractériserait par le renoncement aux plaisirs frelatés et la concentration sur un hédonisme non consumériste. Dans cette nouvelle configuration, la production devrait être voulue et pensée en regard de « la satisfaction universelle des besoins individuels » (136).

Le futur gagnerait à se mettre à l'école du passé : celui des premiers moments de l'histoire contemporains de l'abondance qui permettait nourriture, logement, habillement, loisir pour tout le monde, simplement, facilement, sans que la répression soit nécessaire ni le travail aliéné, ni la division des tâches. Que serait le futur ? « Dans les conditions "idéales" de la civilisation industrielle avancée, l'aliénation serait supprimée par l'automatisation du travail, la réduction du temps de travail à un minimum et l'interchangeabilité » (137).

Certes, la réduction du temps de travail induirait une chute du niveau de vie de nombre de personnes dans les pays habitués à une haute productivité et à une forte consommation. Mais la fin du principe de rendement n'entre aucunement en progrès avec l'augmentation de la liberté et son progrès. La formule est en effet : moins travailler, mieux, gagner moins, consommer moins, mais être plus libre. Car la libération ne se trouve pas dans l'accumulation de biens de consommation, dans la possession et la propriété, dans l'avoir. Imaginer que le bonheur en dépend, c'est persister à penser selon le principe de rendement qui compte le nombre de télévisions, de voitures, de tracteurs pour décider du bonheur de la civilisation.

La productivité a détruit la nature et réalisé l'empire de la technologie sur la vie. Avant, l'homme contrôlait la nature ; maintenant, la technologie lui échappe. Plus la productivité est devenue l'idéal de la société, plus la division du travail s'est creusée, plus les besoins sociaux ont augmenté, plus les besoins individuels ont diminué, plus le principe de réalité s'est durci, plus le principe de plaisir a disparu. Dans cette hystérie sociale, la productivité a pris son autonomie, elle est devenue une fin en soi.

Cette révolution serait en même temps une transfiguration du travail : dans la civilisation traditionnelle, il est le bras armé de la répression, il consomme une quantité incroyable de libido et épuise Éros en chacun ; dans la civilisation à venir, il devient l'instrument de la libération, il détruit l'angoisse, la culpabilité, la souffrance consubstantiels à la vie en régime capitaliste. La productivité cesse d'être l'alpha et l'oméga du travail qui, lui, sur le principe néo-hégélien en faveur chez Marcuse, vise autre chose : le bonheur et l'épanouissement des individus. Il faut viser « l'automation totale » (140). Voici donc les termes de l'alternative : productivité ou hédonisme, Thanatos ou Éros, travail ou liberté, vie mutilée ou vie libérée.

26

La régression comme avenir. Malgré une très longue tradition de philosophie répressive à l'endroit des sensations, des instincts, de la libido, des pulsions au nom de la raison raisonnable et raisonnante, il y eut toujours une ligne de force résistante, hédoniste, libératrice. Toujours dans le sillage de Freud, Marcuse puise dans le folklore, les contes de fée, les mythes, la littérature et l'art pour découvrir ce qui a résisté au pouvoir lamineur de la raison occidentale et qui s'est moqué de la tyrannie du principe de rendement dont Prométhée, le héros culturel du travail répressif, et Pandore, l'héroïne de la sexualité comme une malédiction, sont les archétypes.

Marcuse leur oppose un autre couple : Orphée et Narcisse qui incarnent la joie, l'accomplissement, la voix qui chante et ne hurle pas d'ordres, le geste qui donne, la paix, l'abolition de la conquête, l'union des hommes et des dieux par-delà le temps, mais aussi celle des hommes et de la nature, le principe de nirvâna, la rédemption par le plaisir, l'arrêt du temps et la fin de la mort, le triomphe de la statique sur la dynamique, l'abolition de la séparation entre le sujet et l'objet – et Marcuse de citer, contre Platon, Ovide, Horace, Novalis, Rilke, Gide, Valéry, Baudelaire, Bachelard.

Dans le freudisme, il existe une théorie du narcissisme primaire – Marcuse y renvoie très explicitement pour expliquer sa proposition d'un nouveau type de relation au réel. Rappelons que chez Freud, le narcissisme primaire renvoie à l'autoérotisme infantile. Dans les *Trois essais sur la théorie sexuelle* (1905) Freud explique combien cet investissement doit être transitoire, entre l'autoérotisme de l'enfant et le choix d'objet sexuel de l'adulte. Dans *Compléments métapsychologiques à la théorie du rêve* (1915), il montre la dimension régressive du narcissisme qui manifeste un souhait de retourner au ventre maternel. Le sommeil s'avère le lieu idéal de ce narcissisme puisque le rêve s'y constitue sans souci du principe de réalité, en obéissant aux seules pulsions du principe de plaisir. Enfin, dans *Malaise dans la civilisation*, Freud envisage « le sentiment océanique » qui caractérise l'abolition entre soi et le monde au profit d'une sensation de plénitude.

Pour Marcuse, « les images orphiques-narcissiques sont celles du Grand Refus : refus d'accepter la séparation d'avec l'objet (ou le sujet) libidineux. Ce refus a pour but la libération, la réunion de ce qui a été séparé. Orphée est l'archétype du poète en tant que libérateur et créateur » (151). Parce qu'Orphée se trouve associé à l'introduction de l'homosexualité dans le processus libidinal, il magnifie en même temps l'aspiration à la sexualité pour elle-même, débarrassée du principe de rendement qui souhaite toujours l'indexer sur la production de couples, de familles, de mariages, d'enfants.

27

« **La civilisation esthétique** ». Le poète indique donc la voie, la direction. L'esthétique kantienne, qui réactive par plus d'un point celle de Platon, n'est plus d'actualité. Pendant longtemps, l'esthétique ne fut que le produit d'une libido réprimée – la sublimation freudienne. Marcuse propose d'en revenir aux origines de l'esthétique, à l'époque où le plaisir, la sensibilité, la beauté, la vérité, l'art et la liberté entretenaient une relation intime. Contre Kant qui soumet l'expérience esthétique au jeu conceptuel de la raison, contre l'esthétique transcendantale, contre la beauté définie comme ce qui plaît universellement et sans concept, Marcuse propose une esthétique de la réceptivité qui laisse une place importante à l'intuition contre la raison et qui vise le plaisir – une esthétique hédoniste donc. Il réhabilite donc le contraire de ce que propose Kant : l'intuition contre le concept, la sensation contre l'idée, l'émotion contre le noumène, le plaisir contre la science.

De la même manière que son hégélianisme prend des libertés avec le texte de Hegel, Marcuse s'appuie sur un kantisme qui n'a pas grand-chose à voir avec Kant puisqu'il est celui que Schiller expose dans ses *Lettres sur l'éducation esthétique de l'homme* (1795). Le poète allemand propose en effet de confier une mission politique à la beauté ; avec lui, l'esthétique devient une arme pour changer la société en faveur de la liberté. L'art conduit à la liberté qu'il réalise. Il permet l'élaboration d'un nouveau principe de réalité. Contre Kant, Schiller propose de s'appuyer sur la nature sensible de l'homme et de ne pas échafauder de théorie sur l'idéal du renoncement. Il n'oppose pas les sens et la raison, mais souhaite les réconcilier et les parfaire l'un grâce à l'autre. Pour parvenir à ces fins, Schiller donne un rôle important au jeu – Marcuse également...

Le jeu, tel que Marcuse l'entend, permet d'en finir avec le caractère sérieux de la réalité humaine en permettant la satisfaction des désirs et des besoins sans avoir recours au travail aliéné. L'homme joue avec ses potentialités et celles de la nature, ainsi il réalise sa liberté. Rien à voir avec le jeu dans la civilisation répressive, ou bien encore le jeu du loisir bourgeois, organisé par le capitalisme pour étourdir le prolétariat et le distraire de la tâche de changer la vie. « La civilisation esthétique » (166) définit un nouveau monde radicalement différent, un degré supérieur de la civilisation, l'accomplissement d'un progrès en direction de la réalisation de la liberté.

28

Éros transfiguré. Cette révolution produit un corps nouveau. Le schéma n'est plus la raison qui soumet les passions, mais les passions qui informent et conduisent la raison. Dans cette configuration nouvelle, à quoi peuvent ressembler les relations sexuelles ? Elles se trouveraient désindexées du principe de rendement. Plus de réduction aux schémas utilitaristes du couple destiné à partager un même toit pour faire des enfants et constituer une famille que rien ne pourrait désunir ; plus question d'imaginer que l'acte sexuel trouverait sa finalité dans une copulation génitale ayant pour fin la grossesse de l'épouse ; plus de réduction de la sexualité à la portion congrue laissée par la société au travailleur en dehors de son temps de labeur ; plus de lecture morale et moralisatrice qui transforme en perversion tout ce qui échappe au diktat social ; plus de réification du corps réduit à son état de marchandise, de chose, de valeur d'échange.

Dans cette nouvelle configuration, « le corps se resexualiserait » (176). La génitalité cesserait d'être le fin mot de l'aventure libidinale, toutes les zones érogènes du corps seraient mises à contribution. Une fois de plus, Marcuse propose la libération par la régression – une ligne de force dans Mai 68 – puisqu'il souhaite « la renaissance de la sexualité polymorphe prégénitale » (*ibid.*). Dans *Éros et civilisation,* être adulte à un niveau supérieur, c'est retourner à l'état primitif, prégénital, au narcissisme primaire, à la satisfaction égotique du fœtus nageant dans le liquide amniotique du ventre maternel dans lequel le petit d'homme connaissait le principe de nirvâna de qui ne fait plus qu'un avec le monde. L'abolition de la séparation entre soi et le monde débouche sur une fusion de type orphique et narcissique dans laquelle Marcuse voit le signe d'un progrès historique. Je régresse, donc je suis – voilà le cogito marcusien…

Pourtant, quand Marcuse écrit qu'ainsi le corps deviendrait « une chose (*sic*) pour jouir, un instrument (*sic*) de plaisir » (176), il devrait s'apercevoir qu'il utilise les mots de la réification, le vocabulaire de la marchandisation, le verbe de la civilisation construite sur le principe de rendement… D'autant que le philosophe américain élargit le concept d'éros et affirme qu'il souhaite que cette libération libidinale concerne la totalité des relations humaines. Cette érotisation généralisée reprend donc à son compte la chosification, l'instrumentalisation de l'éros étendu ? La réponse est oui…

Cette proposition de libération du sexe s'accompagne d'une profession de foi optimiste : Marcuse fait du sadisme et du masochisme (on songe à toute l'œuvre de Sade) des orgies que le système répressif utilise ici pour pouvoir mieux contrôler, réprimer, interdire la sexualité partout ailleurs. Si la sexualité était libérée tout de suite, dans la civilisation construite sur le principe de rendement, elle déboucherait sur ce genre d'intersubjectivité destructrice. Mais dans la configuration d'une société indexée sur le principe de plaisir, la libération produit tout autre chose : la sexualité brutale disparaîtrait comme par enchantement au profit d'une nouvelle modalité hédoniste. Marcuse réactive le fantasme rousseauiste d'une bonne nature humaine faussée par une mauvaise société – en oubliant que la société est un produit de cette nature humaine. Dès lors, si le mal provient du bien, c'est que le bien ne doit pas être aussi bien qu'il le dit...

Dans la société nouvelle, il n'y a plus de perversions : ce qui était pensé comme tel avant a cessé de porter la même charge. Par exemple, le sadisme. Marcuse écrit : « La fonction du sadisme n'est pas la même dans une relation libidineuse libre et dans les activités des SS » (177-178). Dans *La Passion de détruire*, son compagnon de l'École de Francfort Erich Fromm s'élèvera contre cette idée que, contre toute évidence, le sadisme puisse être volontaire et contractuel. Marcuse s'inscrit dans l'esprit de Fourier qui théorise l'attraction passionnée, fait du couple désir/plaisir le cœur même de son socialisme utopique, souhaite transformer le travail en joie, célèbre l'usage du corps dans sa totalité érotique sensuelle. Mais le phalanstère qui doit réaliser cette érotique généralisée lui semble (à tort, car le fouriérisme est un contractualisme...) relever du dispositif répressif. Marcuse a raison contre Fromm ; mais tort contre Fourier.

29

Quand la mort meurt. *Éros et civilisation* propose une théorie de la mort inscrite dans la lignée des grands récits optimistes et progressistes des Lumières – je songe à Condorcet. Marcuse met en perspective le principe de nirvâna et le principe de rendement : c'est parce que la libido se trouve investie dans le dispositif de civilisation capitaliste que la vie veut l'état d'avant la vie, autrement dit, le néant. Pour Freud, ce mouvement était naturel, biologique, physiologique, anatomique ; pour Marcuse, ce tropisme est culturel, il est un produit. Si l'on inverse les perspectives, si le principe de plaisir informe le principe de réalité, et non l'inverse, alors la mort meurt – du moins elle n'a plus la même signification qu'avant : « La mort cesserait d'être un but instinctuel » (203).

Marcuse ne nie pas le fait même de la mort, mais il envisage que la vie pourrait triompher même de son mouvement, de sa dialectique. La mort est douloureuse quand elle arrive avant l'heure, dans des conditions de souffrances, de peine, de malheurs et de misères. Elle est présentée comme une punition. Elle est mise en relation avec une faute, une culpabilité. Elle se trouve associée à la crainte, la peur, l'angoisse. Elle est pensée comme la finalité inéluctable : la philosophie et la théologie invitent à mourir de son vivant sous prétexte qu'il faudra mourir un jour.

Mais la dernière page de ce livre qui ignore les limites de tout optimisme se présente comme une profession de foi quasi mystique : la mort peut être apprivoisée. Comment ? Il suffit au mourant d'avoir vécu une vie pleine, dense, intense, indexée sur la pulsion de vie, offerte à Éros, construite en compagnie d'Orphée et de Narcisse. Marcuse écrit, avec les accents du prédicateur ou du prophète : « Les hommes peuvent mourir sans angoisse s'ils savent que ce qu'ils aiment est protégé de la misère et de l'abandon » (204). Est-ce un souhait ? Une certitude ? Une envie ? Une vérité ? Une hypothèse ? Pas sûr qu'une vie écrite sous le signe d'Éros suffise à conjurer Thanatos...

30

Le capitalisme, « crime contre l'humanité ». *L'Homme unidimensionnel*, sous-titré *Essai sur l'idéologie de la société industrielle avancée*, paraît à Boston en 1964. La traduction française arrive à Paris en 1968. Marcuse enfonce le clou d'*Éros et civilisation* et l'on retrouve dans cet ouvrage nombre de thèses déjà développées dans l'ouvrage précédent – mais Freud n'y tient plus la même place. Marcuse propose une critique de la société capitaliste sévère ; il l'accable terriblement alors qu'il reste prudent, circonspect à l'endroit de l'Union soviétique avec toujours le même argument : le danger que fait courir le monde capitaliste justifie le totalitarisme bolchevique : « L'industrialisation stalinienne s'est développée dans une situation de *coexistence hostile* et cela peut expliquer son caractère terroriste » (67). Le capitalisme ne bénéficie jamais de ces circonstances atténuantes chez Marcuse... À l'heure où il écrit, le goulag n'est pourtant pas à Washington.

C'est donc la société capitaliste américaine qui est « une société close » (7) parce qu'elle efface la distinction entre vie privée et vie publique et qu'elle soumet les individus à cette loi. « La démocratie consolide la domination plus fermement que l'absolutisme » (7), écrit-il dans le même esprit... Dans la préface à cet ouvrage, datée de février 1967, le capitalisme se trouve donc crédité des guerres, de la pollution de la planète, du gaspillage des matières premières, mais aussi des incivilités routières, du hooliganisme dans les stades, de l'impudence dans la politique, de l'assassinat des opposants, des rapports sexuels libidineux, de la production d'engins motorisés agressifs, de l'esthétique fausse du supermarché, du matérialisme indexé sur la réification de la marchandise, etc. En une expression, Marcuse résume son propos : le capitalisme se rend coupable de « crime contre l'humanité » (13)...

L'auteur du *Marxisme soviétique*, qui estime que ce que l'on pourrait reprocher à l'URSS en matière de dictature est à mettre au seul crédit de l'impérialisme américain qui, par sa pression, empêche la réalisation du programme émancipateur marxiste, parle de la société capitaliste comme d'une machine à produire du « totalitarisme » (21) – la preuve : la révolution y serait devenue impossible. Marcuse en voit pour preuves : « la notion d'intérêt national acceptée comme expression de la volonté générale, la politique bipartite, le déclin du pluralisme, la collusion du capital et du travail à l'intérieur d'un État fort » (18).

Le régime technologique indexé sur le principe du rendement a réduit à néant ce qui constituait les sociétés démocratiques : la liberté de pensée, de parole et de conscience, la pensée autonome, le droit à l'exercice de la critique, la possibilité d'exprimer une opposition politique travaillaient au départ pour la réalisation d'une société en progrès sur celle de son temps ; aujourd'hui, il n'en est plus rien : « De la manière dont elle a organisé sa base technologique, la société industrielle contemporaine tend au totalitarisme. Le totalitarisme n'est pas seulement une uniformisation politique terroriste, c'est aussi une uniformisation économico-technique non terroriste qui fonctionne en manipulant les besoins au nom d'un faux intérêt général » (29). Marcuse affirme donc qu'un régime dans lequel existent le pluralisme des partis, la liberté de la presse, la multiplicité des journaux, la séparation des pouvoirs (avec des guillemets pour relativiser...) peut être dit totalitaire.

De façon ironique, Raymond Aron signale dans ses *Mémoires* que les philosophes (juifs) de l'École de Francfort en général, Horkheimer & Adorno, mais on peut songer ici à Marcuse en particulier, ont été persécutés par le régime national-socialiste. Dès lors, il leur a fallu quitter ce régime totalitaire, dictatorial, autoritaire pour sauver leur peau. Aron souligne qu'aucun d'entre eux n'a fait ce qu'il fallait pour sauver la République à l'heure où c'était encore possible, puis il conclut : « Quand ils furent contraints à l'exil, ils n'hésitèrent pas sur la direction » (117) – aucun d'entre eux, en effet, n'a préféré l'URSS aux États-Unis...

Herbert Marcuse a vécu quarante-cinq années de sa vie aux États-Unis (de 34 à 81 ans) et y serait probablement mort s'il n'avait eu une crise cardiaque en 1979 lors d'un voyage en Allemagne : il a quitté l'Allemagne nazie pour New York où il arrive le 4 juillet 1934 ; il obtient un poste dans cette ville à l'Institut de recherche sociale ; naturalisé américain, il travaille à l'*Intelligence Service*, l'embryon de la future CIA ; il obtient une bourse de la fondation Rockefeller pour travailler à Columbia où il décroche un poste au Centre de recherche russe, puis à Harvard ; entre 1954 et 1965, il enseigne à l'Université Brandeis dans le Massachusetts, près de Boston ; en 1965, il entre l'université de San Diego (Californie) à La Jolla – on ne sache pas que l'auteur du *Marxisme soviétique* ait un jour mis les pieds en Union soviétique, en Allemagne de l'Est ou dans un autre pays du bloc de l'Est...

31

Les fausses libertés. Marcuse met en cause les libertés traditionnelles : la liberté économique ? Elle n'existe pas tant que les individus ne sont pas libérés de la contrainte exercée par l'économie dans le quotidien de leur vie de travail. La liberté politique ? Elle n'a rien à voir avec ce qu'elle devrait être : la fin du régime dans lequel les travailleurs n'ont pas les moyens de décider pour eux-mêmes de ce qui les concerne. La liberté intellectuelle ? Une fiction tant que la conscience individuelle reste prisonnière de l'endoctrinement obtenu par les moyens de communication de masse. La liberté véritable consiste à permettre à chacun de satisfaire ses besoins matériels, intellectuels, spirituels. Tant que ça n'est pas le cas, on ne peut parler de liberté – puisque le totalitarisme fait la loi...

Que l'on ne fasse pas remarquer à Marcuse que la misère a reculé, que les travailleurs peuvent accéder à la société de consommation, participer aux loisirs de masse ou accéder aux informations : il débusque là des ruses du capitalisme qui divertit le prolétariat et le détourne de toute revendication révolutionnaire. Quand il achète un frigidaire, un téléviseur, qu'il y voit des spectacles divertissants entrecoupés de publicités, qu'il lit un journal ou une revue, dans lesquels s'affichent les réclames, le travailleur ne le sait pas, mais il subit la loi du marché qui produit ce totalitarisme invisible parce que sans camps, sans policiers, sans militaires, sans miradors.

Ce qui est nommé faussement liberté dans cette civilisation capitaliste n'est jamais que le pouvoir de se choisir un maître, de s'adonner à la servitude volontaire, de consentir à l'endoctrinement infligé par le pouvoir invisible de ceux qui gouvernent le monde selon le principe de rendement. L'ouvrier et son employeur regardent le soir le même programme de télévision, la secrétaire porte les mêmes vêtements que la fille de son patron, l'homme de couleur conduit la même voiture qu'un Blanc, le banquier lit le même journal que l'instituteur, mais rien de tout cela n'est la preuve de la disparition des classes sociales : c'est, au contraire, la preuve que les classes dominées font leurs les idéaux des dominants. L'esclave consent aux pièges qui assurent l'existence et la durée de son esclavage.

32

Défense de l'URSS, encore. Marcuse déplore que les partis communistes de France et d'Italie écartent la prise du pouvoir par le coup d'État révolutionnaire et se soient convertis au parlementarisme ; il dénonce la collusion des syndicats avec le patronat ; il fustige le renoncement à la radicalité des partis communistes ; il constate que l'amélioration des conditions de travail permise par l'automatisation a détruit le prolétariat vieille manière au profit d'une classe de techniciens qui a moins conscience de son aliénation et de son exploitation ; la classe ouvrière ne pense plus l'instrument de production comme un adversaire à s'approprier mais comme un partenaire auquel il faut abandonner sa confiance, son ardeur, son travail, sa volonté, sa force ; le pouvoir a visiblement disparu, il se trouve entre des mains invisibles, impossibles à identifier, et il emprunte les trajets de la bureaucratie qui empêchent qu'on agisse sur lui...

Quand Marcuse envisage l'Union soviétique, il peut lui arriver de la renvoyer dos à dos avec le capitalisme américain parce que les deux systèmes s'appuient sur la productivité, la sanctification du travail, la répression de la libido, la foi en la technologie utilisée pour asservir plutôt que pour libérer, mais il retrouve son tropisme soit antiaméricain, soit soviétophile en trouvant à l'URSS des circonstances atténuantes. Ainsi, lorsqu'il constate que « le blocage qualitatif semble (*sic*) le même dans le système soviétique que dans le système du capitalisme avancé, la base de production socialiste introduit une différence essentielle » (68).

Certes, en Union soviétique, la différence entre les producteurs immédiats, les travailleurs, et ceux qui contrôlent les moyens de production, les contremaîtres, les responsables du Parti, les bureaucrates, s'il faut les nommer par leurs noms, saute aux yeux. Dès lors on constate qu'il existe des classes sociales différentes dans ce régime communiste qui prétend pourtant les abolir. « Mais (*sic*) cette séparation a été établie par une décision politique et par le pouvoir politique après la courte *période héroïque* de la révolution bolchevique ; depuis lors elle a été maintenue. Ce n'est pas elle, le moteur du processus productif ; elle n'a rien à voir avec la division capitaliste entre le capital et le travail qui découle du fait que les moyens de production appartiennent à la propriété privée » (68).

Disons-le autrement : en régime capitaliste, l'existence des classes sociales constitue une abomination ; en régime soviétique, un détail, puisqu'il s'agit d'une survivance bolchevique, caution positive, qui a survécu comme par négligence au moment où elle fut dialectiquement nécessaire, oubli sans conséquence. Aux États-Unis, l'existence des classes sociales témoigne de la nature totalitaire du régime ; en URSS, de sa nature révolutionnaire et bolchevique... Et puis à Washington, ces classes dureront, le système l'exige, alors qu'à Moscou, elles sont appelées à disparaître en même temps que le Parti, le Plan, l'État, l'aliénation, l'idéologie le veut ! Et si cette révolution devait avoir lieu, nul doute que ce serait « la révolution la plus radicale et la plus complète de l'histoire » (69). Autrement dit, au nom de l'avenir radieux, ce qui est intolérable ici devient défendable là. Certes, la bureaucratie résisterait à cette révolution-là, mais parce qu'elle a à subir la pression du monde capitaliste ! Une fois de plus, si l'URSS semble totalitaire, c'est à cause « de la coexistence mondiale » (70) – à savoir, l'existence du capitalisme international.

Dans la société capitaliste avancée, le pluralisme passe pour une vertu au prétexte que les hommes imaginent qu'une institution peut les protéger des débordements d'une autre. La loi paraît plus sûre, même si elle semble obscure, lointaine, que le pouvoir d'un gouvernement invisible et plus lointain encore. Marcuse s'oppose à ce pluralisme sous prétexte que, dans cette prétendue pluralité, il manque toujours ce qui conteste les pouvoirs dominants dans leur totalité – la possibilité même de publier *L'Homme unidimensionnel* aux États-Unis, pays assimilé par ses soins à un régime totalitaire, affaiblit quelque peu la thèse de son auteur...

33

Pouvoirs de l'art. Marcuse aborde la question de la culture et fustige sa modalité bourgeoise, féodale, réservée à des minorités privilégiées auxquelles on fournit une nourriture aseptisée, loin des véritables problèmes. Les héros spirituels ou moraux soutiennent l'ordre établi. Les questions économiques, sociales, les sujets de la production et de l'aliénation n'apparaissent pas. La classe ouvrière se trouve absente, tout autant que le monde des affaires, de l'industrie, du calcul et du profit. On trouve en revanche dans la littérature « des caractères déchirés, par exemple l'artiste, la prostituée, la femme adultère, le grand criminel, le proscrit, le guerrier, le poète maudit, Satan, le fou – pas ceux qui ne gagnent pas leur vie ou qui du moins ne la gagnent pas d'une manière normale et régulière » (84). Marcuse pointe les variantes modernes de ces figures anciennes : « la vamp, le héros national, le beatnik, la ménagère névrosée, le gangster, la star, le grand patron, la grande figure charismatique » (*ibid.*). Même le surréalisme, pour lequel, d'ailleurs, Marcuse n'a pas ménagé ses compliments, nourrit ce courant en mettant en scène des figures, des notions, des concepts, des images, des allégories tout autant séparées de l'histoire.

Avec la culture de masse, l'accès au savoir s'est

considérablement développé : plus besoin d'aller au concert pour entendre un musicien que la radio ou le tourne-disque permettent d'entendre chez soi ; les bibliothèques publiques ou privées perdent leur sens quand on peut acheter les chefs-d'œuvre de la littérature et de la philosophie dans un grand magasin ; la fréquentation de l'opéra n'exige plus l'habit de soirée, la cravate, et l'on peut assister à des représentations en habits décontractés mais, sans regretter cet état de fait, Marcuse affirme que cette popularisation de la culture contribue à son usage répressif : la machine culturelle remodèle le contenu des arts pour en faire des biens de consommation sans charge transgressive, sans pouvoir subversif.

L'avant-garde esthétique lutte pour que l'art ne soit pas récupéré par la civilisation qui s'est construite sur le principe du rendement. Elle lutte pour ne pas être intégrée, digérée dans la société de consommation. Il lui faut se tenir sur ses gardes et trouver la bonne distance qui permet d'exister sans se faire le rouage de la machine qui produit l'homme unidimensionnel et sans se couper du public avec lequel il faut communiquer. Marcuse fait de Brecht l'auteur emblématique de cette exigence : dire le monde, mais montrer la nécessité d'en changer. Le théâtre doit pouvoir divertir et enseigner.

La poésie doit également jouer un rôle important. Elle dit la présence des choses absentes. Elle manifeste une transcendance dans le monde réel. Depuis Rimbaud et Mallarmé jusqu'aux dadaïstes et aux surréalistes, la poésie a rompu avec la langue ordinaire : elle rompt avec la communication traditionnelle. La phrase a explosé au profit d'une juxtaposition de mots et le mot empêche le caractère raisonnable de la phrase. Le sens disparaît. L'univers se défait. Le mot acquiert une fin en soi.

La peinture surréaliste va au-delà du réel. Elle expose le rêve, montre la puissance de l'imagination, elle présentifie l'imaginaire. Les toiles portent des informations qui découlent de ce que le principe de rendement néglige. L'irrationnel se raconte. Les œuvres des peintres surréalistes manifestent un Grand Refus, celui des images qui se trouvent récupérées par le système et intégrées, noyées, dans un flux continuel qui en détruit le pouvoir subversif. « Cette société supprime la vraie réalité des images les plus chères de la transcendance, en les incorporant dans l'ambiance de la vie quotidienne omniprésente » (95). Trop d'images tue l'image.

Pendant que la culture supérieure se transforme en culture populaire, il s'effectue une opération de désublimation. La sublimation permettait à des pulsions libidinales socialement inacceptables de devenir des œuvres socialement présentables ; la désublimation détruit le pouvoir de ces créations en vulgarisant (au sens de rendre vulgaire...) les images exposées dans la cuisine, le bureau, le centre commercial, le magasin, avant de les intégrer dans un circuit de loisir.

34

La désublimation érotique. Dans la société régie par le principe de rendement, la sexualité est réprimée, puis contenue et dirigée dans la mécanique monogamique et familialiste. Le travail joue un rôle majeur dans la répression libidinale : le temps passé au bureau, dans l'atelier, à l'usine, dans la salle de classe ou partout ailleurs est un temps distrait de la dépense sexuelle hédoniste. La mécanisation a travaillé dans le même sens. Elle a réifié le travailleur qui s'est trouvé séparé de son monde qu'il pouvait précédemment érotiser.

En effet, l'artisan faisait son tour de France et découvrait un monde ; l'ouvrier est asservi à sa machine. Le travail bien fait à l'établi, avec des gestes ancestraux, transmis, a laissé place aux chaînes de montage. La vie en campagne a disparu au profit de concentrations urbaines. La miche fabriquée à la main n'existe plus, on sert en lieu et place un pain industriel. Le bateau à voile n'est plus bâti par des charpentiers de marine, les riches propriétaires s'achètent des bateaux à moteur construits dans des usines. Certes, le vieux monde des artisans talentueux, du paysan plein de sagesse, du pain cuit au feu de bois, de la marine à voile n'était pas paradisiaque : on y connaissait plus souvent qu'à son tour la misère, la crasse, la peine, la souffrance, mais on y trouvait également un plaisir et une joie disparus – cette expérience libidinale est morte.

Les hommes pouvaient alors érotiser leur environnement comme une zone étendue de leur corps. À défaut, il ne leur reste plus qu'une sexualité réduite à la génitalité. L'impossibilité d'érotiser le monde conduit à surinvestir dans la sexualité classique qui devient plus intense en même temps que le rapport au monde devient plus pauvre. Marcuse oppose l'acte sexuel dans un pré et la copulation dans une voiture, la balade amoureuse dans une vieille ville et la déambulation d'un couple dans une mégapole américaine, avant de conclure que les premières formules permettent une érotisation de l'environnement – pas les secondes...

La liberté sexuelle contribue à la répression : l'érotique se trouve affaiblie alors que l'énergie sexuelle est renforcée ; la sublimation paraît moins nécessaire ; la tension entre désir et possibilité de réaliser ce désir s'amenuise ; le principe de réalité pèse moins sur le principe de plaisir – tout semble beaucoup plus simple à vivre. Les corps se montrent plus et mieux dans une architecture de verre débarrassée des cloisons : on peut regarder et voir des hommes et des femmes désirables, et qui le savent. Les relations sexuelles sont simplifiées. Les vendeurs et vendeuses utilisent leurs corps comme des arguments de vente. La libido est manipulée par la publicité qui y recourt pour vendre ses produits et promouvoir ses idéaux de consommation. La sexualité se trouve donc (faussement) libérée pour produire (vraiment) une aliénation : on utilise la libido, originellement subversive et révolutionnaire, à des fins consuméristes et capitalistes, réifiantes et marchandes.

35

La langue est-elle fasciste ? Marcuse interroge le langage, car c'est par lui que le système existe, se reproduit, fonctionne : « C'est le mot qui ordonne et qui organise ; il incite les gens à faire, à acheter, à accepter » (111). Les mots sont associés à des sens que l'on n'interroge plus. Ainsi, dans l'Occident non communiste, la liberté se trouve associée à la liberté d'entreprendre, à la liberté individuelle, à la libre initiative, aux élections libres, aux individus libres ; pendant ce temps, dans les pays communistes, ce sont les mots ouvriers et paysans, construction du socialisme et du communisme, abolition de l'ennemi de classe, qui constituent d'autres sens que l'on n'interroge plus. La ritualisation du concept immunise contre la contradiction : l'habitude de ne plus interroger le sens des mots dispense de questionner le sens.

La société du principe de rendement peut se passer de logique. La contradiction peut même être présentée comme abolie. Comment, sinon, penser que des expressions comme « bombe propre » puissent exister et emporter le suffrage de ceux qui ne se posent pas de questions ? « Unifier des termes opposés comme le fait le style commercial et politique, c'est un des nombreux moyens qu'empruntent le discours et la communication pour se rendre imperméables à l'expression de la protestation et du refus » (115). Ainsi on peut prétendre que la guerre veut la paix, que le coût des armes atomiques est dérisoire ou qu'un abri atomique personnel peut être confortable... Ce discours clos sur lui-même, qui ignore la nature illogique, irrationnelle et déraisonnable de la contradiction et la présente même comme constitutive de la positivité de son discours, ne peut plus entrer en contact avec un autre discours. Cette langue autonome ne peut plus être inquiétée par une autre langue qui s'appuierait sur la raison, la logique, le principe de non-contradiction.

La publicité travaille à l'association de mots. Elle crée des habitudes mentales. La réitération du message de cette propagande de la société de consommation génère des réflexes conditionnés. Elle associe l'image, le mot, le produit. Elle est simple, claire, populaire, familière, directe, intime, elle parvient à chacun dans l'intimité de son salon privé. Face à cet habitus mental, le but est de produire un comportement adéquat : connaître le produit, le désirer, le convoiter, puis l'acheter, l'obtenir, le posséder. Ces propositions deviennent des ordres suggestifs : « Prédication devient prescription, l'ensemble de la communication revêt un caractère hypnotique » (116).

Le langage des publicitaires devient celui des hommes politiques. Les projets d'avenir pour l'État, les programmes de société pour faire durer une civilisation laissent place à des promotions de personnes qui sont vendues à l'électeur exactement de la même manière qu'une cuisine aménagée, un abri antiatomique, une voiture, une télévision. En matière politique, la domination et l'administration dissimulent leurs stratégies derrière un discours assimilable au loisir, à la détente, au jeu. Le candidat à un poste recourt à la langue exactement de la même manière que le vendeur d'électroménager qui tente d'imposer un frigidaire au consommateur. La langue est un vecteur d'unidimensionnalisation. Le peuple fait toujours les frais de cet usage de la langue.

Après avoir examiné la contribution de la langue à la constitution du totalitarisme démocratique des sociétés construites sur le principe de rendement, Marcuse parle du « caractère autoritaire de ce langage » (116) – et l'on songe à Roland Barthes, plusieurs fois cité dans *L'Homme unidimensionnel*, qui, dans le même esprit, dira du haut de sa chaire au Collège de France, en 1977, le jour de sa leçon inaugurale : « La langue, comme performance de tout langage, n'est ni réactionnaire ni progressiste ; elle est tout simplement fasciste ; car le fascisme, ça n'est pas d'empêcher de dire, c'est obliger à dire. »

36

« La pensée négative ». Marcuse effectue la généalogie de l'unidimensionnalité. Pour ce faire, il remonte à la philosophie antique et constate que, dans cette époque où le travail intellectuel et le travail manuel sont si clairement séparés, la philosophie ne peut que porter et reproduire cette opposition : l'idéalisme s'enracine dans une histoire où l'esclave permet à son propriétaire de ne pas travailler et de disposer de loisirs – notamment pour penser, réfléchir, philosopher. La raison fonctionne dans un monde idéal parce qu'elle sait ne pas pouvoir agir sur le monde réel. Le repli dans le théorétique s'explique par le constat d'une incapacité à produire des effets pratiques, empiriques, concrets. Il ajoute : « Exception faite des hérésies matérialistes, la pensée philosophique était bien rarement affectée par les afflictions de l'existence humaine » (159). Les philosophes évoluent dans un monde d'idées pures que l'histoire n'affecte jamais.

Or la raison doit être au service d'une pensée critique. La logique dialectique doit dépasser et discréditer les arguties de la scolastique, les abstractions de la logique formelle et les fumées du monde transcendantal pour aborder le réel qui est concret. Il s'agit pour la philosophie critique, portée par cette logique dialectique, de penser et concevoir « le monde comme un univers *historique* où les faits établis sont l'œuvre de la praxis historique de l'homme. C'est cette praxis (intellectuelle et matérielle) qui est la réalité à atteindre dans les données de l'expérience, celle que la logique dialectique appréhende » (165).

La « pensée négative » (194) nomme la philosophique qui nie la tradition occidentale indexée sur l'idéalisme, la métaphysique, l'ontologie, le transcendantalisme kantien, qui constituent autant de « modes de pensée obscurantistes et régressifs » (195), au profit d'une critique de la société indexée sur le principe de rendement. La philosophie n'est pas interrogation sur le langage, ses possibilités, ses limites ; elle n'est pas l'axiomatique anglo-saxonne ; pas plus le positivisme ; elle est l'activité politique qui consiste à saisir le monde tel qu'il est, puis à proposer de le changer en invitant à une utopie positive.

Contre la tradition philosophique, Marcuse renvoie à Karl Kraus qui a proposé une anatomie du noyau dur du langage. L'écriture, le style, la ponctuation, les erreurs typographiques, les mots, la syntaxe, le lexique, la structure de la phrase, ne fonctionnent pas comme des idées pures, des concepts éthérés, mais, de façon très incarnée, ils produisent leurs effets sous la plume de cet auteur, dans ce support, dans cette ville, à cette époque. Marcuse affirme : « Les crimes qui sont commis contre le langage et qui apparaissent dans le style du journal relèvent de son style politique. La syntaxe, la grammaire, le vocabulaire sont des actes moraux et politiques » (220).

L'analyse philosophique selon Marcuse doit prendre en considération la multiplicité des paramètres sociologiques. Un texte ne fonctionne pas sans le contexte qui lui donne son sens, sa portée. L'objet de l'analyse ne doit pas être en suspension dans l'éther des idées pures, car il est incarné dans la chair du monde. La philosophie est idéologie. Elle doit rendre l'univers plus clair et, ce faisant, devenir une thérapie qui la réalise en tant que philosophie. « Dans un univers totalitaire, la tâche thérapeutique de la philosophie doit être une tâche politique, à partir du moment où l'univers du discours établi tend à se cristalliser en un univers totalement manipulé et endoctriné » (222). L'analyse linguistique est une lumière qui pénètre l'épicentre de la philosophie pour la rendre impossible comme sophistique et la réaliser comme politique.

37

Vivre, vivre bien, vivre mieux. Marcuse fait siennes les invitations de Whitehead qui écrit : « La fonction de la Raison est de promouvoir l'art de vivre » (252) – il s'agit de vivre, vivre bien, vivre mieux. Comment ? Il faut viser : une existence dans la liberté avec des besoins vitaux satisfaits ; la réduction du travail pénible ; l'indexation du labeur quotidien sur la production de ce qui est vraiment nécessaire ; une vie libérée de la peur, de l'angoisse par la réalisation concrète de la liberté ; l'usage libérateur de la technologie et de la science ; la réconciliation de l'homme et de la nature ; le jeu comme horizon ; la mise de l'imagination au pouvoir ; la fin du pouvoir hiérarchique et l'avènement de l'autogestion ; la fin des mauvais traitements infligés aux animaux ; l'éradication de la misère, de la maladie, de la pauvreté, du cancer ; l'invitation à en finir avec les faux besoins et à connaître les vrais ; l'abandon de la productivité comme horizon indépassable de nos civilisations ; la fin du gaspillage qui donnerait naissance à une abondance avec laquelle le partage permettrait le bonheur du plus grand nombre ; le refus du confort, de la prospérité, de la sécurité ; la volonté de jouissance et le désir de faire triompher la vie sous toutes ses formes là où la mort fait la loi...

À quoi Marcuse ajoute : « Refuser l'instinct grégaire, la dureté, la brutalité ; aller contre la tyrannie de la majorité ; avouer sa peur, sa faiblesse (ce serait la réaction la plus rationnelle à l'égard de cette société !) ; avoir l'esprit troublé par ce qui est en train de s'accomplir ; s'engager dans les actions de protestation et de refus même si elles sont sans effet et ridiculisées » (266) et toutes les autres « attitudes qui expriment de l'humanité » – on mesure combien Marcuse est un humaniste, comme Lefebvre et comme beaucoup d'autres qui inspirent Mai 68 et que parler de l'antihumanisme comme d'une source aux événements constitue un évident contresens. Mai 68 fut une protestation humaniste contre l'antihumanisme capitaliste.

Comment faire pour réaliser cette utopie ? Marcuse

conclut son ouvrage sur une fiction, et déplore qu'il ne s'agisse que d'une fiction... Il demande à ce qu'on imagine ce que serait une société dans laquelle la publicité et l'endoctrinement par l'information et les loisirs disparaîtraient. Un monde dans lequel la télévision et les autres moyens de communication (ajoutons aujourd'hui : les écrans...) n'existeraient plus, alors on pourrait envisager « la désintégration du système » (270)...

Cette révolution ne viendra pas du prolétariat ni de la classe ouvrière mais de nouveaux barbares auxquels Marcuse (comme Bakounine...) apporte sa confiance : il parle en effet du « substrat des parias et des *outsiders*, les autres races, les autres couleurs, les classes exploitées et persécutées, les chômeurs, et ceux qu'on ne peut pas employer » (280). Il n'en doute pas, les choses vont se passer ainsi. Mai 68 ne lui a pas forcément donné complètement raison, mais le futur pourrait bien confirmer son hypothèse qu'il faut entendre comme un souhait plein de ferveur.

38

Haine de la démocratie. En 1965, Marcuse, alors professeur à l'Université de Californie, publie un texte intitulé « La tolérance répressive » avec deux autres penseurs, Barrington Moore Jr., professeur de sociologie à Harvard, et Robert Paul Wolff, professeur de philosophie à la Columbia University de New York. L'ensemble paraît sous le titre général de *Critique de la tolérance pure.* Un clin d'œil à Kant, bien entendu... Les trois hommes ont vécu dans la communauté académique de Cambridge dans laquelle ils ont souvent abordé la question de la tolérance.

On peut donc considérer ce texte comme un exercice de style universitaire emblématique par son caractère transcendantal : les conséquences des thèses de Marcuse sont en effet terribles, puisqu'il propose d'en finir avec la tolérance, d'instaurer l'intolérance, de la justifier, puis de légitimer la violence, pourvu qu'elle soit révolutionnaire. Ce bref essai s'inscrit dans le même lignage que *Le Marxisme soviétique* : il se révèle d'une extrême violence pour la démocratie et d'une coupable tendresse pour les régimes nommément cités de Fidel Castro et de Mao Tsé-toung qui ont contribué au « progrès de la civilisation » (39)...

Dans ce texte, Marcuse cite Orwell sur lequel il s'appuie pour critiquer la perversion du langage qui permet, en régime totalitaire, d'utiliser un mot pour dire exactement le contraire : par exemple, on prétend vouloir la paix, mais c'est pour mieux justifier la préparation et la réalisation de la guerre. Affranchi quant à cette méthode, Marcuse ne voit pas que c'est sur elle qu'il appuie sa thèse puisqu'il affirme qu'il veut une civilisation de bonheur, de tolérance, de paix, d'humanité et que, pour ce faire, il faut nécessairement abolir la tolérance, instaurer clairement l'intolérance, et pratiquer la violence légitime quand elle est révolutionnaire. S'appuyant sur la critique faite par le libertaire Orwell du langage en régime totalitaire, il finit par citer la préface homicide de Sartre aux *Damnés de la terre* de Franz Fanon – préface dans laquelle on peut lire, pour mémoire : « Il faut tuer : abattre un Européen c'est faire d'une pierre deux coups, supprimer en même temps un oppresseur et un opprimé : restent un homme mort et un homme libre » (29)...

L'intolérance est donc du côté des démocraties, parce que leur tolérance n'est que formelle : on la croit vertu qui libère, en fait, elle s'avère vice qui opprime. Certes, il existe des libertés de se rassembler, de penser, de s'exprimer, des libertés d'opinion, mais elles ne sont que des fictions qui permettent à la société capitaliste de laisser croire qu'elle offre des libertés, alors qu'elles ne débouchent sur aucun autre effet que celui de la pétition de principe. Les gouvernements ne tolèrent que ce qui ne les met pas en péril ; Marcuse souhaite ne pas tolérer ce qui ne tolère pas l'action révolutionnaire. Son analyse peut se réduire à ce qui deviendra un slogan de Mai 68 : « Pas de liberté pour les ennemis de la liberté » – un slogan à lire en perspective avec celui qui proclame « Il est interdit d'interdire »...

39

Contre la tolérance. Marcuse critique ce qu'il nomme « la tolérance abstraite » dite aussi « tolérance pure » (17), autrement dit la tolérance de tout et de son contraire : la droite & la gauche, l'agression & la paix, la haine & l'humanité. Il souhaite que la tolérance se pratique en regard de ce qu'il nomme « la vérité objective » (21) qu'il définit subjectivement comme ce qui permet de réaliser un monde sans violence, sans guerre, sans exploitation, sans oppression, sans agressivité. En hégélien impénitent, il a beau préciser que cette *vérité objective* recouvre tout ce qui permet la réalisation du « progrès de l'humanité » (21), on peut douter qu'en 1965 les régimes castristes et maoïstes illustrent au mieux ce que l'on pourrait entendre par *progrès de l'humanité*. Même à cette date, on peut savoir que Castro & Mao ne sont pas des parangons libertaires...

Marcuse parle sans précautions de définition du bien & du mal, du vrai & du faux, du bon & du mauvais, du beau & du laid. Il lui est facile en effet de poser que la vérité objective coïncide avec le progrès de la civilisation identifié aux régimes marxistes et de penser l'erreur objective comme le régrès de la civilisation assimilable aux régimes démocratiques, mais il en va là d'un article de foi hégélien et néomarxiste. Le bien, le vrai, le bon, le beau, n'existent que relativement à la fin qui est la réalisation de la société rêvée par Marx dans laquelle les contradictions ont fondu comme neige au soleil – plus d'exploitation, de misère, de souffrance, plus d'agressivité, de guerre, de destruction...

Mais, en attendant, pour en finir avec la violence, il faut recourir à la violence – Hegel une fois de plus. Marcuse entame alors une justification des interdictions qu'il souhaite promulguer ; il parle clairement de « moyens non démocratiques » (31), à savoir : « retirer la liberté de parole et de réunion à des groupements et mouvements qui prêchent une politique d'agression, d'armement, de chauvinisme, de discrimination raciale et religieuse, ou qui s'opposent à l'extension des services publics, de la sécurité sociale, de l'assistance médicale, etc. » – le « etc. » peut glacer... Il continue et propose des « restrictions nouvelles et rigoureuses du contenu et des formes pédagogiques, qui, par leur conception et leur méthode même, contribuent à emprisonner l'esprit dans l'univers du discours et de la conduite établie, et sapent a priori le développement d'un raisonnement sain et de la faculté de choisir rationnellement » (32). Marcuse ajoute enfin l'interdiction de toute recherche scientifique qui ne soit pas explicitement dirigée vers ce qu'il nomme le progrès de la civilisation.

Supprimer la liberté d'expression, interdire la liberté de réunion, proscrire la liberté pédagogique, prohiber la liberté de la recherche scientifique, voilà ce que Marcuse propose. Mais qui interdira ? On connaît les *principes* au nom desquels ils seront édictés, cependant, il faudra un *bras armé* pour incarner ces principes dans l'histoire. Qui ? Réponse transcendantale : pas la classe ouvrière, aucune classe sociale en particulier, des minorités combattantes dispersées, invisibles... Le projet d'instaurer la « censure » (43), le mot est clairement revendiqué, ne s'accompagne pas d'une précision de ce que seront les censeurs... Si Castro & Mao sont présentés comme des parangons d'acteurs du progrès dans l'histoire et la civilisation, on imagine quels types politiques auraient la charge de censurer les partisans de ce que, sans vergogne, Marcuse nomme « la démocratie totalitaire » (31).

40

Éloge de la violence. Cette critique de la tolérance pure se double d'un éloge de la violence. Le principe discursif reste le même : la tolérance des démocraties n'est pas tolérance véritable, l'intolérance révolutionnaire est tolérance véritable ; cette fois-ci, il faut comprendre : la violence des démocraties n'est jamais défendable, mais la violence révolutionnaire est bonne et légitime, puisqu'elle vise la fin de toute violence ! Marcuse veut donc activer l'intolérance pour réaliser la tolérance et déclencher la violence pour abolir la violence.

L'hégélien qu'il n'a cessé d'être refuse qu'on puisse penser l'histoire en termes de morale. Quand il veut pouvoir justifier l'usage de la violence, il fonctionne selon le principe dénoncé par Orwell et pourtant utilisé par lui à contre-emploi : pour en finir avec l'usage de la violence, il préconise la violence. Mais pour parvenir à justifier ce paralogisme, il oppose une mauvaise violence, illégitime, celle des oppresseurs, à la bonne violence, celle des opprimés. Pour combattre la première qui est mauvaise, il faut utiliser la seconde qui est bonne.

Ainsi, la violence utilisée dans les démocraties est-elle inacceptable alors que sa formule qui se dit libératrice est bonne. Mauvaise la violence (réactionnaire) des États-Unis qui passe indistinctement par les journaux, les médias, la société de consommation, l'industrie d'armement, la guerre, la publicité, la mode ; mais bonne la violence (révolutionnaire) de Lénine, de Staline (dit *Le Marxisme soviétique*), de Castro, de Mao (dit la *Tolérance répressive*), de Sartre et de Fanon, parce qu'elle se propose une bonne fin : la société sans classes, sans aliénation, sans oppression, sans exploitation rêvée par Marx.

Ce qui lui permet d'écrire : « Si l'on considère le rôle historique de la violence, alors il existe vraiment une différence entre la violence révolutionnaire ou réactionnaire, entre la politique pratiquée par les opprimés ou par les oppresseurs. Au regard de l'éthique, toutes deux sont inhumaines et mauvaises. Mais depuis quand l'histoire obéit-elle aux règles morales ? » (35) – une dernière phrase à laquelle pourraient sans problème souscrire tous les dictateurs du XXe siècle, Lénine & Mussolini, Staline & Hitler, Mao & Franco, Castro & Salazar, Pol Pot & Pétain...

41

Plaidoyer pour la censure. Marcuse estime que la situation actuelle, en 1965 donc, s'avère exceptionnelle, et justifie « une suspension exceptionnelle de la liberté de parole et de réunion » (39). Il constate que, dans l'art, n'importe qui dit n'importe quoi : au nom de la tolérance, les partisans de l'art authentique défendent leur position en même temps que les défenseurs du non-art, qui s'expriment avec les adeptes de l'anti-art. Tous les styles, toutes les écoles, toutes les tendances se mélangent. Dans ce capharnaüm organisé par le système, l'art véritable, selon Marcuse, autrement dit l'art qui proteste contre la réalité établie (une vérité objective selon son caprice...), perd toute sa force subversive.

De même, dans les débats télévisés ou médiatisés, les dés sont pipés : les meneurs de débat travaillent dans des supports qui sont des instruments du pouvoir économique et politique. Les mots, les idées, les phrases, les expressions obéissent aux logiques du modèle dominant. Quiconque viendrait avec en tête l'idée de soutenir sur un plateau de télévision une cause subversive sombrerait dans le dispositif fait pour digérer les consciences rebelles. Dans les débats, « une opinion stupide a droit au même respect qu'une pensée intelligente, celui qui est insuffisamment informé peut parler aussi longtemps que celui qui est bien informé, propagande et éducation, mensonge et vérité vont de pair. Pour justifier le fait de tout tolérer, on recourt à l'argumentation démocratique, selon laquelle personne, ni groupe, ni individu, ne possède la vérité et ne se trouve en mesure de distinguer le vrai du faux, le bon du mauvais » (26).

Marcuse se place d'emblée sur le terrain aristocratique de celui qui sait ce que sont une pensée intelligente, un homme bien informé, l'éducation, la vérité pour le dire en un mot ; dans un même mouvement, il sait aussi ce que sont une opinion stupide, un homme mal informé, la propagande, autrement dit : l'erreur. Il connaît le bon et le mauvais. Au nom de cette connaissance, il peut décider d'interdire l'opinion, la parole, la réunion, l'expression à ses adversaires. L'auteur du *Marxisme soviétique* écrivant, aux USA, que les États-Unis sont une dictature pendant que l'URSS peut être totalitaire, puisqu'elle se contente de résister ainsi à l'impérialisme américain, devrait pourtant savoir qu'il bénéficie à New York d'une tolérance qu'il dit pure, mais qui se trouve être véritablement empirique, alors qu'il n'en jouirait guère à Moscou, pays en pointe, selon lui, du progrès de l'humanité...

Parce que, platonicien, Marcuse sait ce qui est le

vrai transcendantal, il peut bien décréter la censure pourvu qu'elle soit « dirigée contre la censure plus ou moins cachée qui pénètre les *libres médias* » (43). La violence révolutionnaire n'ajoute pas de la violence à la violence, car c'est une violence qui veut en finir avec la violence, affirme Marcuse dans la plus pure tradition de la sophistique hégélienne. Quand le lecteur de Sartre et de Fanon égorge un homme, ça n'est pas un homme qu'il égorge, c'est une contribution à la réalisation du progrès de l'humanité qu'il offre au monde parce que son geste ne vaut pas en soi, mais en regard de ce qu'il se propose comme fin. Il nous faut donc bien conclure que, sous la plume de Marcuse, la révolution comme fin justifie tous les moyens.

Dans un « Post-scriptum 1968 », Marcuse en appelle à l'action « des minorités intolérantes, dans leur combat, et désobéissantes aux règles de conduite qui tolèrent la destruction et l'oppression » (55). Il s'appuie sur un « droit naturel de résistance par les minorités opprimées, écrasées, selon lequel elles pourraient recourir à des moyens extra-légaux, dès que les moyens légaux ont révélé leur inefficacité » (48) – et l'on sait que Marcuse ne croit pas aux moyens légaux qu'il estime faussés dès le départ parce que conçus, dirigés et contrôlés par le système qui les a voulus ainsi. Ce que veut donc le philosophe dans ce texte qui se place délibérément en dehors de la morale, c'est le déclenchement, par une minorité, d'une révolution qui s'appuierait sur l'intolérance, la censure, l'interdiction et la violence... De quoi mettre à mal la légende tenace d'un Marcuse penseur libertaire et antiautoritaire.

42

Marcuse, un produit de Mai 68. C'est dans cette configuration théorique d'un éloge de la violence révolutionnaire entre les mains des minorités que Mai 68 advient. L'historiographie dominante fait de Marcuse un maître à penser des événements – en fait, Mai 68 a plus fait Marcuse qu'il ne l'a fait. *C'est l'après-Mai qui fut marcusien, pas Mai.* Car, en France, avant ces fameuses barricades, Marcuse reste un auteur confidentiel. À cette époque, seuls *Le Marxisme soviétique* et *Éros et civilisation* ont été traduits en français (1963). Mais ce dernier livre s'était vendu à deux mille exemplaires... C'est pendant l'été 68 que les traductions se multiplient. S'enchaînent alors *L'Homme unidimensionnel, Raison et révolution, La Fin de l'utopie, Critique de la tolérance pure, Vers la libération.*

Si l'on consulte la somme de textes et de documents qu'Alain Schnapp et Pierre Vidal-Naquet colligent pour leur livre *Journal de la commune étudiante,* le nom de Marcuse n'apparaît que quatre fois dans les presque mille pages de prose militante parues à cette époque... Ajoutons que les références ne sont pas toutes positives et qu'un document, « Luttes étudiantes, luttes ouvrières », paru dans *Avant-garde jeunesse,* le support de la Jeunesse Communiste Révolutionnaire, datée du 18 mai 1968, laisse voir comment le mythe d'un Marcuse maître à penser de Mai a pu voir le jour.

Sur le mouvement, les militants de la JCR écrivent qu'il fut étudiant et ouvrier avant d'ajouter : « Contrairement aux allégations du *Nouvel*

Observateur, l'idéologie marcusienne ne joue qu'un rôle très secondaire » (316-317). On peut en effet imaginer que la presse ait souhaité trouver des racines intellectuelles et culturelles à ce mouvement spontané que rien n'aura préparé. La France s'ennuyait, écrivait Viansson-Ponté dans *Le Monde*, elle fit la fête quelques semaines sans avoir pris soin de lire Marcuse ou de lui demander son autorisation. La grande manifestation du 13 mai qui inaugure la grève générale ne peut être présentée comme les travaux pratiques d'une théorie marcusienne. La civilisation craque et, ici comme ailleurs, la chouette de Minerve marcusienne a pris son envol à la tombée de la nuit révolutionnaire.

En Mai 68, Herbert Marcuse se trouve par hasard à Paris : on a invité le professeur américain d'une université californienne, San Diego, à parler de Marx et de Malthus dans un colloque organisé par Alfred Sauvy à l'Unesco pour le cent cinquantième anniversaire de l'auteur du *Capital*. Invité à ce colloque, Erich Fromm a proposé une intervention parue sous le titre « La contribution de Marx à la connaissance de l'homme ». À cette époque, Marx et le marxisme sont moins dans la rue que dans l'atmosphère feutrée des colloques de professeurs. Marcuse a présenté les proscrits des ghettos noirs américains, les étudiants sans statut social, les marginaux des sociétés industrielles comme le levain de la révolution à venir. Le prolétariat cessait d'être pensé comme la classe qui déclencherait la révolution.

Claude Dupuydenus, qui fut son assistant, raconte le passage de Marcuse à Paris dans *Herbert Marcuse. Les vertus de l'obstination* : « C'est Jean-Pierre

Elkabbach qui a *sauvé* Marcuse de l'emprise incroyable des journalistes pour le ramener à son hôtel au calme, il venait de publier *L'Homme unidimensionnel* en 1964 et le succès en librairie était devenu subitement tout aussi incroyable. Mais, chemin faisant avec Elkabbach, à son étonnement, il est à nouveau reconnu : il est invité à dire un mot en pleine assemblée générale aux Beaux-Arts. Dans l'assemblée se trouvent des maoïstes pas très friands des idées développées par Marcuse ; enfin tout se passe bien, Marcuse fait une adresse en français et la vie continue. Cette agitation autour de Marcuse laisserait penser, complètement à tort, qu'il a été la cause principale de Mai à Paris en 68… Autant se demander si les journalistes et les paparazzi ne feraient pas l'histoire. »

Le Nouvel Observateur, Jean-Pierre Elkabbach, ajoutons à cela *L'Humanité* pour parfaire cette généalogie du mythe Marcuse maître à penser de Mai 68. Lisons l'éditorial de l'organe du PCF signé par Georges Marchais, numéro deux du Parti, derrière Waldeck Rochet alors malade, et intitulé « De faux révolutionnaires à démasquer » : « Un des maîtres à penser des gauchistes est le philosophe allemand Herbert Marcuse qui vit aux États-Unis. Ses thèses peuvent être résumées de la façon suivante : les partis communistes “ont fait faillite”, la bourgeoisie a “intégré la classe ouvrière qui n'est plus révolutionnaire”, la jeunesse surtout dans les universités “est une force neuve, pleine de possibilité révolutionnaire”, elle doit s'organiser “pour la lutte violente”. Bien entendu, les adeptes de Marcuse, chez nous, doivent tenir compte de la force, de l'influence du Parti communiste français et de la combativité de la classe ouvrière. Mais tout en y mettant des formes, ils portent leurs coups contre notre parti – et la CGT – et cherchent à mettre en cause le rôle fondamental de la classe ouvrière dans la lutte pour le progrès, la démocratie, le socialisme. »

On appréciera le sous-entendu qui concerne Daniel Cohn-Bendit dans cet article par lequel Georges Marchais, ancien volontaire pour aller travailler aux usines Messerschmitt sous régime nazi, signale que « l'anarchiste allemand » dirige le mouvement du 22 Mars... L'épithète « juif » ne s'y trouve pas, mais le renvoi à l'ennemi héréditaire de la France que serait le Teuton transcendantal ne trompe personne. D'autant que Marcuse fait également les frais d'un traitement linguistique intéressant : il est lui aussi allemand, de sang impur donc, mais il ajoute à ce forfait de vivre aux États-Unis, le pays du grand Satan... Un juif allemand, un Teuton vivant chez les Américains, Mai 68 est donc bien ce que les communistes disent *à cette époque* (car ils changeront d'avis sur ce sujet aussi...) : des « élucubrations » pseudo-révolutionnaires qui favorisent les provocations fascistes, des agitations qui servent les intérêts du pouvoir gaulliste au service des grands monopoles capitalistes. Marcuse, on appréciera la drôlerie de cette sophistique, se trouve présenté comme un compagnon de route de l'anticommunisme gaulliste ! Marcuse juif, Marcuse allemand, Marcuse américain, Marcuse gauchiste, Marcuse gaulliste, on était loin des thèses d'*Éros et civilisation* et de *L'Homme unidimensionnel*...

43

Mai selon Marcuse. En 1969, Marcuse publie *Vers la libération* avec pour sous-titre *Au-delà de l'homme unidimensionnel.* On ne peut imaginer que ce petit livre ne propose pas sa lecture de Mai 68 même s'il a été écrit avant, puisque Marcuse avoue l'avoir annoté à la lumière des événements. Il reprend sa thèse d'une URSS non pas *structurellement* totalitaire, mais *conjoncturellement* contrainte de l'être à cause de l'impérialisme américain. La bureaucratie répressive, le système totalitaire soviétique, le productivisme industriel bolchevique, la dictature du parti unique sont à mettre au crédit de la politique économique, militaire, guerrière, colonialiste... des États-Unis ! Mais l'opposition entre l'Union soviétique marxiste-léniniste et les États-Unis capitalistes n'est plus aussi franche depuis que sont apparues les luttes vietnamiennes, cubaines ou chinoises qui témoignent en faveur de l'existence d'un « Grand Refus » (8) – majuscules de Marcuse...

Marcuse associe Mai 68 à cette dynamique du Grand Refus : « L'opposition étudiante prend de plus en plus d'ampleur, tant dans les vieilles nations socialistes que dans les pays capitalistes. En France, pour la première fois, elle a défié un régime qui déployait contre elle toute sa puissance, retrouvant, pour une courte période, le pouvoir libertaire des drapeaux rouge et noir ; qui plus est, elle a démontré la possibilité d'élargir la base révolutionnaire, et ce n'est pas une répression temporaire qui pourra renverser cette tendance » (9). On peut douter que le pouvoir gaulliste ait mobilisé toute sa puissance, ni l'armée ni la police n'ayant tiré sur la foule ; mais on peut souscrire au fait que Mai 68 a bien eu lieu et que plus rien après ne sera comme avant – c'est dans cet après, d'ailleurs, que Marcuse a produit ses effets pratiques.

Ce Grand Refus porte l'espoir d'un socialisme à venir qui n'aurait rien à voir avec celui de pays déjà connus. Révolte ou révolution manquée, peu importe, Mai 68 marque une rupture politique que définit la proclamation d'une « contestation permanente » (11). Plus question de viser l'augmentation de la productivité, d'accroître le niveau de vie, les objectifs changent : on veut réaliser la solidarité concrètement, la fraternité universelle, l'abolition de la misère et de la pauvreté, la paix sur toute la planète. Les jeunes veulent une autre vie, la libération, la liberté, et non plus l'appropriation collective des moyens de production, la dictature du prolétariat, la société productiviste, la religion du travail, l'abdication de leur subjectivité au profit du collectif. Le socialisme n'est plus seulement l'affaire des pays où il prétend s'être installé.

Marcuse annonce la fin du prolétariat comme classe porteuse du message messianique (il faudra attendre 1980, en France, pour qu'André Gorz publie son *Adieux au prolétariat. Au-delà du socialisme*), le dépassement du modèle dit scientifique en matière d'analyse de la société et propose de réinvestir le concept d'utopie. Elle n'est pas ce qui est impossible à réaliser, mais ce qui ne l'est pas encore et qui se trouve entravé par la société répressive. L'utopie consiste à mettre Éros au centre du dispositif politique : abolir ce qui relève de la pulsion de mort (le capitalisme, la publicité, la pornographie, la guerre, la consommation, la télévision, la religion...) et réaliser la pulsion de vie (le travail attractif, le loisir intelligent, l'imagination créatrice, l'art libérateur, la science artiste, la technologie émancipatrice, l'esthétique généralisée, le vitalisme exacerbé, la vie transfigurée, un langage nouveau, le souci écologique, l'urbanisme révolutionné, une perception nouvelle, une sensibilité révolutionnée...).

Si le prolétariat n'est plus le bras armé de la révolution, de quel côté faut-il regarder ? Vers les étudiants, écrit Marcuse. Ils constituent l'avant-garde éclairée capable d'emporter le mouvement révolutionnaire et d'y agréger la classe ouvrière. Pour ce faire, bien sûr, il faut révolutionner le rapport au savoir, à la culture, à l'intelligence. L'ère des mandarins qui enseignaient l'art de prendre de la distance à l'endroit du réel concret a trépassé, voire de défendre l'ordre établi ; il s'agit désormais de travailler à l'avènement d'un « enseignement libre et critique » (118) susceptible d'incorporer « aux programmes des cours qui étudieraient de façon pertinente les grands courants non conformistes de notre civilisation et l'analyse critique des sociétés contemporaines » (118). Contre le savoir théorétique, Marcuse souhaite un savoir politique.

44

La violence concrète. Avant Mai 68, l'Université était le lieu de la reproduction sociale (Pierre Bourdieu publie *Les Héritiers* avec Jean-Claude Passeron en 1964), du mandarinat, du savoir classique, de la manie transcendantale ; les étudiants ont saccagé cette vieille Université en regard d'un principe formulé par Marcuse : le principe de régression infantile. L'auteur de *Vers la libération* écrit en effet que « le moteur du mouvement, c'est le refus de devenir *mûr* et *adulte*, le refus d'adopter un comportement efficace et *normal* dans et pour une société qui contraint la grande majorité de la population à *gagner sa vie* par des travaux stupides, inhumains et inutiles » (119). Face au sérieux qui domine en politique, Marcuse invite à la satire, à l'ironie, à la provocation rieuse, à la moquerie, à la parodie.

On se souvient que les insultes, les attaques ad hominem, les happenings n'ont pas manqué en Mai 68. Le premier exemple concerne Daniel Cohn-Bendit : « Que l'anecdote complaisamment répandue de l'anarchiste prêt à uriner sur la flamme soit véridique ou non ne change rien au fond : la provocation est ressentie comme une profanation. Les propos ultérieurs de Daniel Cohn-Bendit ("À Paris, nous nous sommes dirigés vers l'Arc de Triomphe parce que c'est un monument con. Le drapeau tricolore est fait pour être déchiré") (...) aggravent le sacrilège par l'offense "allemande" faite à la Patrie et à ses morts » (Frank Georgi, « Le pouvoir est dans la rue. 30 mai 1968. La "manifestation gaulliste" des Champs-Élysées », *Vingtième siècle*, 1995, vol. 48, p. 51).

Deuxième exemple : en juillet 1968, lors du festival d'Avignon qui permet au Living Theater d'occuper la grande scène, Jean Vilar, l'acteur de la démocratisation du savoir et de l'éducation populaire que l'on sait, se fait prendre à partie par des jeunes qui, chaque jour, chaque soir, dans tous les endroits, le menacent, l'agressent et scandent

« Vilar, Béjart, Salazar » – autrement dit salissent son nom en l'associant au dictateur fasciste portugais. Dans ses carnets, à cette date, parlant de l'altercation, Vilar évoque les jeunes et leur reproche sur le papier « les mots que la révolte de Mai vous a appris et que vous ne faites que répéter comme esprits demeurés. Vous n'êtes que des hurleurs, des tapageurs de nuit, des fils de famille qui allez chercher le mandat paternel et hebdomadaire au bureau de poste ». Le Living Theatre, en pointe de la contestation, quitte le festival le 31 mai après avoir empoché le prix de douze représentations pour cinq jouées. Après le festival, Jean Vilar part se reposer à Sète – il est victime d'un infarctus.

Troisième exemple : en avril 1969, Paul Ricœur devient le doyen de l'Université de Nanterre. Des étudiants maoïstes viennent le chercher dans son bureau, le traînent devant les leurs où il subit un procès révolutionnaire en règle : l'accusation lui demande de justifier ce qui l'autorise à être professeur, à donner des cours. Humilié, il répond avec calme. L'année suivante, des graffitis insultants recouvrent les murs, des pamphlets circulent sur son compte, on lui crache au visage, une vingtaine d'étudiants le poursuivent et lui renversent une poubelle sur la tête – le normalien maoïste devenu professeur présentera ses excuses au philosophe lors d'un jury de thèse en 1991 (François Dosse, *Paul Ricœur*, 480)...

Quatrième exemple : Adorno, incontestable philosophe de gauche, eut lui aussi à rencontrer cette violence contre sa personne. Il avait assuré les étudiants de son soutien, souscrivait à l'idée d'un changement radical dans l'université, critiquait les hiérarchies autoritaires dans le système, dénonçait la nature répressive du code pénal en matière de liberté sexuelle. L'auteur du *Jargon de l'authenticité* devait faire une conférence sur le classicisme de Goethe à l'université libre de Berlin. Un groupe d'étudiants gauchistes s'approche de l'estrade et déroule une banderole, puis lui reproche de recourir à une formule d'Horkheimer, lui aussi philosophe de gauche, qui parlait du danger de l'activisme violent des étudiants qui risquait de tourner « au fascisme de gauche ».

À l'été 1967, Adorno écrit à Marcuse que certains de ceux qui se réclament de lui ont tendance « à synthétiser leur genre de praxis avec une théorie qui n'existe pas, et ce qui pointe le bout de l'oreille, c'est un décisionnisme qui rappelle l'horreur » (Stefan Müller-Doohm, *Adorno*, 467). Il doit faire face de plus en plus souvent à l'hostilité en public. Le 9 mai 1968, il écrit à Peter Szondi : « J'ai seulement à dire que les histoires des étudiants me sortent par les yeux. (...) Nous avons de plus en plus l'impression d'être de simples figures servant à leurs manipulations (...). Meurtre du père avec bref sursis » (*ibid.*, 468). En fait, le refus d'être mûr et adulte, présenté par Marcuse comme la généalogie d'une nouvelle civilisation, montrait là toute sa puissance...

45

« La Nouvelle Gauche ». Dans les derniers chapitres de *Vers la libération*, Marcuse revient sur sa haine de la démocratie parlementaire ; il réitère son refus de la tolérance qui n'est jamais qu'une arme de la société capitaliste pour empêcher l'avènement de sa destruction ; il célèbre l'action directe et la désobéissance civile ; il vante les mérites de l'illégalité sous prétexte que toute loi n'est jamais que l'expression du statu quo ; il s'oppose à la démocratie libérale et lui préfère la radicalité violente ; il fustige la démocratie parlementaire et célèbre la démocratie directe avec mandats impératifs ; il ne reconnaît pas la légitimité de la représentation parlementaire faussée parce qu'elle se contente d'exprimer les intérêts de classe du capital.

Que veut Marcuse ? « Le radicalisme de la Nouvelle Gauche » (152). À quoi ressemblerait-il ? Elle suppose : « propriété collective, contrôle et planification collectifs des modes de production et de répartition des ressources » (161). Avec quelles méthodes ? « Brusque refus de la discipline de travail, relâchement de l'effort individuel, désobéissance généralisée aux règles et aux lois, grèves sauvages, boycotts et sabotages, insoumission gratuite, telles pourraient être les expressions de la dissolution de la moralité sociale » (154). Les jeunes refuseront la tradition, la soumission, l'autorité, l'exactitude, la ponctualité, la virilité, la concurrence, la productivité, ils tourneront également le dos au syndicalisme traditionnel et aux partis habituels. Selon quelles logiques ? Marcuse fait confiance à la spontanéité, à l'invention, ce qui se fera se découvrira en se faisant. Il écrit : « Il y a dans cette révolte une part importante de spontanéité et même d'anarchisme » (164). Pendant ce temps, dans *Contre-révolution et révolte*, Marcuse voit les États-Unis se diriger vers le fascisme...

En avril 1975, Marcuse donne une conférence à l'université de Californie (Irvine) intitulée *Échec de la Nouvelle Gauche*. Le titre affirme clairement une chose ; au risque de la redondance, répétons-la : la Nouvelle Gauche a échoué. On ne saurait en douter puisque la première phrase de cette intervention est : « Avant de se demander en quoi consiste l'échec de la Nouvelle Gauche, il faut se poser deux questions ; en premier lieu : quelles en sont les composantes et quelle en est la nature ? et ensuite : peut-on parler réellement d'échec en ce qui la concerne ? » (13). Autrement dit : oui, la Nouvelle Gauche a échoué, mais pour nous en rendre compte, il faut se demander si elle a véritablement échoué... Cette dialectique élastique se retrouve tout le long de la démonstration : la Nouvelle Gauche a échoué (13); mais il faut se demander s'il y a échec (17) ; avant de conclure : « je crois qu'il serait faux, malgré tout (*sic*), de parler de son *échec* » (23)...

Précisions : la Nouvelle Gauche se compose de forces installées à la gauche des partis communistes traditionnels – nous dirions aujourd'hui : à l'extrême gauche. Elle surgit dans les années 60, probablement dans la foulée du rapport Khrouchtchev (1956) qui découvre au monde l'étendue des dégâts staliniens dans l'Union soviétique. Cette gauche-là ne dispose d'aucune organisation : elle n'est pas parvenue à donner une forme active et militante à une indéniable force politique. Elle ne s'appuie pas sur les masses, elle se trouve isolée de la classe ouvrière. Les PC traditionnels persistent dans la croyance au prolétariat comme classe porteuse de la potentialité révolutionnaire et proposent pour méthode révolutionnaire la dictature du prolétariat. La NG ne croit plus aux potentialités messianiques du prolétaire, même si elle souscrit toujours à l'idéal de la révolution.

La Nouvelle Gauche apparaît à la faveur de moments libertaires, de crises antiautoritaires, mais ces moments historiques ont disparu, ils ont même parfois laissé place à une nouvelle forme d'autoritarisme. En 1975, Marcuse peut en effet penser à Mai 68, grand soulèvement de drapeaux noirs & rouges suivi par le retour de la réaction renforcée sous la forme du gaullisme d'affaires dirigé par Georges Pompidou. La joie du Quartier latin cède la place au bétonnage de Paris et aux voies sur berges qui laissent la capitale à la voiture.

Son succès fut d'avoir montré qu'on pouvait encore parler de révolution, pourvu qu'on mette sous ce vieux mot de nouveaux contenus. Jadis, les communistes traditionnels croyaient que l'appropriation collective des moyens de production par l'avant-garde éclairée du prolétariat organisé en dictature réaliserait la société communiste de justice et d'égalité ; à cette heure, la Nouvelle Gauche se propose de renverser le système des besoins et la logique de leur satisfaction. Hier, on croyait au pouvoir magique de la productivité ; aujourd'hui, on sait que la vie n'est pas changée quand la production augmente dans les usines.

Dans cet « Échec de la Nouvelle Gauche », Marcuse réitère la thèse du *Marxisme soviétique* : en URSS, la révolution économique n'a pas débouché sur le bonheur du peuple, mais sur une société sans liberté où la productivité fait la loi – mais c'est toujours à cause des États-Unis qui imposent la pression économique capitaliste sur la totalité de la planète.

Si le goulag existe dans la Russie bolchevique (Marcuse donne sa conférence en 1975, *L'Archipel du Goulag* est en librairie depuis 1973...), c'est à cause de l'impérialisme des USA... Le mal en URSS est américain ; le bien aux États-Unis n'existe pas.

46

Un échec... Après avoir dit ce qu'était la Nouvelle Gauche, comment et de quoi elle était née, comment elle a fonctionné, Marcuse explique son *échec*. Le mouvement libertaire a été soit réprimé par les pouvoirs en place, soit récupéré. « Mais il a également "contribué à sa propre destruction", dans la mesure où il n'a pas su développer des formes adéquates d'organisation et où il a succombé à un processus croissant d'atomisation, allant de pair avec l'anti-intellectualisme, un anarchisme politiquement impuissant et la surestimation narcissique de soi » (18). Cette critique de Mai 68, du moins de ce que Mai 68 est devenu, est sévère, mais juste : radicalisation de l'individualisme égotiste, renoncement à la raison et à l'intelligence au profit de la libération des instincts et des pulsions, revendication libertaire nihiliste, souci de soi exacerbé. Mais qui dira que l'œuvre de Marcuse n'est pour rien dans ce que le philosophe déplore ?

La classe ouvrière a renoncé à la révolution. Intégrée, elle souscrit aux mots d'ordre du capitalisme, de la société de consommation, de la religion du travail, du principe de productivité, des flux médiatiques qui contribuent au formatage des consciences. Les syndicats et les partis politiques de gauche défendent eux aussi cette idéologie. La gauche est devenue libérale, elle fait le jeu du capitalisme. On ne peut plus compter sur le prolétariat, le parti et le syndicat pour mener à bien l'entreprise révolutionnaire. Le capitalisme triomphe en imposant l'empire de sa puissance économique et politique.

Lucide sur ce que Mai a produit dans ces années 70, Marcuse écrit : « Les "contre-cultures" créées par la Nouvelle Gauche perdirent leur impact politique et se détruisirent elles-mêmes en revenant à une sorte de "libération" individuelle (la drogue, le culte du gourou et autres sectes pseudo-religieuses), en professant un anti-autoritarisme abstrait doublé de mépris pour la théorie en tant que guide de la pratique ; en ritualisant et en fétichisant le marxisme. Tout cela était l'expression d'une résignation et d'une désillusion prématurées » (19). Songeons en effet à la célébration d'un usage dur des drogues dures, à la banalisation d'un usage également dur des drogues douces, aux communautés psychédéliques construites sur de perpétuels psychodrames narcissiques, au goût pour le renoncement à la raison au profit du guide dit spirituel frotté d'orientalisme, d'ésotérisme...

De même, la psychanalyse est devenue un instrument de ce repli sur soi-même : les potentialités révolutionnaires qui se trouvaient chez Freud, pourvu qu'il fût infléchi à gauche, ont disparu au profit d'un divan de confort censé soigner les névroses personnelles, les pathologies de la subjectivité désorientée, les bobos existentiels des déçus de Mai 68 – il y en eut plus d'un dans le cabinet du fameux docteur Lacan qui empochait les bénéfices sonnants et trébuchants de ces individus désorientés par cette révolution qui n'eut lieu que dans les consciences – ce qui est déjà tant... Si « la nécessité d'une nouvelle *subjectivité* confère à la psychologie une signification politique décisive » (20), ça n'est pas avec l'aide de Freud et des freudiens que cette construction peut s'effectuer.

47

... et un succès. Marcuse estime toutefois que la Nouvelle Gauche a également connu des succès : par exemple, elle s'est étendue très au-delà du petit cercle qui fut le sien originellement. En effet, Marcuse était lu par une infime poignée d'étudiants parisiens avant les événements de Mai ; après eux, les idées du philosophe américain, maître à penser de cette Nouvelle Gauche, ont rapidement connu une expansion dans les endroits les plus reculés de la France – mais aussi de l'Europe et du monde. *Éros et civilisation* produisait des effets sur le terrain de la libération sexuelle qui concernait tous les foyers français.

Si la lecture des livres de Marcuse reste austère, ses thèses peuvent se trouver facilement résumées, simplifiées, sinon caricaturées, à l'usage du plus grand nombre : ne plus travailler, désirer le loisir, refuser d'obéir, se régler sur ses caprices, pratiquer l'amour libre, ne reconnaître aucune autorité, abolir les familles, reconstruire le monde autour de soi, donner à Narcisse et à Éros les pleins pouvoirs, congédier tout esprit de sérieux et multiplier les happenings, défendre la sexualité des enfants, sinon la pratiquer avec eux (René Schérer, philosophe fouriériste, publie *Émile perverti* en 1974 et *Une érotique puérile* en 1978 pour soutenir cette thèse...), l'après-Mai fut un grand moment nihiliste, un temps de négativité après les semaines d'émeutes.

Marcuse accumule les preuves que la Nouvelle Gauche est un succès : combat des minorités opprimées, ébranlement international du capitalisme, déclin de l'éthique du travail, grèves sauvages, absentéisme, sabotage plus ou moins dissimulé, mouvement de libération des femmes, révolte contre les directions syndicales, refus de la morale capitaliste et des valeurs du marché. « La Nouvelle Gauche a *totalisé* la rébellion contre l'état de choses existant » (27), écrit-il avec un peu de plume hégélienne dans son jugement néo-marxiste.

Quelle stratégie la Nouvelle Gauche peut-elle mettre en œuvre pour réaliser son programme ? Marcuse propose un front unique. Plus question de distinguer les gauches à l'infini, de les opposer, de les affaiblir, d'amoindrir leur force de frappe anticapitaliste, il faut l'union de toutes les puissances coalisées contre les forces du capital. La réunion doit comprendre des étudiants, des ouvriers militants, des groupes, des personnalités, même apolitiques, précise le philosophe, il va même jusqu'aux acteurs de la gauche libérale.

Marcuse souhaite partir sur des bases locales. Puis il propose d'utiliser toutes les formes de la démocratie bourgeoise – qu'il exècre pourtant plus que tout... À savoir : les élections, le soutien d'hommes politiques clairement libéraux, la propagation d'informations censurées, la multiplication des protestations contre la destruction de la planète, le boycott, etc. Lui, le révolutionnaire, souhaite un soutien aux réformes qui vont dans le bon sens. Et puis, nouveau combat, il souhaite un socialisme féministe car il fait du mouvement des femmes la troisième force de la révolution – sans préciser ce que seraient les deux premières, mais l'on peut déduire qu'il s'agirait du prolétariat des marxistes et des minorités marginales de Bakounine et Marcuse.

48

« **Le socialisme féministe** ». La position de Marcuse sur le féminisme se trouve dans le texte d'une conférence intitulée *Marxisme et féminisme*. Le philosophe l'a donnée le 7 mars 1974 pour le Centre de Recherche sur les Femmes à l'Université de Stanford. C'est le même propos qui lui sert pour un séminaire qu'il tient plusieurs semaines à Vincennes, Paris VIII. L'université expérimentale créée en décembre 1968 pour permettre à Mai d'avoir son institution sous forme de contre-institution était ouverte aux non-bacheliers, elle fonctionnait le soir et le samedi afin que tous puissent y venir. Les professeurs travaillaient à égalité avec les étudiants.

Les enseignements y sont alternatifs. Par exemple, dans les cours dits de civilisation américaine, on y enseigne moins le transcendantalisme, la poésie de Whitman ou la constitution du pays que les méfaits de la guerre au Vietnam grâce aux grandes marionnettes du Bread and Pupett Theatre de Peter Schumann perchées sur leurs échasses et racontant les effets des bombardements sur la population civile. Dans cette configuration, Marcuse l'Américain intervient sur les nouveaux pauvres, la crise de l'énergie, l'inflation, l'émancipation des sens, mais aussi la question des femmes.

À ses yeux, le mouvement des femmes incarne la plus grande radicalité de l'époque. Sans les citer, Marcuse s'inscrit dans le lignage freudo-marxiste d'un Otto Gross ou d'un Wilhelm Reich qui critiquent le patriarcat, célèbrent le matriarcat, et souhaitent lutter contre celui-ci avec celui-là. Certes, il existe des différences biologiques entre les hommes et les femmes, mais les femmes restent construites par un conditionnement social qu'il s'agit d'abolir. Cette abolition ne s'obtient pas avec la constitution de nouvelles institutions sociales. Ainsi, en Union soviétique, le changement des institutions n'a pas modifié la condition féminine. Il faut viser non plus la réalisation de l'homme ou de la femme, mais celle de l'humain, via la réalisation de la pleine égalité économique, sociale et culturelle.

Le socialisme féministe suppose l'abolition des valeurs du patriarcat : l'agressivité, la productivité, la recherche du profit, l'efficacité, l'esprit de compétition, le principe de rendement, la rationalité fonctionnelle, l'éthique du travail inhumain, la volonté de puissance, la militarisation, l'association de la violence et de la sexualité, la destruction de la planète, la pollution… Il suffit, point par point, d'opposer le principe de vie au principe de mort pour disposer de la positivité de ce socialisme : la douceur, le loisir, le désir d'épanouissement, le ludique, le principe de plaisir, la rationalité libertaire, l'éthique du travail libérateur, la volonté de jouissance, la paix, la sexualité partagée, la préservation de la planète, le souci de la terre.

Le féminisme suppose qu'on réactive l'éthique de la cour d'Éléonore d'Aquitaine qui s'appuie sur l'hérésie cathare et albigeoise protestant contre la hiérarchie féodale et qui place la Dame au centre du dispositif hédoniste. Cette érotique des troubadours prenait parti pour l'amant contre le mari, pour le droit de l'amour contre celui du seigneur. La société industrielle chosifie les femmes, il faut abolir cette société-là. La célébration de la vie, le développement des sens et de l'intellect, l'indexation de la sensibilité et de l'intelligence sur le contrat hédoniste plutôt que sur la rationalité de la domination, voilà ce qui permettra la réalisation de ce socialisme féministe.

Avec cette civilisation nouvelle, Marcuse écrit : « L'antithèse masculin-féminin serait alors transformée en synthèse : le mythe antique de l'androgyne » (51). Dès lors, on pourrait envisager de transformer la société tout entière et la placer sous le signe de l'androgynat. Cette thèse se trouve au centre de *L'un est l'autre. Des relations entre hommes et femmes* (1986) et dans *XY. De l'identité masculine* (1992) d'Elisabeth Badinter. Le nom de Marcuse n'apparaît nulle part dans ces deux livres…

49

La révolution par l'art. Sur la fin de son existence, Marcuse écrit sur la question esthétique. Probablement revenu de beaucoup de choses, il donne à l'art un rôle majeur dans la production de la révolution. Dans *La Dimension esthétique. Pour une critique de l'esthétique marxiste* (1977-78), le penseur américain se propose de critiquer l'esthétique marxiste dominante en vertu de laquelle, puisque l'infrastructure économique conditionne la superstructure idéologique, l'art est le reflet de la classe sociale dominante. Quand on a dit ceci, est-ce suffisant pour rendre compte d'une cantate de Bach, d'un poème de Rimbaud, d'un roman de Stendhal ou d'une pièce de Brecht ? Marcuse propose une esthétique marxiste alternative : il insiste sur les potentialités politiques de l'art.

La culture bourgeoise qui fut longtemps dominante ne l'est plus : elle évacuait le corps, elle célébrait la pulsion de mort, elle contraignait l'éros, elle procédait de la répression de la libido et de la sublimation d'instincts maltraités par la société. Elle produisait des objets susceptibles d'une marchandisation, d'un commerce et de spéculations. Élitiste, elle fonctionnait dans, par et pour une minorité qui la confisquait. Elle embellissait le réel, elle évitait qu'on s'y attarde, elle fonctionnait comme une récréation, une distraction. Elle justifiait l'ordre établi. Cette culture de classe est morte.

Dans *Contre-révolution et révolte,* Marcuse confère au corps une place prépondérante dans l'avènement de l'art contestataire. La sensualité se trouve investie d'une force prépondérante dans le dispositif révolutionnaire. L'art se nourrit de tout le refoulé de la société capitaliste indexée sur le principe de rendement : il vit des rêves et des souvenirs, des nostalgies, il puise dans l'inconscient, il fouille les instincts et la libido. Ces forces contribuent à la création de nouvelles formes – et ces nouvelles formes deviennent elles aussi de nouvelles forces.

Car l'art révolutionnaire ne saurait se réduire à l'art qui montre des révolutionnaires, célèbre des situations de la révolution par la musique, la peinture, la littérature. Le contenu ne suffit pas. La forme peut être plus qu'un contenu classique, même s'il présentifie la révolution. Les surréalistes, par exemple, inventent des formes nouvelles qui constituent autant de forces politiques inédites. Artaud, par exemple, lui aussi, recourt à la révolution de la forme pour enseigner celle de contenus nouveaux : il souhaite la restauration du lien perdu avec la nature. De même « la peinture et la sculpture abstraites, non figuratives, la littérature formaliste et celle des "flux de conscience", la musique dodécaphonique, le blues, le jazz : ce ne sont pas là de nouveaux modes de perception, qui se réduiraient à une réorientation et à une intensification des modes anciens ; bien plutôt, il s'agit d'une décomposition de la structure même de la perception, en vue de faire de la place – de la place pour quoi ? Le nouvel objet de l'art n'est pas encore "donné, mais son objet traditionnel est devenu impossible, factice" » (*Vers la libération*, 76-77). En brisant les formules, l'art contemporain détruit un vieux monde. Il laisse place au nouveau que la révolution peut nourrir.

50

« Les goulags de la démocratie ». Marcuse a rencontré des figures emblématiques de l'extrême gauche qui incarnaient la Nouvelle Gauche sur la planète, ainsi Angela Davis ou Rudi Dutschke. Angela Davis (née en 1944) a connu le ségrégationnisme américain dès son enfance dans l'Alabama. Elle fait ses études à New York où elle rencontre le socialisme avec sa formule concrète chez Owen et théorique chez Marx dont elle lit le *Manifeste du parti communiste* à partir duquel elle envisage la question noire dans le cadre de la révolution prolétarienne internationale. Elle milite dans une association de jeunesse marxiste-léniniste. Elle lit Sartre et Camus puis découvre Herbert Marcuse lors d'une assemblée générale dans laquelle le philosophe prend la parole sur la question de la crise des missiles à Cuba – elle a dix-sept ans. En deuxième année, elle étudie Sartre qui vient de faire paraître sa *Critique de la raison dialectique,* un gros volume justifiant la violence politique. La philosophie française l'intéresse. Elle assiste à des meetings de Malcolm X qui promet la punition divine des Blancs en paiement de leurs fautes envers les Noirs ! En septembre 1963, elle vit un mois à Biarritz ; en novembre, elle est à Paris ; l'été suivant, à Francfort où elle suit les séminaires d'Adorno.

À cette époque, elle lit Marcuse et assiste à ses conférences sur la pensée politique européenne depuis la Révolution française. Il lui conseille de partir étudier la philosophie à Francfort où elle se rend en 1965. Lors des séminaires d'été 1967 et d'hiver 1967-1968, Adorno étudie *Dialectique négative,* Horkheimer se trouve lui aussi dans la salle. L'ouvrage, austère, se vend bien et les jeunes intellectuels lui apportent un crédit qui contribue au débat. La presse lui reproche de jargonner. Angela

Davis s'inscrit en thèse avec lui. Elle rentre aux États-unis, Marcuse reprend la direction du doctorat sur le rôle de la violence dans l'histoire.

Marxiste, révolutionnaire, elle adhère en 1968 au Che-Lumumba Club, une section du Parti communiste américain réservé aux Noirs. Elle combat aux côtés des Black Panthers qui refusent la double solution intégration ou séparation au profit d'une révolution marxiste. En 1969, elle enseigne à l'université de Californie, à Los Angeles, qu'elle doit quitter à cause de son activisme politique : on l'accuse d'avoir organisé une prise d'otages dans un tribunal qui s'est terminée avec plusieurs morts. Elle part en cavale avec le FBI à ses trousses, elle est arrêtée deux semaines plus tard et emprisonnée pendant seize mois, jugée pour meurtre, kidnapping et conspiration, puis condamnée à mort. Elle bénéficie d'un soutien international, de Sartre et Aragon à John Lennon (qui compose *Angela*), de Prévert (qui rédige un poème) aux Rolling Stones (qui écrivent *Sweet Black Angel*). Elle sera alors acquittée. Plus tard, autres temps, autres mœurs, elle sera aussi célébrée par... Pierre Perret (*Lily*), Daniel Balavoine (*Petite Angèle*) et Yannick Noah (*Angela*) !

Après sa libération en 1972, elle devient l'intellectuelle radicale que l'on connaît et milite contre une série de causes : la guerre au Vietnam, le sexisme, la phallocratie, le racisme, le système carcéral, la peine de mort, la guerre en Irak. En 1980 et 1984, elle se présente aux élections présidentielles américaines comme vice-présidente du candidat communiste. Âgée de cinquante-trois ans, en 1997, elle révèle son homosexualité dans *Out*. Elle enseigne l'histoire de la conscience à l'Université de Californie. En 2007, elle publie en France *Les Goulags de la démocratie* – un titre qui aurait pu être de Marcuse...

51

Rudi le Rouge. Dans l'Allemagne de l'après-guerre, Marcuse a été lu, médité et pratiqué par Rudi Dutschke (né en 1940) jusqu'à sa mort le 24 décembre 1979 des suites d'un attentat contre lui en 1968. Il passe son enfance en Allemagne de l'Est, où il se prépare à une carrière de décathlonien de haut niveau et envisage ensuite une carrière de journaliste sportif. Mais son engagement contre la militarisation de la RDA, son combat pour la liberté de se déplacer dans le pays, sa défense des droits de l'homme, son refus d'accomplir son service militaire, son invitation à ce que les autres l'imitent lui valent l'hostilité des autorités qui l'empêchent de faire carrière dans le sport. Il se rabat alors sur une formation commerciale dans une coopérative industrielle. En 1961, il déménage à Berlin juste avant la construction du mur.

Rudi Dutschke étudie la phénoménologie de Martin Heidegger et l'existentialisme de Jean-Paul Sartre ; il lit le jeune Marx, dont les *Manuscrits de 1844* ; il découvre Georg Lukács et Ernst Bloch, l'auteur du *Principe espérance* et de *L'Esprit de l'utopie,* mais aussi les philosophes de l'École de Francfort, dont Herbert Marcuse. Son engagement à gauche se double d'un christianisme messianique révolutionnaire nourri des théologiens Karl Barth et Paul Tillich. Le premier de ses trois fils s'appelle

Hosea-Che, Hosea pour le prophète juif, Che pour le révolutionnaire que l'on sait.

En 1962, activiste et militant, il édite une revue critique du capitalisme, soucieuse du tiers-monde. Il se revendique bientôt du situationnisme. Il combat contre la guerre au Vietnam et prépare un congrès fédéral sur cette question à Francfort : Herbert Marcuse y intervient. En 1967, alors que Marcuse avait envisagé d'inviter Rudi Dutschke sur le campus de San Diego, en Californie, mais que les autorités américaines le lui ont interdit, il vient en Allemagne pour une série de conférences et débats organisée par le comité des étudiants de Berlin. Son intervention sera publiée sous le titre *La Fin de l'utopie*. C'était peu de temps avant Mai 68...

Le 2 juin 1967, un étudiant meurt lors d'une manifestation contre le shah d'Iran, abattu par un policier qui s'avère être un membre de la Stasi, la police politique. Rudi Dutschke et le Mouvement des étudiants allemands organisent des manifestations pour obtenir des explications. Ils conspuent l'éditeur de presse Axel Springer, coupable d'entretenir le climat qui aurait rendu possible cette répression contre les étudiants avec l'aide de ses journaux qui, jour après jour, stigmatisent les étudiants.

Le 11 avril 1968, un jeune manœuvre lui tire dessus à trois reprises. Les blessures au cerveau exigent un long séjour au bloc opératoire, puis une lente et longue rééducation afin de retrouver la parole, la mémoire et la mobilité. Rudi Dutschke écrit à son agresseur, Josef Bachmann, pour lui expliquer les raisons de son combat et l'absence totale de ressentiment à son endroit. Il le convainc de la justesse de ses combats de gauche. Le jeune homme se suicide en prison le 24 février 1970.

Rudi Dutschke reprend le combat militant, voyage en Europe, se remet à sa thèse, lutte contre la guerre au Vietnam. À la faveur de la parution de *L'Archipel du Goulag*, il intervient en février 1974 sur « Soljénitsyne et la gauche » et se prononce pour les droits de l'homme en URSS et dans les pays de l'Est. Il s'inspire de Marcuse auquel il emprunte la théorie de la tolérance répressive, le refus de la démocratie parlementaire, la thèse de la mise au service de la technologie au profit d'une société humaniste, la condamnation du travail au nom du loisir, l'analyse de l'aliénation de l'homme unidimensionnel, l'embourgeoisement du prolétariat incapable de comprendre les modalités de son aliénation. Il souhaite réaliser une République des conseils.

Sur le terrain, socialiste démocratique et antiautoritaire, il souhaite fédérer les écologistes, les alternatifs à gauche, pourvu qu'ils ne soient pas communistes, et les antinucléaires. En 1979, il figure sur la liste des Verts à Brême et entre au Congrès fondateur du parti des Verts – les *Grünen*. En cette fin d'année, la veille de Noël, victime d'une crise d'épilepsie en rapport avec son état neurologique, il meurt noyé dans sa baignoire. Il avait trente-neuf ans.

52

« **Poursuivons !** » Claude Dupuydenus, qui fut son jeune assistant, écrit du Marcuse privé : « Son admiration amusée pour de Gaulle narguant les

États-Unis et le Canada au Canada avec son “Vive le Québec libre !” ; ses étonnements ironiques plus que perplexes devant le succès du “petit a” de Lacan ; son soutien à Angela Davis, “l'étudiante la plus brillante de tous” ; ses contrevérités d'imagination sur le tableau de Cézanne appelé la Maison du pendu, présentant une bâtisse très haute et étirée, évoquant ainsi, disait-il, l'intentionnalité phénoménologique du peintre “construisant” la maison d'un suicidé par pendaison. Or, la maison a tout simplement, semble-t-il, appartenu à un monsieur Lependu, mort de sa belle mort dans son lit ; ses succulences pour l'argot français et la francophilie ; ses détestations pour la bêtise prétentieuse. Sa seconde épouse Inge était partenaire de ses réflexions, ainsi qu'Erica Sherover après elle, Erica si vite disparue bien que plus jeune de quarante ans que lui. Sophie, sa première épouse, avait disparu en 1951, très jeune, également du cancer. » Il dit aussi combien Marcuse n'avait pas aimé son statut de vedette, sa médiatisation – qui est toujours la cause de tant de malentendus pour le corpus d'une œuvre.

Dans le journal *Le Monde* daté du 3 août 1979, à la faveur d'un article intitulé « Derniers désirs », Jean Marabini raconte quelques moments récents de son amitié avec le philosophe américain. Il avait vécu avec lui plusieurs semaines en Californie l'été précédent et l'avait aussi rencontré l'hiver d'avant. Ils avaient rendez-vous à l'Institut Max Planck en Bavière et devaient partir pour l'Italie via Saint-Paul-de-Vence où il souhaitait revoir Chagall.

Marcuse avoue sa fatigue mais précise qu'il a encore des dizaines de combats à mener : contre la violence faite aux femmes, contre la guerre au Vietnam, contre le racisme, contre la société de consommation, contre l'homophobie, contre le sort réservé aux minorités pauvres, contre la drogue, contre la pauvreté, contre la misère, contre le fanatisme, contre la clochardisation, contre le refus de la beauté et de l'intelligence. Le marxiste qu'il fut a moins fait Mai 68 que Mai 68 ne l'a fait : il n'entend pas se résigner et souhaite mener de nouveaux combats.

Jean Marabini retrouve donc Marcuse près de Munich ; il souhaite entendre Vivaldi dans des concerts à Spolète, Vérone, Venise. Son ami le trouve fatigué, supportant mal le décalage horaire entre San Diego et la Bavière. Marcuse dit : « Il nous faudra reprendre nos discussions sur la nouvelle droite et sur les Nouveaux Philosophes, que je considère comme des personnages comiques de Molière et des snobs. Bien sûr, je voudrais revoir Venise, Padoue, enquêter sur Negri et les Brigades rouges. Toute cette violence, toute cette cruauté, il faut l'analyser, l'expliquer, la désamorcer et la transcender. Mais j'ai quand même un peu peur de mourir par cette chaleur à Venise, comme le personnage de Thomas Mann. Je préfère rester dans mon Allemagne si je dois m'en aller. Tu sais, toute ma vie, je n'ai cru que dans Éros et Thanatos, l'instinct de l'amour, l'instinct de la mort. Je crois que maintenant, c'est l'heure de mon rendez-vous final avec la mort, mais j'y suis résigné. » Il meurt en effet le 29 juillet 1979, en Allemagne, d'une attaque cérébrale consécutive à ses problèmes cardiaques. Il avait quatre-vingt-un ans. Sur l'épitaphe de sa tombe, on peut lire en allemand : « Poursuivez ! » Poursuivons, en effet...

III

GUY DEBORD

et « les viveurs »

1

Stratégie de carrière. Guy Debord fait penser au trajet de Brummell, prince des dandys, qui construisit sa vie comme une légende, à défaut d'en faire une œuvre d'art. Subversif une bonne partie de son existence, le théoricien du situationnisme termine sa vie dans l'alcoolisme, l'obésité, l'acrimonie, l'amertume, tout en ayant le soin d'organiser méticuleusement sa postérité qu'il espérait grande. L'homme qui fut de toutes les avant-gardes dans sa jeunesse en reprenant les vieilles méthodes futuristes, dadaïstes, surréalistes de l'insulte, du crachat, du passage à tabac, du mépris, de la provocation, du happening, était un auteur sensible aux marques de déférence de la société du spectacle.

Alors que l'université de Yale convoitait les archives Debord, Christine Albanel, ministre d'un gouvernement de droite, signe un arrêté dans le Journal officiel du 29 janvier 2009 afin que celles-ci, soigneusement triées et filtrées par ses soins, bénéficient d'un « classement comme trésor national ». Le directeur de la Bibliothèque nationale de France, Bruno Racine, chiraquien historique, s'est réjoui de cette disposition et a promis colloques et expositions... Le trajet de ce penseur épouse très exactement celui de son époque : celui qui fut, dit-on, l'un des inspirateurs de Mai 68, a fini au musée – avec son consentement...

Nul n'est responsable de l'usage fautif que l'on fait de son travail. Mais l'auteur de *La Société du spectacle* avait tout organisé pour qu'il en soit ainsi : averti plus qu'un autre des mécanismes et des ressorts de cette fameuse *société du spectacle,* il a organisé de façon spectaculaire son refus de participer au spectacle, ce qui fut du meilleur rendement si l'on en croit les bénéfices de cette opération. Dans la *Préface à la quatrième édition italienne de « La Société du spectacle »,* Guy Debord écrit : « Évidemment, si quelqu'un publie de nos jours un véritable livre de critique sociale, il s'abstiendra certainement de venir à la télévision, ou dans les autres colloques du même genre ; de sorte que, dix ou vingt ans après, on en parlera encore. » L'homme qui lisait avec passion les classiques de la guerre, Sun Tzu, Machiavel, Clausewitz tout particulièrement, l'inventeur d'un jeu de la guerre, l'auteur d'un *Le Jeu de la Guerre. Relevé des positions successives de toutes les forces au cours d'une partie,* ne saurait passer pour un naïf en matière de stratégie de carrière : dans la société du spectacle, organiser soigneusement sa disparition assure de la plus grande visibilité...

Pour preuve : Alice Becker-Ho, sa veuve, a orchestré cette panthéonisation en classant avec lui les archives, en brûlant un certain nombre de documents probablement incompatibles avec la légende voulue par Debord de son vivant. À son ami Ricardo Paseyro, il dit en octobre 1994, l'année de sa mort donc : « Nous avons fait le tri, brûlé une masse de papiers inutiles (*sic*) et gardé ici à disposition de mes lecteurs tout ce qui importe (*sic*). » On ne saura pas ce qui permet de décider ce qui est *inutile* et ce qui *importe*... Inutile ? Selon quels critères ? Pour quels objectifs ? Avec quel projet ? On voit bien la tactique, montrer ce qui nourrit la légende, on peut imaginer la stratégie : construire cette même légende.

Comment, sinon, comprendre cette anecdote : en préparation au devenir musée de l'entreprise « Guy Debord », le penseur avait classé ses archives, réparti sa bibliothèque de façon thématique, rangé ses fiches et ses films, ses photos et ses manuscrits. Mais il avait également fait un lot de sa machine à écrire (qu'il n'utilisait jamais, car il faisait dactylographier ses textes), de ses lunettes (!) et d'une petite table en bois associée à une note manuscrite sur laquelle on peut lire ceci : « Guy Debord a écrit sur cette table *La Société du spectacle* en 1966 et 1967 à Paris au 169 de la rue Saint-Jacques »... Mise en abyme du spectacle chez le pourfendeur du spectacle, stade ultime de ce qu'il nommait... *le spectaculaire intégré* !

Debord a parfois dit qu'il fallait créer une légende – la plupart du temps, les gens célèbres ont voulu l'être et ont organisé les choses pour qu'il en soit ainsi. Le 1er septembre 1957, il écrit à Asger Jorn : « Il faut créer tout de suite une nouvelle légende à notre propos. » Il s'agit d'envisager des actions pour propager cette légende : rédiger et distribuer des tracts, publier des articles dans la revue *Potlatch*, un bulletin militant envoyé au compte-gouttes, créer des chahuts publics et leur donner la publicité nécessaire afin d'obtenir le bruit médiatique indispensable à la visibilité dans le champ culturel parisien.

Michèle Bernstein, qui fut l'une des trois épouses officielles de Debord, confesse son état d'esprit dès l'époque lettriste, autrement dit au début des années 50, à l'historien des avant-gardes Greil Marcus qui la rapporte dans *Lipstick Traces* : « J'étais une jeune fille très impatiente et rebelle. (...) J'étais absolument sûre que nous serions tous célèbres – et que nous remplacerions le monde ancien par un nouveau, que nous ferions la révolution sociale » (431) – elle finira chroniqueuse littéraire pendant un quart de siècle dans le journal *Libération.*

2

Construction de la légende. L'historiographie dominante présente Mai 68 comme une création, voire une créature de Guy Debord – l'inverse semble plus vrai : Mai 68 a plus créé Debord que Debord ne l'a créé... Rappelons-le : les événements ont été planétaires et obéissent aux lois étranges de l'histoire avec les craquements des civilisations avant effondrement. Que des auteurs aient été les sismographes de la catastrophe est indéniable, et Debord fait partie de ces sensibilités affûtées qui ont montré le fonctionnement du monde à ce moment de l'histoire, mais le sismographe ne fait pas l'éruption volcanique. Il enregistre les signes avant-coureurs, il désigne les bruits sourds qui travaillent une société, il enregistre les tremblements d'une civilisation, les bruissements d'une époque, mais il ne déclenche pas la catastrophe.

Au printemps 1958, l'Internationale situationniste rassemble... cinq personnes. À la même époque, en Allemagne, l'IS en totalise... deux. En juillet 1969, neuf membres, en décembre 1970, cinq... Mi-1969, sur la totalité de la planète, l'IS rassemble... dix-huit personnes. On ne peut imaginer que ce groupuscule d'avant-garde ait pu à lui seul mettre plusieurs millions de gens dans les rues en Mai 68... Mais une grande légende se construit toujours avec une somme de petits mensonges.

Ainsi cette notice biographique qui accompagne la parution de la sortie chez Champ libre de *La Société du spectacle* en septembre 1971 : « Guy Debord. Se disant cinéaste. Membre de l'Internationale situationniste, dont il a été l'un des fondateurs en 1957. Longtemps responsable des publications de l'IS en France. Mêlé aussi par moments à différentes activités de cette organisation dans plusieurs pays où s'est propagée l'agitation situationniste, notamment en Allemagne, Angleterre et Italie (s'étant fait appeler parfois Gondi, ou Decayeux). A publié en 1967 *La Société du spectacle.* L'année suivante, a figuré parmi les meneurs du courant le plus extrémiste lors des troubles de Mai 68. À la suite de ces événements, ses thèses ont acquis une grande influence dans l'ultragauchisme européen et américain. Né en 1931, à Paris. »

Tous les ingrédients de l'organisation de la disparition comme un spectacle pour laisser une trace durable dans la société du spectacle se trouvent dans cette notice : la confiscation du situationnisme à son profit, l'hypothèse planétaire de l'histoire des événements de Mai 68 comme une conséquence des théories situationnistes, les pseudonymes qui nimbent d'une aura de mystère la figure décidément invisible, l'influence dans les milieux de l'extrême gauche en Europe et aux États-Unis... Debord revendique donc une grande influence aux États-Unis... mais il n'a publié là-bas qu'un article intitulé « Le déclin et la chute de l'économie spectaculaire-marchande » paru dans une brochure en 1965 – la première traduction de *La Société du spectacle* outre-Atlantique date de 1977, six ans après la notice de Champ libre. On la doit à Fredy Perlman et John Supak pour le compte des éditions Black & Red.

À cette époque, Guy Debord est moins l'éminence grise et secrète du gauchisme international que le féal d'un millionnaire alors mendésiste qui mettra à sa disposition de très grosses sommes en liquide jusqu'à son mystérieux assassinat le 5 mars 1984... Guy Debord deviendra alors un auteur Gallimard. À l'automne 1991, à la recherche d'un nouveau mécène, Debord publie chez Gallimard en confiant à Jean-Jacques Pauvert, devenu son agent : « Je suis un classique. Pourquoi pas un éditeur de classiques, et pourquoi pas Gallimard » (Bourseiller, 497).

3

Changer d'avis. Rappelons qu'en janvier 1969 Guy Debord cosigne une lettre qu'il envoie à Claude Gallimard pour l'insulter copieusement. De quoi l'éditeur est-il coupable ? Si l'on en croit les signataires du courrier, d'avoir tenu en privé des propos rapportés par des témoins (!) selon lesquels Gallimard aurait dit que des situationnistes lui avaient fait des offres de service, notamment la création d'une collection, qu'il avait dû refuser. Précisons que Raoul Vaneigem a publié son *Traité de savoir-vivre à l'usage des jeunes générations* et René Viénet un *Enragés et situationnistes dans le mouvement des occupations* sous la couverture blanche et qu'il n'y aurait rien de déshonorant à poursuivre une collaboration régulière avec cet éditeur alors prestigieux.

Que dit cette lettre ? Elle traite Claude Gallimard de « raclure de bidet », de « fils raté de (son) père », de « merdeux » et conclut : « Deux situationnistes, jusqu'à présent, avaient fait éditer un livre chez vous. Vous ne connaîtrez jamais plus de situationnistes et, des deux en question, vous n'aurez plus jamais un livre. Tu es si bête et si malheureux qu'il est inutile d'ajouter rien de plus insultant. » Claude Gallimard, qui ne manque pas de repartie, répond ceci le 17 janvier 1969 : « J'ai trouvé drôle que vous découvriez maintenant que je suis le fils de mon père. (...) Puisque vous aimez vous amuser, ne croyez-vous pas que nous pourrions prendre un verre avec le dénommé Antoine Gallimard, qui, tout débile qu'il est, ne manque pas d'humour et nous pourrions les uns et les autres nous insulter avec bonheur, car il n'y a rien de fondé dans votre lettre qui puisse changer nos relations. » Réponse : « Tu as peu de raisons de trouver amusante notre lettre du 16 janvier (....). On t'a dit que tu n'auras plus jamais un seul livre d'un situationniste. Voilà tout. Tu l'as dans le cul. Oublie-nous. » En octobre 1992, *La Société du spectacle* paraît chez Gallimard – qui réédite l'Œuvre entière. Un gros volume de 1902 pages sobrement intitulé *Œuvres* reprend chez l'éditeur de la rue Sébatien-Bottin tous les livres du penseur, des tracts et des manifestes, les scénarios de ses films… Jean-Jacques Pauvert dira sur les dernières années de Guy Debord : « Il avait complètement changé d'avis sur des tas de sujets » (Bourseiller, 418) – mais jamais sur le fait qu'il laisserait son nom dans l'histoire.

4

Condisciple de Lautréamont. Guy Debord naît à Paris le 28 novembre 1931. Ses grands-parents possèdent une usine de chaussures et travaillent pour le luxe ; son père est étudiant en pharmacie ; sa mère, héritière de l'usine familiale. Le jeune homme qui veut être apothicaire séduit la jeune fille qui héritera, l'engrosse et l'épouse. Son père contracte très tôt une tuberculose et meurt à quarante et un ans : le fils sera longtemps tenu à distance de son géniteur contagieux. Guy Debord est orphelin de père à quatre ans. Il devient asthmatique. Veuve, la mère entame une relation fusionnelle avec sa propre mère ; la grand-mère de Debord adorera son petit-fils qu'elle choiera sans discontinuer – subversif, révolutionnaire, en rupture de ban avec la bourgeoisie, Guy Debord lui enverra son linge sale chaque semaine sur la Côte d'Azur, elle le blanchira et le lui retournera à Paris…

À l'automne 1939, la famille déménage à Nice pour éviter l'exode. L'entreprise et la pharmacie sont vendues. La veuve rencontre un moniteur d'auto-école déjà marié et père de famille. Elle accouche d'une fille en août 1940, puis d'un garçon en 1942. Cette année-là, la famille recomposée déménage à Pau. Guy Debord entre au lycée de cette ville dans lequel Lautréamont a fait ses études – la figure de cet écrivain sans visage, l'auteur d'un seul livre, le poète qui écrit « La poésie doit être faite par tous. Non par un », le révolté, l'ennemi de toute transcendance, le ciseleur de langue, l'inclassable, semble jouer un rôle majeur dans la construction de la psyché du jeune homme.

La mère de Guy Debord tombe amoureuse d'un autre homme, un notaire marié à une femme malade et père de famille lui aussi ; elle quitte l'Italien. L'épouse meurt en 1944 ; la famille s'installe chez le veuf... Ce notaire de la jet-set emménage ensuite à Nice dans un superbe appartement avec vue sur la mer ; il épouse la veuve joyeuse. Son étude emploie à peu près soixante-dix personnes. Extrêmement fortuné, le notaire entretient une domesticité dans la maison. La mère se désintéresse de son fils ; en compensation, la grand-mère surinvestit : elle l'accompagne au lycée avec un couteau à pain pour le protéger d'éventuelles agressions ! Le notaire adopte les deux enfants de l'Italien – mais pas Guy Debord... Le futur lecteur de Clausewitz et de Sun Tzu joue alors compulsivement aux petits soldats ; l'esthète à venir du détournage de publicité découpe les journaux avec ardeur...

5

Début d'une carrière dans la marge. L'adolescent rebelle en veut à sa mère. Au lycée, il est doué, mais indiscipliné ; insolent, il sèche les cours ; il fréquente assidûment un ciné-club. Avec un groupe de copains, ils prennent d'assaut un siège ecclésiastique et brisent le crucifix ; ils changent les plaques des rues. Debord rencontre les lettristes au Festival de Cannes le 20 avril 1951. Deux mois plus tard, âgé de dix-neuf ans, il obtient son bac et fait imprimer avec un complice, Met, un faire-part de deuil qui annonce : « Le divin Met et Guy-Ernest Debord ont la douleur de vous faire part de leur brillant succès aux épreuves du baccalauréat 2e partie. Fleurs fraîches seulement » (Bourseiller, 429). Tout le situationnisme est déjà là...

Debord lit Rimbaud, Lautréamont, les surréalistes ; il découvre le lettrisme en général et Isidore Isou en particulier : Isou, juif roumain venu à Paris pour y révolutionner la littérature et s'y faire un nom, a choisi la destruction, l'ironie, le coup de force, l'insolence, l'irrespect, l'audace, l'impertinence, la provocation pour faire parler de lui. Rien de tel, par exemple, qu'un chahut organisé lors d'une conférence de Michel Leiris en présence de Tzara (vociférer « Dada est mort, le lettrisme a pris sa place »...) ou bien à Notre-Dame de Paris (proclamer « Dieu est mort »...) pour attirer l'attention sur soi, obtenir un compte rendu dans un journal germanopratin et, dès lors, devenir du jour au lendemain une vedette consacrée du monde des lettres. Attaquer une célébrité assure de la célébrité en ricochet – la méthode fit la gloire des dadaïstes, des futuristes, des surréalistes, elle fera celle du lettrisme et de Debord.

En 1951, le lettrisme a cinq ans, Isidore Isou parle de lui à la troisième personne, a créé une revue intitulée *La dictature lettriste*, propose d'en finir avec l'art... au nom de l'art, s'habille avec des vêtements religieux, et invente le cinéma lettriste avec *Traité de bave et d'éternité*. Ce film en noir et blanc qui dure une heure quarante-cinq se présente comme un collage aléatoire d'images, de sons. On y voit, pêle-mêle, des visages connus (Cocteau, Achard, Barrault, Cendrars, Maurois, Salacrou...), des reportages (sur la pêche à la sardine, l'Indochine, un meeting sportif du PCF...), des commentaires (d'Isou, bien sûr...), des voix off (les amis du même Isou...).

La technique recycle celle du cinéma expérimental (Bourseiller, 41). Car depuis les années 30, et dans une dizaine de films, Norman McLaren (1914-1987) gratte les pellicules, les peint, y dessine le son, les pixellise, et effectue du cinéma sans caméra – ainsi les grattages dans *Love on the Wing* en 1936. Les débats byzantins entre défenseurs d'Isou et thuriféraires de Debord afin de savoir qui emprunte à qui disparaissent quand on met en perspective le travail de ces deux artistes alors germanopratins et ce qui se fait en matière de cinéma expérimental depuis une vingtaine d'années.

Isou force la porte du Festival de Cannes pour présenter son film qu'il projette hors festival, gratuitement, le 20 avril 1951 – et obtient le scandale escompté. Sifflets, huées, la projection est interrompue avant la fin, Cocteau soutient Isou, on lui décerne un « prix en marge du Festival de Cannes » qui dit bien combien la marge se voudrait centre et combien la subversion attend son tour pour devenir académisme. Debord assiste à tout ce chahut ; il décide de venir à Paris pour emboîter le pas à Isou et aux lettristes. Il s'inscrit alors en droit (!), vit dans une chambre de bonne, fréquente assidûment les bistrots en compagnie des lettristes, et entame une carrière d'alcoolique – selon son aveu même.

Debord dit mépriser Saint-Germain-des-Prés. Il évolue dans une faune de toxicomanes, de proxénètes, de délinquants, d'artistes sans œuvre qu'il présente comme des disciples du Nietzsche du « Rien n'est vrai, tout est permis » (Bourseiller, 48). Il est ivre tous les jours. Sa mère a rencontré un décorateur, elle entame une liaison avec lui qui durera trente ans. Habitude de lettriste, il ajoute un second prénom au sien : Guy Debord devient Guy-Ernest Debord. Il réalise des découpages qu'il appelle des « métagraphies » ; il publie dans la revue lettriste le scénario d'un film à venir, une version avec images jamais réalisée de *Hurlements en faveur de Sade* ; avec onze lettristes, il participe à une opération commando, au Festival de Cannes, et agresse physiquement la femme qui distribue les accréditations ; ils organisent des chahuts aux projections, la police intervient. Puis Debord réalise *Hurlements en faveur de Sade.*

6

Hurlements médiatiques. En 1951, dans son *Traité de bave et d'éternité*, Isou dissocie l'image et le son ; en 1952, dans *Hurlements en faveur de Sade*, Debord dissocie l'image et le son. Isou gratte la pellicule, la raye, la couvre de ciselures, il s'agit alors de « cinéma ciselant » ; Debord gratte la pellicule, la raye, la couvre de ciselures, il pratique le cinéma ciselant. Isou mélange ses plans et ceux qu'il va chercher en documentation, il recourt au « détournement » ; Debord mélange ses plans et ceux qu'il va chercher en documentation, il recourt au détournement appelé à une grande carrière dans le situationnisme. Isou veut la fin du cinéma ; Debord veut la fin du cinéma.

Isou rapporte : « Au moment où la projection allait commencer, Guy-Ernest Debord devait monter sur scène pour prononcer quelques mots d'introduction. Il aurait dit simplement : "Il n'y a pas de film. Le cinéma est mort. Il ne peut y avoir de film. Passons, si vous voulez, au débat" » (Bourseiller, 55). Debord a projeté son film le 30 juin 1952.

À la seconde projection du film de Debord, le 13 octobre 1952, les Lettristes historiques, derrière Isou, se retrouvent dans la même salle que les lettristes dissidents, dont Debord qui en est mais qui ne s'expose pas. Ceux-ci sont organisés secrètement dans l'Internationale lettriste depuis juin de la même année. Le noir est fait. La projection commence. L'écran reste sombre. Après une demi-heure de silence, des sacs de farine sont déversés sur le public, puis de la poudre à éternuer, enfin des boules puantes. Michèle Bernstein a pour tâche de crier plus fort que les crieurs, elle hurle comme un animal. La lumière se rallume. Un lettriste propose des hurlements en faveur de Debord. Un spectateur demande une explication sur le titre : pourquoi Sade ? Réponse : il s'agit d'un hommage à un souteneur parisien qui porte le même nom (Bourseiller, 57)...

À la même époque, automne 52, Debord et les siens fréquentent les petits délinquants, boivent, errent. Fascinés par les gens qui sortent des maisons de correction, le jeune homme s'encanaille en leur présence. Charlie Chaplin est persécuté aux États-Unis sous prétexte de communisme. En Europe où il présente *Les Lumières de la ville*, il est décoré par la reine d'Angleterre, en France, le gouvernement lui décerne la Légion d'honneur, l'acteur donne une conférence au Ritz. Debord et les lettristes qui le suivent ont décidé de s'attaquer au mythe planétaire qu'est devenu « Charlot » : ils distribuent un tract qui insulte le réalisateur américain – « escroc aux sentiments », « fasciste larvé », « vieillard sinistre et intéressé », le texte invite Charlie Chaplin à mourir vite... Puis, dans la spacieuse maison du père d'un lettriste debordien, maire adjoint communiste d'Aubervilliers, Debord et les siens préparent la scission avec les lettristes historiques.

Dans le premier bulletin créé par lui, *L'Internationale lettriste*, Debord enfonce le clou : « Au cours de la tournée de conférences qu'il fit ensuite en Europe pour placer *Limelight*, M. Chaplin a été insulté par nous à l'hôtel Ritz, et dénoncé en tant que commerçant et policier. Le vieillissement de cet homme, son indécente obstination à étaler sur nos écrans sa gueule périmée, et la pauvre affection de ce monde pauvre qui se reconnaissait en lui, me semblent des raisons bien suffisantes pour cette interruption. » Isou se désolidarise publiquement de cette radicalité médiatique, désavoue ces lettristes-là. Le 5 novembre 1952, l'Internationale lettriste de Debord inaugure sa méthode : l'insulte hyperbolique, le mépris arrogant, la haine libérée et la lettre d'exclusion. Voilà donc Isou mis à la porte de son propre mouvement... C'est la première d'une très longue série d'exclusions signifiées par Debord pendant toute sa vie !

7

« **Ne travaillez jamais** ». En 1953, Guy Debord enseigne la mort de l'art et son dépassement, puis il souhaite que la vie devienne l'art véritable – L'Internationale lettriste en fait son projet central. Pour Debord : « L'idée, c'était que le huitième art, c'était la vie elle-même » (Bourseiller, 65). Est-ce pour cette raison qu'il épouse une jeune fille placée en maison de correction le 12 décembre 1953 ? Faut-il également lire ce projet existentiel en rapport avec le fait qu'il est, selon son aveu dans *Panégyrique*, continuellement ivre pendant des mois ? À l'époque, Debord fait l'éloge de l'alcool, de la drogue, de la violence, du détournement de mineur, il voue un culte à Saint-Just et célèbre le recours à la terreur.

En fait, dans la pratique, ces émules des

Terroristes de 93 lancent des tomates sur un bateau-mouche, partent d'un café sans payer, partagent des bières avec des souteneurs, errent sans but dans la ville et s'effondrent dans les caniveaux. Debord revendique d'avoir écrit sur un mur de Paris le célèbre graffiti : « Ne travaillez jamais » – en effet, il ne travaillera jamais, ou si peu, mais il aura un talent fou pour faire travailler les autres. C'est l'époque où, sérieusement, L'Internationale lettriste prétend, dans le premier numéro de la revue *Potlatch*, travailler à « une nouvelle civilisation » (Bourseiller, 79)... Le groupe de l'IL est alors composé de... huit personnes. Et les effectifs des groupuscules debordiens, Internationale situationniste comprise, n'iront jamais au-delà d'une classe de collège assez peu chargée...

Guy Debord a divorcé ; puis il se remarie avec Michèle Bernstein le 17 août 1954. Son père, qui a fait fortune dans la librairie d'ancien, donne de l'argent à sa fille qui achète un logement pour son mari... Debord quitte l'hôtel que l'argent familial lui permettait de payer pour cet appartement situé dans le IIIe arrondissement de Paris. Puis, en 1958, Debord souhaite acheter un café. L'épouse sollicite à nouveau son père qui achète un tripot à l'auteur de *La Société du spectacle*, situé rue Descartes. Quelques semaines plus tard, la fine équipe se fâche avec le propriétaire des murs, le bistrot ferme. Michèle Bernstein reprend son travail de secrétaire chez un éditeur « avec pour unique objectif de financer l'IS en général, et Guy Debord en particulier » (Bourseiller, 134). Elle écrit aussi des livres faciles sans cacher leur nature alimentaire :

il s'agit de permettre à Debord de vivre selon sa formule.

Parlant de Michèle Bernstein, Christophe Bourseiller écrit : « Depuis 1954, elle aide Guy Debord du mieux qu'elle peut. Les deux époux partagent théoriquement les frais. Mais en pratique, c'est Michèle Bernstein qui gagne l'argent du couple. Elle remet à Debord un tiers de ce qu'elle touche. Elle lui trouve aussi, par son père, un emploi temporaire : il est chargé de faire des fiches sur des livres disponibles à la Bibliothèque nationale » (157). D'autres, dont Asger Jorn, donnent de l'argent pour financer les revues sans lecteurs de Debord ou son cinéma expérimental sans spectateurs...

Asger Jorn et Michèle Bernstein se cotisent pour offrir un studio rue Visconti à leur héros qui peut ainsi y travailler au calme. Quelque temps plus tard, ils devront le revendre. Debord déménagera rue Joseph-Bara, toujours dans le VIe arrondissement et toujours financé par sa femme, tout en emménageant avec une autre femme – les autres compagnes traversant souvent la vie de Debord avec l'assentiment de son épouse... Après *Tous les chevaux du roi*, un roman écrit dans l'esprit de Françoise Sagan, elle publie *La Nuit*, cette fois-ci dans le ton du Nouveau Roman... En même temps, pour financer l'homme qui invite à ne jamais travailler, Michèle Bernstein collabore à *Week-end Tiercé*... Debord boit toujours autant.

En avril 1962, Guy Debord souhaite que sa revue, *L'Internationale situationniste*, bénéficie d'une plus grande diffusion et soit vendue en kiosque. Pour ce faire, les NMPP, l'organisme diffuseur, ont besoin d'un numéro de compte en banque. Comme Guy Debord ne travaille pas, il ne peut en ouvrir un. Qu'à cela ne tienne, son beau-père possède un compte courant dans une banque commerciale qui représente les intérêts de l'URSS à l'Ouest et permet à Debord de disposer de son compte dans cette même banque. La revue bénéficie d'une aide de la commission paritaire des publications et agences de presse. Mais la diffusion s'avère catastrophique. Toujours à ses frais, Michèle Bernstein loue un garde-meuble afin de stocker les archives de l'IS. Debord boit sans cesse.

Debord et les situationnistes apportent leur soutien à la cause arabe. En 1967, pendant la guerre des Six Jours, Michèle Bernstein, juive, ne supporte pas les diatribes anti-israéliennes : elle se lève et chante l'hymne d'Israël. Debord, qui a exclu un nombre considérable de compagnons de route de ses groupuscules lettriste et situationniste, propose un marché de dupe à son épouse sioniste : elle est exclue... mais elle reste. Il lui suffit de devenir clandestine. Officiellement, elle n'en est plus, officieusement, elle y est toujours – ainsi elle peut continuer à financer la cause situationniste et son penseur... En Mai 68, alors que l'auteur de *La Société du spectacle*, qui veut changer de civilisation, voit les choses de très loin, Michèle Bernstein accueille chez elle Debord et sa nouvelle maîtresse, sa future nouvelle femme, Alice Becker-Ho : elle leur donne des habits, à manger et de l'argent...

8

Le mécénat d'éditeur. En avril 1972, l'IS est dissoute. Guy Debord rencontre Gérard Lebovici. Juif roumain, impresario des vedettes de cinéma qui comptent alors (Bardot, Delon, Signoret, Montand, Depardieu, Belmondo, Deneuve, Romy Schneider, etc.), créateur d'une agence pour réalisateurs et scénaristes en vue (Sautet, Verneuil, Audiard, Truffaut, Zidi, Rohmer, etc.), Lebovici a envie de devenir éditeur, Debord passe chez lui. La maison Champ libre est créée. Lebovici devient l'ami de Debord. Et son mécène. Debord & Becker-Ho voyagent et vivent dans de beaux endroits : une maison du XIVe siècle à Florence, puis un palais dans la même ville, une superbe villa qui les accueille le week-end dans les monts du Chianti, de beaux hôtels de la Côte d'Azur, Bologne, l'île de Ré, l'Espagne où il s'offre une maison sur un coup de tête, Arles, Paris. Lebovici lui achète un cinéma à Paris uniquement pour projeter ses films devant des salles vides.

Lisons Christophe Bourseiller : « Lebovici devient le mécène, le protecteur du créateur. Le 5 janvier 1972, Guy Debord divorce d'avec Michèle Bernstein. Celle-ci cesse du même coup de le subventionner. Gérard Lebovici prend maintenant le relais » (328). Le 2 août 1972, l'homme qui veut mettre le feu au monde se marie avec Alice Becker-Ho – c'est son troisième mariage, il a quarante et un ans. En 1974, il achète une maison en Auvergne, à Champot (Haute-Loire) – le même Lebovici subventionne également la fille de Jacques Mesrine dont il publie *L'Instinct de mort*.

Quand, à l'âge de cinquante et un ans, Gérard Lebovici meurt mystérieusement assassiné, le 5 mars 1984, Debord doit envisager une nouvelle source de financement. En 1987, il abandonne Arles et s'installe à Paris, rue du Bac. L'appartement est vaste et bourgeois, meublé d'objets anciens, avec abondance de fauteuils et de tentures. Debord aime alors les chats, les stratèges militaires, les grands hommes d'affaires, les chefs de guerre. En 1988, il publie *Commentaires sur la société du spectacle*. L'année suivante, il est le sujet d'une exposition à Beaubourg. Londres et Boston la présenteront également. Le succès arrive.

Alors qu'ils lui vouaient une affection presque filiale, Debord se fâche avec les enfants de Lebovici qui ont repris Champ libre après la mort de leur père et de leur mère. Celle-ci, atteinte d'un cancer, avait fait promettre à ses fils de ne pas vendre la maison d'édition ; Debord intrigue pour que l'un de ses amis l'achète... L'affaire est envoyée devant les tribunaux par un théoricien du spectacle très procédurier... Guy Debord, en quête d'éditeur, fait passer une petite annonce dans *L'Événement du jeudi* du 21 février 1991 : il cherche un agent littéraire ou « un important éditeur indépendant »...

Sollers, qui ne perd pas une occasion de se dire debordien depuis des années, envoie une lettre à l'adresse du domicile de Debord mentionnée dans l'annonce : il s'agit d'un courrier à en-tête Gallimard et contenant en tout et pour tout un grand point d'interrogation. Debord y voit une menace et ne donne pas suite. À cette époque, il dit de son film *In girum imus nocte et consumimur igni* : « C'est le film le plus important depuis Orson Welles » (Bourseiller, 393). Antoine Gallimard fera le voyage jusqu'au domicile de Debord en Haute-Loire. Le contrat est signé en mai 1992. Guy Debord devient un auteur Gallimard.

L'alcoolisme de toute une vie a détruit Debord. Il souffre terriblement d'une polynévrite alcoolique déclarée à l'automne 1990 – une maladie incurable. En janvier 1994, il ne peut plus se lever de son fauteuil. L'asthme et l'insomnie l'épuisent. L'été de cette année-là, il ne peut plus recevoir personne. Le mercredi 30 novembre 1994, il se suicide d'une balle en plein cœur dans sa maison d'Auvergne. Il avait soixante-deux ans. Incinéré le lundi 5 décembre à Saint-Étienne, ses cendres sont dispersées dans la Seine à la pointe du Vert-Galant dans l'île de la Cité. Le 9 janvier 1995, Canal + diffuse *Guy Debord, son art et son temps.*

9

Le situationnisme, un collage. Le situationnisme ne procède pas du seul Guy Debord : il cristallise des pensées diverses et multiples, il recycle des auteurs sans forcément mentionner leurs noms, il cite en effaçant les références, il emprunte à l'un ce qui finalement se trouve signé par l'autre. Comme le freudisme ou le surréalisme, le situationnisme synthétise une constellation qui se trouve signée du seul nom de Guy Debord. De même que, quand on parle psychanalyse, on songe à Freud, surréalisme, à Breton, on associe le situationnisme à Debord et l'on paraît bien en peine de donner trois ou quatre autres noms d'acteurs de cet intellectuel collectif devenu idéologie personnelle par le vouloir express de l'auteur de *La Société du spectacle*, qui théorise en 1967 ce qui a été pensé par un groupe un quart de siècle avant lui...

Le situationnisme emprunte en effet au surréalisme d'André Breton (qui lui-même empruntait à Tzara et au dadaïsme...) : l'association de Rimbaud, de Hegel et de Marx dans le grand projet d'un *changer la vie* ; la haine du bourgeois et de ses valeurs : la raison et la rationalité, l'idéalisme, le capitalisme, la religion chrétienne sont fustigés au profit de la folie, du rêve, de l'imagination, de la révolution, de l'immoralisme ; la volonté d'en finir avec l'art des cimaises, l'art officiel, l'art bourgeois des musées, l'art décoratif, l'art refuge des capitaux bourgeois et le désir d'un art fait par tous, dans la rue ; le goût de la provocation, de l'insulte, du mépris, du passage à tabac ; la pratique de l'ironie, de l'humour, du happening ; le tropisme pour l'exclusion des esprits rebelles au Chef ; la vie de bohème, l'usage de la drogue ou de l'alcool ; le dérèglement de tous les sens comme seule et unique méthode ; le rejet du passé et de l'autorité, des tabous de la civilisation judéo-chrétienne ; le collage qui fonctionne comme l'ancêtre du détournement et comme le marqueur d'une méthode ; la vie vécue telle une œuvre d'art.

Dans sa jeunesse, Debord déteste Breton, bien sûr, comme on déteste celui auquel on doit trop.

En 1953, dans le deuxième numéro de la revue *L'Internationale situationniste*, Breton est présenté comme un indicateur de police. En 1956, Debord envoie des invitations pour un faux anniversaire de Breton (*Correspondance*, 0.98) – c'est l'époque où il le nomme « Dédé l'Amourette » (*Correspondance*, 0.112). Le 18 novembre 1958, un débat parisien propose de répondre à la question « Le surréalisme est-il mort ou vivant ? ». Debord doit donner son avis : il grimpe sur scène, pose un magnétophone, l'enclenche. On entend sa voix et de la musique de guitare. Breton se trouve dans la salle avec les surréalistes qui, arroseurs arrosés, s'offusquent. Pendant ce temps, Debord s'écoute et sirote un whisky à la fiasque. On attend dans la salle le discours de Debord : « Les rêves surréalistes correspondent à l'impuissance bourgeoise, aux nostalgies artistiques, et au refus d'envisager l'emploi libérateur des moyens techniques supérieurs de notre temps. À partir d'une mainmise sur de tels moyens, l'expérimentation collective, concrète, d'environnements et de comportements nouveaux correspond au début d'une révolution culturelle en dehors de laquelle il n'est pas de culture révolutionnaire authentique. C'est dans cette ligne qu'avancent mes camarades de l'Internationale situationniste » (*IS*, décembre 1958). Préfigurant une technique de la société du spectacle, à l'issue de cette déclaration de guerre, le public entend... des applaudissements enregistrés ! Les surréalistes sortent dans un chahut total !

En 1965, Debord rapproche Breton de Jdanov (*Correspondance*, III.91) ; en 1954 il écrivait de lui : « Personne n'a “offert ses services” aux staliniens et aux autres, comme le pauvre Breton toute sa vie » (*Correspondance*, 0.48), mais il change d'avis et, en 1986, il s'énerve contre une préfacière (« une conne ignare ») de l'*Anthologie de l'humour noir* qui « essaie de salir Breton en lui attribuant "par erreur" un ralliement au stalinisme de 1946 » (*Correspondance*, VI. 376). En 1991, dans une lettre à Annie Le Brun, il écrit de lui : « Le seul fait d'avoir été capable d'attendre toujours témoigne de sa grandeur » (*Correspondance*, VII.284) – comme Debord qui, à cette date, est devenu *Debord*...

En 1993, dans *« Cette mauvaise réputation... »*, André Breton devient une caution – Debord s'en sert à deux reprises pour montrer leur communauté de destin. Vers la fin de sa vie, Jean-Jacques Pauvert dira que l'auteur des *Hurlements en faveur de Sade* avait changé d'avis sur le Pape du surréalisme : « Il avait pour Breton une admiration démesurée » (Bourseiller, 416).

10

Les racines lettristes. Le situationnisme emprunte également au lettrisme d'Isou, on l'a vu – et l'on sait combien Isou lui aussi a été influencé par Tzara, le dadaïsme, Breton et le surréalisme ! Ainsi : le cinéma discrépant, l'annonce de la mort de l'art, l'indexation de la révolte sur la révolution de la totalité du réel, le souci de l'architecture, la construction d'une nouvelle éthique qui soit une esthétique, mais aussi, et surtout, le style d'intervention hérité lui aussi des grands anciens dadaïstes, futuristes, surréalistes : le chahut, le chambard, le happening, un mélange de monômes estudiantins et de catharsis d'esprits fragiles, narcissiques et mégalomanes.

Isidore Isou publie un *Soulèvement de la jeunesse* en 1949 qui met les jeunes au centre du dispositif révolutionnaire. À l'époque, le marxisme enseigne que le prolétariat est la classe révolutionnaire par excellence. L'idée qu'elle pourrait se trouver ailleurs, en l'occurrence dans la jeunesse susceptible de cristalliser l'énergie capable d'en finir avec le vieux monde, nourrit ce qui deviendra le noyau dur du fameux libelle rédigé par des situationnistes et des étudiants de Strasbourg : *De la misère en milieu étudiant considérée sous ses aspects économique, politique, psychologique, sexuel et notamment intellectuel et de quelques moyens pour y remédier* (1966).

Debord inaugure avec Isou une technique qui deviendra récurrente dans sa vie (une trentaine d'occurrences...) : le passage de la vénération à la détestation. En prédateur, Debord prend, se nourrit, puis jette un jour de façon brutale, violente, se met alors à détester, à haïr, à vilipender, ne veut plus voir, méprise avec ardeur... Ainsi, en 1951, parlant d'Isou, Debord écrit à son correspondant : « J'ai fait admettre qu'Isou est un dieu (*sic*) à mon ami Hervé Falcou » (*Correspondance*, 0.14). À cette époque, Debord est fasciné par la violence des lettristes, leur provocation, leur goût du chahut – il les découvre à Cannes le 20 avril 1951 et la lettre à son ami est envoyée de Cannes le 23 septembre. Debord quitte la Côte d'Azur pour rejoindre Isou à Paris. Le 31 janvier 1952, il envoie un courrier d'insultes à une critique de cinéma qui a eu le malheur de signer un article négatif sur le film d'Isou, *Traité de bave et d'éternité* – elle n'y a vu, à raison, ni bave, ni éternité (*Correspondance*, 0.19).

Debord se détache de lui lors de l'affaire Chaplin en octobre 1952. Sécessionniste, il crée contre Isou une Internationale lettriste... Dans une lettre recommandée (!) datée du 22 décembre 1954, il l'insulte :

« Mon pauvre Isou,

Note les vérités suivantes

1) Je ne suis pas "chef de groupe". Quant à toi, je t'ai aperçu l'autre jour. Tu n'es plus très beau. Même pas capable de faire un riche mariage.

2) Tu es exactement, sur le plan mental comme sur le plan de l'argent, un minable.

3) Tu as conscience de ta faillite. C'est ce qui provoque ta bave dans les journaux du Quartier latin.

Je t'autorise à publier cette réponse. Cela fera quelques lignes correctement écrites dans les proses d'Isou-Spaccagna (MO : un disciple d'Isou).

G.-E. Debord » (*Correspondance*, 0.49).

En 1959, commentant dans une lettre à Constant un article de presse dans lequel il est fait mention d'Isou comme d'une personne ayant contribué à la généalogie du situationnisme, Debord écrit : « Il a tout de même autant compté dans ce développement que Pinot Gallizio ! » (*Correspondance*, I.207). Pour sa part, en 1979, Isou publiera *Contre le cinéma situationniste, néo-nazi*.

11

Le situationnisme, une cristallisation. Dadaïsme, surréalisme, lettrisme, le situationnisme ne vient pas de nulle part. Certes, Debord effectue un droit d'inventaire : il laisse aux surréalistes l'écriture automatique, le cadavre exquis, la production d'œuvres d'art transformées en marchandises, le goût de l'occultisme, de la psychanalyse, de la parapsychologie et de l'ésotérisme (il parle de « Breton-médium » dans une lettre de décembre 1954, *Correspondance*, 0.50). De même, il ne communie pas dans le poème lettriste, le jeu d'écriture, la réalisation de tableaux ou d'objets susceptibles d'être vendus, édités, exposés. Ce qu'il retient de ces deux courants, c'est l'énergie nihiliste, la passion provocatrice, la force dialectique de destruction, la méthode spectaculaire – si l'on peut dire...

Il sait également détourner l'énergie de certains membres du groupe. Ainsi, les grands thèmes du situationnisme sont-ils apparus d'abord chez tel ou tel compagnon : le contenu du *situationnisme*, sa quasi-définition même, se trouve chez Gil Wolman ; la *psychogéographie* est une notion inventée par Mohamed Dahou ; le *détournement*, un concept de Cobra ; la *critique de la vie quotidienne*, une idée de Henri Lefebvre. Debord emprunte aussi ailleurs que dans sa sphère, notamment la philosophie, pour recycler telle ou telle thèse : le *spectacle*, par exemple, se trouve chez Nietzsche ; l'analyse de l'*aliénation* chez Feuerbach ; la théorie de la *fétichisation de la marchandise* chez Marx ; celle de la *réification* et de la *totalité* chez Lukács ; la critique *de la société de consommation*, chez Marcuse ; la critique de *la modernité* capitaliste chez Günther Anders... Précisons.

Dans *Hurlements en faveur de Sade*, on entend la voix de Gil Wolman qui dit : « Une science des situations est à faire, qui empruntera des éléments à la psychologie, aux statistiques, à l'urbanisme et à la morale. Ces éléments devront concourir à un but absolument nouveau : une création consciente de situations » (Bourseiller, 55). Quand et comment Debord définit-il le situationnisme ? En novembre 1956, dans « Théorie de la dérive », un texte publié dans la revue *Lèvres nues* (n°9), Debord écrit : « Entre les divers procédés situationnistes, la dérive se définit comme une technique du passage hâtif à travers des ambiances variées » (*Œuvres*, 251) – le mot apparaît pour la première fois. La chose était chez Wolman en juin 1952 ; le mot se trouve donc sous la plume de Debord quatre ans plus tard, en novembre 1956.

12

« Il n'y a pas de situationnisme ». Dans le premier numéro de *L'Internationale situationniste* (juin 1958), Debord définit les concepts majeurs du situationnisme. Les voici : *situation construite* : « Moment de la vie, concrètement et délibérément construit par l'organisation collective d'une ambiance unitaire et d'un jeu d'événement. » Puis *situationniste* : « Ce qui se rapporte à la théorie ou à l'activité pratique d'une construction de situations. Celui qui s'emploie à construire des situations. Membre de l'Internationale situationniste. » Enfin *situationnisme* : « Vocable privé de sens abusivement forgé par la dérivation du terme précédent. Il n'y a pas de situationnisme, ce qui signifierait une doctrine d'interprétation des faits existants. La notion de situationnisme est évidemment conçue par les anti-situationnistes » (13). Le situationnisme n'existe donc pas...

L'année précédente, Guy Debord a rédigé un *Rapport sur la construction des situations et sur les conditions de l'organisation et de l'action de la tendance situationniste internationale* dans laquelle il fournit le manifeste situationniste. Il prend la parole dans un petit village de montagne, à Cosio d'Arroscia, dans les Alpes italiennes (Ligurie), les 27 et 28 juillet 1957. C'est le peintre Simondo qui accueille dans cette vaste maison de famille. Le mauvais vin coule à flots la nuit ; le jour, les situationnistes cuvent.

C'est l'acte fondateur de l'Internationale situationniste. Ce jour-là, sept personnes sont aux côtés de Debord : Asger Jorn, Walter Olmo, Giuseppe Pinot-Gallizio, Piero Simondo, sa compagne Elena Verrone pour le *Mouvement pour un Bauhaus Imaginiste*, Ralph Rumney pour le *Comité psychogéographique de Londres*, Guy Debord et Michèle Bernstein pour *L'Internationale lettriste* et *Potlatch* – précisons que... tous seront exclus par Debord entre janvier 1958 (Olmo) et avril 1961 (Jorn), Michèle Bernstein, sa compagne, le sera également en juin 1967, mais, on l'a vu, elle bénéficiera d'un statut d'extraterritorialité : elle deviendra « clandestine » (Bourseiller, 241). Ainsi, officiellement dehors, elle reste officiellement dedans – et continue à financer les activités de son compagnon...

Dans *Le Consul*, Ralph Rumney donne des détails sur ce Comité psychogéographique de Londres. Il dit : « Pour donner une apparence internationale au mouvement, j'ai suggéré : il faut mentionner la participation du Comité psychogéographique de Londres. » À la question : « C'était quoi ce comité ? », il répond : « Rien, c'était moi. J'avais dit : Bon, je suis le Comité psychogéographique de Londres. C'était une invention comme ça, un mirage » (43). Et à cette autre question : « Que s'est-il décidé à Cosio ? Qu'y avez-vous inventé ? », il répond : « Au niveau des idées, je crois qu'on n'a rien inventé qui n'existait déjà. Ensemble, on a fait une synthèse en partant de Rimbaud, Lautréamont, et quelques autres comme Feuerbach, Hegel, Marx, les futuristes, Dada, les surréalistes et les Vandales chers à Jorn. On a su combiner tout ça. »

La fondation de l'I.S. est votée : cinq pour, certes, mais tout de même, une contre et deux abstentions ! Une semaine plus tard, Debord écrit à Jorn : « Je pense comme toi qu'il faut présenter la "conférence de Cosio" comme le point de départ de notre activité nettement organisée et, à partir de maintenant, avancer vite (il faut créer tout de suite une nouvelle légende à notre propos) » (*Correspondance*, I. 24). De fait, cinq votes *pour* sur huit présents, voilà une généalogie aux antipodes de la légende !

13

Théorie situationniste. Que dit ce *Rapport sur la construction des situations* ? Ce qu'est et ce que sera le situationnisme. Toutes les idées-forces s'y trouvent, tous les concepts majeurs : la création de situations, la société du spectacle, la dérive psychogéographique, l'urbanisme unitaire, l'invention de nouvelles possibilités d'existence (pour le dire dans une formule nietzschéenne). Dans ce texte, Debord semble un Rimbaud qui aurait lu Marx – ou plutôt : un Marx qui aurait lu Rimbaud, ce qui pourrait se trouver cristallisé chez un Charles Fourier par exemple... Il veut changer le monde et croit à la révolution internationale.

Dans un premier temps, Debord propose un état des lieux : il critique l'action des mouvements ouvriers internationaux ; il constate la plasticité du capitalisme pour résister aux attaques révolutionnaires ; il dénonce le caractère contre-révolutionnaire des partis réformistes ; il prend acte de leurs résultats, dont l'effacement de la lutte des classes ; il note le succès des combats anti-impérialistes dans le monde ; il affirme que la classe dominante produit une idéologie de la confusion ; il met en relief l'abrutissement de la jeunesse et des étudiants avec des sous-produits de diversion lancés sur le marché par le capitalisme consumériste ; il déplore que les avant-gardes esthétiques se soient coupées de la masse ; il enterre futurisme, dadaïsme, surréalisme et lettrisme, incapables de transformer réellement le monde ; il associe à sa critique l'existentialisme, un certain marxisme et une mode psychanalytique ; il conchie la peinture abstraite et le réalisme socialiste ; il déplore que la publicité formate le jugement de goût ; il remarque que la vie de l'auteur a pris le pas sur l'œuvre ; il professe la mort de la poésie et du roman ; il observe que le fonctionnalisme fait la loi en matière d'architecture ; pour conclure, il affirme : « la décomposition a tout gagné » (*Œuvres*, 316)...

Ensuite, cet état des lieux est suivi d'une proposition positive théorique : il veut une plus grande domination de la nature et une plus grande liberté ; il appelle au dépassement des groupuscules et à la réunion en vue d'un travail collectif organisé ; il appelle à détruire la culture moderne, à la dépasser et à réaliser une révolution culturelle. Il écrit : « Une action révolutionnaire dans la culture ne saurait avoir pour but de traduire ou d'expliquer la vie, mais de l'élargir. Il faut faire reculer partout le malheur » (320). Dans l'esprit de Nietzsche, il affirme également : « Il faut définir de nouveaux désirs, en rapport avec les possibilités d'aujourd'hui » (321).

Enfin, cette proposition théorique débouche sur la théorie du situationnisme : Debord invite concrètement à se diriger « vers une Internationale situationniste » (322) ; il inscrit au centre de ce dispositif la « *construction des situations* » – autrement dit : « la construction concrète d'ambiances momentanées de la vie, et leur transformation en une qualité passionnelle supérieure » (322), l'action sur le décor matériel de la vie par des comportements qui le bouleversent ; il veut « une révolution dans les mœurs » (323), un changement dans l'amour et dans l'amitié, mais aussi dans toutes les modalités de l'intersubjectivité ; il souhaite instaurer une dimension ludique à son projet avec « des *jeux d'une essence nouvelle* » (323), non pas le jeu du loisir bourgeois, capitaliste et consumériste, qui vise à endormir le public, non pas le loisir (« un incomparable instrument d'abrutissement du prolétariat par des sous-produits de l'idéologie mystificatrice et des goûts de la bourgeoisie » [324] ni le jeu avec compétition, séparé de la vie courante, mais le jeu qui élargit la part non médiocre de la vie et en diminue les moments nuls.

Par ailleurs, Debord propose de construire « une ville situationniste » (324) à partir de formes architecturales nouvelles, ou par le détournement de formes déjà existantes, en agissant sur le milieu sonore ou bien encore en révolutionnant les modalités de distribution des boissons et des nourritures. Ce projet définirait un « *urbanisme unitaire* » (323) ; il veut des villes expérimentales dans lesquelles se pratiquerait « *la psychogéographie* » (*ibid.*) – à savoir : « L'étude des lois exactes et des effets précis du milieu géographique, consciemment aménagé ou non, agissant directement sur le comportement affectif des individus » (*ibid.*) ; il veut que, dans ces villes situationnistes, on puisse s'adonner à « *la dérive* » (325) – en d'autres termes : « la pratique d'un dépaysement passionnel par le changement hâtif d'ambiances, en même temps qu'un moyen d'étude de la psychogéographie et de la psychologie situationniste » (*ibid.*).

14

Le spectateur et le « viveur ». À cette époque, avant l'analyse théorique, voire théorétique, du spectacle dans *La Société du spectacle* (1967), Debord donne une formulation moins enfouie sous la multiplicité des angles d'attaque. Le concept n'est pas défini, trituré, exploité, mais utilisé : il caractérise l'aliénation de l'homme qui se fait le regardeur de sa vie au lieu d'en être l'acteur. Le rôle de figurant du public passif doit laisser la place à celui d'un peuple actif de sa vie. Debord écrit : « La construction de situations commence au-delà de l'écroulement moderne de la notion de spectacle. Il est facile de voir à quel point est attaché à l'aliénation du vieux monde le principe même du spectacle : la non-intervention. » (325). Il y a spectacle quand on se trouve dans la salle à regarder sa vie au lieu d'être sur scène à la vivre – et tout dans notre civilisation est fait pour obtenir cette situation du spectacle, de la vie à regarder au lieu de la vie à vivre.

Construire des situations, c'est échapper à la malédiction capitaliste du spectaculaire : « La situation est ainsi faite pour être vécue par ses constructeurs. Le pôle du "public", sinon passif du moins seulement figurant, doit y diminuer toujours, tandis qu'augmentera la part de ceux qui ne peuvent être appelés des acteurs mais, dans un sens nouveau de ce terme, des viveurs » (325-326). Du côté du spectacle : la passivité, la figuration, l'aliénation, la séparation, la réification ; du côté situationniste : l'activité, l'action, la réconciliation, l'intervention, la construction de soi.

L'abolition du spectacle ouvrirait à un monde qui ressemble à s'y méprendre à la société d'après la révolution du jeune Marx : « Dans une société sans classes, peut-on dire, il n'y aura plus de peintres, mais des situationnistes qui, entre autres choses, feront de la peinture » (327). Le *situationniste* selon le Debord du *Rapport sur la construction des situations*, c'est *l'homme total* du Marx des *Manuscrits de 1844*. Le situationniste, c'est l'homme d'après l'aliénation, l'être d'après la séparation de soi et de son essence, l'individu d'après la fin de la vie mutilée, la personne d'après la coupure entre soi et soi. En bon nominaliste, Debord sait qu'il existe des situationnistes, mais que le situationnisme n'existe pas.

15

Un discours de la méthode. Comment s'y prendre pour réaliser le projet situationniste ? Debord répond naïvement : « Les techniques situationnistes sont encore à inventer » (326). De fait, réaliser des comportements situationnistes, on peut comprendre, mais quand il s'agit de construire des villes situationnistes ! En intellectuel consommé qu'il est, Debord pense en gramscien : il souhaite révolutionner d'abord les esprits afin d'obtenir une révolution concrète ensuite. Il aura beaucoup contribué à la première révolution, mais aura constaté que la seconde se faisait attendre, et peut-être pour longtemps !

Dans un premier temps, Debord envisage la révolution par l'éducation. Sur le mode gramscien, il souhaite utiliser tous les moyens pour faire connaître le projet situationniste – dont : le cinéma, on aurait pu s'en douter, la pratique du documentaire, ce qui paraît légitime, mais aussi, plus étonnant, la télévision ! Contre « les bassesses télévisées » (324) produites dans ces années-là par le capitalisme, il conserve le média, mais pour lui faire transmettre un autre message. Cinéma, documentaires et télévision montreraient concrètement la création de situations et leurs effets induits dans la réalité.

Guy-Ernest Debord veut l'« éducation d'une génération situationniste » (325).

Le *Rapport* propose de commencer par une phase expérimentale réduite – autrement dit : par la micro-communauté de huit personnes réunies dans le village de Cosio d'Arroscia ! Si l'on se souvient que cinq sur huit souscrivent au projet dans le noyau dur même du situationnisme naissant, qu'un s'oppose, que deux s'abstiennent, et qu'une poignée d'années après, tous ont été exclus par Debord qui reste seul à bord de ce frêle esquif, on mesure combien il y a loin de l'échec de la phase expérimentale au succès de la révolution planétaire... La phase expérimentale coïncidera finalement avec la vie de Debord qui boit beaucoup, erre ivre dans les rues de Paris, ne travaille pas, se fait entretenir, conduit son groupuscule comme un gourou qui exclut à tour de bras, invective, contribue à des passages à tabac et les valide, fréquente les milieux interlopes.

Ainsi, l'ivresse devient-elle invention de nouvelle possibilité d'existence dans la configuration de la « révolution des mœurs » ; l'errance dans les rues de la capitale, « dérive » et « psychogéographie » ; la vie quotidienne de bohème et la compagnie de petites frappes, « construction de situations » ; la vie de ceux qui ne partagent pas cette vision du monde, une illustration du « spectacle » ; l'existence transfigurée par-delà le spectacle, la réussite situationniste du « viveur »...

Dans le *Rapport sur la construction de situations,* Debord théorise même son statut d'homme entretenu. Il écrit : « Nous devons inciter les personnes qui détiennent certaines des vastes ressources qui nous font défaut à nous donner les moyens de réaliser nos expériences, par un crédit analogue à celui qui peut être engagé dans la recherche scientifique » (328).

Cette communauté expérimentale aurait dû s'élargir aux partis ouvriers et à leurs tendances extrémistes ; puis aux artistes et aux intellectuels du monde entier avec un programme clairement internationaliste : « Nous devons mettre en avant les mots d'ordre d'urbanisme unitaire, de comportement expérimental, de propagande hyperpolitique, de construction d'ambiances. On a assez interprété les passions : il s'agit maintenant d'en trouver d'autres » (328). La fin cite et parodie le Marx des *Thèses sur Feuerbach*, mais l'ensemble de la théorie situationniste cite plus secrètement Fourier et son socialisme utopique.

16

Une autre ode à Fourier. Le langage de l'auteur du *Nouveau Monde amoureux* se retrouve en effet souvent sous la plume de Debord : la condamnation du *monde industriel* au nom d'une politique de *l'attraction passionnée*, le caractère *unitaire* de l'urbanisme contre la ville bourgeoise, le souci de la boisson et de la nourriture qui renvoie à la *gastrosophie* politique fouriériste, de même l'envie de *villes* pensées sur le mode du *phalanstère* dans lequel s'expriment toutes les *passions* sans exception, l'invention de nouveaux *désirs*, l'envie d'une pratique ludique avec un *jeu* débarrassé de la compétition. Le projet de « détruire par tous les moyens hyperpolitiques l'idée bourgeoise du bonheur » (328) est un projet fouriériste…

Debord cite toujours Fourier avec sympathie. En 1967, à la réception du *Traité de savoir-vivre à l'usage des jeunes générations,* il écrit à Vaneigem : « Il y a du Nietzsche, du Fourier, l'héritage légitime de la philosophie, au meilleur sens » (III.20) – et il fait de cet ouvrage l'occasion d'une sortie de la préhistoire du situationnisme. Dans une lettre du 16 août 1968, il signe Guy et sous son nom ajoute Charles Fourier et Alice, dont le patronyme est associé à Lewis Carroll.

Le 12 mars 1969, Debord envoie une lettre à la section italienne de l'I.S. Il y raconte qu'une vingtaine d'anciens soixante-huitards ont procédé à l'érection d'une statue de Charles Fourier place Clichy devant une centaine de passants amusés par la scène. Il demeurait sur cette place un socle sur lequel avait existé une statue du socialiste utopique que les occupants allemands avaient réquisitionnée pour la fondre – besoin de métaux pour l'armée, mais aussi vandalisme politique à l'endroit d'un révolutionnaire. Debord ne participe pas à l'aventure mais sa compagne, Alice Becker-Ho, regarde le happening non loin à la terrasse d'un café. Puis le lui rapporte. La police enlèvera la statue deux jours plus tard… Debord en fera un texte, un de plus, dans le douzième numéro de *L'Internationale situationniste* de septembre 1969. Dans « Le Retour de Charles Fourier », Debord rapporte l'anecdote et en fait le prototype d'un détournement. Deux photos accompagnent ce bref texte.

Enfin, le dernier Debord, postsituationniste, reste amateur de références à Fourier. Sensible à l'écologie, à la mauvaise qualité de l'alimentation formatée par le capitalisme, Debord écrit « Abat-faim » pour dénoncer les mécanismes de production de cet empoisonnement (destruction du goût par la chimie, stockage dans des conditions épouvantables, congélations/décongélations, calibrage marchand des produits, production de leur apparence au détriment de leur saveur, fabrication de leurres sensuels pour détourner l'attention du consommateur...). Il constate que, depuis les physiocrates, la bourgeoisie a toujours voulu améliorer la qualité et la quantité des produits de la terre. Puis ceci : « Les critiques du capitalisme se sont parfois préoccupés davantage de qualité plus grande. Fourier particulièrement, très favorable aux plaisirs et aux passions, et grand amateur de poires, attendait du règne de l'harmonie pour bientôt un progrès des variétés gustatives de ce fruit. Sur ce point, il s'est trompé » (VI.342). Sur ce point seulement ?

17

Le situationnisme, concrètement. La pratique situationniste de Debord reste très théorique : les libelles, les tracts, les lettres (la correspondance de Debord comporte huit volumes, soit près de deux mille cinq cents pages, autrement dit, trois fois l'œuvre en tant que telle...), les revues. Quand il s'agit de pratiques, la réalité n'est pas mirobolante : qu'on songe aux rassemblements groupusculaires. Les congrès internationaux réunissent une poignée de copains : Cosio d'Arroscia en 1957, huit personnes ; IIe conférence à Paris en janvier 1958, huit ;

IIIe conférence à Munich en avril 1959, quatorze ; IVe conférence à Londres en septembre 1960, dix ; V[e] conférence à Göteborg en août 1961, quatorze ; VIe conférence à Anvers en novembre 1962, moins de vingt ; VIIe conférence à Paris en juillet 1966, quatorze, dont deux sont exclues lors de cette réunion qui a lieu dans un café ; VIIIe conférence à Venise en septembre-octobre 1969, dix-huit pour toute la planète – la section française est alors forte de neuf adhérents !

Cette poignée de copains s'amenuise en fonction des exclusions arbitrairement décrétées par Guy Debord.Voici, dans l'ordre chronologique, une liste non exhaustive des exclusions et leurs prétendus motifs : André-Franck Conord, directeur de la revue des situationnistes, *Potlatch*, pour motif de « néo-bouddhisme, évangélisme et spiritisme » le 29 août 1954 ; Jean-Michel Mansion, parce qu'il était « simplement décoratif » ; Jean-Louis Brau, « polygraphe confusionniste » accusé de « déviation militariste » ; Ivan Chtcheglov et Serge Berna en 1954 pour appartenance à une ligne « Lama-Tibet » (en réalité : un soutien apporté au peuple tibétain...) mais également pour « mythomanie, délire d'interprétation – manque de conscience révolutionnaire » (Bourseiller, 81) ; la même année, Gaëtan Langlais, pour « sottise » ; François Dufrêne, Liardon, Juan Goytisolo pour double vie, mondaine et révolutionnaire ; Gil Wolman en 1957, Jacques Fillon ; en janvier 1958, Walter Olmo, Piero Simondo, « crypto-catholique », Elena Verrone et Ralph Rumney (mars 1958) accusés d'avoir « soutenu des thèses idéalistes et réactionnaires » (Bourseiller, 123) ; Giuseppe Pinot-Gallizio et Giors Melanotte (1958) coupables de n'avoir pas rompu avec le monde de l'art ; Asger Jorn en avril 1961 parce qu'il collabore avec des artistes, expose dans des galeries, travaille avec Bachelard – mais Debord lui accorde le statut de clandestin, comme pour Michèle Bernstein, ainsi, pour les autres, il est dehors, mais pour Debord, il est dedans ; André Frankin en 1961, « argumentiste », autrement dit, écrivant dans la revue *Arguments* dont Debord a convoité la rédaction en chef avant d'échouer donc de la honnir ; Maurice Wyckaert – mais Debord le garde comme ami ; le groupe dit des Spuristes (pour avoir collaboré à la revue *Spur*), poursuivis par la police allemande, mais décrétés « condamnables » par Debord : Kunzelmann, Prem, Sturm, Zimmer, Eisch, Nele, Fischer, Stadler ; le 27 octobre 1963, Attila Kotányi pour « déviationnisme » ; pour la même raison, Jean Garnault, Hubert Holl, Theo Frey en janvier 1967 ; Christian Sebastiani, pour avoir fréquenté le « paria » Khayati ; René Riesel en septembre 1971 ; René Viénet, en février 1971. En décembre 1970, l'Internationale situationniste compte cinq membres : Debord, Viénet, Riesel, Jeppesen Victor Martin et Sanguinetti. Le premier a exclu les trois suivants, le dernier a été expulsé de France... Reste alors Debord... et Martin. Avril 1972, l'I.S. se saborde – restait-il encore quelque chose à saborder ?

Dans un groupe qui, au meilleur de lui-même, et sur la planète entière, tournait à soixante-dix personnes (avec seulement sept femmes...) dont presque une vingtaine en France, il y eut quarante-cinq exclusions, soit près des deux tiers des effectifs. Le tiers restant, dix-neuf personnes, a démissionné. Il n'est finalement resté que Guy Debord et Gianfranco Sanguinetti, expulsé par la police en Italie... Cette logique ne manque pas d'étonner, d'autant que, parmi ces réprouvés par Guy Debord, se trouvait la quintessence de l'intellectuel collectif que fut le situationnisme. Pour parodier Nietzsche qui écrivait qu'il n'y avait probablement eu qu'un seul chrétien et qu'il est mort sur la croix, on pourrait affirmer qu'il n'y avait pas de situationnisme, dixit Debord, mais seulement des situationnistes, et que Debord les a tous exclus les uns après les autres pour être le seul ! Sa technique fut la bonne puisque désormais on associe son seul nom au situationnisme et qu'on a oublié tous ceux qui l'ont nourri pendant quinze ans – date de naissance : 22 juillet 1957, date de décès : avril 1972...

18

Logique du passage à tabac. Debord a donc conduit l'Internationale situationniste non pas en conseilliste (ce qu'il souhaitait pour la planète...), mais en despote prétendument éclairé. Il a donc beaucoup exclu, excommunié, insulté, méprisé. Il a également fait du passage à tabac une méthode... L'homme qui, en effet, trouve des vertus à Saint-Just et célèbre la Terreur a en effet pratiqué ou fait pratiquer, sinon couvert théoriquement, idéologiquement et pratiquement, une série d'agressions physiques où la victime est prise à partie par un groupe... Le courage physique n'était pas une vertu pratiquée dans le milieu situationniste.

Ainsi, le 20 avril 1951, au Festival de Cannes, Debord, qui a dix-neuf ans, fait ses armes dans la brutalité et le coup de force physique avec un comité lettriste de onze personnes qui agresse physiquement Christiane Rochefort, chargée de distribuer les accréditations, coupable d'empêcher l'entrée de la petite bande alors privée de projection – le 14 septembre 1988, Debord accusera réception de l'envoi d'un livre dédicacé de Christiane Rochefort, *Le Monde est comme deux chevaux*, et, au regard des *Petits Enfants du siècle* paru en 1961, la gratifiera d'un brevet de conformité rebelle (*Correspondance*, VII.38)...

Deux ans plus tard, en avril 1953, Jean-Jacques Lebel, alors âgé de dix-sept ans, fraîchement sorti d'une maison de correction, se trouve bien malgré lui en vacances dans sa famille à Cannes. Le soir, il a l'autorisation d'aller au cinéma, pourvu qu'un quart d'heure après la fin de la projection il soit rentré chez son oncle. Un soir, il se rend sur le front de mer, dans un endroit où se réunissent les marginaux. Quatre personnes le rouent de coups. Arrive alors un jeune homme qui regarde la scène, enlève ses lunettes, les range dans un étui, et demande que cesse l'agression – il s'agit de Guy Debord, qui invite ensuite Lebel à boire un verre dans un bistrot. Malgré son jeune âge, Lebel venait de publier « Manifeste d'un adolescent optimiste » dans une petite revue. Debord l'avait lu, puis reconnu, ce qui lui a valu d'être épargné par la petite bande aux ordres de Debord (Bourseiller, 71)...

Jean-Jacques Lebel et Guy Debord participeront à « Socialisme ou barbarie » entre 1959 et 1960. Au printemps 1966, Lebel a fait parler de lui : il a publié *Le Happening* et en a pratiqué quelques-uns qui lui ont valu l'intérêt de la police, dont *Cent vingt minutes dédiées au Divin Marquis.* Probablement parce que le nom de Lebel a été associé au situationnisme, Debord et les siens décident d'une expédition punitive : toujours à plusieurs, à l'heure du laitier, ils sonnent à sa porte et lui envoient un violent coup de poing dans la figure avant de déclencher une bagarre.

En octobre 1968, Jean Maîtron, historien du mouvement ouvrier, coordinateur d'un formidable *Dictionnaire biographique du mouvement ouvrier français* en plusieurs volumes (trente-quatre parus de son vivant, vingt-sept depuis...), auteur d'études sur le syndicalisme révolutionnaire, sur Ravachol et les anarchistes, puis d'une somme intitulée *Le Mouvement anarchiste en France (1880-1914)* (1951), a publié *La Sorbonne par elle-même* en octobre 1968 – donc, dans la chaleur à peine retombée du mouvement...

Debord et les siens reprochent à Maîtron d'affirmer dans ce livre que les situationnistes ont assumé seuls la direction du 13 au 14 mai au soir du premier congrès d'occupation de la Sorbonne. Soucieux de « vérité », Debord et ses acolytes précisent que le Comité n'existait pas encore à cette date. Maîtron écrit également que les situationnistes contrôlaient le restaurant et la cuisine de la Sorbonne jusqu'en juin ; Debord s'insurge. De même, scandale pour le pape du situationnisme, Maîtron a transformé un tract anonyme en texte emblématique des revendications situationnistes. Enfin, Maîtron a cité le « Rapport sur l'occupation de la Sorbonne », mais comme il en a présenté des extraits, on l'accuse de l'avoir sciemment fait pour des raisons idéologiques. Jean Maîtron est accusé de *maspérisation* – un néologisme forgé par Debord à partir du nom de l'éditeur gauchiste François Maspero lui aussi accusé de tronquage et de falsification de textes... Jean Maîtron ne répond pas. Mi-novembre 1968, Riesel (exclu en septembre 1971) et Viénet (démissionnaire en février 1971) se rendent au domicile de Maîtron, l'insultent et saccagent son appartement.

19

Voies de fait, suite. En janvier 1970, trois situationnistes décident de corriger le responsable de la revue *Archinoir* coupable d'avoir écrit un tract intitulé « À l'IS ». Hargneux, violents, ils quittent Paris en voiture à cinq heures du matin pour rejoindre Lyon et y arrivent à huit heures. Gianfranco Sanguinetti – menacé d'expulsion par Debord trois mois plus tard s'il ne verse pas une partie de la fortune qui est la sienne à l'I.S. (*Correspondance*, IV.220) –, Christian Sebastiani et Patrick Cheval (Cheval est exclu quelques jours plus tard, le 22 janvier, Sebastiani démissionne le 29 décembre...) s'acharnent sur leur victime : « La curée ne s'interrompt que lorsque le sang commence à jaillir » (Bourseiller, 304). En mars 1979, Sanguinetti écrira dans *Du terrorisme et de l'État* : « Le terrorisme de la vérité est le seul qui profite au prolétariat » (34).

Le 13 mai 1973 enfin, Guy Debord écrit à Gianfranco Sanguinetti : « Quelques pro-situs inconnus sont allés casser la gueule du journaliste François George, et ont volé le peu qu'il y avait à voler chez lui. Le crétin a téléphoné à Bernstein pour demander que je confirme que ce n'était pas moi qui les avais envoyés (alors qu'il en était sûrement persuadé : mériterait-il qu'on pense encore à lui ?). il voulait se servir de l'incident pour renouer des relations. Bien sûr, je n'ai pas répondu. Je n'ai pas à désavouer les pro-situs quand ils malmènent quelqu'un probablement pire qu'eux » (*Correspondance,* V.54).

Toutes les voies de fait de passages à tabac de tel ou tel par des situationnistes jamais seuls n'ont pas été répertoriées : une lettre de Debord à Gil Wolman datée du lundi 30 août 1954 rapporte que Mohamed Dahou, dit Midhou, a frappé André-Frank Conord, directeur des huit premiers numéros de la revue *Potlatch,* démissionnaire de l'Internationale lettriste et exclu la veille de cette lettre : « Dimanche : à l'aube Midhou lui casse la figure » (*Correspondance,* 0.43), écrit sobrement Debord... On sait également que le philosophe Kostas Axelos a eu droit lui aussi à la violence punitive des situationnistes : Guy Debord avait souhaité s'emparer de la rédaction en chef de la revue *Arguments* que dirigeait Axelos. Son échec à supplanter Axelos avait rendu Debord furieux. En Mai 68, des situationnistes ont vandalisé son appartement, l'ont contraint sous la menace à écrire une lettre autocritique lue ensuite à la Sorbonne. Un second commando avait prévu de souiller l'appartement du philosophe avec des excréments. Axelos les attendait avec une canne-épée puis les renforts d'Edgar Morin et de l'historien André Burguière. Courageux mais pas téméraires, les situationnistes qui agissent en commando contre des individus seuls prirent la fuite face aux trois personnes.

Rappelons qui étaient les gens molestés par les situationnistes : Christiane Rochefort ? Une féministe active et militante auprès de Simone de Beauvoir. Jean-Jacques Lebel ? Un avant-gardiste auquel on doit en France l'introduction du happening. Jean Maîtron ? Un historien de la classe ouvrière et du syndicalisme engagé aux côtés des travailleurs. Le rédacteur de la revue *Archinoir* ? Un anarchiste. François George ? Un électron libre. Kostas Axelos ? Un autre philosophe libre. Étrangement, dans la liste des victimes physiques des situationnistes, on ne trouve aucun homme de droite...

20

Debord avant Mai 68. Qui est Debord avant Mai 68 ? Son activisme situationniste, qui se veut international et révolutionnaire, relève donc plus du charivari de potache que de l'action réellement susceptible d'inquiéter le capitalisme planétaire ! Debord, avant Mai 68, triomphe en mauvais garçon tout juste doué pour choquer le bourgeois. Récapitulons : l'envoi d'un faire-part de deuil à l'obtention de son bac, la fréquentation de bandes interlopes, les mauvais traitements infligés à une dame s'occupant des habilitations pour la presse au Festival de Cannes, des jets de tomates sur des passagers de bateaux-mouches, la perturbation bruyante d'une conférence de Leiris, la réalisation d'un film sans images avec une projection accompagnée de jets de farine, des ivresses mémorables et une quantité de nuits blanches, des errances dans le Paris des marginaux, l'insulte médiatique de Chaplin, les tournées de bistrots non payées, toujours beaucoup d'alcool, deux mariages et une vie libertine en même temps, l'échec dans la gestion d'un bar, une conférence pour descendre l'idole André Breton et doubler le surréalisme avec ses propres méthodes – la réunion dans un bar, la pratique de l'insulte, la logique de l'exclusion, la médiatisation des coups de force, l'usage de la violence physique –, le refus de travailler doublé de l'acceptation de se faire entretenir par son épouse, rien qui ne travaille à l'abolition du capitalisme et à la réalisation de la révolution prolétarienne !

De même lorsqu'il intervient avec ses amis au cocktail de l'assemblée générale des critiques d'art lors de l'exposition universelle de Bruxelles le 13 avril 1958 et qu'ils lancent sur l'assemblée une pluie de tracts : des insultes, du mépris, l'annonce que les situationnistes rendront caduque leur activité, le tout au nom des sections algérienne, belge, française, italienne et scandinave de l'I.S. – autrement dit, une vingtaine de personnes sur la planète... Ensuite, ils décident de harceler les critiques et leur téléphonent toute la journée pour leur lire d'une voix neutre, exigence de Debord, le contenu du libelle. Qu'en pensent les capitaines d'industrie des grands groupes capitalistes cotés en banque ?

Debord rédige des tracts, nourrit des revues, écrit des lettres pour exclure, participe à ces monômes. Il se contente de mener une vie d'avant-gardiste contre tout ce qui est pour et pour tout ce qui est contre : dans cette revue, envoyée gratuitement à des lecteurs choisis, qui paraît vingt-sept fois entre juin 1954 et novembre 1957, Debord éructe contre toutes les valeurs du moment : Aragon, Mauriac, Claudel, Camus, Sartre, Beauvoir, Le Corbusier, Léger, Genet, Duvivier, Sagan, Fellini,

Malraux, Artaud, Adamov, Ionesco, Gide, Guillevic, Queneau, Gracq, Michaux, Robbe-Grillet, Prévert, Char, et ce avec violence – ainsi : « Devons nous considérer Picasso et Clouzot, d'un point de vue moral, comme de tristes charognes bonnes à porter à quelque équarrissage ? » (195).

En 1958, il publie ses *Mémoires*, un livre expérimental qui, sous une couverture en papier de verre, propose soixante-douze pages de collages, de citations, sans aucune ligne signée de sa main... En avril 1959, il entame le tournage d'un film, *Sur le passage de quelques personnes à travers une assez courte unité de temps* – le deuxième après *Hurlements en faveur de Sade* (1952). Il laisse derrière lui le cinéma discrépant des lettristes au profit d'une forme nouvelle destinée à soutenir le propos situationniste. En septembre-octobre 1960, il termine un troisième film, *Critique de la séparation.* Livre expérimental, cinéma avant-gardiste, vie de bohème d'un esthète entretenu par son épouse, animateur de revues confidentielles, Guy-Ernest Debord, nourri, logé, blanchi, boit plus que de raison et attend la révolution à laquelle il travaille – du moins, le croit-il...

21

Avec et contre Henri Lefebvre. À vingt-cinq ans, en pleine guerre d'Algérie, Guy Debord se fait réformer – pas de militantisme politique, pas d'objection de conscience ou de combat antimilitariste : juste un asthme chronique. Myope, maladroit, incapable de faire quoi que ce soit de ses dix doigts, de taper à la machine ses manuscrits ou de conduire une voiture, il rédige *Remarques sur le concept d'art expérimental* qui paraît à dix-sept exemplaires le 15 octobre 1957.

Le 10 octobre 1958, grâce à sa femme Michèle Bernstein qui était amie avec la compagne du philosophe de la *Critique de la vie quotidienne*, il fait la connaissance d'Henri Lefebvre qui vient de quitter le PCF après trente ans de militantisme. Trois ans plus tôt, dans une lettre datée du 10 octobre 1955, Debord se méfiait de lui et en faisait le représentant d'un certain communisme de salon… (*Correspondance*, 0.82). Cette rencontre permet à Debord de politiser sa vision esthétique et avant-gardiste du monde et de la révolution. D'abord, c'est un coup de foudre ; ensuite une relation houleuse ; enfin, c'était prévisible, l'occasion d'une rupture suivie d'insultes…

Ce que Debord aime chez Lefebvre, c'est d'abord sa critique de la vie quotidienne, son envie que la révolution manifeste sa visibilité dans le détail le plus trivial de la vie de chacun tous les jours, sa proposition d'une construction de *moments* qui deviendra chez Debord construction de *situations* ; ensuite : son marxisme hétérodoxe, son goût pour le jeune Marx, celui des *Manuscrits de 1844* qui analyse l'aliénation, propose la révolution pour la dépasser et réaliser l'homme total, le lecteur inattendu qui associe Hegel, Nietzsche et Marx, le nietzschéen de gauche ; enfin : l'homme qui célèbre la Commune et définit la révolution comme une fête, le critique de l'urbanisme tentaculaire des villes vendues au libéralisme.

Lefebvre enseigne alors la sociologie. Debord assiste à quelques-uns de ses cours ; sur le même banc se trouvent deux personnages bientôt appelés à jouer un rôle : Raoul Vaneigem et Daniel Cohn-Bendit. Debord croise Jean Baudrillard. Debord & Lefebvre vont de Paris à Navarrenx, dans les Pyrénées, où le second possède une maison. Sur la route, ils s'arrêtent à Lascaux et visitent les grottes. À Sarlat, ils s'enivrent ensemble. Ils marchent en forêt, parlent sans discontinuer, fument, boivent, trop.

22

Critique de la vie quotidienne. Le situationnisme existe depuis 1957. Début 1961, Debord va se servir de Lefebvre pour une nouvelle performance situationniste : sur la demande du professeur, il prépare une intervention intitulée *Perspectives de modification consciente de la vie quotidienne* pour un séminaire au Centre d'études sociologiques du CNRS. Il écrit à Maurice Wyckaert le 4 février 1961 : « On prépare un coup terrible pour les sociologues » (*Correspondance*, II.70). Le jour dit, le 17 mai de cette année-là, la conférence a bien eu lieu – mais elle était enregistrée et l'assistance a écouté le propos sur magnétophone afin « de rompre avec les apparences de la pseudo-collaboration, du dialogue factice, qui se trouvent institués entre le conférencier "présent en personne" et ses spectateurs » (*Internationale situationniste*, n° 6, août 1961, page 20). Debord est dans la salle, Jean Baudrillard également.

Debord remarque : que dans ce Centre de recherche on n'a rien trouvé, mais ne s'en étonne pas ; que l'objet même, *vie quotidienne*, semble un artefact pour les participants au séminaire ; que, juchée sur son Aventin conceptuel, la catégorie d'intellectuels ne s'estime pas concernée par la trivialité de cet objet ; qu'une critique de la vie quotidienne digne de ce nom doit et peut déboucher sur la révolution de la vie quotidienne ; que seule la V.Q. est réelle ; que la pauvreté de celle-ci procède de l'organisation de la société en classes ; que la société imprime dans la V.Q. la marque de son essence, à savoir la privation de liberté et que, de ce fait, « la vie quotidienne est ainsi vie privée, domaine de la séparation et du spectacle » (23) ; que les techniques modernes (art ménager, télévision, téléphone, magnétophone, disques, avion...) modifient la V.Q. dans le sens de l'ordre du capitalisme moderne bureaucratisé ; que la ville joue un rôle de transformateur de l'individu en spectateur passif et aliéné ; que cette vie est une misère à abolir par une révolution réinventée ; que les gens sont privés de leur vie, séparés d'eux-mêmes, interdits de communication ; que l'art moderne procède de la destruction des valeurs et du nihilisme de l'époque ; que la vie des gens n'a pas changé en Union soviétique où l'aspiration à consommer est devenue manifeste ; que la révolution de la V.Q. est la seule et qu'elle proposera : une autre façon d'occuper le temps, une configuration inédite dans laquelle le présent domine le passé, un monde inconnu dans lequel la créativité remplacera la répétition, « un comportement expérimental » (27) dans les villes. Ainsi, l'art se réalisera, la politique aussi, le premier cessera d'être marchandise, la seconde d'être légitimation du spectacle.

23

Comment s'en débarrasser ? Dans *Introduction à la modernité* (mai 1962), Henri Lefebvre s'enthousiasme à la vue de cette nouvelle génération de jeunes – il a trente ans de plus que Debord. Il se réjouit que la révolution se soucie de radicalité à inscrire dans la vie quotidienne et apprécie que les situationnistes invitent chacun à construire son existence, autrement dit, à cesser d'être dans le spectacle de leur vie pour entrer *enfin* dans la production de leur destinée. La ville servira d'écrin à ces incandescences nouvelles ; la révolution a été révolutionnée – Lefebvre espère dans cette force nouvelle.

Mais c'est sans compter sur le talent qu'a Debord pour détruire, casser, massacrer, brûler ce que la veille il a aimé. En janvier 1963, il critique... les considérations élogieuses de Lefebvre sur les situationnistes ! Dans « Renseignements situationnistes » (*IS* n° 8, janvier 1963), Debord ne veut pas être assimilé à la jeunesse, il refuse d'être présenté comme la force de l'avenir. Il ne veut pas la réconciliation, ni la conciliation, mais l'oppression. Debord n'a pas aimé non plus la comparaison (c'est une constante caractérielle chez lui...) entre les situationnistes et un groupe oppositionnel de jeunes Soviétiques. La déclaration de guerre est manifeste...

Elle se poursuit avec une accusation de plagiat – ce qui ne manque pas de piquant si l'on se rappelle que Debord affirme être contre tout copyright et invite à la diffusion la plus large possible des thèses situationnistes ! Debord reproche à Lefebvre d'avoir pillé « Sur la Commune », un texte rédigé avec Kotanyi et Vaneigem, mais avec la collaboration de Lefebvre lui-même, pour « La signification de la Commune », un article paru dans *Arguments*, la revue honnie par Debord. Le Conseil central de l'I.S. signe en son grand complet un texte intitulé « Aux poubelles de l'histoire ! » dans lequel Lefebvre, qui faisait partie de l'intellectuel collectif debordien, se fait insulter au motif qu'il a utilisé ce travail pour son livre.

En fait, une lettre à Béchir Tlili datée du 14 mai 1963 permet de connaître le véritable motif de la rupture : Debord ne supporte pas que Lefebvre puisse se dire révolutionnaire et enseigner à l'université, se proclamer communiste et travailler au CNRS, se poser en disciple de Marx et fréquenter l'intelligentsia reconnue, bénéficier des faveurs de la critique. Il écrit : « Nous aurons naturellement tous les inconvénients (mais aussi les avantages "créatifs") de ne pas être *des penseurs garantis par l'État* » (*Correspondance*, II. 230). Si Debord a pu être influencé par Lefebvre (et c'est le cas...), la chose ne pourra plus être dite avec « Aux poubelles de l'histoire ! » puisque Debord inverse la perspective et fait de Lefebvre... le plagieur de Debord – qui se veut l'inventeur des concepts des autres quand il a décidé de les faire siens !

24

Politique de Debord. Le trajet politique debordien est sinueux : d'abord, Debord se moque de la politique, du prolétariat, de la révolution pour ne se soucier que d'avant-garde esthétique, de cinéma discrépant, de provocation – de l'adolescence, contemporaine de la fréquentation de bandes violentes à Cannes, aux frasques lettristes, on chercherait en vain trace de souci pour la classe ouvrière... La création de l'Internationale situationniste en 1957 fait entrer la politique dans le cadre intellectuel de Debord, mais à la façon d'un horizon lointain : l'avant-garde esthétique doit conduire vers un monde dans lequel l'homme cessera d'être séparé de lui-même pour devenir un homme total. Au début des années 60, le situationnisme évolue vers l'ultra-gauche.

Debord adhère à « Socialisme ou Barbarie » à l'automne 1960, il y reste jusqu'au 22 mai 1961. Mais l'hagiographie n'aime pas rappeler ce temps où Debord ne correspond pas à sa légende d'un penseur solitaire, irrécupérable, impossible à agréger à un groupe qu'il ne dirigerait pas en autocrate. Michèle Bernstein, par exemple, nie l'adhésion (Bourseiller, 165) mais reconnaît la participation : il prend part en effet aux réunions du groupe dans un café à la Bastille, il vient aux comités de rédaction de la revue, il participe à un voyage collectif en Belgique pour s'informer sur les grèves qui s'y déroulent, il contribue à la rédaction d'une brochure collective sur ce sujet, il bénéficie de l'aura d'un avant-gardiste lettriste, mystérieux, toujours vêtu de noir, et fascine quelques jeunes intéressés par sa gauche moins indexée sur la lutte des classes et le culte de la classe ouvrière que celle de « Socialisme ou barbarie ».

Debord fédère autour de lui. Cornelius Castoriadis regarde d'un œil inquiet cette cristallisation autour de celui qui paraît lui voler le leadership. Quelques-uns, derrière Castoriadis, ne le prennent pas au sérieux... Castoriadis parle d'un « groupe Dadao-clochard » (Philippe Gottraux, « *Socialisme ou Barbarie* », 225). Debord démissionne. Pierre Guillaume affirme qu'il paie sa cotisation du mois précédent et du mois en cours... (Bourseiller, 169) et annonce une lettre de démission qui ne viendra jamais.

Qu'est-ce que « Socialisme ou barbarie » ? Un groupe qui, de 1949 à 1967, rassemble des militants d'une gauche critique à l'endroit du marxisme soviétique, de l'URSS, de la bureaucratisation du mouvement ouvrier, du stalinisme. L'organisation a pris parti pour l'indépendance algérienne, elle a critiqué le régime colonial français. Par ailleurs, elle milite pour le pouvoir des conseils ouvriers. Sa revue, *Pouvoir ouvrier*, déplore que la question algérienne ne soit pas mise au centre du débat et que la gauche traditionnelle soit frileuse sur ce sujet. « Socialisme ou barbarie » préfère la guerre qui donne leur dignité aux Algériens à la paix qui les en privait, sans pour autant lutter aux côtés du FLN auquel ils reprochent son caractère bureaucratique, hiérarchisé, réactionnaire, terroriste, et sa destruction des messalistes (Gottraux, 115). Debord, pour sa part, défend le FLN – et l'Internationale situationniste avec lui. Il signe le « Manifeste des 121 » en septembre 1960.

C'est la fréquentation de « Socialisme ou barbarie » qui va induire une franche politisation de *L'Internationale situationniste*. Mais, là encore, l'hagiographie situationniste tâche d'effacer les traces d'une influence possible, et soit passe sous silence l'épisode dans son détail, soit insiste sur la fâcherie qui, bien sûr, conclut ce compagnonnage. Des signes de cette contamination sont visibles dans *L'Internationale situationniste* : un éloge signé Debord des analyses de Castoriadis sur la marchandise dans le numéro de décembre 1960 ; l'aveu que le situationnisme doit passer du souci de l'avant-garde culturelle à celui de la révolution politique concrète dans « Instructions pour une prise d'armes » publié dans le numéro d'août 1961 ; dans le même numéro, Debord se réjouit de l'émergence du courant radical « qui se groupe actuellement d'abord sur le mot d'ordre des Conseils de Travailleurs » (*ibid.*, 3) – on aura reconnu la ligne politique de « Socialisme ou barbarie » qui se trouve d'ailleurs cité dans le texte.

Lorsque Debord rompt, « Socialisme ou barbarie » devient évidemment une abomination. Le numéro d'août 1964 de *L'Internationale situationniste* enfonce le clou à propos de « Socialisme ou barbarie » : « Politiquement, c'est l'expression de la frange la plus gauchiste et la plus fantaisiste de ces managers et cadres moyens de la gauche qui veulent avoir la théorie révolutionnaire de leur carrière effective dans la société, et aussi bien la carrière sociale ouverte à une telle "théorie révolutionnaire" » (34). Debord reconnaît qu'il y eut jadis un travail théorique utile (probablement quand il y était…), mais il conclut que tout ceci a sombré dans un renoncement à tout esprit critique (depuis qu'il est parti bien sûr…). En décembre 1960, le Conseil central de l'I.S. « a décidé que toute personne qui collaborera à la revue *Arguments* à partir du 1er janvier 1961 ne pourra en aucun cas être admise, à quelque moment de l'avenir que ce soit, parmi les situationnistes » (*IS* n° 5). *Arguments* était la revue de « Socialisme ou barbarie »...

Dans une lettre aux participants à la conférence nationale de *Pouvoir ouvrier,* Debord donne la clé de son problème : « Dans le spectacle P.O., il y a donc des vedettes – dont plusieurs me paraissent fort intéressantes, inutiles de le rappeler. Le regrettable, c'est que leur relation avec les spectateurs qu'elles ont attirés (et même sur les points où elles entretiennent un accord précis avec tel de ces spectateurs) reste très secondaire par rapport au jeu entretenu entre elles, et indéfiniment répétable. Leur opposition spectaculaire n'étant jamais sanctionnée par rien, les vedettes ne se convainquent jamais l'une l'autre : elles se neutralisent jour après jour. De sorte que l'intervention des spectateurs, même dans le cas optimum où elle est authentifiée par la médiation d'une vedette, ne fait que rejoindre l'impuissance de décision propre à la sphère de ces combattants invulnérables » (*Correspondance,* II.83-84).

L'éternel problème de Guy-Ernest Debord ? Qu'il existe *des* vedettes – et pas *une*... Voire que Castoriadis soit plus vedette que lui... Dans une autre lettre datée du 13 juin 1961, il fustige *la position présidentielle* de Castoriadis dans la vie quotidienne de l'organisation (*Correspondance,* II.94). Debord, en petit garçon jadis abandonné des siens, veut qu'on l'aime, lui tout seul ; et il rompt toujours avant qu'on puisse rompre avec lui ; mais, sidérant paradoxe, en agissant ainsi, il reste seul, et retrouve en la créant la malédiction contre laquelle il combattait... Debord a subi l'influence lettriste d'Isidore Isou ? Il a connu celle d'Henri

Lefebvre ? Il a côtoyé Castoriadis à « Socialisme ou barbarie » ? Il a compagnonné avec Vaneigem dans la construction du situationnisme ? Isou, Lefebvre, Castoriadis, Vaneigem seront vilipendés, insultés, méprisés...

25

Debord 65/66. À l'été 1965, Debord se trouve dans le sud de la France, à Cagnes-sur-Mer, avec six ou sept comparses. Un jour, à la terrasse d'un café où ils boivent beaucoup, s'ennuient et méprisent les gens du village, ils décident de les « emmerder tous » (Bourseiller, 214) en répandant une rumeur malveillante. Debord donne un pseudonyme chimique à chacun : Debord devient Tungstène, les autres Chlore, Fluor, Nitroglycérine, Phosphore. Les réunions sont très alcoolisées, elles se terminent tard dans la nuit. Ils confectionnent des affiches sur lesquelles ils inscrivent : « Méfiez-vous du lait ». Mais comme une grève générale des laiteries vient de se déclarer (ce qu'ignoraient les révolutionnaires situationnistes...), les gens du village pensent que l'affichage est dû aux grévistes. Leur provocation manque son but...

Cette année 65, Debord publie en juillet un tract réédité en brochure, *Adresse aux révolutionnaires d'Algérie et de tous les pays*, et *Le Déclin et la chute de la société spectaculaire-marchande*, une brochure en anglais sur les émeutes des 13/16 août à Los Angeles envoyée en Angleterre et aux États-Unis. Ce texte paraît en français l'année suivante dans le dixième numéro de *L'Internationale situationniste*. En

1966, l'activité révolutionnaire de Debord se réduit à ce bref texte et à sa participation à la VIIe conférence de l'I.S. dans un café de Paris, quatorze personnes dont lui, et l'exclusion en cours de route de l'un des participants.

1966, c'est aussi l'année au cours de laquelle Debord, pourfendeur de la société du spectacle, imprécateur de ses amis compromis dans le système pour bien moins que ça, réalise... *des* publicités pour Citroën, ce dont témoigne un courrier daté du 24 avril 1966 envoyé à Jean-Pierre Georges, à qui il a fourni *ces* services. Cette lettre est citée par Christophe Bourseiller dans *Vies et mort de Guy Debord* (209), mais, bien sûr, on ne la trouve pas dans la *Correspondance* complète (ni même dans le volume zéro « complété des lettres retrouvées »...) qui, en avril, passe du vendredi 22 – une lettre à Mustapha Khayati – au lundi 25 – un envoi à Raoul Hausmann...

Dans *Lipstick Traces*, Greil Marcus rapporte un propos tenu par Michèle Bernstein concernant ce sujet, elle qui fut rédactrice publicitaire et confesse : « Pour nous (*sic*), vous comprenez, *tout ça* c'était du spectacle ; la publicité n'était pas pire que n'importe quoi d'autre. Nous prenions notre argent là où nous pouvions le trouver » (434) – et l'auteur de préciser : vol, mendicité, poker, revente de drogue, bourses d'études, allocations parentales. Quand elle travaillait au pronostic du tiercé et à l'horoscope dans un journal turfiste, elle avoue qu'elle écrivait n'importe quoi et inventait tout.

26

Un coup d'État de papier. Blague avortée de potache décidé à « emmerder » la population d'un village de la Côte d'Azur, rédaction de deux articles en deux années et parution en brochures, participation à un Conseil de l'I.S. dans un café de Paris, avec exclusion de l'un des membres, tentative de désintoxication de son alcoolisme – voilà où en est Guy Debord quand paraît en novembre 1966, à Strasbourg, un texte depuis connu sous le titre : *De la misère en milieu étudiant* mais qui, plus long, se complétait par : *considérée sous ses aspects économique, politique, psychologique, sexuel et notamment intellectuel et de quelques moyens pour y remédier.* Ce texte de trente-deux pages est signé « par des membres de l'Internationale situationniste et des étudiants de Strasbourg ». Debord a suivi l'affaire avec Mustapha Khayati, de Strasbourg : il décide de la longueur du titre, de l'absence de détournement de BD dans le texte, de la sobriété de la présentation, il rédige quelques phrases, il indique le contenu des titres des trois parties, il veut des phrases courtes, plus de rigueur dans le style, il souhaite un équilibre entre les noms des auteurs cités, il conseille un imprimeur, il invite à ne pas oublier les délais d'impression.

Dans sa correspondance avec Khayati, Debord parle des étudiants comme de « bestiaux » (*Correspondance*, III.161). Il précise dans une autre lettre datée du jeudi 29 septembre 1966 : « Il n'y a pas *pour nous* d'étudiant intéressant, en tant qu'étudiant. Son présent et son avenir planifié sont également méprisables ("encore un effort si vous voulez cesser de l'être"). La "bohème" n'est pas une solution révolutionnaire ; mais elle n'est jamais authentiquement vécue qu'après une rupture complète et sans retour avec le milieu universitaire. Donc, que des étudiants n'essaient pas de se vanter d'une version *factice* de ce qui est déjà une médiocre solution individuelle dans les meilleurs cas. Fais sentir d'abord à ces rédacteurs *notre mépris* suspendu sur eux, pour leur ôter tous les doutes sur le mépris universellement mérité par leur milieu » (*Correspondance*, III.164).

Ce sont pourtant des étudiants situationnistes de Strasbourg qui imaginent pouvoir prendre l'UNEF par surprise – et y parviennent le 14 mai 1966... Quelques fêtards se retrouvent donc à la tête d'un syndicat riche et puissant, disposant de moyens de reproduction des tracts et brochures. Des situationnistes *tomatent* le professeur Moles le jour de son cours inaugural de psychosociologie, le 26 octobre 1966. Dans les premiers jours de novembre, un tract situationniste de BD détournées recouvre les murs de l'université. On y annonce rien moins que « le retour de la colonne Durruti » et la parution de « la brochure la plus scandaleuse du siècle », à savoir *De la misère en milieu étudiant,* un texte présenté comme « un cardiogramme de la réalité quotidienne qui vous permettra de choisir vous-mêmes votre bord, pour ou contre la misère présente, pour ou contre le pouvoir qui, en vous prenant votre histoire, vous empêche de vivre. À vous de jouer ».

Le 22 novembre, jour de la rentrée universitaire dans une grande salle, les étudiants distribuent leur brochure – avec l'accord du recteur qui, dans son discours, s'attarde sur les misères de la condition étudiante ! Les dix mille exemplaires ont été édités et financés par l'argent de l'UNEF. L'évêque, le préfet, le recteur, le général, les professeurs hommes à gauche, les femmes à droite, animent cette cérémonie en grande pompe ouverte par *La Marseillaise.* Le lendemain, d'autres exemplaires sont distribués au restaurant universitaire et sur le campus.

27

De la misère en milieu étudiant. Que dit cette brochure ? Dans la première partie, « Rendre la honte plus honteuse encore en la livrant à la publicité », les situationnistes invitent à : attaquer la société marchande et spectaculaire ; récuser les solutions des partis politiques traditionnels de gauche ; refuser la collaboration avec les intellectuels dits de gauche compromis dans le spectacle et la marchandise ; inviter l'étudiant à en finir avec son statut (aliénation, soumission à la règle du jeu capitaliste, exploitation, misère tous azimuts, courte vue des perspectives d'intégration, soumission aux professeurs de faculté) ; ne jamais consentir aux solutions réformistes concernant l'université ; préférer son abolition à son adaptation au système ; ne plus consommer de marchandises culturelles (ciné-club, théâtre, maison de la culture) toutes infectées par le spectacle qui est séparation de soi d'avec soi ; de même avec les produits nouveaux : livre de poche, presse spécialisée, gadgets culturels ; honnir les vedettes de l'intelligence (Althusser, Garaudy, Sartre,

Barthes, Lefebvre, Lévi-Strauss, Châtelet), celles du show-biz (Johnny Hallyday, Antoine) ; détester les modes du moment (existentialisme, humanisme, structuralisme, nouveau criticisme), les écrivains en vogue (Perec, Robbe-Grillet), les cinéastes dont on parle (Duvivier, Godard, Lelouch) ; tourner le dos aussi bien au réformisme socialiste qu'à la contre-révolution stalinienne à laquelle adhère le PCF.

Dans la deuxième partie, « Il ne suffit pas que la pensée recherche sa réalisation, il faut que la réalité recherche la pensée », les situationnistes célèbrent la force subversive des étudiants organisés, les blousons noirs qui ont raison de mépriser le travail, mais tort d'accepter les marchandises ; ils saluent les « Provos » néerlandais pour leur envie de détruire ce monde, mais critiquent leur réformisme ; ils acquiescent aux manifestations des Zengakuren japonais ; ils fêtent la révolte des étudiants américains sur le campus de Berkeley et leur opposition à la hiérarchie universitaire, à l'intégration dans le marché et les entreprises, et au système dans lequel l'économie et l'État exercent leur dictature ; ils s'opposent à l'usage de la drogue, parce qu'elle détourne du chemin révolutionnaire ; ils critiquent le totalitarisme marxiste en URSS, en Chine, à Cuba, tout autant que la non-violence des beatniks ; ils appellent à la fusion de la jeunesse étudiante et de la classe ouvrière.

Dans la troisième partie, « Créer enfin la situation qui rende impossible tout retour en arrière », les étudiants strasbourgeois proposent : une critique de la totalité ; une intégration des échecs des révolutions précédentes dans la logique du succès des révolutions à venir ; un évitement des syndicats et des partis politiques de gauche formés par la classe ouvrière et détournés de leurs fins par des réformistes qui veulent amender la société et non la détruire ; une récusation de « Socialisme ou barbarie » assimilé à « la contre-révolution dominante » (47) ; une critique de la constellation anarchiste (« Le Monde libertaire [...] atteint le degré le plus fantastique de la confusion et de la bêtise ») ; une critique des modes léninistes d'organisation (on songe bien sûr au PCF...) ; une suppression du travail au profit de l'activité libre ; une abolition de la séparation entre temps libre et temps de travail ; une invitation à la poésie faite par tous ; une pratique de la révolution comme fête perpétuelle ; une abolition du prolétariat associée à cette définition : « Est prolétaire celui qui n'a aucun pouvoir sur sa vie, et qui le sait » (55) ; un éloge des soviets, de l'autogestion généralisée, du pouvoir des conseils ouvriers. Dans les dernières pages, le spectacle y est défini comme la nouvelle religion du capitalisme et comme « la réalisation terrestre de l'idéologie » (54). La phrase finale est la suivante : « Le *jeu* est la rationalité ultime de cette fête, vivre sans temps mort et jouir sans entraves sont les seules règles qu'il pourra reconnaître » (51).

La presse nationale rapporte massivement l'affaire de Strasbourg. Elle ne comprend rien au situationnisme, évidemment. Des professeurs soutiennent (Alain Touraine, Henri Lefebvre, Jean Baudrillard), d'autres non. *De la misère en milieu étudiant* devient un texte célèbre. En mars 1967, un second tirage de dix mille exemplaires est effectué. Après Mai, à l'été 1969, ce petit texte atteint les trois cent mille exemplaires et se trouve traduit en

Allemagne, en Angleterre, en Italie, en Espagne, au Japon, en Suède.

Debord se rend à l'université de Strasbourg. Les demandes d'inscription à l'I.S. affluent : Debord verrouille et empêche les adhésions... Drôle de stratégie révolutionnaire ! Son tropisme aidant, les Strasbourgeois, soit une douzaine de personnes, font scission – une fois de plus. Debord exclut trois situationnistes, dont Jean Garnault – les réprouvés sont alors nommés les *garnaultins*... En mai 1967, dans *Pour une critique de l'avant-gardisme, l'Unique et sa propriété*, Garnault et les siens reprochent à Debord de diriger l'Internationale situationniste en autocrate qui met à sa botte tous les participants et exclut arbitrairement ceux qui lui déplaisent... Debord a failli en être...

Un an avant Mai 68, Debord en appelle à l'autogestion, aux soviets, aux conseils ouvriers – et il dirige en autocrate ; il souhaite la réunion des forces révolutionnaires –, et il fractionne en excluant, en mettant au ban nombre de compagnons de route pour des broutilles ; il veut la révolution – et quand elle pourrait embraser, il fait tout pour détruire les premiers feux. Mustapha Khayati, quant à lui, démissionne en septembre 1969 pour mener un combat antisioniste et pro-palestinien dans un mouvement qui se réclame du marxisme-léninisme. L'ancien coauteur du libelle de Strasbourg affirme désormais sa sympathie pour les pays de l'Est...

28

Un livre crypté. *La Société du spectacle* est le grand livre libertaire du XXe siècle. Mal compris, parce que souvent réduit à son titre lui aussi mal compris, ce texte, sévère d'un point de vue conceptuel, fonctionne comme un kaléidoscope de références dissimulées qui permet une lecture à plusieurs niveaux : ainsi, pour en rester à ce concept incompris, l'analyse du *spectacle* s'avère indissociable de la lecture effectuée par Guy Debord de Ludwig Feuerbach. L'auteur ne cache d'ailleurs pas l'inscription de son propos dans ce lignage puisque le livre s'ouvre sur une citation de la préface à la deuxième édition de *L'Essence du christianisme*. Mais il est bien plus facile d'assimiler *spectacle* à télévision, univers des images, monde médiatique, qu'à l'analyse fine de *l'aliénation comme séparation* donnée par Feuerbach.

Debord avait prévu la lecture spectaculaire de son analyse du spectacle, autrement dit, la lecture fautive parce que non dialectique et donc non révolutionnaire, de ce concept facile à confondre. Il écrit ainsi : « Sans doute, le concept critique de *spectacle* peut aussi être vulgarisé en une quelconque formule creuse de la rhétorique sociologico-politique pour expliquer et dénoncer abstraitement tout, et ainsi servir à la défense du système spectaculaire » (Thèse 203). L'essai de récupération du concept par nombre d'opportunistes, avec Sollers en parangon absolu, a toujours irrité Debord qui méprisait profondément le monde institutionnel et universitaire de la pensée – Lefebvre, Sartre, Foucault, Deleuze, Guattari, Castoriadis, Châtelet, Lyotard, les

Nouveaux Philosophes, et tout ce qui passe pour de la philosophie subversive, relevaient pour Debord des manifestations du spectacle...

Si l'on veut comprendre ce que cache ce mot et quelle est sa généalogie, il faut chercher à comprendre les signes donnés par Debord lui-même – car cet homme qui aimait la guerre et la stratégie, le combat et la tactique, qui citait volontiers Sun Tzu et Clausewitz, cet homme qui, en février 1987, invente lui-même *Le « Jeu de la guerre ». Relevé des positions successives de toutes les forces au cours d'une partie,* compose *La Société du spectacle* comme une énigme intellectuelle dont le déchiffrage se trouve réservé à une élite cultivée, à une aristocratie de l'intelligence capable de saisir l'indice dissimulé dans le texte. Il a pris soin de s'exprimer, dans le corps du livre, sur la nécessité du plagiat et du détournement, sur l'art subtil de la citation avérée ou cachée.

Le style du livre doit coïncider avec son contenu : le fond révolutionnaire doit s'accompagner d'une forme elle aussi subversive. D'où la revendication devenue signature de « l'inversion du génitif » (206) qui permet d'exposer le caractère dialectique d'une pensée et son inscription dans une logique mobile – comme des troupes sur un champ de bataille. La réalité n'a pas à finir saisie dans un concept mort, elle doit être aperçue dans son mouvement propre et appréhendée par une forme ad hoc. Marx invente ce renversement d'une façon notoire en stigmatisant l'ouvrage de Proudhon, *Philosophie de la misère,* dans une réponse cinglante intitulée *Misère de la philosophie.* Pour sa part, Debord entretient du langage de la théorie critique situationniste et affirme : « Il n'est pas une négation du style, mais le style de la négation » (204).

Par ailleurs, il affirme aussi : « Le plagiat est nécessaire. Le progrès l'implique. Il serre de près la phrase d'un auteur, se sert de ses expressions, efface une idée fausse, la remplace par l'idée juste » (207). Mais avec ces quelques mots, Guy Debord pratique une ironique et savante pirouette dialectique, puisque cette phrase qui légitime le plagiat est elle-même... pure et simple reproduction d'une phrase des *Poésies* de Lautréamont, une figure constamment positive chez lui.

Le jeu dialectique de l'inversion du génitif se double donc du jeu du duplicata : Debord cite ouvertement Feuerbach, Hegel, Marx, Gracian, Machiavel, Bossuet, Napoléon, Lénine, Trotski, Staline, soit en exergue à un chapitre qui se trouve donc placé sous l'autorité conceptuelle du penseur en question, soit dans le corps du développement, comme une cheville ouvrière d'un dispositif argumentatif. Parfois il signale sa source ; parfois non...

29

Théorie du détournement. Debord défend également le détournement qu'il présente comme le contraire de la citation entendue comme une autorité théorique légitimante dissociée de son contexte. Il est utilisé à d'autres fins que celles de son usage premier, mais, en vertu de la logique dialectique revendiquée par le situationnisme, conservé dans la signification première de son noyau dur. Ce qui fut a été selon un ordre ; il l'est à nouveau dans un autre ordre ; mais dans cet ordre nouveau, il conserve sa signification première. Le détournement illustre le concept hégélien d'*aufhebung* : conservation & dépassement.

Par exemple, le quatrième chapitre de *La Société du spectacle*, intitulé « Le prolétariat comme sujet et comme représentation », constitue un détournement du titre de l'ouvrage majeur de Schopenhauer, *Le Monde comme volonté et comme représentation* : le détournement présente donc le prolétariat comme un monde et le sujet comme une volonté. *L'Internationale situationniste* n'a cessé de parodier des titres : décembre 1959 : un autre clin d'œil au même titre de Schopenhauer, « Le détournement comme négation et comme prélude », même exercice avec « L'urbanisme comme volonté et comme représentation » en août 1964 ; décembre 1960 : « La création ouverte et ses ennemis » d'Asger Jorn parodie *La Société ouverte et ses ennemis* de Popper ; janvier 1963 : « Technique du coup du monde » d'Alexandre Trocchi singe la *Technique du coup d'État* de Malaparte ; août 1964, deux titres sont franchement repris, celui de Sorel, *Réflexions sur la violence*, et celui de Guyau, *Esquisse d'une morale sans obligation ni sanction* ; en mars 1966, « Le déclin et la chute de l'économie spectaculaire-marchande » renvoie à la fameuse *Histoire du déclin et de la chute de l'Empire romain* d'Edward Gibbon et, dans la même livraison, « Les luttes de classe en Algérie » aux *Luttes de classes en France* de Marx ; ou bien encore, en mars 1966, « Les structures élémentaires de la réification » de Jean Garnault aux *Structures élémentaires de la parenté* de Lévi-Strauss ; « Misères dans la librairie », paru en octobre 1967, copie bien sûr la *Misère de la philosophie* de Marx...

L'usage du chiasme, l'inversion du génitif, la revendication du plagiat, l'usage du détournement inscrivent le propos dans un mouvement dialectique. Dans un article sans nom d'auteur intitulé « Relevé des citations ou détournements de La Société du spectacle », on découvre quels noms ont été utilisés dans la logique debordienne du plagiat ou du détournement : en plus des personnages cités, on trouve également Kojève, Bernstein, Lukács, Riesman, Korzybski, Melville, Virgile, Pascal, Schopenhauer, Korch, Papaïoannou, Huizinga, Jorn, Rosenberg, Héraclite, Swift, Stirner, Bakounine...

30

Le labyrinthe des détournements. Ces détournements sont simples car, pour être compris, ils nécessitent juste une connaissance de titres célèbres. Toutefois, on y effectue des clins d'œil (la dialectique de l'illusion et de la réalité de Schopenhauer), on y cite des classiques (l'histoire de la décadence de Rome de Gibbon), on y rend des hommages (la pensée de la violence de Sorel, la philosophie révolutionnaire de Marx, la morale sans obligation ni sanction de Guyau), on y référence des contemporains (la critique antitotalitaire de Popper, la théorie du coup d'État de Malaparte, le structuralisme de Lévi-Strauss) – et, dans un même mouvement, on dit sans dire, on affirme en suscitant, on laisse entendre.

Les détournements effectués dans *La Société du spectacle* sont supérieurs à une centaine – soit à peu près un par page... La plupart sont de Hegel ou de Marx : des idées, des phrases entières, des concepts, des expressions se retrouvent sans guillemets ou autres signes permettant de savoir qu'il s'agit de citation. Lisons la thèse 71 : « Ce que le spectacle donne comme perpétuel est fondé sur le changement, et doit changer avec sa base. Le spectacle est absolument dogmatique et en même temps ne peut aboutir réellement à aucun dogme solide. Rien ne s'arrête pour lui ; c'est l'état qui lui est naturel et toutefois le plus contraire à son inclination. » Dont acte. Mais quel lecteur possède une érudition suffisante pour se rendre compte, à la première lecture, que la dernière phrase de ce texte de Debord est une citation des *Pensées* de Pascal ?

La voici dans sa totalité : « Voilà notre état véritable. C'est ce qui nous rend incapables de savoir certainement et d'ignorer absolument. Nous voguons sur un milieu vaste, toujours incertains et flottants, poussés d'un bout vers l'autre. Quelque terme où nous pensions nous attacher et nous affermir, il branle et nous quitte et si nous le suivons, il échappe à nos prises, nous glisse et fuit d'une fuite éternelle. Rien ne s'arrête pour nous. C'est l'état qui nous est naturel, et toutefois le plus contraire à notre inclination ; nous brûlons de désir de trouver une assiette ferme, et une dernière base constante pour y édifier une tour qui s'élève à l'infini ; mais tout notre fondement craque, et la terre s'ouvre jusqu'aux abîmes. » Où l'on voit que le texte pascalien qui concerne l'humaine condition et relève des registres métaphysique et ontologique est détourné de son sens comme le fleuve d'une rivière de son cours, pour servir un propos sociologique et politique.

Autre exemple avec la thèse 118 qui concerne l'apparition des conseils ouvriers. Elle se conclut ainsi : « La conscience historique qui sait qu'elle a en lui son seul milieu d'existence peut le reconnaître maintenant, non plus à la périphérie de ce qui reflue, mais au centre de ce qui monte. » Qui connaît assez son Nietzsche par cœur pour rapprocher cette image de Debord et celle du philosophe allemand qui écrit : « Il vaut mieux être à la périphérie de ce qui s'élève qu'au centre de ce qui s'effondre » ?

Mais le plagiat, le détournement, la citation se font plus subtils en matière d'usage d'une pensée – ainsi celle de Feuerbach. Ce philosophe allemand est moins connu pour lui-même, hélas !, que pour le rôle qu'il tient dans la formation de Marx. Debord cite un certain Marx en renvoyant à Feuerbach qui a contribué à la formation du premier Marx – celui des *Manuscrits de 1844*, autrement dit le philosophe de l'aliénation, le penseur de la réification, le théoricien de l'homme total, l'épistémologue feuerbachien qui souhaite construire le communisme sur une base scientifique qui serait le matérialisme de l'auteur de *L'Essence de la religion*. L'analyse de l'aliénation religieuse effectuée par Feuerbach lui sert de modèle pour proposer son analyse de l'aliénation dans le spectacle.

31

Une analyse feuerbachienne. Le fond de l'analyse feuerbachienne en matière de religion repose sur son concept d'aliénation : Dieu est une fiction (on pourrait même dire : un spectacle...) fabriquée par les hommes qui se privent d'eux-mêmes au profit d'une invention construite à partir de leurs faiblesses. Les hommes ne savent pas tout, ne peuvent pas tout, ils n'ont pas le don d'ubiquité, ils naissent, vivent, vieillissent et meurent parce qu'ils sont dans le temps, soumis à l'entropie, ils en subissent les effets : chacun expérimente ces impuissances. Pour vivre tout de même malgré elles, les hommes investissent une fantaisie qu'ils nomment Dieu et qui se trouve parée de toutes les vertus qui leur font défaut : Dieu est alors omniscient, omnipotent, omniprésent, inaccessible au temps, il est depuis toujours et pour toujours immortel et éternel. Les hommes se mettent à genoux devant cette fiction fabriquée avec l'hypostase de leurs impuissances devenues puissances et ils adorent cette créature. Dès lors, ils sont séparés d'eux-mêmes : la séparation, voilà le fin mot de l'aliénation.

Debord détourne l'analyse feuerbachienne de l'aliénation comme coupure de soi avec soi qui suppose qu'on vide de sa substance une instance (l'individu) pour nourrir une fiction (le spectacle) qui prend alors toute la place. Il écrit en effet : « Le spectacle est la reconstruction matérielle de l'illusion religieuse. La technique spectaculaire n'a pas dissipé les nuages religieux où les hommes avaient placé leurs propres pouvoirs détachés d'eux : elle les a seulement reliés à une base terrestre. Ainsi c'est la vie la plus terrestre qui devient opaque et irrespirable. Elle ne rejette plus dans le ciel, mais elle héberge chez elle sa récusation absolue, son fallacieux paradis. Le spectacle est la réalisation technique de l'exil des pouvoirs humains dans un au-delà ; la scission achevée de l'intérieur de l'homme » (20). Certes, il faudrait analyser dans le détail combien ce détournement fonctionne conjointement avec d'autres – notamment ceux de Hegel, Marx et Lukács. Mais retenons cette idée que les différentes définitions du *spectacle* données dans *La Société du spectacle* se concentrent dans celle-ci : « La séparation est l'alpha et l'omega du spectacle » (25).

L'ouvrage s'ouvre sur une citation de la préface à la deuxième édition de *L'Essence du christianisme* – elle apparaît sous le titre du premier chapitre, « La séparation achevée », et elle fournit le thème du livre qui se contente d'en apporter les variations : « Et sans doute notre temps (...) préfère l'image à la chose, la copie à l'original, la représentation à la réalité, l'apparence à l'être (...). Ce qui est *sacré* pour lui, ce n'est que l'illusion, mais ce qui est profane, c'est la *vérité*. Mieux, le sacré grandit à ses yeux à mesure que décroît la vérité et que l'illusion croît, si bien que *le comble de l'illusion* est aussi pour lui *le comble du sacré*. » Les coupures sont de Debord ; les italiques, de Feuerbach. Mais Debord aurait également pu citer : « le temps présent, ce temps du faux-semblant et de l'illusion » (*L'Essence du christianisme*, 108), ou bien encore : « *C'est le faux-semblant qui est l'essence de ce temps* : faux-semblant notre politique, faux-semblant notre religion, faux-semblant notre science » (98). Voire la suite de cette citation qu'on pourrait mettre en perspective avec *« Cette mauvaise réputation... »* que Debord fait paraître en 1993 : « Aujourd'hui celui qui dit la vérité est un *impertinent*, un "mal élevé", et qui est "mal élevé" est *immoral*. La *vérité* de notre temps c'est *l'immoralité* » (98).

32

Qu'est-ce que le spectacle ? La vie est donc accumulation de spectacles : ce qui était vécu directement par tout un chacun depuis des siècles s'est éloigné dans une représentation. Désormais, les hommes vivent dans une mutilation qui les fait renoncer à eux-mêmes au profit d'une fiction à laquelle ils vouent un culte. L'unité de la vie vécue a explosé en une multiplicité de fragments incarnés dans des images, des icônes. Le renoncement au vrai monde s'est effectué au profit de la création d'un faux monde – ce que Nietzsche nommait les arrière-mondes. Ce faux monde qui a remplacé le vrai est devenu un objet d'investissement, d'affection et de vénération. Ce monde produit par l'inversion du vrai est aussi inversion de la vie, il est donc mort. À la façon du Dieu démonté par Feuerbach, le spectacle est l'hypostase d'une vérité qui nourrit une fiction qui devient plus vraie que le vrai vrai...

On peut comprendre que le titre de Schopenhauer, *Le Monde comme volonté et comme représentation*, ait pu séduire Debord et les situationnistes et qu'il ait été plusieurs fois détourné. Pour le philosophe allemand, la vérité, c'est le Vouloir (*Wille*) et ce qui semble vrai, c'est sa représentation, autrement dit : une fiction. Le Vouloir est vérité invisible en tant que telle ; et le visible est illusion incarnée du Vouloir. Debord constate pour le déplorer que les hommes ont fait du sensible une illusion et de l'illusion le seul sensible qui soit.

Le spectacle est en effet l'affirmation de l'apparence comme vérité ; le principal produit de la société actuelle ; la dégradation de l'être en avoir, puis de l'avoir en paraître ; la vie de tous dégradée en univers purement spéculatif ; « l'autoportrait du pouvoir à l'époque de sa gestion totalitaire des conditions d'existence » (24) ; l'éloignement de la réalité dans une image ; l'inversion du réel ; une production qui produit ; la quintessence du monde actuel ; l'emploi du temps d'une formation économique et sociale ; l'image de l'économie régnante ; la principale production de la société contemporaine ; l'économie soumise à sa propre loi. « Le spectacle est matériellement "l'expression de la séparation et de l'éloignement entre l'homme et l'homme" » (215) – citation détournée des *Manuscrits de 1844* de Marx.

Cette séparation de soi d'avec soi qui définit l'aliénation, donc le spectacle, a produit la prolétarisation du monde : car le prolétaire n'est pas (n'est plus...) l'ouvrier transfiguré en héros de la révolution marxiste, mais une catégorie de l'aliénation contemporaine. Le prolétariat « est l'immense majorité des travailleurs qui ont perdu tout pouvoir sur l'emploi de leur vie, et qui, *dès qu'ils le savent,* se redéfinissent comme le prolétariat, le négatif à l'œuvre dans cette société » (114). La division du travail a séparé le producteur et son produit : il existe désormais un sujet et un objet, un ouvrier et son travail qui concentre l'essence de son aliénation et qui devient objet de spectacle car, dans la société du spectacle, le regard, le sens le plus abstrait, devient l'instrument de prédilection : « Le spectacle est l'héritier de toute la *faiblesse* du projet philosophique occidental qui fut une compréhension de l'activité, dominée par les catégories du voir ; aussi bien qu'il se fonde sur l'incessant déploiement de la rationalité technique précise qui est issue de cette pensée. Il ne réalise pas la philosophie, il philosophise la réalité. C'est la vie concrète de tous qui s'est dégradée en univers *spéculatif* » (19).

Debord ne le dit pas, mais on pourrait diagnostiquer le mal de notre époque comme le triomphe d'un platonisme de l'ère nucléaire selon lequel l'Idée est toujours plus vraie que le Vrai qui est le sensible. Il constate que la philosophie n'a jamais pu dépasser la théologie – position feuerbachienne également. Elle reste le pouvoir de la pensée séparée, donc de l'idéologie de l'aliénation. Debord opère un autre détournement en écrivant : « À mesure que la nécessité se trouve socialement rêvée, le rêve devient nécessaire. Le spectacle est le mauvais rêve de la société moderne enchaînée, qui n'exprime finalement que son désir de dormir. Le spectacle est le gardien de ce sommeil » (21) – on reconnaît ici la célèbre citation de Freud extraite de *La Science des rêves* : « Le rêve est le gardien du sommeil. »

33

Réification et fétichisation. Le deuxième chapitre de *La Société du spectacle* s'ouvre sur une citation de Lukács, *Histoire et conscience de classe.* Une fois de plus, elle manifeste le programme de la démonstration qui suit – sur la réification, la fétichisation de la marchandise et leur articulation dans le processus d'aliénation, donc de spectacle. Le développement de la marchandise sous le règne économique du capitalisme transforme le travail en salariat. Certes, la production libère de la pénurie, mais, paradoxalement, elle asservit à une autre forme d'aliénation – la production elle-même…

L'économie politique triomphe ainsi en science de la domination. La production fait la loi, toute la loi. Elle met en place des marchandises vedettes qui assurent les pleins pouvoirs du modèle économique. La consommation fonctionne en devoir imposé par la production qui assure et augmente de cette façon l'aliénation – donc le spectacle (voire le spectacle – donc l'aliénation…). On peut alors parler de consommation aliénée. La société du spectacle crée de faux besoins et la machine économique en assure la fabrication, la promotion, la vente, l'écoulement. La marchandise se trouve produite pour satisfaire un désir fabriqué sur mesure et à dessein : on crée le besoin qu'on satisfait avant de changer de besoin pour le satisfaire à nouveau dans le but de produire des marchandises périssables qui exigent d'être sans cesse changées. L'économie devient autonome, autosuffisante, elle se nourrit d'elle-même.

Debord propose une solution politique pour sortir de ce cercle vicieux du spectacle et de la marchandise – il recourt une fois de plus à un détournement. Il s'agit ici encore de Freud : là où le psychanalyste écrit « là où était le ça, doit advenir le moi » dans *Le Moi et le Ça* (1923), Debord écrit : « Là où était le *ça* économique doit venir le *je* » (52)... Autrement dit : là où triomphe l'aliénation économique imposée par le spectacle, il faut travailler à l'abolition des classes pour permettre « la possession directe des travailleurs sur tous les moments de leur activité » (53). Le spectacle est indissociable de la lutte des classes qui génère l'aliénation ; l'abolition des classes est abolition de l'aliénation, ce qui permet à chacun de se retrouver, non plus séparé, mais réuni avec soi.

34

Dialectique de la dialectique. Un certain nombre de thèses de *La Société du spectacle* concernent la dialectique, la contradiction, la résolution, le renversement. Elles restent au plus près des analyses de Hegel et le *Relevé des citations ou détournements de La Société du spectacle* pointe nombre de citations de *La Science de la logique*, de la première *Philosophie de l'esprit*, des *Principes de la philosophie du droit*, de *La Phénoménologie de l'esprit*, de *l'Encyclopédie*, des *Leçons sur la philosophie de l'histoire*, de *Différence entre les systèmes philosophiques de Fichte et de Schelling*, de la *Propédeutique philosophique*, mais aussi de textes sur Hegel, ainsi Kostas Papaïoannou, *Hegel*, ou de Kojève, *Introduction à la lecture de Hegel*, qui contribuent au caractère ardu, austère, sinon hermétique, de nombre de passages du texte debordien. Car Hegel est en soi un sommet dans l'art hermétique, mais le détournement de Hegel ajoute du sombre à l'obscur.

On n'imagine pas, en effet, que les millions de manifestants descendus dans la rue en Mai 68 aient été mus par la lecture de *La Société du spectacle*, notamment après la lecture de ce genre de phrase : « Le *sujet* de l'histoire ne peut être que le vivant se produisant lui-même, devenant maître et possesseur de son monde qui est l'histoire, et existant comme conscience de son jeu » (74) – même si l'on souscrit à cette façon très allemande (les citations et les détournements proviennent le plus souvent d'Allemagne) de saisir le monde dans une orgie conceptuelle.

Quand Debord ne théorise pas sur la dialectique ou qu'il ne détourne pas Hegel afin d'effectuer des variations sur ce thème, il peut proposer un excellent usage de la dialectique avec un exercice pratique : il montre en effet que la révolte contre le spectacle peut elle aussi être spectaculaire et entretenir l'aliénation ! Puisque tout est spectacle dans une société du spectacle, la critique du spectacle est elle-même partie prenante du spectacle... La révolte spectaculaire devenant elle-même une marchandise, la critique vaut comme avalisation et la négation devient une affirmation. Dénoncer le spectacle s'intègre dans la logique d'affirmation du spectacle. Il n'empêche que, paradoxe ressortissant de la dialectique, Debord puisse critiquer le spectacle d'une façon qui sort du spectacle – résolution des contraires, négation de la négation, *aufhebung*...

Et cette contradiction se trouve résolue par le couplage de la théorie critique avec une pratique révolutionnaire – la théorie critique qui fonctionne avec l'abolition concrète de la critique du spectacle est dialectiquement la seule critique du spectacle qui échappe au spectacle, mais il faut, pour ce faire, l'action : « Pour détruire effectivement la société du spectacle, il faut des hommes mettant en action une force pratique. La théorie critique du spectacle n'est vraie qu'en s'unifiant au courant pratique de la négation dans la société » (203). Autrement dit, toute critique du spectacle est une manifestation du spectacle ; sauf celle de Guy Debord, puisqu'elle se double d'une pratique révolutionnaire – invisible à la date où le livre est écrit... Mais Debord avait pris soin de préciser que ce travail serait long, obscur et difficile...

35

Critique de gauche des gauches. La gauche de Guy Debord est libertaire : elle est en effet impossible à identifier à des gauches existantes. *La Société du spectacle* contient des pages très critiques sur les socialistes utopiques, les anarchistes, les marxistes orthodoxes, la social-démocratie, le bolchevisme, le léninisme, le stalinisme, le maoïsme, le trotskisme – autrement dit, toutes les gauches officielles du moment ! Et quand une gauche est de gauche sans qu'aucune gauche officielle s'y reconnaît, voire, la reconnaît ou lui dénie même le droit de se dire de gauche, c'est qu'elle est libertaire ! On retrouve, bien sûr, trace du passage de Guy Debord à « Socialisme ou barbarie ».

J'ai signalé la proximité affective de Debord, qui a la dent dure habituellement, avec Charles Fourier, ce qui n'empêche pas une *critique du socialisme utopique*, défendable en tant qu'il critique la société existante et en souhaite l'abolition, mais coupable par son refus de l'histoire concrète et par son acceptation du paradigme scientifique. Les saint-simoniens, par exemple, croient que la science permettra de parvenir au pouvoir ; ils imaginent que la démonstration scientifique débouchera de facto sur la fin du capitalisme et l'avènement de la révolution. Les socialistes utopiques prennent appui sur le modèle astronomique pour solliciter le modèle harmonieux qui présiderait à l'organisation du cosmos, un modèle qu'il suffirait d'adopter pour la société qui disposerait de ses lois. Newton fonctionne alors comme parangon du découvreur des lois de l'univers assimilables à celles de la société.

Dans le même mouvement, Guy Debord *critique le socialisme anarchiste* aussi bien dans sa version individualiste (Stirner) que collectiviste (Bakounine). Il lui reproche de conserver la fin de l'idéal socialiste, l'abolition des classes, sans souci aucun de la méthode : comment faire pour réaliser concrètement l'abolition du salariat et l'effondrement du capitalisme ? Les anarchistes font confiance de façon naïve au pouvoir magique de l'insurrection ou de la grève générale qui, comme par enchantement, réaliseraient la destruction de la société du spectacle. Prisonniers de l'abstraction, de l'idéal, ils relèvent du dérisoire et de l'incohérence parce qu'ils ne pensent pas de façon dialectique la question des moyens (révolutionnaires) sous prétexte qu'ils ont résolu celle des fins (politiques).

Pour Debord, les anarchistes brillent comme « propagandistes et défenseurs de leur propre idéologie, spécialistes d'autant plus médiocres en règle générale que leur activité intellectuelle se propose principalement la répétition de quelques vérités définitives » (93). Ils défendent la décision unanime, ce qui ouvre la plupart du temps la porte à « l'autorité incontrôlée, dans l'organisation même, de *spécialistes de la liberté* ; et l'anarchisme révolutionnaire attend du peuple libéré le même genre d'unanimité, obtenue par les mêmes moyens » (*ibid.*). Incapables de s'organiser, ils perdent ce que la révolution obtient comme acquis dans les premières semaines – l'exemple espagnol le montre bien qui voit les combattants anarchistes devenus ministres dans un gouvernement républicain bourgeois...

36

Contre les gauches soviétiques. Poursuivant sa critique de gauche des gauches, Debord *critique le marxisme orthodoxe* pour lequel tout passe par l'économie et la croyance que l'avant-garde éclairée du prolétariat, organisée en Parti et éduquée par l'organisation, fonctionne en fer de lance de la révolution. C'est probablement à cet endroit du livre que les souvenirs de son passage à « Socialisme ou barbarie » se font les plus manifestes. Ce marxisme croit, comme le socialisme utopique, à l'efficacité méthodologique de la science, et il souscrit à une logique anti-hégélienne dans son oubli de l'histoire comme totalité. Pour Hegel et Marx, la théorie critique s'avère inséparable de la pratique révolutionnaire ; dès lors, la fin théorique et concrète contient les moyens dialectiques de la réalisation de l'Idée.

Cette critique du marxisme orthodoxe se double d'une *critique du léninisme* – un casus belli supplémentaire pour le PCF... Il triomphe en homme qui réalise les erreurs de ce marxisme scientiste, anhistorique, économiste, bureaucratique. Le bolchevisme fournit le modèle idéologique international à la lutte pour l'abolition du capitalisme et la révolution dite prolétarienne. Debord poursuit son analyse en sollicitant le concept de spectacle : le prolétariat a été floué de son être et de son identité par ceux qui ont prétendu le représenter et lui dire ce qu'il était, ce qu'il voulait, ce qu'il pouvait. Le bolchevisme dépossède le prolétariat de lui-même sous prétexte que sa vérité se trouverait dans un être séparé : le parti.

Cette logique avalise l'aliénation du prolétariat par ceux qui prétendent le représenter. Ce mécanisme « marque la naissance achevée d'un ordre des choses qui est au cœur de la domination du spectacle moderne : la représentation ouvrière s'est opposée radicalement à la classe » (100). Et puis cette phrase, terrible *critique du système soviétique* : « La saisie du monopole étatique de la représentation et de la défense du pouvoir des ouvriers, qui justifia le parti bolchevik, le fit devenir ce qu'il était : le parti des propriétaires du prolétariat, éliminant pour l'essentiel les formes précédentes de propriété » (102).

La représentation du prolétariat s'effectue dans le parti, par et pour la bureaucratie devenue une nouvelle classe qui inflige son pouvoir au prolétariat : le spectacle du prolétariat devient donc le cauchemar du prolétaire. Cette classe qui confisque le pouvoir ouvrier au nom du pouvoir ouvrier instaure une dictature sur la totalité de la société. Debord fait de la liquidation des marins de Cronstadt par l'armée Rouge de Lénine la généalogie du pouvoir de Staline : la bureaucratie devient alors la « seule propriétaire d'un *capitalisme d'État* » (104).

L'époque stalinienne réalise une industrialisation forcenée – elle est la réalisation de la bureaucratie léniniste. Cette option politique et idéologique contribue au maintien de la société marchande, à la société du spectacle, à la fétichisation de la marchandise, à la réification des hommes, à l'aliénation que définit la séparation de soi d'avec soi. La bureaucratie abolit la bourgeoisie en effectuant son travail, ainsi, elle en assure la disparition par son affirmation substitutive : elle n'a pas supprimé l'aliénation mais « transformé policièrement *la perception* » (105).

Guy Debord associe marxisme-léninisme et totalitarisme : « La classe idéologique-totalitaire au pouvoir est le pouvoir d'un monde renversé. (...) Étalée partout, la bureaucratie doit être la *classe invisible* pour la conscience, de sorte que c'est toute la vie sociale qui devient démente », peut-on lire dans la thèse (106). Le stalinisme manifeste le terrorisme de la classe bureaucratique qui, en vertu de la logique spectaculaire, a dépossédé le prolétariat de lui-même au profit d'une représentation censée porter sa parole et sa vérité. La classe dépossédée rend possible la logique de terreur qui s'exerce en retour contre la classe dépossédée. In fine, « Staline décide sans appel qui est finalement bureaucrate possédant » (107). Le spectacle culmine dans la figure unique de Staline : « Dans cette personne réside la seule vérité pratique du mensonge au pouvoir » (*ibid.*).

Cette *critique du stalinisme* envisagée selon les catégories du spectacle constitue un point fort dans un pays où le marxisme officiel s'affiche sous les traits d'un PCF imprégné de stalinisme. Debord analyse les manipulations du passé effectuées par les staliniens, leur écriture et leur réécriture de l'histoire au profit du spectacle qu'ils organisent et concentrent dans un « présent perpétuel » (108) : il faut abolir le passé au profit du seul présent, l'unique dimension accessible à la police. De même, le philosophe situationniste stigmatise l'imposture de Lyssenko (108) – à laquelle le parti français a bien évidemment souscrit… En 1967, la charge est honorable.

Guy Debord ajoute enfin une *critique du trotskisme*, une autre charge honorable dans un temps où l'alternative au léninisme semble portée par le marxisme de Trotski. Mais il s'inscrit clairement en faux contre cette logique et affirme l'inverse : non content de n'être pas une alternative qui se différencierait du spectaculaire léniniste, le trotskisme en est l'une des variations. Debord rappelle que Trostki a été solidaire de la bureaucratisation de la société soviétique jusqu'en 1927. Par ailleurs, l'internationalisation de la révolution ne produit aucun effet sur le contenu de ce qui serait internationalisé – à savoir, la bureaucratie qui a privé le prolétariat de son pouvoir au nom de sa représentation. Au même titre que le stalinisme, le trotskisme est l'une des modalités du spectaculaire léniniste : « Il a refusé toute sa vie de reconnaître dans la bureaucratie le pouvoir d'une classe séparée, parce qu'il était devenu pendant la deuxième révolution russe le partisan inconditionnel de la forme bolchevik de l'organisation » (112) – et cette forme est celle qui assure le spectaculaire qui prive le prolétariat de sa révolution.

Debord associe ces critiques du marxisme-léninisme, du stalinisme et du trotskisme à d'autres formules inspirées par ce modèle de la spectacularisation par la dissociation du prolétariat réel et de sa représentation dans un parti qui confisque la vérité ouvrière : il effectue, en passant, une *critique du « mensonge chinois »* (111) ; une *critique du « socialisme tiers-mondiste »* (113) qui apparaît dans un certain nombre de pays qu'on disait alors sous-développés – l'Algérie d'après la guerre d'indépendance, l'Égypte de Nasser, les anciennes colonies d'Afrique noire. Ce faisant, il signale la collusion sous forme de compromis idéologique de ce dernier socialisme avec « l'islamisme » (113)...

37

Contre d'autres spectacles. Debord critique donc les gauches officielles, institutionnelles, au nom de sa gauche critique libertaire. Mais il attaque également la social-démocratie et le fascisme, deux façons de défendre, puis de sauver le même monde du spectacle – l'une, apparemment douce, l'autre, franchement autoritaire, mais toutes deux tendues vers le sauvetage de la société du spectacle et de ce qui l'accompagne : l'économie de marché, le capitalisme consumériste, la vie mutilée de millions de gens séparés d'eux-mêmes, aliénés aux arrière-mondes nécessaires à la tyrannie de la modernité libérale.

D'abord la *critique de la social-démocratie* : Debord lui reproche une hypothétique finalité révolutionnaire qui s'avère réformiste dans les faits. Les intellectuels bourgeois, les journalistes, les professeurs, les députés portent cet idéal contrarié par la pratique qui débouche sur le maintien du système en place. Cette contradiction a été plusieurs fois montrée dans l'histoire. Le capitalisme n'a aucune raison de voir d'un mauvais œil cette revendication légaliste qui laisse intact le noyau dur de la société du spectacle.

Ensuite, la *critique du fascisme* qui emprunte sa forme d'organisation au parti léniniste autoritaire actif en Union soviétique. Le fascisme réagit à la peur du bolchevisme ; il requiert massivement l'État pour lutter contre la révolution prolétarienne ; il défend les mêmes valeurs que la bourgeoisie : famille, propriété, ordre moral, nation ; il réunit sous une même bannière la petite bourgeoisie et les chômeurs, les personnes abîmées par la crise ou les déçus du socialisme ; il se solidifie autour d'un mythe : la race, le sang, le chef ; il s'appuie sur les techniques modernes de communication et de conditionnement ; il détruit le mouvement ouvrier et, de cette façon, il contribue à l'avènement de la société du spectacle. Mais Guy Debord professe sa disparition sous prétexte qu'il est « la formule *la plus coûteuse* du maintien de l'ordre capitaliste » (109).

38

Éloge des conseils ouvriers. On peut donc extraire trois temps forts dans *La Société du spectacle* : d'abord, le temps de l'analyse des modalités de la généalogie du spectacle – sa définition, sa logique, son mécanisme ; ensuite, le temps de la critique de gauche des gauches institutionnelles – contre le marxisme-léninisme, le stalinisme, le trotskisme, le maoïsme, le tiers-mondisme, mais aussi la critique des autres formes politiques tels la social-démocratie ou le fascisme ; enfin, le temps positif d'une politique – en l'occurrence situationniste...

Le projet de Guy Debord est simple : là où il y a spectacle, autrement dit aliénation, séparation d'avec soi-même, perte de liberté et de pouvoir dans, par et pour une fiction qui représente, il veut la réconciliation, la totalité, la reprise en main de soi par soi. Dans les logiques spectaculaires, le prolétariat est privé de sa vie – Debord veut la vie retrouvée pour chacun. Pour ce faire, il propose un éloge des « Conseils ouvriers révolutionnaires concentrant en eux toutes les fonctions de décision et d'exécution et se fédérant par le moyen de délégués responsables devant la base et révocables à tout instant » (116). C'est dans la logique conseilliste que « la négation spectaculaire de la vie est niée à son tour » (117).

La révolution par et pour les conseils a été détruite dans l'œuf par les logiques spectaculaires qui avaient intérêt, pour maintenir l'état de sujétion et empêcher l'avènement véritable de la liberté authentique, à étouffer cette forme pure et directe de pouvoir ouvrier pris en charge par lui-même. Dans un détournement de Nietzsche déjà signalé, Debord écrit : « La conscience historique qui sait qu'elle a en lui son seul milieu d'existence peut le reconnaître maintenant, non plus à la périphérie de ce qui reflue, mais au centre de ce qui monte » (118). En 1967, l'auteur de *La Société du spectacle* voit en effet monter « un deuxième assaut prolétarien »

(115) avec des ouvriers qui conduisent des luttes antisyndicales parce que les syndicats évoluent eux aussi dans une logique spectaculaire, avec « les courants révoltés de la jeunesse » protestataires et spontanés, avec de nouveaux luddistes décidés à détruire les « machines de la consommation permise » (*ibid.*) – il sent venir l'heure du Conseil qui reprendrait en main la matérialité du monde et en finirait avec la religion de la mise à distance de ce monde vécu comme un spectacle.

39

La révolution : pour quoi faire ? Debord veut la révolution pour abolir le travail salarié au profit du jeu. Il écrit : « Seuls ceux qui ne travaillent pas vivent » (134). Il effectue une analyse serrée du temps afin de montrer comment surgit le spectaculaire : d'abord, le temps cyclique des paysans nomades contraint les hommes à évoluer dans un petit monde fermé qui interdit le changement et condamne à la répétition ; puis, avec l'apparition de l'écriture, advient le temps linéaire des propriétaires qui permet l'histoire, puis la séparation – la religion joue un rôle important dans la construction du temps historique qui n'accède vraiment à la vérité de lui-même que par la conscience de soi ; ensuite, le capitalisme unifie le temps de manière planétaire, il en fait la mesure de la marchandise et inverse le temps réel dans le temps consommable de la marchandise – ce temps consommable est le temps spectaculaire (124).

Debord veut abolir le temps mesuré « au profit

d'un modèle ludique de temps irréversible des individus et des groupes, modèle dans lequel sont simultanément présents des *temps indépendants fédérés* ». Il poursuit : « C'est le programme d'une réalisation totale, dans le milieu du temps, du communisme qui supprime "tout ce qui existe indépendamment des individus" » (163) – cette dernière citation provenant de *L'Idéologie allemande* de Marx. La révolution est donc conseilliste ; elle doit viser l'abolition du temps spectaculaire de la marchandise pour réaliser le temps ludique dans lequel chacun se met au centre de lui-même – individus et communautés compris. Cette abolition de l'aliénation, cette fin du spectaculaire se nomment *communisme*.

Dans cette nouvelle configuration politique, la *culture*, qui était le lieu même de la séparation, l'instrument du spectacle et de la mise à distance du monde dans une illusion, disparaît ; de même pour *l'art* qui manifeste la décomposition de l'époque ; idem pour le *tourisme* qui vit de la consommation de l'image diffusée et de la vérification sur place de la réalité de la fiction qui la représente – mort de la culture, mort de l'art, mort du tourisme… Debord en appelle également à la mort du *structuralisme* (« la pensée garantie par l'État, qui pense les conditions présentes de la "communication" spectaculaire comme un absolu » (202) ; ou bien encore à la mort de la *sociologie* qui n'est que « critique spectaculaire du spectacle » (195) ; mort également du Nouveau Roman présenté comme cette « école de néo-littérature, qui simplement admet qu'elle contemple l'écrit pour lui-même » (192).

La ville ancienne doit disparaître au profit d'un urbanisme nouveau : contre la ville sans rues, donc sans prolétaires pour y descendre ; contre la dictature de l'automobile dans les villes ; contre la domination de l'autoroute ; contre la dislocation des centres anciens ; contre les supermarchés géants construits sur des terrains vagues sur un socle de parking ; contre la ville animée d'un tropisme autophagique ; contre la ville séparée de la campagne ; contre la « pseudo-campagne » (177) que définit le terrain entre la ville et la campagne réservé aux zones pavillonnaires ; contre l'architecture destinée aux pauvres – les usines, les maisons de la culture, les villages de vacances, les grands ensembles ; contre les villes nouvelles – il s'agit de « reconstruire intégralement le territoire selon les besoins du pouvoir des conseils de travailleurs, de la *dictature antiétatique* du prolétariat, du dialogue exécutoire » (179). Et ceci : « La révolution prolétarienne est cette critique de la géographie humaine à travers laquelle les individus et les communautés ont à construire les sites et les événements correspondant à l'appropriation, non plus seulement de leur travail, mais de leur histoire totale » (177).

Guy Debord publie *La Société du spectacle* le 14 novembre 1967. Dans ce bref ouvrage, il a théorisé le concept de spectacle ; il a proposé une cartographie du territoire des années soixante et de la modernité de l'après-guerre ; il a critiqué les gauches marxistes-léninistes, staliniennes, trotskistes, maoïstes, tiers-mondistes ; il a fait de même avec le socialisme utopique et l'anarchisme, la social-démocratie et le fascisme ; il a pensé le marxisme libertaire en revenant aux sources hégélienne et feuerbachienne ; il a annoncé la mort de la culture, celle de l'art ; il a fustigé les modes du moment, le structuralisme ou le Nouveau Roman, comme modalités du spectaculaire ; il a appelé à détruire les villes et à penser un urbanisme nouveau – le tout en moins de cent cinquante pages et en 221 thèses. Cet ouvrage dense écrit par un jeune homme de trente-six ans coïncide absolument avec l'esprit de Mai 68 : à la façon du voyant entrevu par Rimbaud, Debord dit *ce qui désormais peut avoir lieu.* Alors vint Mai.

40

Mai 68. Mai 68 a lieu. L'histoire est connue. Un ministre de la Jeunesse et des Sports chahuté à Nanterre où il vient inaugurer une piscine le 8 janvier ; des manifestations violentes à Caen à la fin du même mois ; le monôme qui deviendra le « mouvement du 22 Mars » à Nanterre – état de siège le 30 avril et fermeture de la faculté ; le 3 mai la Sorbonne envahie par les policiers est fermée ; de violents affrontements opposent les étudiants et les CRS au Quartier latin ; le 7 mai, des manifestations partout dans la capitale ; entre le 10 et le 11, la « Nuit des barricades » ; le 13 mai, des millions de gens descendent dans les rues de grandes villes de province ; occupation de l'Odéon le 14 mai ; la France en grève générale les 16 et 17 mai ; le 20 mai, on parle de six à dix millions de grévistes ; le 22 mai, Daniel Cohn-Bendit est interdit de séjour ; émeutes dans la nuit du 24, la bourse est en feu ; le 27 mai, signature des accords de Grenelle, meeting à Charletty, Mitterrand se dit prêt (!) ; le 29, de Gaulle part à Baden-Baden, il en revient avec sa stratégie : le lendemain, il dissout l'Assemblée nationale, une manifestation d'un million de personnes pour le soutenir envahit les Champs-Élysées – le mois de mai se termine ainsi.

Début juin, pour le week-end de la Pentecôte, les stations-service sont réapprovisionnées ; jour après jour, le travail reprend ; le 10 juin, poursuivi par la police, Gilles Tautin, un lycéen de dix-sept ans, se noie dans la Seine ; le 11 juin, affrontements entre la police et les manifestants à Sochaux, aux usines Peugeot : mort de deux ouvriers, dont un par balle ; dissolution des groupuscules gauchistes le 12 ; le même jour, reprise des cours dans les lycées ; évacuation de la Sorbonne quatre jours plus tard ; la droite remporte triomphalement les élections des 23 et 30 juin ; de Gaulle entend que la nation le suit, mais il souhaite une confirmation de son mandat par un référendum sur la participation, une proposition autogestionnaire audacieuse à l'époque – la gauche, la droite giscardienne saisissent l'occasion de mettre le locataire de l'Élysée à la porte. La consultation a lieu le 27 avril 1969. Elle est perdue pour de Gaulle, trahi par les siens. Le lendemain, il quitte le pouvoir et laisse la place à la droite moderne, autrement dit au capitalisme libéral. Le nouveau président de la république, normalien, agrégé de lettres, enseignant à Henri IV pendant la guerre, puis banquier, remplace l'homme du 18 juin. Fin de Mai 68. De Gaulle meurt le 22 novembre 1970.

41

Le Clausewitz de Mai 68 ? Que fit Guy Debord en Mai 68 ? La correspondance de cette année-là est mince, 34 lettres pour 82 en 1965 et 75 en 1966 – on sait par ailleurs qu'elle est caviardée… Il s'agit de présenter le grand homme dans son costume d'apparat. Or, pour la légende, il est l'un des inspirateurs de Mai 68, sinon le seul ! Pas question, dès lors, de le présenter comme surpris par l'événement ou brinquebalé au jour le jour par l'improvisation qui fit pourtant la loi. Debord a beaucoup joué d'une image de soi construite pour faire spectacle avec l'antispectacle dans le monde du spectacle : il serait l'homme de l'ombre, le stratège et le tacticien, il cite volontiers Thucydide, Sun Tzu ou Clausewitz en laissant entendre qu'il est l'un des leurs, il se dit homme de l'ombre, discret, secret, calculateur, organisateur.

La série de livres qu'il publie après Mai relève de l'autobiographie : la modestie n'est pas le fort du personnage qui s'aime, le dit, l'écrit. Il a tout prévu ; il a lu les bons auteurs ; il écrit de bons livres qui dureront ; il a sa place dans l'histoire pour l'éternité ; il a vu avant tous les autres ce qui est devenu évidence pour tous depuis – d'ailleurs, il n'oublie pas la petite étiquette à fixer sur l'écritoire sur lequel il a rédigé *La Société du spectacle* : il a beau fustiger les musées et Beaubourg, le diable est dans les détails ; cette petite étiquette prouve que Guy Debord vise son entrée dans le musée des idées françaises et la bénédiction du Centre Georges-Pompidou.

Debord fut-il le Clausewitz de Mai 68 ? Non... Et de loin... Debord fut un acteur, *parmi tant d'autres,* du soulèvement rebelle parmi lequel on trouve en effet quelques individus qui se réclament du situationnisme. Mais la correspondance témoigne : c'est à la moitié du mois de mai, après quinze jours de grèves, d'occupations, de barricades, que Debord commence à écrire l'histoire pour la récupérer. Il adresse le 15 mai une lettre « aux membres de l'I.S., aux camarades qui se sont déclarés en accord avec nos thèses » : « La "révolte" étudiante de Paris a commencé avec le petit groupe des "Enragés" de Nanterre voici quelques mois ; René Riesel ; Gérard Bigorgne (exclu en avril de toutes les universités françaises pour cinq ans), etc. (*sic*). Ce groupe était sur des positions pro I.S. Le reste du "mouvement du 22 Mars" (plus modéré et confus) a trouvé son leader en Dany Cohn-Bendit (anarchiste du groupe Noir et Rouge) qui a accepté un rôle de vedette spectaculaire où se mêle cependant un certain radicalisme honnête » (*Correspondance,* III.283).

Or, les Enragés désignent une constellation d'anarchistes, de gauchistes, de contestataires, de fauteurs de troubles, d'étudiants qui interpellent les professeurs de manière vindicative, effectuent des graffitis sur les murs, vont à l'affrontement avec la police, sont pour tout ce qui est contre et contre tout ce qui est pour. Le « mouvement du 22 Mars » n'est pas plus situationniste – « les crétins du 22 mars », écrit Debord le 17 septembre 1968 à un étudiant (III.289)... Le *Dictionnaire de Mai 68* précise que ce groupe de 142 étudiants, sur un total de 12 000, qui occupe Nanterre, appartient « pour la plupart à la mouvance libertaire ou gauchiste (surtout à la Jeunesse Communiste Révolutionnaire) » (302).

Le 14 mai, des étudiants créent le « Comité Enragés-Internationale situationniste ». Son premier fait d'armes ? S'emparer de la salle Jean Cavaillès (mathématicien, résistant emblématique, mort fusillé par les nazis) pour la rebaptiser salle Jules Bonnot… Les « révolutionnaires » accrochent un drap à la fenêtre sur lequel on peut lire : « Occupation des usines – Conseils Ouvriers – Comité Enragés-Internationale situationniste ». Michèle Bernstein, madame Debord, ravitaille les grévistes en cigarettes. Ils donnent le nom de Ravachol à une autre salle. Ils peignent des slogans sur les murs, ronéotent des tracts qu'ils distribuent, confectionnent des affiches et les collent, participent à des assemblées générales houleuses, surchauffées et enfumées. Les comités s'opposent aux comités et se battent pour le leadership qui permet de disposer du matériel de reproduction ou d'un micro avec sono.

Le Comité Enragés-Internationale situationniste participe avec une pléthore d'autres comités à une manifestation qui se dirige vers les usines Renault pour établir la jonction entre étudiants et ouvriers ; ils trouvent porte close. Le lendemain, ils recommencent ; même échec. Pascal Dumontier, l'historiographe officiel du situationnisme, adoubé par Guy Debord lui-même, raconte les raisons de l'échec des situationnistes avec les étudiants de la Sorbonne dans *Les Situationnistes et Mai 68* : « Il semble que leur radicalisme révolutionnaire, leur critique des groupuscules gauchistes, leur appel à la formation de conseils ouvriers ne recueillent l'adhésion que d'une faible minorité d'étudiants » – une faible minorité !

Le 17 mai, Guy Debord et les situationnistes quittent la Sorbonne pour... créer un nouveau comité : le Conseil pour le Maintien des occupations (CMDO) ! Le petit groupe d'une quarantaine de personnes se propose de fonctionner comme le conseil emblématique des conseils à venir lors de la révolution ! Dans les faits, il s'agit d'une AG perpétuelle qui verbigère jour et nuit. Le 19, ils envahissent le bâtiment de l'Institut pédagogique national, s'emparent du Comité paritaire d'occupation et le rebaptisent « Institut pédagogique populaire » ! Ils rédigent et diffusent des tracts, dont celui-ci : « À bas la société spectaculaire-marchande ; Abolition de la société de classes ; Occupation des usines ; Fin de l'université ; Le pouvoir aux conseils de travailleurs. » Ils écrivent une chanson. Ils détournent des photos, dont quelques nus de femmes – le féminisme n'est pas encore d'actualité... Le Comité crée des comités – des liaisons, des fournitures, de l'imprimerie... Le Comité casse des vitrines d'épicerie pour se ravitailler, siphonne l'essence des voitures, vandalise des objets de culte dans une église. Dans un tract daté du 30 mai, le Comité menace Moscou, Pékin, Washington, Tokyo de leurs foudres à venir ! Le 15 juin, le CMDO s'autodissout ; l'I.S. offre des adhésions à quelques figures emblématiques de Mai, on ne fait pas récupération plus manifeste. Voilà les campagnes militaires de Guy Debord – où l'on voit que Clausewitz conserve son avance en matière de tactique militaire et de stratégie guerrière... Le capitalisme a eu chaud.

42

Debord, un produit de Mai 68. Le 15 août, Guy Debord envoie une lettre à Raoul Vaneigem. Elle propose... un menu Mai 68 avec « Potage enragé » (tomates, céleri, cerfeuil, poivre, piment, crème, « pavés de pain frottés d'ail revenus au beurre »), « Croustade Gay-Lussac » (homard flambé avec moules et marrons chauds), « Filets mignons de Nanterre », « Épinards au Grappin » (du nom du doyen de la faculté de Nanterre surnommé Grappin-la-matraque), « Sorbonne flambée » (« Meringue glacée au chocolat, garnie de cerises et flambée à la vodka verte »). Où l'on voit que Mai n'est plus d'actualité et que le repli post-soixante-huitard sur les ego pointe sous l'humour...

La légende fait des situationnistes les inspirateurs de Mai, et de Guy Debord son stratège en retrait... Dans son *Histoire de l'Internationale situationniste*, Jean-François Martos (qui a l'agrément de Debord pour son livre – il écrit en effet le 14 juin 1988 à « Jeff » : « nihil obstat. Ergo : imprimatur », *Correspondance* VII.27) nourrit l'hagiographie : il y eut très peu de situationnistes, mais leur influence fut considérable... Il écrit : « Au tout début de la révolution (*sic*) de 1968, il n'y avait que quatre situationnistes à Paris – dont Debord, Khayati, Viénet » (245). Reste l'artifice qui consiste à mobiliser les sympathisants – elle est lointaine l'époque de Strasbourg où, en 1966, après le succès *De la misère en milieu étudiant*, Debord refusait les adhésions... Désormais, on s'appuie sur les sympathisants... Rappelons que Khayati démissionne de l'Internationale situationniste en septembre 1969 et Viénet en février 1971. L'*historien* de l'I.S. ajoute : « Si l'on ajoute trois ou quatre Enragés (Bigorgne, Cheval, Riesel) aux situationnistes alors présents à Paris, on constate que huit individus tout au plus auront suffi à allumer la mèche de 68, dont l'explosion ébranla tant les masses » (245) – ce sera, évidemment, la version officielle enseignée par Debord et les siens.

Or les situationnistes ont moins fait, *à huit*, Mai 68 que Mai 68, avec des millions de gens dans la rue, n'a fait le situationnisme. De même que Debord a moins fait Mai 68 que Mai 68 n'a fait Debord.

En juillet 1969, l'Internationale situationniste compte neuf adhérents ; l'effectif international s'élève à dix-huit ; l'année suivante, l'activité de l'I.S. est nulle ; fin 1970, il n'y a plus que cinq personnes dans le groupe – dont Debord qui renie la toute petite partie positive de *La Société du spectacle* qui surnage dans la grande description du nihilisme de la société spectaculaire : le conseillisme… Le 17 mars 1970, il écrit dans « Notes pour la réunion des sections françaises et italiennes » : « Malgré leur très grand intérêt historique et programmatique, les conseils ouvriers du passé sont évidemment des expériences insuffisantes. (…) Une vague mode conseilliste se développe, jusque chez les crétins. Nous n'avons d'aucune façon à nous y ranger ; mais à la *déranger*, dès à présent » (Bourseiller, 306). Raoul Vaneigem démissionne le samedi 14 novembre 1970 ; Debord le conchie dès qu'il le peut ; les exclusions pleuvent, les démissions s'enchaînent ; l'I.S. se décompose à vue d'œil : la dissolution est prononcée en avril 1972 par Debord dans *La Véritable Scission dans l'Internationale, circulaire publique de l'Internationale situationniste.*

43

Le Debord nouveau est arrivé. Le sabordage de l'Internationale situationniste d'avril 1972 est à mettre en relation avec la rencontre de Gérard Lebovici, mendésiste en Mai mais désireux pendant les événements de créer une maison d'édition susceptible de diffuser l'esprit libertaire du moment. Pour l'heure, le riche producteur des vedettes du cinéma français n'a pas encore vraiment la fibre éditoriale puisqu'il songe à commander un livre sur les barricades à... François Mauriac, un candidat assez peu apte à la diffusion des idées hédonistes et libertaires de Mai ! En juin 68, Gérard Guégan, écrivain gauchiste, l'aide à mettre sur pied les éditions Champ libre qui publient ses deux premiers livres en septembre 1970.

Début 1971, Debord envoie un émissaire pour entrer en contact avec Lebovici car il souhaite transformer *La Société du spectacle* en film – refus de Lebovici pour le cinéma, mais début d'une collaboration. Les deux hommes se voient pour la première fois courant 1971. Commence alors une amitié qui change les deux hommes : le millionnaire mendésiste se gauchise, le situationniste s'enrichit ; le premier donne beaucoup d'argent au second qui, en retour, l'adoube en révolutionnaire... Debord entre alors dans la dernière partie de sa vie : la plus dandy, la plus négative, la plus destructrice, la plus nihiliste – celle qui permet à la Nouvelle

Droite d'Alain de Benoist de se trouver des affinités avec lui.

Pour commencer, parce qu'il vient de trouver un mécène plus intéressant que son épouse Michèle Bernstein et son beau-père qui l'entretenaient depuis des années, il divorce le 5 janvier 1972. Le 20 avril de la même année, Debord publie donc *La Véritable Scission dans l'Internationale, circulaire publique de l'Internationale situationniste.* Six mois après son divorce, le 2 août 1972, Debord épouse Alice Becker-Ho. Le film sur *La Société du spectacle* est finalement produit et réalisé ; il sort dans les salles le 1er mai 1974. Lebovici finance les autres œuvres cinématographiques de son ami – *Réfutation de tous les jugements, tant élogieux qu'hostiles, qui ont été jusqu'ici portés sur le film « La Société du spectacle »*, puis il produit le tournage en 1977 de *In girum imus nocte et consumimur igni* qui sort sur les écrans le 6 mai 1981.

44

Virer de bord. En 1979 paraît la *Préface à la quatrième édition italienne de « La Société du spectacle »* : Debord affirme que son livre est traduit dans une dizaine de pays et que les traductions sont mauvaises, infidèles, incorrectes. En Italie, le summum du travail mal fait aurait été atteint, ce qui, selon lui, a justifié un passage à tabac du traducteur par Paolo Salvadori, lui aussi traducteur. Debord écrit : « Telle est naturellement la manière d'agir des bons traducteurs, quand ils en rencontrent de mauvais » (1460). Certes, la mauvaise qualité des traductions s'explique par le paiement au rendement, mais peu importe : à défaut d'abolir le système, on s'attaque aux prolétaires du système transformés en complices.

Au détour d'une page de ce texte, Debord déplore les non-livres défendus par leurs auteurs dans les médias. Puis il ajoute, comme quelque chose qui, sous la plume d'un écrivain qui affirme si souvent être un stratège et un tacticien, un parent de Sun Tzu et Clausewitz, pourrait expliquer le caractère spectaculaire de son refus d'apparaître dans le spectacle afin de laisser une place plus durable dans l'histoire.

Debord récuse toutes les lectures de son livre ; mais il prétend que les ouvriers italiens, eux, l'ont bien lu – même dans une mauvaise traduction ! Debord met à son actif leurs grèves sauvages, leurs sabotages, leur absentéisme, leur refus du travail, leur mépris de la loi et des partis étatistes. Tout ce qui, dans la péninsule, procède de la revendication ouvrière (que Debord n'a pas inventée...), l'auteur de *La Société du spectacle* en fait un effet de son livre... L'on sent poindre dans ces remarques un narcissisme, voire une mégalomanie qui iront croissant.

Ainsi : « Je me flatte d'être un très rare exemple contemporain de quelqu'un qui a écrit sans être tout de suite démenti par l'événement, et je ne veux pas dire démenti cent fois ou mille fois, comme les autres, mais pas une seule fois. Je ne doute pas que la confirmation que rencontrent toutes mes thèses ne doive continuer jusqu'à la fin du siècle, et même au-delà » (1465). Puisque Debord prétend n'avoir pas été démenti une seule fois par l'histoire entre 1968 et 1979, on ne le démentira qu'une fois : nulle part dans son œuvre son annonce que la révolution allait avoir lieu n'a été doublée d'un commentaire que le mois d'essai révolutionnaire de Mai serait doublé d'un retour en force du gaullisme au sommet de l'État et que cette révolution avorterait en tant que telle pour donner naissance à la formule libérale du capitalisme renforcé par Mai 68...

Dans ses *Commentaires sur la société du spectacle*, Debord 88 donne tort à Debord 79 qui écrit : « Les troubles de 1968 (...) n'ayant en aucun lieu abattu l'organisation existante de la société (...), le spectacle a donc continué partout de se renforcer, c'est-à-dire à la fois de s'étendre aux extrêmes par tous les côtés, et d'augmenter sa densité au centre » (12). Cet échec de Mai avalisé dans les *Commentaires* n'était pas dans *La Société du spectacle* qui affirmait en novembre 1967 : « Une nouvelle époque s'est ouverte : après la première tentative de subversion ouvrière, *c'est maintenant l'abondance capitaliste qui a échoué* » (1115).

Debord, qui annonce fin 67 l'échec de la société de consommation (l'autre nom de « l'abondance capitaliste »...) puis, quelques lignes plus loin, le temps venu du « pouvoir des Conseils, qui doit supplanter internationalement tout autre pouvoir » (117), se trompe sur l'essentiel, pas sur le factuel ! Car prêcher l'échec du capitalisme et l'avènement du conseillisme en 1967, puis annoncer en 1988 que Mai 68 n'a pas aboli le spectacle, mais l'a renforcé, c'est, pour le moins, s'être trompé une fois – mais quelle fois ! Il s'agit rien moins que d'une erreur de diagnostic sur le trépas du capitalisme qui, d'abord, n'est pas mort, mais ensuite s'en est sorti revivifié, ragaillardi et plus puissant – dixit Debord 88 !

Le *rare* Debord positif et optimiste de 67 qui croit à l'inéluctable avènement de la révolution, à l'effondrement du capitalisme, au remplacement de la société du spectacle par la société conseilliste, laisse place au *prolixe* Debord nihiliste et pessimiste de 88. Il écrit que « la malfaisance de quelques possédants et chefs crée seule le malheur du plus grand nombre. Chacun est le fils de ses œuvres, et comme la passivité fait son lit, elle se couche » (1473). Finie la haine du capitalisme spectaculaire ; advient alors la responsabilité personnelle – une idée chère à la droite. Si l'exploitation a lieu, dédouanons les grands capitaines d'industrie et accablons les esclaves qui ne se révoltent pas. Voilà le Debord nouveau arrivé.

45

Le « spectaculaire intégré ». La date de naissance médiatique du dernier Debord correspond à la parution des *Commentaires sur la société du spectacle* – 1988. Ce texte ne contient pas une ligne positive qui constituerait une ébauche de programme ; rien ne signale l'ancien auteur conseilliste, le révolutionnaire qui écrivait neuf ans plus tôt dans la *Préface à la quatrième édition italienne de « La Société du spectacle »* : « Les jours de cette société sont comptés » (1473). Malgré Mai 68, Debord prend acte de l'évolution de la société du spectacle vers plus de spectacle encore. En 1979, dans cette fameuse préface, il donnait les raisons de l'échec de Mai : l'incapacité dans laquelle se sont trouvés les acteurs des événements « de chasser les staliniens des assemblées. C'est pour ne pas avoir pu le faire que la révolution échoua en France en 1968 » (1468). Autrement dit : pour n'avoir pas fait des communistes les ennemis prioritaires à abattre...

Dans ses *Commentaires*, Debord ajoute un concept aux deux qui constituaient l'armature théorique de son livre de 1967 : le spectaculaire intégré. Il rappelle ce qu'étaient le spectaculaire concentré et le spectaculaire diffus. Le *spectaculaire moderne* se définit ainsi : « Le règne automatique de l'économie marchande ayant accédé à un statut de souveraineté irresponsable, et l'ensemble des nouvelles techniques de gouvernement qui accompagnent ce règne » (12). Il se sépare en deux. Le *spectaculaire concentré* nomme « l'idéologie résumée autour d'une personne dictatoriale » (18), c'est celle qui se manifeste dans le national-socialisme ou le stalinisme ; le *spectaculaire diffus*, l'idéologie « incitant les salariés à opérer librement leur choix entre une grande variété de marchandises nouvelles qui s'affrontaient », autrement dit, les démocraties bourgeoises indexées sur le mode de vie américain. IIIe Reich et URSS pour le spectaculaire concentré ; France et autres pays d'Europe, Amériques, Japon pour le spectaculaire diffus.

Le *spectaculaire intégré* correspond à l'aboutissement de la société du spectacle ayant commencé en gros... autour de la date de naissance de Debord – 1931. Il mélange les modalités concentrées et diffuses, une fois l'un, une fois l'autre ; il apparaît comme la résolution du conflit entre le spectaculaire concentré et le spectaculaire diffus après effondrement du premier et triomphe du second ; il s'est imposé mondialement ; il a triomphé en France grâce au « rôle important des partis et syndicats staliniens dans la vie politique et intellectuelle, faible tradition démocratique, longue monopolisation du pouvoir par un seul parti de gouvernement, nécessité d'en finir avec une contestation révolutionnaire apparue par surprise » (18) ; il dispose d'un centre directeur occulte : « On n'y place jamais plus un chef connu, ni une idéologie claire » (19) ; il est caractérisé par cinq traits principaux : « Le renouvellement technologique incessant ; la fusion économico-étatique ; le secret généralisé ; le faux sans réplique ; un présent perpétuel » (21) ; il est partout, infuse toute la réalité...

46

Le discours décadentiste. Dans ses *Commentaires sur la société du spectacle,* Guy Debord stigmatise *la fin de la compétence* : « Un financier va chanter, un avocat va se faire indicateur de police, un boulanger va exposer ses préférences littéraires, un acteur va gouverner, un cuisinier va philosopher sur les moments de cuisson comme jalons dans l'histoire universelle. Chacun peut surgir dans le spectacle afin de s'adonner publiquement, ou parfois pour s'être livré secrètement, à une activité complètement autre que la spécialité par laquelle il s'était d'abord fait connaître » (20) ; il stigmatise *la fin de la nature naturelle* et l'avènement de la transformation de tout, dans la nature et dans la culture, par l'industrie moderne qui a tout sali et pollué ; il stigmatise *la fin de l'alimentation saine* au profit d'une nourriture formatée et produite par l'industrie ; il stigmatise *la fin du vin* et l'avènement de boissons insipides falsifiées par la chimie ; il stigmatise *la fin de la valeur authentique* au profit du « statut médiatique » (20) qui confère désormais la seule valeur ; il stigmatise *la fin des connaissances historiques* et le culte du présent éternel devenu religion absolue du marché qui permet d'organiser l'ignorance et l'inculture avec laquelle il est plus facile de gouverner ; il stigmatise *la fin de l'agora* et la disparition d'espaces de discussion publiques où pourrait être critiqué et déconstruit le discours spectaculaire dominant ; il stigmatise *la fin de la possibilité révolutionnaire*, chacun affirmant désormais que rien ne peut plus être radicalement changé ; il stigmatise la *fin de la critique sociale*, du moins sa confiscation par des « universitaires ou des médiatiques (...) (qui) ressemblent au *fac simile* d'une arme célèbre, où manque seulement le percuteur » (84) ; il stigmatise *la fin du livre* et la domination sans partage de l'informatique et des ordinateurs à l'école ; il stigmatise *la fin de la conversation* et la disparition même de ceux qui savaient parler ; il stigmatise *la fin de la logique* et affirme : « Aucun drogué n'étudie la logique » (39) ; il stigmatise *la fin de la personnalité* et le triomphe d'hommes unidimensionnels produits à l'identique par la société spectaculaire marchande ; il stigmatise *la fin de la science humaniste* au profit d'une science qui menace la vie : pollution des océans, destruction des forêts tropicales, raréfaction de l'oxygène terrestre, trou dans la couche d'ozone, accumulation des radiations nucléaires, génétique faustienne ; il stigmatise *la fin de la sécurité* et les pleins pouvoirs du secret, de la mafia et des organisations occultes, des réseaux de désinformation et de surveillance ; il stigmatise *la fin de la médecine de l'individu* depuis qu'elle est devenue la médecine de l'État qui joue la carte des intérêts de l'industrie pharmaceutique contre la santé personnelle des particuliers ; il stigmatise *la fin de l'école classique* remplacée par la dictature des pédagogues qui font disparaître le mot analphabète pour le remplacer par celui d'illettré qui définit celui qui a appris la lecture mais l'a oubliée ; il stigmatise *la fin de l'art* et l'américanisation du marché qui suppose l'authentification de la valeur par la vente ; il stigmatise *la fin de l'artiste* et la prolifération du néo-dadaïsme qui pontifie dans « le médiatique » (86) ; dans la foulée, il stigmatise également la *fin du jugement de goût* et défend ses positions avec la plume acariâtre qui s'indigne que les Américains financent la restauration de Versailles ou de la chapelle Sixtine – « c'est pourquoi les fresques de Michel-Ange devront prendre des couleurs ravivées de bande dessinée, et les meubles authentiques de Versailles acquérir ce vif éclat de la dorure qui les fera ressembler beaucoup aux faux mobiliers d'époque Louis XIV importés à grand frais du Texas » (59).

Fin de la compétence, fin de la nature naturelle, fin de l'alimentation saine, fin du vrai vin, fin de la valeur authentique, fin des connaissances historiques, fin de l'agora, fin de la possibilité révolutionnaire, fin de la critique sociale, fin du livre, fin de la conversation, fin de la logique, fin de la personnalité, fin de la science humaniste, fin de la sécurité, fin de la médecine de l'individu, fin de l'école classique, fin de l'art, fin de l'artiste, fin du jugement de goût, et tout cela dans un petit livre de moins de cent pages, voilà qui fait de ce bref ouvrage un texte inaugural du genre décadentiste.

47

Bis repetitas. En 1990, Guy Debord récidive dans le même genre avec un encore plus petit volume de soixante-sept pages intitulé *In girum nocte et consumimur igni,* un palindrome qui signifie : « Nous tournons en rond dans la nuit et nous sommes consumés par le feu » – un aveu que la révolution n'est plus d'actualité et que l'écriture du penseur se referme désormais sur l'autobiographie, l'écriture de soi, la forge d'une légende et le plaisir pris à soi-même, non sans bouffées narcissiques, sans saillies mégalomanes ou sans tropismes paranoïaques…

L'acrimonie mène une fois encore le bal : Rome n'est plus dans Rome, et Debord non plus dans Debord… Il assène ses jugements sur le monde comme il va, et Debord trouve qu'il va mal : il ne faut jamais faire de concessions au public ; les gens qui se précipitent dans les salles obscures montrent le symptôme de la décadence dans laquelle se trouve l'époque ; notre civilisation nous oblige à tout faire : conduire sa voiture, faire son plein d'essence, charger son panier de courses ; les nouveaux philosophes constituent « la domesticité intellectuelle de cette saison » (20) ; Paris n'est plus ce qu'il fut ; les nourritures et les vins sont frelatés ; la ville a été détruite par les urbanistes ; la pollution est partout ; la nostalgie conduit la plume debordienne qui évoque sa jeunesse, les lettristes, les dérives nocturnes, la boisson ; il déplore les catastrophes écologiques de Tchernobyl ; il prend acte de l'effondrement du mur de Berlin…

Cette amertume s'accompagne du triple constat : de la décadence, de l'impossibilité des révolutions et de son ego comme unique point fixe au milieu de tout ce qui sombre. *La décadence* : avant, le vin avait le goût du vin ; avant, le peuple parisien était rebelle et révolté ; avant, la ville était agréable à vivre ; avant, « les vieilles règles étaient encore respectées » (*sic*) (35) ; avant, les copains et les nuits blanches étaient révolutionnaires ; avant, les intellectuels étaient critiques – « Une époque a passé (…). Son air d'innocence ne reviendra plus » (62)… Ou bien encore ceci : « Voilà donc une civilisation qui brûle, chavire et s'enfonce tout entière » (72).

L'impossibilité des révolutions : « Les théories ne sont faites que pour mourir dans la guerre du temps » (27), elles sont toutes remplaçables, sous-entendu, le situationnisme également ; les succès et les échecs des révolutions obligent à en changer parce qu'elles s'usent ; même remarque avec les avant-gardes, Debord peut même se permettre le luxe de ne plus cracher sur le lettrisme – « J'ai bu leur vin. Je leur suis fidèle » (41) ; il ne croit plus « à la révolution totale » (51) qui ne serait que symptôme du spectaculaire.

L'ego comme salut : Debord ne cache par son amour immodéré de soi, il écrit : « Un sujet important : moi-même » (25) – ironie, diront les thuriféraires qui oublient que le reste est à l'avenant : il a été solitaire, impeccable, dans le vrai avant tout le monde et pour longtemps, imperturbable, corrompu par rien, ne dérogeant jamais à la ligne fixée dès son jeune âge, au-dessus des viles contingences. Il réécrit l'histoire et se montre en théoricien, stratège et tacticien de Mai 68 : « J'admets, certes, être celui qui a choisi le moment et la direction de l'attaque, et donc je prends assurément sur moi la responsabilité de tout ce qui est arrivé (...). Ne me suis-je pas tenu toujours à quelques pas en avant du premier rang ? » (58), écrit celui qui n'était pas à Strasbourg en 1966, pas à Nanterre le 22 mars, pas à la Sorbonne à l'heure où elle est occupée...

Debord tient le discours sur la décadence et ajoute qu'il n'est pas pour rien dans l'état des lieux. Dans un pluriel de majesté devant lequel il ne renonce pas, il écrit : « Nous avons porté de l'huile là où était le feu » (51) – même si, vingt-deux ans après Mai, il avoue tourner en rond dans la nuit consumé par le feu, une métaphore possible des terribles douleurs qu'il endure à cause de son alcoolisme chronique depuis quatre décennies. Pour conclure son petit livre, il parle de lui à la troisième personne : « Il faut donc admettre qu'il n'y avait pas de succès ou d'échec pour Guy Debord, et ses prétentions démesurées » (73).

48

Sous prétexte d'autobiographie. L'homme qui écrit en 1990 dans *In girum* « Je suis très indifférent aux accusations les plus variées » oublie qu'il a publié en 1985 un livre intitulé *Considérations sur l'assassinat de Gérard Lebovici*, tout entier consacré à réfuter les attaques qu'il a subies dans la presse lors de la révolvérisation de son ami dans un parking souterrain. Ce même homme prétendument insoucieux de ce que l'on raconte de lui consacre trois ans plus tard, en 1993, un deuxième livre à se défendre de ce que la presse rapporte à son propos dans *« Cette mauvaise réputation... »*.

Avec *Panégyrique*, Debord parachève son trajet dans le siècle. L'ouvrage se présente d'emblée pour ce qu'il est à l'aide d'une citation de Littré : non pas un éloge (de soi), mais un panégyrique (de lui) parce que « le panégyrique ne comporte ni blâme, ni critique »... Cet ouvrage est en effet une auto-hagiographie, une légende fabriquée de toute pièce. « Je vais dire ce que j'ai fait », écrit Debord ; en fait, *bien que* revendiquant la sincérité (ou *parce qu'*il revendique la sincérité...), il ne va jamais dire ce qu'il aura fait si cela ne correspond pas à la légende qu'il veut imposer. En revanche, il va égrener les perles d'un chapelet tout à sa gloire pour cacher une biographie humaine, trop humaine... L'autobiographie sert souvent de fausse biographie destinée à dissuader le biographe d'écrire sur son sujet.

Debord ne sera donc Clausewitz que sur ce petit champ de bataille de la construction de soi comme une forteresse invincible... Et dans cette matière, il jouera beaucoup plus avec la ruse, la séduction, le bluff, le leurre et toute la stratégie du renard qui sait ne pouvoir être lion, qu'avec la grande raison stratégique du polémologue prussien. Quand il écrit : « Il m'est en tout cas facile d'être sincère » (14), ne jamais oublier que cet homme se présente comme le Sun Tzu du XXe siècle – ce que ne ferait d'ailleurs pas un authentique stratège qui sait que dévoiler son statut c'est montrer ses cartes. Debord qui, pour éviter de dire qu'il était entretenu par son épouse légitime, disait gagner sa vie au poker, ne montre pas grand talent pour le véritable art de la dissimulation.

Commence alors l'hagiographie. *Premier mensonge* : Debord écrit dans *Panégyrique* : « Personne, pendant bien longtemps, n'aura l'audace d'entreprendre de démontrer, sur n'importe quel aspect des choses, le contraire de ce que j'en aurai dit ; soit que l'on trouvât le moindre élément inexact dans les faits, soit que l'on pût soutenir un autre point de vue à leur propos » (21). Or l'audace n'est pas bien grande à se souvenir que le Debord 1967 (celui de *La Société du spectacle*), prévisionniste de la révolution conseilliste à venir, se trouve contredit par le Debord 1988 (celui des *Commentaires sur la société du spectacle*), prophète de l'impossibilité de la révolution dans la nouvelle configuration du spectaculaire intégré décrite par ses soins. Cette erreur de diagnostic est majeure pour un homme qui prétend avoir compris le processus dialectique de l'histoire à grand renfort de concepts hégéliens plus tôt que tout le monde...

Deuxième mensonge : « Je suis né virtuellement (*sic*) ruiné » (22). Tout est dans le caractère virtuel de cette prétendue ruine familiale. Car la mère de Guy Debord ne fut pas avare en hommes dans sa vie et son grand train dans la riche maison bourgeoise du beau-père notaire de la jet-set de la Côte d'Azur, après son veuvage d'un notaire et son héritage d'une fortune familiale, ne faisait pas de l'enfant un produit sociologique des classes laborieuses... Christophe Bourseiller rapporte même que le nouveau mari de la mère de Guy Debord disposait dans son immense appartement d'une cabine téléphonique en plaqué or. Que Debord puisse, pour le détourner, citer Aristophane disant : « J'ai été élevé sur la voie publique, moi aussi » (35), relève de la plaisanterie...

Troisième mensonge : la vie de rebelle dès son plus jeune âge et cette confidence : « Je ne pouvais même pas penser à étudier une seule des savantes qualifications qui conduisent à occuper des emplois, puisqu'elles me paraissaient toutes étrangères à mes goûts ou contraires à mes opinions » (23). Pourquoi le stratège de la révolution, comme il se présente, omet-il dans cette autobiographie, où il annonce qu'il dira tout et que la sincérité ne lui coûte pas, de signaler qu'il s'inscrit à l'université *en droit* en octobre 1951 ? La biographie des *Œuvres* publiées chez Gallimard passe ce détail sous silence. Debord n'a-t-il pas écrit : « Si j'avais consenti à poursuivre des études universitaires » (23), etc., ce qui, pour ceux qui connaissent l'inscription en droit, s'entend dans un sens (si j'avais continué...) et dans un autre (si je m'étais inscrit...) pour ceux qui l'ignorent. Victoires d'un Clausewitz aux petits pieds...

Quatrième mensonge : « Je me suis fermement tenu,

docteur en rien, à l'écart de toute apparence de participation aux milieux qui passaient alors pour intellectuels ou artistiques » (23). Quid alors de sa rencontre avec Isidore Isou et les lettristes qui le ravissent dès la première rencontre à Cannes, le 20 avril 1951 ? de sa décision de s'installer à Paris pour être au plus près de cet homme qu'il admire ? de son compagnonnage avec les lettristes pendant une bonne année et demie, jusqu'en novembre 1952 ? de l'aveu crypté de *In girum* (41) rappelant, sans les nommer (tactique clausewitzienne probablement...), qu'il a bu dans leurs verres et leur est resté fidèle ?

Cinquième mensonge : un autre de ses leitmotivs : « le fait de n'avoir jamais accordé que très peu d'attention aux questions d'argent » (24). Dès lors, pourquoi ne pas signaler l'aide financière longtemps apportée par sa deuxième épouse, Michèle Bernstein (dont nombre de lettres manquent singulièrement dans les huit volumes de la *Correspondance...*), qui accepte des besognes alimentaires salariées pour nourrir le grand homme ? Silence également sur le rôle de son beau-père qui a fait fortune dans le commerce de livres anciens et permet au disciple proclamé de Lautréamont de s'acheter un café dans Paris et de se permettre le luxe de le fermer quand le réel résiste un peu. Pas plus d'informations sur l'éjection de Michèle Bernstein après que Lebovici eut remplacé son épouse dans le financement de l'intendance du grand homme – et son remariage dans la foulée. Debord préfère parler dans *« Cette mauvaise réputation... »* « de cette fort brève période de ma jeunesse où j'ai pu très bien vivre rien qu'en jouant au poker, puisque sans tricher : par pure capacité stratégique » (113).

Sixième mensonge : comme tous les mégalomanes qui veulent laisser une trace dans l'histoire, Freud en particulier, Debord se veut sans influences, sans lectures. Il affirme avoir lu « plusieurs bons livres, à partir desquels il est toujours possible de trouver par soi-même tous les autres, voire d'écrire ceux qui manquent encore » (26). Debord n'a donc jamais subi l'influence d'Isou et des lettristes, celle de Tzara et de Breton, celle du Lefebvre de la *Critique de la vie quotidienne*, celle de l'intellectuel collectif qui constitue la constellation situationniste, dont lui, celle du Castoriadis de « Socialisme ou barbarie »… Il efface Hegel & Marx, Feuerbach & Lukács qu'il cite sans guillemets, sous prétexte de détournements combattants et de plagiats dialectiques. Comme Dieu, Debord est une cause incausée, un premier moteur immobile.

Septième mensonge : soucieux de se faire une réputation de mauvais garçon, Debord écrit : « J'allai d'abord vers le milieu, très attirant, où un extrême nihilisme ne voulait plus rien savoir, ni surtout continuer, de ce qui avait été antérieurement admis comme l'emploi de la vie ou des arts. Ce milieu me reconnut sans peine comme l'un des siens » (26). En guise d'extrême nihilisme, et en l'absence de notoires Lacenaire ou Landru postmodernes, les fréquentations de Debord donnent surtout des frissons de papier : des alcooliques en nombre, des artistes sans œuvre, des clochards réchauffés au vin rouge, des jeunes filles paumées, des revendeurs de haschich, des femmes de petite vertu, des fugueurs sans domicile fixe. N'est pas Villon ou Gilles de Rais qui veut.

Huitième mensonge : « Le nombre de mes amis qui ont été tués par balle constitue un pourcentage grandement inusité, en dehors des opérations militaires bien sûr » (28). En appeler aux champs de bataille (une manie chez Debord...) suppose à tout le moins un chiffre notable. On a beau lire la biographie de Guy Debord signée Christophe Bourseiller, on ne trouve dans ce livre de presque cinq cents pages qu'un seul mort par balle – en l'occurrence Gérard Lebovici dont le nom n'apparaît pas à ce moment du *Panégyrique* où Debord effectue l'incroyable comptabilité de ses morts par balle – qui se résume à un...

Neuvième mensonge : ses faits d'armes... « Nos seules manifestations, restant rares et brèves dans les premières années, voulaient être complètement inacceptables ; d'abord surtout par leur forme et plus tard, s'approfondissant, surtout par leur contenu. Elles n'ont pas été acceptées » (28). Ces « manifestations complètement inacceptables » sont probablement ce qui permet à Guy Debord, tout à la construction de sa propre légende, d'écrire : « Je n'ai véritablement prétendu à aucune sorte de vertu, sauf peut-être à celle d'avoir pensé que seuls quelques crimes d'un genre nouveau, que l'on n'avait certainement pas pu entendre citer dans le passé, pourraient ne pas être indignes de moi ; et à celle de n'avoir pas varié, après un si mauvais début » (31). Tudieu ! Des « crimes d'un genre nouveau »...

Dixième mensonge : « En tout cas, moi, j'ai assurément vécu comme j'ai dit qu'il fallait vivre » (58). Certes, dans ses très rares moments de positivité,

Guy Debord a fait l'éloge des Conseils ouvriers ; mais dans la microsociété que fut pendant plus de vingt ans la constellation situationniste, Debord s'est comporté comme un autocrate, un tyran, un despote, un dictateur : le nombre des exclusions, leur violence et la brutalité des ruptures voulues comme telles, l'acharnement dans l'insulte contre d'anciens amis, tout ça montre que le penseur qui prétendait vouloir la liberté pour l'humanité ne l'aimait finalement que pour lui seul, en féodal qu'il fut, mais pas pour les autres, ses amis, encore moins pour l'humanité à l'endroit de laquelle il n'avait finalement qu'un profond mépris. Malgré ses prétentions à la sincérité, Debord illustrait l'adage qui dit : faites ce que je dis, pas ce que je fais…

Onzième mensonge : toujours dans la légende du mauvais garçon qui fréquente les mauvais endroits, Guy Debord écrit : « C'est généralement une triste épreuve, pour un auteur qui écrit à un certain degré de qualité, et sait donc ce que parler veut dire, quand il doit relire et consentir à signer ses propres réponses dans un procès-verbal de police judiciaire » (70). Voilà donc le méchant homme, autoproclamé dans *In girum* « pervers prince des ténèbres » (52), signant un procès-verbal ! Mais lequel ? Quand ? Pourquoi ? Tout bonnement quand son ami Gérard Lebovici a été tué et que la police a pris sa déposition comme témoin, et non comme présumé coupable. Si la mesure de la principauté des ténèbres s'effectue à l'aune du PV de police de témoin, nombreux sont les princes ici et maintenant…

Voici donc onze mensonges dûment répertoriés dans un livre de quatre-vingt-trois pages – soit un mensonge à peu près toutes les sept pages, sachant que chacun d'entre eux est développé sur plusieurs lignes, voire plusieurs pages… On assiste donc dans ce livre à la construction pure et simple d'une légende au détriment d'une réalité qu'il faut faire disparaître – belle opération de spectacle. *La légende* : fils d'une famille ruinée ; bohème dès son plus jeune âge ; génie solitaire indemne de toute influence ; sujet désintéressé par l'argent ; penseur qui s'est constitué sans références ; mauvais garçon compagnon des classes dangereuses ; ami de nombreux morts par balle ; inventeur de crimes nouveaux ; homme intègre ayant toujours pratiqué ce qu'il enseignait ; habitué des salles de police judiciaire ; penseur impossible à réfuter…

La réalité : fils de famille chouchouté par sa grand-mère ; étudiant en droit monté à Paris et vivant de subsides familiaux ; influencé par les avant-gardes artistiques de son temps ; entretenu par sa deuxième épouse et son beau-père, puis par un mécène enrichi par le spectacle ; alcoolique et pilier de bistrot doué pour les mondes refaits au petit matin ; enjoliveur d'une convocation à la PJ comme témoin ; subversif dans sa vie à hauteur de polissonneries qui laissent le capitalisme intact ; auteur d'une vie fictionnée pour cacher sa vie réelle et, *de ce fait,* réalisateur d'une formidable entreprise spectaculaire. Debord est évidemment réfutable. Et d'abord par lui-même… En ce sens, le XXe siècle fut incontestablement debordien… Il disait vrai en écrivant dans *La Société du spectacle* : « Dans le monde réellement inversé, le vrai est un moment du faux »…

IV

RAOUL VANEIGEM

et « la volonté de vivre totalement »

1

Généalogie d'une sensibilité. Raoul Vaneigem est né à Lessines dans le Hainaut (Belgique) le 21 mars 1934. Son père était cheminot. Dans *Le Chevalier, la Dame, le Diable et la mort* (majuscules et minuscules de l'auteur...), Raoul Vaneigem propose, non pas une autobiographie de style traditionnel, mais une confession dans l'esprit de Montaigne sur la sensibilité, l'animalité, l'âge, le bonheur, la peur, l'amitié, la poésie, l'alchimie, l'amour, l'argent. Il y distille çà et là des considérations d'ordre biographique qui, sur le mode impressionniste, permettent de dresser un portrait du penseur.

On y découvre un homme sensible à l'irrationnel des transmissions de pensées, aux démarches des alchimistes qui se proposent de changer le plomb en or, une personne qui croit aux toucheurs, rebouteux et autres magnétiseurs en relation directe avec les forces qui parcourent la nature, un philosophe qui n'est pas insensible aux constructions les plus fantasques des gnostiques des premiers siècles de l'ère commune, voire aux extravangances du socialisme utopique de Charles Fourier, un mystique païen qui demande au vin, à la bière, au whisky ou au corps des femmes de lui donner les émotions fortes qui le mettent en contact avec la force qui anime la totalité du monde.

Sur Lessines, sa ville natale : on apprend qu'il s'agit d'un bourg de neuf mille habitants qui, dans les années 40, comptait neuf brasseries, deux malteries et cinq cents cabarets, cafés et autres estaminets. L'alcool joue donc un rôle important dans le bourg, dans la famille, chez le père de Raoul Vaneigem et, selon son propre aveu, chez lui-même… Le père, qui boit de façon immodérée, donne à son fils la règle du jeu avec l'alcool : « Les principes rudimentaires inculqués par mon père ont longtemps suffi à l'idée que je me faisais d'une éthique révolutionnaire : il est permis de boire beaucoup à quatre conditions : tenir le coup ; ne pas trinquer avec un patron, un ennemi de classe ou un briseur de grève ; être à l'heure à l'école et obtenir des résultats satisfaisants ; ne jamais tomber dans l'ivrognerie en quoi l'homme déchoit, perd sa conscience de classe et s'avilit en une dépendance qui l'expose à toutes les compromissions » (227). Fort de cette logique, le père du philosophe avouait avoir bu l'équivalent du prix de trois maisons…

Le jeune gaçon accompagne son père dans la tournée des bars. Il y découvre l'amitié, la fraternité, la solidarité des gens d'un même monde : la classe ouvrière. Vers douze ou treize ans, il joue de la trompette dans l'Harmonie qui a pour nom… « Les Prolétaires ». Cette formation rassemble une soixantaine de musiciens amateurs. Raoul Vaneigem écrit : « On ne m'ôtera pas de l'idée que la rencontre peu fortuite des deux termes a donné une tonalité de base aux modulations de ma destinée »

(161). L'Harmonie et les Prolétaires constitueront en effet deux lignes de force dans la logique de l'auteur.

2

Mort à la mort. Deux événements dramatiques jouent également un rôle déterminant dans la constitution de ce tempérament libertaire. *Le premier* : Raoul Vaneigem a huit ans, il apprend que son petit chien qui a quitté la maison a été écrasé par un automobiliste qui l'a poursuivi et tué à dessein. Cette première expérience de la cruauté d'un certain nombre d'humains à l'endroit du vivant le marque à jamais. Il écrit : « On a eu beau me remontrer qu'il existait des barbaries plus inexpiables, qu'il ne s'agissait, après tout, que d'un chien, rien ne m'a autant confirmé et endurci dans la rageuse opinion qu'une société si hostile à la vie méritait l'anéantissement sans appel » (18).

D'abord, il a envie de se venger du criminel de son chien : « Je l'aurais dépecé avec la délectation morose que la psychologie prête aux meurtriers professionnels » (21), mais la mort d'un cousin engagé dans les Brigades internationales à l'âge de dix-huit ans lui montre qu'on peut canaliser sa violence dans un autre combat, en l'occurrence celui qui vise l'abolition de la lutte des classes. La haine de la vie du tueur de chien procède d'un conditionnement social à se déchaîner contre le vivant par une éducation à mépriser la liberté en soi – la liberté, donc la vie, le vivant...

Quelques années après, à quatorze ans, Raoul

Vaneigem lit *Germinal ;* bien sûr, il s'identifie à l'anarchiste Souvarine dont le lapin se fait massacrer par les fils de mineurs. Souvarine descend au fond de la mine, sabote le puits pour qu'une inondation empêche les ouvriers de reprendre le travail après l'échec de leur grève. Un autre ouvrage entretiendra le feu allumé par le roman de Zola : *Jacquou le Croquant,* un livre d'Eugène Leroy qui a entretenu la haine du jeune garçon pour la bourgeoisie, les nobles, les riches, la morgue des puissants et des gens de titres, et autres « porteurs de chapeau et de cravate » (20).

Un second événement joue un rôle dans le devenir révolté de Raoul Vaneigem : il a douze ou treize ans et côtoie Paul Belin, un ouvrier qui travaille dans une carrière. Surnommé le Grand Belin, ce géant placide, rieur, généreux, drôle, intelligent, enseigne à l'enfant tout ce qu'un adulte de gauche peut transmettre et qu'on n'apprend jamais à l'école – autrement dit : l'essentiel. Lors des sorties de l'orphéon, Raoul Vaneigem l'accompagne dans les cafés : les nombreux arrêts permettent de grimper sur la table, de jouer une polka pour deux trompettes, puis d'être payé en grands verres de bière « brassée par la Brasserie du Peuple » (162).

Mais un jour, le Grand Belin fait une chute d'une trentaine de mètres en dévissant de la paroi sur laquelle il forait pour placer la dynamite qui permettait d'extraire la pierre avec laquelle se taillaient les pavés. L'enfant connaît une extraordinaire amitié avec cet homme. La mort d'un homme à cause d'un accident du travail le met en face de la brutalité du monde des adultes. « La mort du Grand Belin m'a fait jurer solennellement de septembriser les patrons et les exploiteurs et de venger par un massacre à jamais dissuasif les holocaustes quotidiens du capitalisme. Le souvenir de ces jours de rage et de détresse m'est revenu alors que j'écrivais, avec les mots d'une fureur mal contenue, un libelle appelant à l'abolition de la société marchande et à la création d'une société vivante » (163).

Si Guy Debord, fils de riches, enfant d'une famille bourgeoise, arrive à la révolte par le cinéma lettriste, par l'avant-garde esthétique, par Paris, par la vie de bohème dans les quartiers choisis de la capitale, par le surréalisme, par le lettrisme, par Lautréamont, Raoul Vaneigem parvient à la même révolte, mais en empruntant un tout autre chemin : fils de pauvres, enfant d'une famille de gauche, compagnon des ouvriers, baigné dans un milieu militant prolétarien, nourri à la culture populaire, vivant loin de Paris, dans une petite ville minière de Belgique, le futur lecteur de Lautréamont et de Breton découvre que Zola et Eugène Leroy disent vrai parce qu'il connaît le monde dont ils entretiennent. Debord est éduqué par l'agent immobilier des vedettes de la riviera à Nice, Vaneigem par le Grand Belin, mort au travail comme d'aucuns disent mort pour la France... Raoul Vaneigem, parlant de sa relation avec Debord, oppose « l'humidité à la sécheresse » (167) – l'humidité du buveur de bière à la sécheresse de qui a grandi sous le soleil de la Promenade des Anglais.

3

Éloge du serpent en nous. La mort de son chien place Raoul Vaneigem du côté de défenseurs de la vie contre les partisans de la mort, mais elle l'a également installé dans le même monde que celui des animaux. Pour Debord, l'animal n'existe que mis dans son assiette et transformé en nourriture toxique par l'industrie agro-alimentaire – Debord reste un indécrottable urbain, même s'il a vécu en province et possédait une maison en Haute-Loire. Raoul Vaneigem écrit des pages magnifiques pour défendre l'animal en général et l'animalité en nous.

Certes, il mange de la viande, mais il serait bien incapable de tuer une bête pour s'en nourrir. Il déteste les chasseurs et définit la chasse comme l'« exercice de la guerre en temps de paix » (67). Pour lui, la chasse n'est pas consubstantielle à l'homme, elle apparaît à un moment tardif de son histoire : à l'époque de la cueillette, elle n'existe pas ; elle arrive avec le mésolithique, soit 200 000 ans avant le christianisme. Elle suppose la propriété, l'élevage, la guerre. La chasse le choque moins pour ce qu'elle dit du caractère prédateur de l'homme que pour ce qu'elle montre de haine de la vie en lui. Elle suppose chez l'homme une « inversion du désir qui l'incite à rechercher l'excitation sexuelle en tuant, en détruisant la vie, au lieu de la propager et de s'en émerveiller. C'est son goût de la mort » (68). Il n'aurait rien à reprocher, par exemple, à un homme qui tuerait un lapin pour nourrir sa famille.

La haine des hommes pour les animaux dévoile

la haine des humains pour leur part animale. Ce mépris est construit par une civilisation qui enseigne à chérir la pulsion de mort et à détester la pulsion de vie. Dans le chien, les hommes détestent sa servilité et sa soumission aux dresseurs ; dans le loup, ils haïssent sa liberté, son refus de la domesticité. Le dressage des bipèdes ne s'effectue pas sans une certaine souffrance qui génère la cruauté. Le conducteur automobile qui poursuit le chien du petit garçon est victime de lui-même, certes, mais aussi d'un système qui l'a rendu haineux à l'endroit de ce qu'il n'est plus : un vivant libre. C'est ce vivant libre qu'il veut détruire pour le punir de l'être resté, alors que lui, il est devenu un animal domestique.

Raoul Vaneigem fait moins confiance à la raison raisonnable et raisonnante des intellectuels, des philosophes, des doctrinaires, des penseurs, des théoriciens, qu'à l'instinct des bêtes, à leur flair, à leur intelligence immédiate, à leur intuition juste. Quand l'habituel auteur de livres regarde vers les sommets de la création, les génies, les héros, les saints, les poètes, les peintres, les grands hommes, Raoul Vaneigem sollicite le brâme du cerf dans la forêt, l'ondulation de la couleuvre dans l'herbe, le chant des oiseaux au petit matin, le cheval qui s'ébroue dans la lumière de l'aurore, le hululement de la chevêche au fond de son jardin, les chats dans sa maison, tous animaux auxquels il demande des leçons de sagesse philosophique oubliées depuis bien longtemps.

Dès lors, on ne s'étonnera pas que le pourfendeur de religions qu'il est (il n'écrit pas pour rien *De l'inhumanité de la religion* en l'an 2000 !)

inverse les valeurs et fasse du serpent, honni par le judéo-christianisme comme tentateur, l'autre nom du péché originel, l'animal emblématique de son combat vitaliste. Serpent des arcanes et des mystères, serpent sexuel des sectes gnostiques dont il se montre un formidable historien, serpent des hermétistes, serpent du mal selon la religion judéo-chrétienne, serpent des symbolistes, tous les serpents l'intéressent car il s'agit de restaurer l'ondulation de l'animal comme signe des mouvements de la vie, du désir et de l'amour, comme trace de ce qui, en nous, nous sauve des menaces de la mort : « Le serpent protéiforme et cervical, subsistant et agissant en nous, est celui qui, dans le danger, nous dicte les mouvements qui nous sauvent et nous font retomber sur nos pattes comme un chat » (72).

Parce que le serpent nous rappelle d'où nous venons, qu'il témoigne que nous avons vécu cette vie primitive et qu'il reste en nous, lové dans les limbes de notre système neuronal, le système patriarcal le pourchasse, le condamne et le détruit. Il dit la femme et le féminin, la séduction, la libido, le désir. En tant que tel, il soulève l'immense colère des hommes qui ont peur des femmes et détruisent ce qui dit la formidable puissance sexuelle du sexe faussement dit faible. Le sifflement du serpent, si nous savions l'entendre encore intérieurement, nous protégerait des coups, nous éloignerait des malfaisants, ce qui nous dispenserait d'avoir à nous venger d'eux. Où l'on découvre que le serpent fonctionne en antidote au tueur de chien…

4

La construction de sa liberté. Raoul Vaneigem fait des études supérieures. Son père lui dit : « Je peux te payer une année, pas deux. Si tu réussis, tu obtiendras une bourse d'études, si tu échoues, c'est fini » (229). Des années plus tard, le penseur salue cette invitation à la virilité (au sens étymologique : une invitation à être un humain...) qui a contribué à construire sa subjectivité : un fort enracinement dans la vie quotidienne, un refus des grands mots, une méfiance à l'endroit des « discours parfumés » (229). La rusticité paternelle coïncide avec une franchise, un art d'être direct, une leçon de simplicité qui deviendront vertus du fils.

En 1951, il s'inscrit en philosophie et en philologie romane à l'Université libre de Bruxelles (ULB). Il y décroche une agrégation d'enseignement secondaire. Cinq ans plus tard, il présente un mémoire sur *Isidore Ducasse, comte de Lautréamont*, qu'on lui refuse pour *outrances*... En digne fils de son père qui pratique la franchise, il aborde clairement les sujets de l'homosexualité, de la radicalité et de l'engagement communard du poète. Le professeur consent à la soutenance, mais seulement s'il amende son texte ; Raoul Vaneigem accepte, il supprime les passages cochés par l'institution...

Fraîchement diplômé de l'université, il effectue un service civil. Il écrit quelques articles dans des revues. Puis il devient enseignant à l'École normale de Nivelles, en Wallonie. Il aime l'enseignement, le contact avec les élèves, la transmission, mais déteste les contraintes horaires, les vexations de la bureaucratie, les autorités pédagogiques, les directions inquisitoriales. Il y enseigne huit années, de 1956 à 1964, date à laquelle il est mis à la porte. On lui reproche une liaison amoureuse avec l'une de ses élèves – âgée de vingt ans. La femme qu'il a épousée portera plainte contre lui pour détournement de mineure...

Raoul Vaneigem vit alors d'expédients, il écrit des textes pour l'*Encyclopédie du monde actuel* à Lausanne entre 1964 et 1972, puis pour l'*Encyclopaedia Universalis* entre 1986 et 1992. Il arrive à Paris. Revenant sur cette période de vaches maigres de l'époque situationniste, il écrit dans *Le Chevalier, la Dame, le Diable et la mort* : « Sinécures et expédients assuraient tant bien que mal la survie des situationnistes. La cueillette de dotations, de bourses d'études, de postes assurés par de faux diplômes, d'allocations de chômage perçues à la limite de la légalité, entrait dans la logique irréfragable de la récupération individuelle. L'arnaque était jugée recommandable en ce sens qu'elle grugeait les institutions. Nous estimions légitime de reprendre à l'État l'argent dont il nous spoliait au nom d'un bien public, qu'il s'employait à parasiter. Cette prédation vengeresse garda à mes yeux toute sa pertinence jusqu'au jour où il m'apparut peu compatible de vitupérer la corruption générale du système marchand et de recourir, à son encontre, à des méthodes identiques. Au reste, il y avait beau temps que le vol dans les grands magasins, les astuces d'une rentabilité aléatoire et les laborieux magouillages réclamés par notre refus de travailler s'apparentaient de plus en plus nettement à un travail aussi ennuyeux et aussi harassant que les autres » (102-103).

Plus tard, il bénéficie des largesses d'un éditeur qui consent à des à-valoir sans rapport avec les ventes escomptées. Il construit sa vie pour n'avoir rien à demander à personne. Il y parvient. Contrairement à Guy Debord qui se fait fort d'avoir écrit sur les murs de Paris « Ne travaillez jamais » mais qui, pour honorer l'adage, faisait travailler les autres, sa femme, son beau-père, ses amis, ou qui a soigneusement caché sa contribution à l'économie capitaliste en réalisant des publicités pour Citroën, Raoul Vaneigem n'a jamais écrit une chose qu'il n'ait vécue. Son rapport à l'argent obéit à la même règle. Il fut heureux d'en avoir quand il en disposait ; mais jamais malheureux de n'en pas avoir quand il en manquait. Ce qui définit l'homme libre que ni la richesse (relative) ni la pauvreté (réelle) n'aliènent.

5

La relation avec Debord. Raoul Vaneigem rencontre Guy Debord par l'entremise d'Henri Lefebvre à qui il adresse une lettre le 18 juillet 1960. Dans l'envoi se trouvent « Fragments pour une poétique », un texte dans l'esprit de Lautréamont qui souhaite une poésie faite par tous, et quelques poèmes. Henri Lefebvre transmet l'ensemble à Guy Debord en décembre de la même année. À la même époque, Raoul Vaneigem écrit à la revue *L'Internationale situationniste.* Quelque temps plus tard, le 24 janvier 1961, il envoie une lettre à Debord : il dit apprécier les « Préliminaires pour une définition de l'unité du programme révolutionnaire » parus le 20 juillet 1960. À cette époque, Debord participe à « Socialisme ou barbarie ». Ce programme propose d'effectuer la liaison entre ouvriers et étudiants. Vaneigem déplore que le texte ressemble trop à un bulletin intérieur et ne fasse pas « assez dans l'action violente contre l'idéologie et l'art bourgeois ». Réponse du second au premier le 31 janvier : il a lu ce que Lefebvre lui a transmis, il a apprécié ce qui est dit du lettrisme et d'Isou ; il consent à l'aspect bulletin intérieur, mais inscrit son combat dans l'influence discrète sur le cours du monde. En juillet, les deux hommes se rencontrent pour la première fois. Naissance d'une amitié. Raoul Vaneigem commence une série de collaborations anonymes à la revue *IS*. Le Vaneigem violent d'alors a donc établi le contact avec le Debord du moment, stratège et tacticien groupusculaire.

Raoul Vaneigem écrit sur l'urbanisme. Avec Attila Kotányi, il rédige « Programme élémentaire du Bureau d'urbanisme unitaire ». Dans l'esprit d'Henri Lefebvre, cette critique porte sur ce que le capitalisme a fait de la ville et sur la nécessité de la transformer en instrument d'une révolution nouvelle, celle du situationnisme. Les deux compères animent à Bruxelles un Bureau d'urbanisme unitaire. Bientôt, Guy Debord accordera dans ses écrits une place importante à la dérive urbaine, à la négation de l'urbanisme libéral, à la nécessité de construire une ville faite pour les hommes désireux de créer des situations et de les multiplier.

L'histoire de l'Internationale situationniste est riche d'expulsions, de démissions, d'attaques ad hominem, elle croule sous l'échange de lettres virulentes, elle regorge de brèves amitiés enflammées transformées en longues haines recuites. L'I.S. rassemble peu de monde, elle est plus forte de gens exclus que de militants durables. La cartographie détaillée de la vie de cette Internationale très parisienne est facilitée par le petit livre de Jean-Jacques Raspaud et Jean-Pierre Voyer qui s'intitule *L'Internationale situationniste. Protagonistes/Chronologie/Bibliographie (avec un index des noms insultés)*. Raoul Vaneigem, qui fut insulteur, deviendra bien évidemment insulté – et copieusement... Après avoir lancé l'anathème sur tel ou tel, c'est lui qui finit par en faire l'objet à partir de novembre 1970, date de sa démission. Entre deux, il y aura *Banalités de base* (1962-1963) et le *Traité de savoir-vivre à l'usage des jeunes générations* (1967), Mai 68 et de longues soirées avinées de déambulations nocturnes dans Paris.

Revenant sur cette époque dans *Le Chevalier, la Dame, le Diable et la mort*, Raoul Vaneigem raconte cette amitié et l'action vécue sur le principe ludique des chevaliers de la Table ronde. Il écrit : « Certains d'entre nous étaient plus égaux que d'autres » (167). Il s'agissait alors d'incarner le négatif en visant l'extrême, d'user de sarcasme sans limites, de détruire avec passion, de boire aux limites de la perte de connaissance, de coucher jusqu'à plus soif, d'en finir avec le vieux monde qu'il fallait précipiter dans l'abîme. « Fondée sur l'exubérance éthylique et la rigueur de la pensée, notre amitié unissait, à la façon des hexagrammes du *Yi Jing*, l'humidité et la sécheresse. Debord rêvait d'une admiration sans admirateurs. Ceux qui l'encensaient l'irritaient, il les méprisait de ne rien tenter qui leur épargnât de se faire adouber » (167). Il faut exclure les déviationnistes, les opportunistes, les cyniques, les mystiques, les politiques : seul un petit nombre était appelé à révolutionner la planète.

« L'implosion du groupe situationniste confirma à quel point la rupture procédait d'une dissociation qui, affectant chacun de nous, soulignait le caractère factice (*sic*) de notre unité » (169). Sur le papier, dans les tracts, lors des réunions, dans les revues, les situationnistes veulent l'autogestion généralisée, les pleins pouvoirs du conseil, la fin de toute hiérarchie, la disparition de toute chefferie, la communauté ludique, la création de situations libres, un monde nouveau ; dans la réalité de la vie quotidienne des situationnistes, il n'y a que pouvoir élitiste, gestion aristocratique, gouvernement féodal, violences généralisées, duplication du vieux monde en concentrant sa négativité. Raoul Vaneigem parle de facticité, de dévoiement, d'abstraction, de mesquinerie, de rapports de force, de sectarisme, d'« inhumanité » même.

Après Mai, Debord se métamorphose en esthète acariâtre, décadentiste, égotiste, mégalomane, tout à la construction et à la dévotion de sa légende, soucieux de travailler à sa trace dans l'histoire ; Vaneigem devient ce que je nommerai un *situationniste dialectique,* autrement dit, un être qui persiste dans le même idéal, mais avec une autre méthode : la fin révolutionnaire avec les moyens pacifiques – ce dont témoigne son *Voyage à Oaristys* (2004). Le situationnisme historique (1956/1972) vouait un culte à la pulsion de mort ; la vie de Raoul Vaneigem après Mai fut celle d'un homme qui célèbre la pulsion de vie afin de parvenir au même but : une autre société, mais sans le recours à la violence, ce qui n'aurait fait qu'augmenter la négativité que les situationnistes prétendaient combattre.

6

Mai 68 sans légende. Raoul Vaneigem raconte Mai 68 sans souci de la légende, en proposant une histoire de ce que cachent Debord et les siens. Debord fait de Mai un grand moment historique planétaire induit par la pensée du petit groupe situationniste dont il était le Pape ; Vaneigem rapporte les faits : ils sont nettement moins prosaïques. *D'abord,* à son sujet, sincère, il écrit : « Quitter Paris aux premiers jours de Mai 68 pour emmener une amie en Espagne ne fut ni la moindre ni la pire de mes aberrations. Mais que, revenant en toute hâte pour rejoindre l'Institut pédagogique national, alors occupé, j'y fusse accueilli par d'amicales plaisanteries, que le rapport *Enragés et situationnistes dans le mouvement des occupations* ne fît pas mention de mes manquements et que la chose me fût imputée à crime un an plus tard, voilà qui en dit long sur la cuisine du ressentiment » (170). On lui reprochera ensuite *inconsistance, déviance, ignominie, trahison...*

Si Raoul Vaneigem ne se fait pas insulter dans *Enragés et situationnistes dans le mouvement des occupations,* c'est parce que les situationnistes français se sont retrouvés à Bruxelles, chez lui, pour rédiger collectivement la légende de Mai publiée sous la seule signature de René Viénet. Du même René Viénet, Raoul Vaneigem écrit : « Il eut, quand les réunions du groupe versèrent, après Mai 68, dans un formalisme tatillon, ce mot dont la cruauté eût mérité de nous alerter : "Si nous devons, un jour, être emprisonnés, j'espère que nous ne serons pas dans la même cellule" » (168). René Viénet entre au CNRS dans les années 70, enseigne à Polytechnique et devient conseiller du Commerce extérieur de la France en 2002...

Ensuite, Raoul Vaneigem rapporte ce que furent les réalités de Mai, loin des faits d'armes légendaires gravés dans le marbre par les hagiographes debordiens du situationnisme. Le soir de l'occupation de l'Institut pédagogique national, Raoul Vaneigem propose « de boire un marc dans tous les bistrots qui s'échelonneraient du côté gauche des rues dont la succession solliciterait notre dérive. Nous allions emprunter les ornières de la nuit, à défaut de regagner la demeure des désirs, où nous avions habité avant d'en être expulsés. Il me semblait que nos pas suivaient dans leur dernière errance ceux des combattants de la Commune de Paris. Le risque d'asperger les murs de notre sang nous était épargné mais notre parcours s'accomplissait avec la même rage, celle d'une révolution qu'il faudrait bien que d'autres générations reprennent et mènent à bonne fin » (48). Ils boivent beaucoup, vont de bar en bar, s'attirent les railleries, sinon les insultes, des patrons de bistrot. « Au temps où les Versaillais patrouillaient, ils nous auraient fait coller au mur et fusiller pour le repos de leur inconscience. » Puis il conclut : « Jusqu'au bout, nous bûmes joyeux le petit marc sur le zinc de la défaite. C'était notre façon de clamer notre mépris, et nous vomîmes sur leurs trottoirs » (49).

Doit-on commenter cette sidérante illusion d'optique en vertu de laquelle, à l'époque, des fêtards alcoolisés, dont les seuls signes d'héroïsme consistent à vomir sur le trottoir, s'assimilent aux Communards ? Comment comprendre que, ne craignant pas de perdre la vie sous les balles de quelques néo-Versaillais surgis de nulle part, cette bohème enivrée ait prétendu s'inscrire dans la geste de Louise Michel qui, elle, grimpait sur les barricades, fusil à la main, et s'exposait aux balles réelles des soldats de Thiers – et non aux quolibets des bistrotiers mécontents qu'on arrose de vomi le trottoir de leur estaminet ? *Drôle de guerre...*

7

Le printemps d'après Mai. Après Mai, la profession de foi libertaire de Raoul Vaneigem s'avère plus que jamais juste et vraie : « Je refuse d'être un maître à penser, je n'ai jamais ambitionné ni de fonder un parti, ni de constituer un exemple, ni d'offrir un modèle en quoi que ce soit. Je ne veux pas être suivi, imité, singé. Je vais mon chemin, je me fous du reste, cela suffit à mon plaisir » (171). Libéré du situationnisme historique, il fait rayonner sa pensée dans plusieurs directions : la généalogie de la fiction judéo-chrétienne, le creusement du sillon postsituationniste et quelques livres satellites autour de ces deux grosses planètes.

Raoul Vaneigem publie en effet une série d'ouvrages rares, précieux, extrêmement documentés, en marge de ce que produit la communauté des chercheurs appointés par l'État qui cherchent sans jamais trouver ou se contentent de dupliquer plus ou moins habilement ce qui a déjà été découvert. Il mène à bien des recherches sur la constitution du christianisme comme religion dominante. *La Résistance au christianisme* (1993) examine le climat historique apocalyptique, millénariste, gnostique dans lequel s'établit la fable sur laquelle l'Occident s'est construit. Il produit une synthèse de ce travail dans *Les Hérésies* (1994) pour la célèbre collection « Que sais-je ? » des Presses universitaires de France. Dans ces textes, il soutient l'inexistence historique de Jésus et analyse historiquement les modalités de cette forgerie. Dans *Le mouvement du Libre-Esprit* (1986), sous titré *Généralités et témoignages sur les affleurements de la vie à la surface du Moyen Âge, de la Renaissance et, incidemment, de notre époque,* Raoul Vaneigem met à jour mille ans de pensées alternatives au judéo-christianisme dominant. Il présente une série de penseurs inconnus et de pensées oubliées qui s'activent en marge du christianisme officiel, castrateur, nocturne : amauriciens et joachimites, bégards et béguines, picards ou adamites, alumbrados et loïstes ont en effet célébré le corps, la chair, la communauté sexuelle, la copulation comme autant de façons de parvenir à Dieu pour s'y unir dans une extase devenue prière. Dans *De l'inhumanité de la religion,* il fête de façon ironique les 2 000 ans de christianisme en Europe en ramenant sur la terre ferme les modalités de création des religions…

Par ailleurs, Raoul Vaneigem poursuit son travail de situationniste postsituationniste en creusant le sillon d'une révolution sans violence, de type néo-fouriériste si l'on veut, ce dont témoigne son *Voyage à Oarsystis* en 2004, mais aussi *Le Livre des plaisirs* (1976), l'*Adresse aux vivants sur la mort qui les gouverne et l'opportunité de s'en défaire* (1990), *Nous qui désirons sans fin* (1995), *Avertissement aux écoliers et lycéens* (1995), *Pour une internationale du genre humain* (1999) ou, l'année suivante, une *Déclaration des droits de l'être humain* (2000) sous-titrée *De la souveraineté de la vie comme dépassement des droits de l'homme.* En 58 articles, ce livre propose une nouvelle série de droits susceptibles de fonder une politique nouvelle moins construite sur la fiction du citoyen que sur la vérité de l'être concret.

À côté de ces deux gros blocs conceptuels (le travail de généalogiste de la fiction judéo-chrétienne et la poursuite du combat postrévolutionnaire), Raoul Vaneigem écrit sur des figures qu'il aime : Rabelais (*Salut à Rabelais !* en 2003), le poète belge Louis Scutenaire (pour la collection Seghers des « Poètes d'aujourd'hui » en 1991). Il rédige un *Dictionnaire de citations pour servir au divertissement et à l'intelligence du temps* (1998). Il subvertit les codes du journal intime avec un *Journal imaginaire* (2006) et ceux des mémoires avec *Le Chevalier, la Dame, le Diable et la mort* (2003) pour donner à lire un genre d'anti-journal ou de contre-mémoire bien dans l'esprit libertaire de l'auteur.

Il existe également dans son abondante bibliographie une série imposante de livres publiés sous pseudonymes : Ratgeb, *De la grève sauvage à l'autogestion généralisée* – d'après un peintre allemand du XVIe siècle combattant aux côtés des paysans révoltés de 1525 ; Jules-François Dupuis, *Histoire désinvolte du surréalisme* (1977) – d'après le nom du propriétaire de la mansarde dans laquelle est mort Lautréamont ; Anne de Launay, *L'Île aux délices* (1979) ; Julienne de Cherisy, *La Vie secrète d'Eugénie Grandet* (1981) ; Tristan Hannaniel, *Les Controverses du christianisme* (1992) – un patronyme construit à partir des prénoms de ses trois premiers enfants, Tristan, Ariane, Ariel, qui se dit aussi Hannaniel en hébreu ; Robert Desessarts, *Sur les pas des écrivains en Hainaut* (1999) – parce qu'un essart nomme un endroit défriché et qu'il s'agissait, dans ce livre, de proposer un essartage du Hainaut littéraire. Ce texte cite Vaneigem et il est préfacé par lui, sous son nom… On trouve également des articles publiés dans des recueils : *Michel Thorgall* par exemple ou *Michel Thorgal*, un nom emprunté à un personnage de BD pour sa sonorité (Laurent Six, *Raoul Vaneigem. L'éloge de la vie affinée,* 202 et 208)…

Depuis le changement de siècle, Raoul Vaneigem persiste à creuser ce sillon en intervenant sur des sujets particuliers : il analyse *la liberté d'expression* qu'il défend absolument en affirmant que la vérité finit toujours par s'imposer – *Rien n'est sacré, tout peut se dire* (2003) ; il réfléchit sur l'impunité en matière de crimes contre l'humanité dans *Ni pardon ni talion* (2009)… En octobre 2004, dans un entretien avec Laurent Six qui lui a consacré le livre cité plus haut, il affirme : « L'unité et la diversité des théories situationnistes a propagé en quelques décennies plus d'idées neuves que toutes les philosophies au cours des siècles : la critique de la survie, le refus du travail, du sacrifice, de la culpabilité, de la hiérarchie, du refoulement et du défoulement ; la dénonciation de l'économie et sa fonction déshumanisante ; la dialectique du désir, le caractère inséparable de l'amour et de la révolution, l'émancipation conjointe de la femme, de l'enfant et de la nature, la construction de situations vécues et la science des destinées » (177). Raoul Vaneigem a été, est et sera jusqu'à son dernier souffle l'homme de cette pensée libre. Il en illustre le versant solaire.

8

L'eau et le feu situationniste. Dans l'histoire du situationnisme, Guy Debord figure l'avers d'une médaille dont Raoul Vaneigem constitue le revers : Debord écrit dans un style sec, conceptuel, il récuse les adjectifs et va directement à l'essentiel ; il s'inscrit dans un sillage qu'on pourrait dire néo-hégélien et se réclame du jeune Marx de l'homme total ; il cite Feuerbach et Hegel en rafale ; il incarne l'ascèse révolutionnaire avec son versant saturnien ; il est animé d'une forte pulsion de mort – de l'alcoolisme pratiqué comme une religion au suicide ; il cite en abondance Thucydide, Machiavel, Sun Tzu et Clausewitz ; il aime les stratégies militaires et invente un jeu intitulé *Le jeu de la guerre ;* il inscrit son néo-marxisme dans le marbre apollinien ; il s'avère dogmatique, cérébral ; *La Société du spectacle* (1967) triomphe comme un traité de logique révolutionnaire écrit sous le signe de Clausewitz.

Raoul Vaneigem rédige dans une prose lyrique, enflammée, incandescente, poétique ; il use et abuse des répétitions, des épithètes, des effets de style ; il effectue un nombre infini de variations sur le même thème ; il illustre une tradition critique néo-nietzschéenne tout en souhaitant lui aussi la réalisation de l'homme total des *Manuscrits de 1844 ;* il cite Meslier, Sade, Lautréamont, Bakounine, Vaché, Fourier, Artaud parmi beaucoup d'autres rebelles solitaires ; il inscrit sa prose et sa vie dans un hédonisme révolutionnaire qui lui fait préférer la vie, l'amour, le corps, la chair à la mort, l'ascèse, l'idée, le concept ; il aime la folie violente des poètes, des marginaux et autres *suicidés de la société* ; il boit lui aussi à l'époque situationniste, mais en dévot de Dionysos, le dieu de la danse et du rire, plus que d'Apollon, le dieu de l'ordre et de la mesure ; il tire son néo-marxisme vers un néo-anarchisme qui fait la part belle aux libertaires français (jamais Proudhon, mais les révolutionnaires Varlet, Roux, les anarchistes Bellegarrigue, Libertad, les propagandistes par le fait Ravachol, Bonnot) et internationaux (Durruti, Makhno) ; il est un libertaire qui ne récuse pas la violence dans ses jeunes années (avant et un peu après Mai 68) mais qui, le temps passant, s'abandonne à un optimisme lyrique de type fouriériste, ce dont témoigne son roman utopique publié en 2005, *Voyage à Oarystis* ; le *Traité du savoir-vivre à l'usage des jeunes générations* (rédigé entre 1963 et 1967), qui s'avère un grand poème en prose écrit sous le signe de Lautréamont.

9

L'affinement d'une pensée. L'homme qui rédige les *Banalités de base* en 1962 n'a rien perdu de son incandescence, de son optimisme un demi-siècle plus tard. Il avoue lui-même, dans une préface datée du 18 avril 2004 à ce texte qui contient tout son projet théorique, qu'il a affiné sa pensée dans le sens d'un surcroît d'amour de la vie doublé d'un mépris plus grand pour ce qui relevait, jadis, de la pulsion de mort – en l'occurrence la célébration de la destruction. Il écrit : « La volonté de détruire est devenue réactionnaire. Le terrorisme d'État n'a pas de meilleurs alliés que ces héritiers dévoyés des Brigades rouges et d'Action directe qui, n'arguant même plus de l'imbécile prétention d'abattre un système en tuant l'un ou l'autre de ses représentants, massacrent au nom d'une religion, d'une ethnie, d'un parti ou du profit de la mort dont ils se ceignent comme d'une ceinture de chasteté » (13).

Avec le temps, Raoul Vaneigem a affiné (un mot qu'il utilise souvent, avec gourmandise...) sa théorie critique : plus cohérent avec ce qu'il professait, l'homme qui célébrait la pulsion de vie et justifiait la pulsion de mort quand elle prétendait se proposer la réalisation de la pulsion de vie a compris que la fin hédoniste ne justifiait pas les moyens mortifères. Imbibée d'hégélianisme, la pensée situationniste des années 60/70 célébrait la négativité comme le moment nécessaire de la réalisation de l'histoire. La négativité, c'était le goulag pour Sartre et les siens, la dictature soviétique opposée à l'impérialisme américain pour Marcuse, les camps de la mort maoïstes pour Alain Badiou, c'était pour Raoul Vaneigem la geste d'un Durruti. On peut lire en effet dans les dernières pages du *Traité* : « Dans les villages libérés par sa colonne, Durruti rassemblait les paysans, leur demandait de désigner les fascistes et les fusillait sur-le-champ. La prochaine révolution refera le même chemin. Sereinement. Nous savons qu'il n'y aura plus personne pour nous juger, que les juges seront à jamais absents, parce qu'on les aura mangés » (282).

En 2003, dans *Le Chevalier, la Dame, le Diable et la mort,* Raoul Vaneigem écrit : « Il reste des traces de fureur sacrée dans certaines pages du *Traité de savoir-vivre.* Je ne les renie pas, mais je les hume avec plaisir, comme un vin vieux, un peu passé. Ma violence n'a pas décru, elle a seulement changé d'orientation, elle a délaissé les grands boulevards de la mort pour frayer les chemins d'une vie en mal de création » (18-19). Violence de vie contre violence de mort, furie vitaliste contre furie mortifère, passion pour ce qui construit contre passion pour ce qui détruit, Raoul Vaneigem n'a pas changé, certes, si l'on veut, mais un engouement pour Saint-Just ne vaut pas un engouement pour Fourier, engouement pour engouement, l'un envoyait à l'échafaud quiconque ne sacrifiait pas à ses idoles, l'autre pensait des phalanstères pour que tous puissent sacrifier à leurs fictions en croyant qu'il vaut mieux une sagesse érotique qu'une terreur thanatophilique.

Car le *Traité* fait l'éloge de la violence. Un ajout à ce livre daté d'octobre 1972 et qui prend acte de l'échec de Mai 68, « Toast aux ouvriers révolutionnaires », invite à continuer dans le même sens et célèbre l'insurrection violente, le sabotage, la « guérilla de base », le « feu négatif et positif » (291). Dans le livre de 1967, Raoul Vaneigem célèbre en effet ceux qui ont fait couler le sang : Sade est présenté comme l'un des « théoriciens les plus importants de l'homme total » (215). Lisons : « Comment les maîtres du château de Selling (*sic* – et non Silling...) assurent-ils leur maîtrise absolue ? Ils massacrent tous leurs serviteurs, accédant par ce geste à une éternité de délices. C'est le sujet des *Cent vingt journées de Sodome.* Marquis et sans-culotte, D.A.F. de Sade unit la parfaite logique hédoniste du grand seigneur méchant homme et la volonté révolutionnaire de jouir sans limite d'une subjectivité enfin dégagée du cadre hiérarchique » (215). Posons-nous la question : comment le massacre de serviteurs par leurs maîtres pourrait-il être un signe révolutionnaire – et non la parfaite signature de la mystique féodale qu'abolit 1789 ?

Par ailleurs, Raoul Vaneigem salue les révolutionnaires de 1793 (28) en général et Saint-Just en particulier ; il donne sa bénédiction aux régicides avec le sinistre argument de la « légitime défense » (282) ; il légitime le meurtre d'un innocent transformé en coupable du seul crime d'être né fils de roi : « Il fut légitime de punir Louis XVI des crimes de ses prédécesseurs » (221) ; il disserte sur la « courtoisie » (38) de Lacenaire ; il comprend les « bombes de Ravachol » (25) ; il célèbre la geste sanglante de la bande à Bonnot ; il transforme Durruti en modèle, on l'a vu, quand il fusille ceux que dénoncent les *révolutionnaires ;* il légitime « le terrorisme anarchiste » (26) pour sa capacité à « perturber le mécanisme autorégulateur de la communauté sociale hiérarchisée ».

Raoul Vaneigem, contempteur du léninisme, se fait léniniste en justifiant l'imposition de la dictature du prolétariat pourvu qu'elle vise l'abolition immédiate du prolétariat. Il notifie le traitement réservé à ceux qui s'opposeraient : « les détruire totalement, comme on détruit une vermine particulièrement prolifique » (224). Plus loin : « L'anéantissement des contre-révolutionnaires est le seul geste humanitaire qui prévienne la cruauté de l'humanisme bureaucratisé » (275). Puis il conclut : « Je ne renoncerai pas à ma part de violence » (29) – mais il comprend, avec le temps, que ce que les partisans de toutes les peines de mort au nom de la révolution nomment *contre-violence* n'est jamais que l'une des modalités de la violence du système dans sa totalité. Le révolutionnaire violent incarne l'une des modalités de la pulsion de mort générée et entretenue par un système qu'il faut abolir autrement – on le verra : par la capillarité exemplaire des microsociétés, par la contamination fouriériste de phalanstères postmodernes.

10

De Saint-Just à Charles Fourier. Quand Debord effectue un trajet existentiel, ontologique et politique qui le conduit de Saint-Just à Des Esseintes, Vaneigem va du jacobin guillotineur au socialisme ludique, pacifiste et hédoniste de Charles Fourier, ce dont témoigne son *Voyage à Oarystis*, un texte terminé le 23 décembre 2004. La préface d'avril de la même année ajoutée à la réédition des *Banalités de base* le précise : Raoul Vaneigem a nié la négativité, il a jeté le néo-hégélianisme situationniste aux orties. Dans une logique hégélienne, on pourrait affirmer qu'il a nié la négativité, donc affirmé une positivité supérieure. L'affinement est le nom qu'il donne au travail de la dialectique en lui, autrement dit : dans son corps, sa chair, sa vie, ses livres, son œuvre, dans son trajet intellectuel.

Le *Voyage à Oarystis* s'inscrit dans une longue

tradition de livres de philosophie politique qui proposent des utopies – les plus célèbres étant : *La République* de Platon, *L'Utopie* de Thomas More, *La Cité du Soleil* de Campanella, la Thélème dans le *Gargantua* de Rabelais (un écrivain auquel Raoul Vaneigem a consacré un *Salut à Rabelais ! Une lecture au présent* en 2003), *Le Voyage en Icarie* de Cabet... Mais il y a pléthore en la matière. Casanova, par exemple, a écrit un an avant la Révolution française un *Icosameron ou histoire d'Édouard et d'Élisabeth qui passèrent quatre-vingts ans chez les Mégamicres habitants aborigènes du Protocosme dans l'intérieur de notre globe,* et Sade un *Aline et Valcour* dans lequel on trouve une utopie de la pulsion de vie dans le Royaume de Butua et une utopie de la pulsion de mort dans l'île de Tamoe...

Raoul Vaneigem inscrit son utopie dans le cadre d'un don amoureux effectué par un homme à celle qu'il aime pour preuve de sa passion : la dame s'appelle Oarystis, l'amant donne à la cité le nom de sa bien-aimée. Elle accueille « les amoureux de la vraie vie » (8). Dans une histoire mise en abyme, le narrateur la raconte lui aussi à celle qu'il aime lors d'un séjour à Venise, au Café Florian, pendant l'arrière-saison. L'histoire commence ainsi : « Il était une fois un homme si mécontent de sa condition qu'il avait formé le projet de changer le monde. Qui ne succombe un jour ou l'autre à une telle folie » (7), confesse le narrateur qui sirote une grappa Nardini. Puis il continue...

11

La forme d'une ville. *D'abord, la forme.* Cette ville a la taille d'une Cité-État, environ sept mille habitants, pas question qu'elle devienne un État, elle doit rester une oasis ; c'est un genre de cité-jardin dans lequel on entre à pied ou avec un train de fer et de cuivre ayant une forme de dragon et propulsé à l'énergie solaire ; elle ressemble, vue de loin, à une cité italienne de la Renaissance – un dôme, un aqueduc qui débouche sur une construction ayant la forme d'un sexe féminin, des canaux, un fleuve, des quartiers, des places (la plus grande, dite Place des Assemblées, se nomme aussi « Charles Fourier ou place de la Commune » [58]), des monuments, des statues (celle de Freud est en fil de fer barbelé...), des ponts, un lac, une « piazzetta », une bambouseraie avec des pandas, des rues (l'une d'entre elles porte le nom de Nietzsche), des bosquets, des jardins en paliers, des fontaines, des jardins exotiques ; des enfants habillés de façon baroque accueillent les arrivants choisis par l'assemblée de citoyens pour leur goût de la vie ; les vide-ordures arborent les têtes des dictateurs du XXe siècle (Staline, Mao, Franco, Hitler, Pinochet), on y envoie crachats et ordures, déjections, pourritures et autres produits avariés ; les toilettes sont publiques, les lunettes des WC figurent des têtes de monstres politiques (César, Napoléon, Lénine ou Louis XIV dit « l'emperruqué Louis-la-Fistule, dit Soleil-au-cul » [48]...) ; chacun se parle, devise et échange dans ces lieux d'aisances communautaires en effectuant malgré tout ce pour quoi il est là ; on se baigne dans des piscines de jus de fruits ou de lait qui caille rapidement ; dans les méandres d'un parc, des lits se déplacent en s'évitant ; on y pratique ce que Fourier nomme la gastrosophie et les cuisiniers rivalisent d'ingéniosité pour préparer des repas avec des produits naturels et sains, ils manifestent « une surenchère capable de faire apostasier les plus austères dévots de la mode anorexique, les plus fervents affidés de la minceur lucrative » (30) ; contre la tyrannie des vêtements calibrés, des accoutrements de classe ou des uniformes, on s'habille comme on veut, l'un est costumé comme une mante religieuse, l'autre arbore une toge blanche constellée de clochettes, de médailles, de camées, de petits miroirs biseautés, une troisième, l'institutrice, est vêtue comme un oiseau des îles cependant qu'une autre apparaît nue sous une sorte de coque transparente qui est un vêtement chauffant à température réglable, une autre est habillée en... poireau ; on se déplace en chars en voile sculptés dans des bois polychromes qui s'inspirent de la plastique des oiseaux, en véhicules à propulsion hydraulique ou solaire dessinés de façon baroque, en ascenseurs Jugendstil, en trottoirs roulants, en engins volants, en tricycles à voile qui s'envolent dès que le vent le permet ; les cuisines sont équipées de fours solaires à accumulation ; l'énergie est produite par des animalcules coprophages ; les architectures sont mobiles, le déplacement de certaines structures reconfigure les parties pour de nouveaux ensembles, ainsi des passages qui protègent les promeneurs des aléas climatiques surgissent là où il y avait des habitations, puis ils disparaissent...

12

La Cité du Jouir. *Ensuite, le fond* : Oaristys signifie en grec « le commerce intime », « les relations », puis « les troupes des gens qui vivent ou agissent ensemble ». Dans cette cité, tout est gratuit, l'argent a été aboli, la communauté en use seulement pour ses échanges avec l'extérieur ; la hiérarchie, le pouvoir, la domination ont également disparu : « Un pays où il n'y a ni temple, ni église, ni synagogue, ni mosquée, ni prêtre, ni pasteur, ni gourou, ni imam, ni rabbin, ni banquier, ni flic, ni militaire, ni marchand, quel bonheur ! » (69). Dans cette cité, chacun prévient les désirs de l'autre et n'a de souci que de réaliser les plaisirs d'autrui. Les murs transformés en cimaises perpétuelles portent la culture, le savoir, et sont l'occasion d'échanges continuels – ainsi « À l'angle des rues Jan-Valtin et Vassili-Grossman, le club des Pointeurs de controverses historiques débattaient des preuves de l'inexistence d'un nommé Jésus et du rôle de Marcion dans la rédaction initiale des lettres attribuées à Paul de Tarse » (71) – autrement dit : de la forgerie du christianisme et de la construction de cette affabulation religieuse sur laquelle reposent les fondations de notre Occident...

Dans la cité radieuse, la vieillesse, elle aussi, a été abolie : la civilisation d'avant la révolution a pensé le temps en regard de l'argent, elle a donc fait du vieillissement une décrépitude associée à la moindre performance, à la rentabilité entravée ; on nommait vieux celui qui avait cessé d'être rentable, efficace d'un point de vue lucratif. Mais le nouveau paradigme hédoniste indexe l'existence sur le désir, le plaisir, le bonheur, la joie, l'amour, le don, le partage ; dès lors, les vieillards sont des jeunes là où les jeunes, en régime de civilisation capitaliste, sont des consommateurs, donc déjà des vieux. Le modèle n'est plus la succession des jours et des saisons, mais celui des « moments du désir, de la jouissance, de l'accomplissement de soi, de la création » (72).

Ainsi, l'amour qu'on dirait en dehors de cette cité *gérontophile* ne pose aucun problème aux citoyens affranchis : de sorte qu'une jeune femme en costume réséda embrasse un vieillard ayant l'âge d'être son grand-père sans que qui que ce soit s'en offusque. De même, l'idée se trouve déjà dans le *Traité de savoir-vivre à l'usage des jeunes générations*, « si un frère et une sœur cèdent à la passion amoureuse, nous n'y trouvons rien à redire » (74), même remarque, pourvu qu'ils soient adultes, avec un père et sa fille, un fils et sa mère… Dans une perspective radicalement fouriériste, l'amour ne se reconnaît pas d'autre loi que le consentement des deux partenaires. Dès lors, le viol, la subornation, la séduction cauteleuse n'ont pas droit de cité à Oarystis.

13

La sexualité des enfants. Dans la cité, Raoul Vaneigem envisage la sexualité des enfants comme légitime, bien sûr, mais entre eux et à leur rythme, sans qu'aucun adulte interfère dans leur monde doté de sa vitesse propre, qui n'est pas celle des majeurs : « La génitalité enfantine a besoin d'un lent développement, elle doit peu à peu prendre corps et conscience avant d'aboutir à l'épanouissement de l'âge adulte, qui coïncide avec la découverte physiologique de la passion amoureuse. Elle est une pulsion qui se cherche et se révèle. Une sexualité adulte s'immisçant sur elle aurait un effet désastreux parce qu'elle en perturberait la progression graduelle et la dénaturerait, avec les conséquences que présentent cliniquement ceux qui dans leur jeune âge furent enjôlés, abusés, violentés, arrachés aux émerveillements de l'amour naissant » (75).

(Rappelons au passage que l'après-Mai 68, qui fut prodigue en délires, a milité pour une sexualité des enfants avec les adultes. En 1977, nombre d'intellectuels signent en effet une pétition qu'ils envoient au Parlement pour abroger plusieurs articles de la loi sur la majorité sexuelle. Ce texte souhaite la dépénalisation de toutes relations *consenties* entre adultes et mineurs de moins de quinze ans, l'âge de la majorité sexuelle en France : Althusser, Aragon, Barthes, Beauvoir, Châtelet, Chéreau, Bory, Cuny, Deleuze, Derrida, Dolto, Jean-Pierre Faye, Gavi, Glucksmann, Guattari, Daniel Guérin, Guyotat, Jacques Henric, Hocquenghem, Kouchner, Jack Lang, Lapassade, Leiris, Lyotard, Mascolo, Matzneff, Catherine Millet, Ponge, François Régnault, Olivier Revault d'Allones, Robbe-Grillet, Christiane Rochefort, Danielle Sallenave, Sartre, Schérer, Sollers paraphent...)

Loin de l'empire des adultes sur le sexe des enfants, le narrateur tient ce propos dont on peut imaginer qu'il est celui de l'auteur du livre :

« Aimer un enfant, c'est lui permettre d'accéder sans heurt, par la voie de l'affection et du savoir, à une émotion, à une sensibilité et à une conscience dont l'amour ne saurait se passer pour rayonner de cette humanité à laquelle nos sociétés lui permettent rarement de parvenir » (75) – nous sommes loin des thèses de Pascal Bruckner et Alain Finkielkraut qui, dans *Le Nouveau Désordre amoureux* (1977), invitaient à ce que leurs lecteurs s'inspirent des livres du pédophile Tony Duvert dont ils déploraient qu'ils « provoquent le scandale : ils devraient susciter des vocations, dessiller les yeux » (au Seuil, page 266). En 1979, dans *Au coin de la rue, l'aventure,* les deux compères récidivent en écrivant : « Désirez-vous connaître l'intensité des passions impossibles ? Éprenez-vous d'un(e) enfant » (*ibid.*, 91)...

Raoul Vaneigem conduit son lecteur dans la ville à la découverte des « Maisons de l'amour », inspirées par les thèses de l'ethnologue Bronislaw Malinowski – un penseur honoré dans la cité par une rue et un monument. Ces lieux sont construits pour les adolescents. Dans pareil endroit, « les idylles se nouent et se dénouent, les expériences se vivent librement, affinant la connaissance que la fille et le garçon prennent de leur corps et de leurs appétits. Certains restent attachés au libertinage, d'autres forment des couples bien accrochés. Désireux de fonder un foyer, ils prennent langue avec la guilde des Constructeurs, qui leur bâtira une demeure selon leurs vœux, ou, s'ils souhaitent l'édifier de leurs mains, leur procurera aide et conseil » (79).

L'érotisme est donc une affaire de choix personnels, de goûts subjectifs, de tempéraments particuliers. Toute sexualité, y compris la plus fantasque, est légitime, pourvu qu'elle ne nuise pas à autrui. La pédophilie, en tant qu'elle suppose le pouvoir d'un adulte capable de rhétorique, de séduction, sur un enfant, n'entre pas dans la configuration des érotiques possibles. Pour le reste, tout est possible : ainsi, un groupe d'exhibitionnistes peut-il librement exercer sa passion en public.

14

Une écosophie pratique. Dans Oarystis, l'écologie fait la loi, on a déjà vu où et comment : les propulsions sont solaires et non polluantes ; l'énergie se trouve produite par des cellules mangeuses de détritus ; les déchets sont recyclés ; les fours fonctionnent avec des particules photosensibles accumulées ; l'agriculture biologique produit des légumes naturels utilisés dans une alimentation saine – de sorte qu'on n'enregistre aucune pollution dans cette cité-jardin. D'ailleurs, les habitants ont le souci de parfumer l'air pur de leur ville et, habitude nouvelle, chacun décode les odeurs de chacun.

De fait, la bonne odeur d'amour des amants n'est pas la puanteur des miasmes de ceux qui vivent rongés par la pulsion de mort. Ainsi, un touriste revêtu d'une burka dégageait « un épouvantable remugle de haine, une odeur putride d'agressivité » (142). Commentaires de l'habitant qui fait visiter sa ville aux deux tourtereaux : « Le malheureux était dans un état ! Un vrai profil de tueur. Quelqu'un a proposé de l'aider, lui a parlé d'un traitement approprié des émotions négatives. L'autre n'a fait que puer davantage et a pris la fuite » (142). Oarystis épure, elle convertit à la vie ou elle évince naturellement ceux que la haine de la vie tenaille trop profondément. Quand le mal suinte, il s'échappe de la cité du bien...

Comme personne n'impose rien à personne, les végétariens ne font pas la loi aux carnivores, ni l'inverse. Pour les mangeurs de viande, les animaux destinés à l'abattoir sont élevés dans la dignité, ils vivent en liberté, sont anesthésiés de façon indolore avant l'abattage, on leur injecte même un produit gastronomique destiné à rehausser la cuisine que l'acheteur se propose de préparer. Les poissons sont traités de la même manière : liberté, électrocution. Les vaches laitières, parce qu'elles fournissent du lait à la communauté, les chevaux et les ânes, parce qu'ils donnent leur énergie musculaire pour le travail, meurent de vieillesse dans les prairies qui bordent la ville. Ceux qui protègent les animaux peuvent leur épargner la mort en les adoptant comme animaux de compagnie : on découvre parfois un veau, un marcassin, une poule, un faisan ayant élu domicile chez un particulier qui prend soin de lui. En même temps, et parce que la liberté règne dans la cité, les chasseurs sont libres de se rendre ensemble sur un terrain où ils tueront des animaux...

Dans cette utopie, une jungle est artificiellement produite grâce au contrôle d'une phalange météorologique qui utilise un bouclier climatique avec lequel les scientifiques obtiennent le biotope d'un climat tropical qui fonctionne comme une zone expérimentale de cinq mille hectares : la science est mise au service de l'écologie, elle n'est pas systématiquement critiquée en tant que telle, mais pensée de façon conséquentialiste en relation avec ses projets et ce qu'elle obtient. Si elle contribue à la sauvegarde de la nature, la science est bonne ; mauvaise si elle la détruit. Dans la cité idéale, il n'existe donc pas de technophobie de principe, mais une technophilie jugée en regard de ses fins.

Le laisser-faire a d'abord produit dans ce biotope un désastre coextensif à la loi de la jungle : les prédateurs ont détruit leurs proies de façon sauvage et un déséquilibre est très vite apparu. Une poignée de lions a rapidement ravagé toutes les antilopes. Plus tard, par la volonté des hommes, la diversification des biotopes a permis de sédentariser des espèces et d'éviter que la nature fasse la loi, c'est-à-dire que les plus faibles disparaissent sous les crocs et les griffes des plus forts. Laisser faire la nature ne garantit donc pas d'une homéostasie naturelle ; imposer une culture écologique permet de raisonner la nature et d'en obtenir le meilleur – à savoir son être et la persévérance dans son être.

Le département d'éthologie de la Maison des sciences enseigne les justes relations entre les hommes et les animaux. Il existe une jungle que l'on peut pénétrer, mais à ses risques et périls. Il y a toutefois à Oaristys une famille qui vit en compagnie des tigres. Dans cet état d'harmonie de tous avec tous, les animaux ne sont pas des objets au service des hommes, des proies déchiquetées ou asservies par les humains, mais des compagnons ontologiques, des supports de la vie, au même titre que l'homo sapiens. À Oaristys, il n'existe pas une différence de nature entre l'homme et l'animal, mais une différence de degrés.

15

Ne plus croire, mais savoir. On l'a déjà souligné, il n'existe ni temple, ni église, ni mosquée, ni synagogue dans la cité idéale. « Aucune croyance n'est interdite ni par force, ni par dissuasion, ni par prosélytisme de sens contraire » (104). Chacun a le doit de croire aux sornettes et aux balivernes qu'il voudra ; mais aucun n'aura le droit d'imposer ses billevesées à son prochain : « Il n'y a pas de place pour les rites sanglants, les sacrifices, les interdits sexuels ou alimentaires, les contraintes vestimentaires ou les astreintes comportementales. Surtout il n'y a pas de place pour des institutions qui s'arrogent le droit d'imposer à quiconque – et, forfait particulièrement ignoble : à des enfants dont la conscience est éminemment malléable – des croyances, des superstitions, des préjugés, des idées reçues qui tiennent leur prétendue vérité d'une tradition millénaire dont la brute militaire, le prêtre obscurantiste, le tueur fanatique, le prédateur en tous genres illustrent l'éblouissante efficacité » (105). Ni dieux ni maîtres, en quelque sorte...

La vie dans la cité se trouve tellement indexée sur la pulsion de vie, elle célèbre tellement le désir, le plaisir, la joie, le bonheur, que personne ne ressent le besoin de (se) créer des arrière-mondes de consolations : la religion n'existe que par la frustration de la vie emmagasinée dans une existence soumise à la production, au travail salarié, à l'idéal ascétique, au renoncement à l'exercice de la liberté sexuelle. Si la source négative qui irrigue les religions se trouve tarie, nul besoin d'inventer ces consolations post mortem qui légitiment la réalité de la négativité sur terre au profit d'une hypothétique positivité après la mort.

Le « Musée du passé » conserve la variété des religions et des croyances des temps anciens. On y trouve des salles qui exposent les méfaits dus à ces superstitions : les répressions, les crimes, les ouvriers sacrifiés pour bâtir des monuments consacrés aux dieux, aux palais royaux, aux édifices de prestige destinés à en imposer aux autres peuples. Le contrepoint de ce lieu de mémoire de la négativité est constitué par les écoles où la frénésie de savoir et de culture fait la loi. Il n'y a pas d'âge pour apprendre et tous peuvent augmenter leur connaissance quand bon leur semble.

La pédagogie de Rabelais inspire les éducateurs : « Le moindre geste, la moindre appétence, la moindre plaisanterie livrent prétexte à des jeux de savoir et de délassement qui évitent l'écueil du pédantisme » (107). Cette pédagogie active suppose la visite d'ateliers où les enfants rencontrent des artisans, des artistes, des imprimeurs, des inventeurs, des scientifiques, des érudits. Ils assistent également à des assemblées générales de citoyens. Ils participent à des expéditions dans la jungle. Ils accumulent les connaissances, puis ils donnent eux-mêmes des cours. Un tableau croise les demandes de connaissances et les offres de savoir, les rencontres permettent de connecter les envies et les propositions de culture.

« Ainsi, dit le cicérone, m'a-t-il été donné de défendre mon opinion selon laquelle Marcion du Pont était l'auteur des lettres attribuées à Paul de

Tarse, du moins du noyau substantiel que le prosélytisme catholique a récrit plusieurs fois selon la versatilité des intérêts de l'époque » (107-108). Là encore, quand le croyant souscrit à des fables, des légendes, des affabulations, des mythes, le citoyen raisonnable démonte ces histoires pour enfants et fait de l'histoire : toute culture digne de ce nom fait reculer la superstition religieuse – voilà l'impératif catégorique de la pédagogie d'Oarystis.

Pas étonnant, dès lors, que les grands hommes honorés dans la cité par des rues, des places ou des monuments soient de grands penseurs sans Dieu : Giordano Bruno, conduit au bûcher en 1600, condamné comme hérétique par le catholicisme apostolique et romain ; Nietzsche, l'antéchrist, le déconstructeur de la religion chrétienne ; Cœurderoy et Libertad, les grands anarchistes sans Dieu ni Maître ; Charles Fourier, le panthéiste hédoniste destructeur du monothéisme associé à l'idéal ascétique ; Lautréamont qui voulait attaquer l'homme et son créateur ; Montaigne, le fidéiste qui pense le monde sans avoir besoin de l'hypothèse de Dieu ; Herman de Rijswijk, premier antichrétien néerlandais contemporain de Montaigne ; Campanella, victime de l'Inquisition ; Traven, le romancier anarchiste aux nombreux pseudonymes défenseur de la cause des Indiens ; Marie de Gournay, l'amie de Montaigne qui défendit la cause des femmes ; Tâhere, surnommée Qurratu l'Ayn, une poétesse persane qui, en 1848, « ôta solennellement son voile en public, affirma qu'elle ne le porterait plus jamais et proclama le principe d'égalité des sexes dans le monde arabe et dans le monde entier » (159) – et autres pourfendeurs de Dieu comme Freud, même si sa statue est en fil de fer barbelé, ou Groddeck, qui se disait psychanalyste sauvage...

16

Une médecine de caresses. Si Groddeck a droit à sa statue, c'est parce qu'il a découvert le mécanisme psychosomatique – autrement dit la liaison entre la psyché et le soma, l'âme et le corps, l'esprit et la chair. Freud apparaît, on l'a dit, en fil de fer barbelé. Il a ses partisans et ses détracteurs, nous dit l'habitant de la cité-jardin, sans qu'on connaisse plus ni mieux les arguments des opposants. Mais on peut les déduire quand on sait que Groddeck est célébré : cet homme demi-fou affirmait, en présence de Freud qu'il sidéra, être « un psychanalyste sauvage » à la tribune d'un congrès le 9 septembre 1920. Là où Freud célèbre un inconscient psychique désincarné, éthéré, transmis de façon phylogénétique, là où il entretient d'une libido transcendantale, d'une chair conceptuelle, là où il théorise sans clinique à partir de sa bibliothèque, Groddeck célèbre un inconscient charnel, réel, véritable, concret, coextensif au corps. Quand Freud met le patient à distance, l'allonge sur un divan, s'installe derrière lui, se tait, l'écoute, parle peu, ne manifeste aucune empathie, évite tout contact sympathique ou épidermique, Groddeck pratique le face-à-face, sympathise avec ses patients, les voit en dehors du cérémonial de l'analyse, les touche – parfois les caresse...

Groddeck laisse son nom dans l'histoire de la psychanalyse parce qu'il théorise la médecine psychosomatique : on ne tombe pas malade par hasard, on se crée une maladie pour attirer l'attention sur une tension, pour inviter la conscience à s'attarder sur un conflit de nature libidinale. Il associe les organes à une symbolique et précise qu'on ne déclenche pas par hasard une maladie de cœur, une pathologie des poumons, une lésion rétinienne ou une fistule anale. La vulgate dirait que le patient a des peines de cœur, qu'il étouffe et manque de souffle, qu'il ne veut pas voir la réalité en face, voire, si je puis me permettre, qu'il en a plein le cul...

Freud fut un compagnon de route des fascismes européens : on lui doit une dédicace élogieuse de son livre *Pourquoi la guerre ?* à Mussolini ; il soutint le régime austro-fasciste du chancelier Dollfuss ; après l'arrivée d'Hitler au pouvoir, il a travaillé avec Felix Boehm, un nazi, pour que la psychanalyse puisse continuer à exister sous le IIIe Reich ; il a théorisé son mépris de la démocratie et la nécessité du dictateur pour contenir l'inévitable pulsion de mort biologique ; il a écrit contre le marxisme, le communisme, le bolchevisme, mais jamais contre le fascisme ou le national-socialisme – on peut comprendre que Raoul Vaneigem associe le docteur viennois aux *barbelés*...

En revanche, Groddeck – pour lequel Guy Debord manifestait toute sa sympathie théorique (*Correspondance*, VII.25) – délira sur la fin de son existence : il écrivit en effet à Adolf Hitler pour l'informer que des intrigants menaient dans son dos une politique antisémite et qu'il n'était probablement pas au courant de cette forfaiture... Faute d'une réponse, il envoya une seconde missive au dictateur qui, on s'en doute, n'a pas répondu. Le même Groddeck a souhaité s'attaquer au cancer et sollicita le Reich nazi pour travailler avec lui ! Pas par sympathie politique, mais par délire… Raoul Vaneigem le crédite d'une statue « massive et aérienne avec son embrouillamini de minces filaments de fer entrelacés » (138) – pas de barbelés, donc…

C'est à Groddeck que Raoul Vaneigem emprunte sa médecine des caresses : dans le cabinet du médecin, on s'allonge sur un matelas d'eau dans lequel nagent des poissons dans un milieu d'algues. Le thérapeute apprend à se masser le ventre, puis à repérer les points sensibles qui sont des carrefours d'énergie comme on en trouve dans l'acuponcture. Puis il livre le secret de sa thérapie : « Caressez-vous longuement, languissamment, paresseusement, voluptueusement, caressez-vous, même distraitement, sans y penser, mais caressez-vous ! » (137). Puis il explique pourquoi il défend une pareille médecine : « Je pars du principe que quelqu'un qui est malade veut être malade, parce qu'il n'a rien trouvé de mieux pour s'adjuger un peu d'affection. (…) La compassion n'arrange rien, elle ne fait qu'empirer le mal et c'est pourquoi le patient en vient à vouer son existence et à la douleur et à la pitié » (*ibid.*). Thèses de Groddeck – que le héros du roman utopique de Raoul Vaneigem accueille avec un pet sonore…

17

Négation de la négation. L'utopie est négation de la négation. Dans Oarystis, tout ce qui est considéré comme négatif a disparu : l'argent, la hiérarchie, l'exploitation, la misère, la maladie, la police, les religions, le crime, la pollution, les tabous, le viol, la pédophilie, la guerre, l'armée, la marchandise. Tout ce qui est pensé comme positif règne : la coopération, la mutualisation, l'égalité, le loisir, le jeu, le bonheur, la joie, la santé, la paix, le calme, la sérénité, la fraternité, la sagesse, l'amour libre, le don. Loin du *Traité de savoir-vivre à l'usage des jeunes générations* qui légitime la violence pour réaliser un monde sans violence, le *Voyage à Oarystis* propose un fouriérisme dans lequel l'Harmonie (hédoniste) a remplacé la Civilisation (capitaliste) par la volonté d'un amoureux qui a extrapolé sa passion pour la pulsion de vie, et pour une femme aimée, à la construction d'une cité à la mesure de son enthousiasme.

La mort elle-même meurt... La vie dans cette cité a été tellement radieuse, heureuse, forte, puissante, que la mort n'est plus, comme dans les temps passés, une punition, une catastrophe, une douleur, mais presque une récompense : on la pense comme « un repos mérité » (146). On ne meurt pas par épuisement de la vie, mais par fin de l'amour. Si l'être aimé meurt, s'en va, en aime un autre, alors s'instille en nous ce qui va donner la mort. Si la maladie se nourrit d'un désir contrarié, la mort s'initie d'un amour envolé – ou de l'amour envolé.

Après avoir visité ce pays enchanté, après avoir

vu la cité radieuse dans sa forme et dans ses réalisations, après avoir mesuré ce qui sépare la civilisation judéo-chrétienne de l'harmonie néo-fouriériste, après avoir constaté combien une survie selon la mort se trouve aux antipodes d'une vie selon la vie, après avoir goûté aux fruits de la volupté qui font paraître amers ceux de l'idéal ascétique, l'heure vient de la fin du voyage et du retour nécessaire dans la civilisation. Dans le train qui le conduit vers son passé, l'amoureux dit ce que sera son futur. Prenant le visage de son aimée entre ses mains, il dit : « Je jure de faire d'Oarystis le monde entier » (187). Suit alors cette date : *le 23 décembre 2004.*

18

L'auteur d'un seul livre. Dans les premières pages de ses anti-mémoires qu'est *Le Chevalier, la Dame, le Diable et la mort,* Raoul Vaneigem se place sous le signe de Montaigne. Il écrit : « N'ayant écrit qu'un seul livre, sans cesse récrit, complété, corrigé selon la facture qu'empruntaient les bouleversements de société et, inséparablement, les variations de mon existence, je me sens en narquoise familiarité avec lui » (10). En effet, les *Banalités de base* écrites en 1962 et publiées l'année suivante dans *L'Internationale situationniste* contiennent la presque totalité des pensées de l'auteur qui est alors âgé de vingt-huit ans.

Les *concepts majeurs* de sa vision du monde s'y trouvent : la tension entre la survie à laquelle nous contraint la société du spectacle et la vie à laquelle nous invitent les situationnistes ; le travail pensé, conçu et analysé comme sacrifice, une thèse accélérée par la logique judéo-chrétienne qui l'associe à la punition consubstantielle au péché originel ; la critique de gauche de la gauche bolchevique ; le refus de suivre et de guider, de commander et d'être commandé, d'être maître avec un esclave ou esclave avec un maître ; le spectacle défini par la séparation ; l'analyse précise du concept de société du spectacle – cinq ans avant que l'expression devienne le titre du livre le plus célèbre de Guy Debord ; le démontage du mécanisme des masques et des rôles ; la pratique du détournement ; la solution élitiste, aristocratique, à la question sociale ; le projet réactivé de Lautréamont qui invite à ce que la poésie soit faite par tous et que, conséquemment, elle n'ait plus grand-chose à voir avec l'art de composer des vers mais avec celui d'une esthétique de l'existence ; la proposition de microsociétés de type nietzschéen en lieu et place du rôle révolutionnaire de l'avant-garde éclairée du prolétariat chez les marxistes ; l'action révolutionnaire irradiant à partir d'un centre occulte ; la vie quotidienne comme lieu dans lequel doit s'incarner la révolution ; la reprise de la thèse marxiste de la réification de la marchandise comme vérité de l'économie marchande spectaculaire ; l'excellence du pouvoir direct qui économise toute forme de représentation et de délégation.

On trouve également dans ce texte les *cibles majeures* et définitives de Raoul Vaneigem : la vie mutilée de l'être qui oublie de vivre pour se contenter de survivre dans le spectacle de son existence aliénée ; la hiérarchie et les pouvoirs ; les prêtres, les idéologues, les intellectuels ; les techniciens

– les « stalino-cybernéticiens » (55) ; les religions en général et le christianisme en particulier ; les dictatures, celles des bolcheviques et de Fidel Castro dont les situationnistes dénoncent « le comportement despotique et la politique liberticide » (69) ; la gauche qui n'appelle pas à la fin des maîtres mais à leur remplacement ; la haine contre le fascisme pensé comme l'un des stades de la société du spectacle ; les révolutions traditionnelles qui toutes ont trahi leurs beaux idéaux d'origine ; « les penseurs questionnant avec congés payés » (63) – Lefebvre et Castoriadis...

Enfin, on peut également pointer dans ce texte les *références majeures* et architectoniques de ce combat pour les « idées situationnistes » (63) : les anarchistes illégalistes, la bande à Bonnot, Ravachol ; Durruti dont Raoul Vaneigem aime alors le caractère expéditif ; les marginaux, les pirates, les gangsters ; les criminels : « Troppmann, Landru, Petiot équilibrant leur budget sans y porter en compte la défense du monde libre, de l'Occident chrétien, de l'État ou de la valeur humaine, partent vaincus d'avance » (46) ; ceux qu'à l'époque on appelle « les blousons noirs » ; Lautréamont, Dada ; les Enragés de la Révolution française ; les marins de Cronstadt fusillés par le pouvoir bolchevique ; les Fédérés de la Commune ; les anarchistes espagnols des Asturies...

19

Des microsociétés nietzschéennes. Dans les *Banalités de base*, Raoul Vaneigem revendique un certain aristocratisme, voire un élitisme certain. Il écrit par exemple : « Nous ne prétendons pas avoir le monopole de l'intelligence mais bien celui de son emploi » (63) ; ou bien ceci, à la fin du petit livre : « Il y aurait beaucoup d'autres banalités à reprendre et à retourner. Les meilleures choses n'ont jamais de fin. Avant de relire ce qui précède, et qu'un esprit médiocre peut comprendre à la troisième tentative, il est bon de consacrer au texte suivant une attention d'autant plus soutenue que ces notes fragmentaires comme les autres appellent des discussions et des mises au point » (95-96). Le ton paraît volontairement provocateur : les situationnistes disposent du monopole de l'usage correct de l'intelligence ; ils proposent des analyses que les esprits médiocres ne peuvent saisir immédiatement. Quel professeur tiendrait ouvertement ce genre de discours devant ses étudiants en 1962 ? La provocation, l'arrogance, l'insolence, l'impertinence, l'affectation de suffisance constituent, à l'époque, des variations sur le thème de la violence revendiquée théoriquement et assumée pratiquement par les situationnistes. La littérature situationniste est la plupart du temps critique, elle se réjouit de pouvoir revendiquer la négativité hégélienne pour justifier sa dynamique, sa logique, sa tactique.

La positivité n'en paraît que plus précieuse, plus riche. Les *Banalités de base* s'inscrivent « dans la perspective du projet nietzschéen » (98). Voici la proposition effectuée par Raoul Vaneigem : « Nous allons en effet constituer un petit groupe expérimental quasi alchimique où s'amorce la réalisation de l'homme total. Pareille entreprise n'est conçue par Nietzsche que dans le cadre du principe hiérarchique. Or c'est dans ce cadre que nous nous trouverons de fait. Il importera donc au plus haut point que nous nous présentions sans la moindre ambiguïté (au niveau du groupe la purification du noyau et l'élimination semblent maintenant accomplies). Nous n'acceptons le cadre hiérarchique dans lequel nous nous trouvons placés que dans l'impatience d'exterminer ceux que nous dominons et que nous ne pouvons que dominer sur la base de nos critères de reconnaissance » (99).

Puis ceci : « Sur le plan tactique, notre communication doit être un rayonnement au départ d'un centre plus ou moins occulte. Nous établirons des réseaux non matérialisés (rapports directs, épisodiques, contacts non contraignants, développement de rapports vagues de sympathie et de compréhension, à la manière des agitateurs rouges avant l'arrivée des armées révolutionnaires). Nous revendiquons comme nôtres, en les analysant, les gestes radicaux (actions, écrits, attitudes politiques, œuvres) et nous considérons nos gestes ou nos analyses comme revendiquées par le plus grand nombre » (99).

Pour nourrir sa tactique révolutionnaire, Raoul Vaneigem mélange les références à *Nietzsche* pour l'élitisme, la caste, l'aristocratie, la petite communauté chargée d'éduquer les éducateurs, l'invention et la promotion de nouvelles possibilités d'existence, à *Marx* pour le projet d'homme total tel qu'il apparaît dans les *Manuscrits de 1844*, et à *Hegel* pour la dialectique qui permet de recourir à la hiérarchie pour abolir la hiérarchie, à l'aristocratie pour réaliser et dépasser l'aristocratie au profit d'une communauté révolutionnée – « une société unitaire » (99).

20

De nouvelles banalités. Raoul Vaneigem préface la réédition de ce texte à deux reprises : en juillet 1995, puis en avril 2004. Entre la date de parution dans la revue de l'I.S. (1962) et celle des préfaces, Mai 68 a eu lieu avec ses illusions et ses désillusions. Dans le premier texte, l'auteur constate que l'époque a privilégié la destruction du vieux monde sur la construction d'une nouvelle subjectivité sans laquelle une nouvelle communauté est impossible. La croyance dans les effets positifs de l'insurrection relevait d'un optimisme suranné. Il y eut de l'amour, de l'amitié, de l'alcool, mais aussi « l'irrésolution de De Gaulle et la modération du préfet de police Grimaud » (102), le tout débouchant sur une solution qui ne fut pas ensanglantée et ouvrit à un changement de paradigme social auquel le situationnisme n'est pas étranger.

Dans le second texte, Raoul Vaneigem se fait plus précis sur les conditions d'écriture de ce texte : « Il n'est guère de phrases des *Banalités de base* qui n'aient été écrites dans les encres contrastées et entremêlées de l'alcoolisme suicidaire, d'une passion démesurée de l'éphémère et d'une rage d'anéantir le monde dominant, où il me semblait qu'une mort apocalyptique ne paierait pas d'un prix trop élevé la chance de trancher d'un seul coup toutes les têtes de l'hydre qui rugissait partout, des démocraties corrompues aux tyrannies baptisées du nom de communisme sur les fonts de la plus ignoble imposture, celle de l'émancipation » (9).

C'était en 1961, dans l'orangeraie d'un Majorquin qui faisait commerce d'agrumes à Bruxelles et qui avait invité ses parents à passer six mois sur place pour s'occuper de la cueillette et de la comptabilité. Marié, père de famille, enseignant, Raoul Vaneigem y passait un mois d'été. Levé à cinq ou six heures du matin, il commençait la journée en avalant un café-cognac que suivaient des verres d'absinthe pure dans la matinée. Travail halluciné ; écriture cathartique ; sieste l'après-midi ; bistrots en soirée. L'époque est placée sous le signe de la pulsion de mort.

Ce que dit cette préface datée du 18 avril 2004, c'est qu'on ne peut recourir à la mort pour célébrer la vie, vouloir le solaire en empruntant des chemins nocturnes, viser la communauté heureuse en fabriquant des monades autistes et malheureuses. Le Raoul Vaneigem des *Banalités de base* a laissé la place au Raoul Vaneigem « des banalités bâties sur une autre base : le goût de la vie, l'exploration du vivant, la générosité humaine, la création de soi et l'élaboration d'une société dont l'organisation puise dans les affinements de l'amour authentiquement vécu la seule inspiration capable de la prémunir contre le fétichisme de l'argent, la volonté de pouvoir, la frustration et les stratégies du ressentiment qui en ont, jusqu'à ce jour, déterminé l'inhumanité fondamentale » (14). Le situationniste de 1962 qui se détruisait en croyant construire a détruit ce qui le détruisait – ainsi, il a vraiment construit.

21

Histoire d'un manuscrit. Le *Traité de savoir-vivre à l'usage des jeunes générations* a amplifié le mouvement initié avec les *Banalités de base.* Ce livre paru chez Gallimard a produit un effet plus grand que l'article publié dans les numéros 7 et 8 de *L'Internationale situationniste.* En mars 1965, Raoul Vaneigem envoie son manuscrit à Guy Debord qui répond par télégramme : « Moitié déjà lue magnifique – stop – ce qu'il nous fallait – stop » (*Correspondance,* III.19). Après la lecture intégrale il écrit ses impressions le lundi soir 8 mars : « Le *Traité* est une réussite, qui va *au-delà* de nos légitimes espérances. Très supérieur, je crois, à *Banalités* (qui pourtant, déjà, était très bon). Plus clair et lisible, de beaucoup. En étant aussi plus complet, dans le développement tracé déjà, ou annoncé. Je crois que ce sera très accessible à quelqu'un qui ignore beaucoup de nos bases (alors que la revue, dans ce cas, est inaccessible). En même temps, c'est au plus haut niveau. C'est peut-être la première réapparition, en livre, du ton, du niveau de critique, des révolutionnaires dits "utopiques", c'est-à-dire des propositions de base pour le renversement de l'ensemble d'une société : ce qui précède forcément l'organisation pratique, qui s'est appelée assez malencontreusement "scientifique" au siècle dernier » (*ibid.*). Debord a aimé le ton, il annonce que l'inévitable parution de ce livre marquera « la fin de la "préhistoire de l'IS" ». Il écrit : « Il y a du Nietzsche, du Fourier, l'héritage légitime de la philosophie, au meilleur sens. » Il propose quelques aménagements, des corrections, des clarifications. Il trouve des convergences avec son propre travail, mais sans jamais que se confondent les deux pensées. Il continue d'écrire *La Société du spectacle* et précise : « Je vais vers une forme assez sèche, une suite de thèses probablement assommantes à la lecture, mais qui peuvent donner à penser » (*ibid.*, 21). En octobre, le *Traité* est terminé.

Dans une note de la Préface à la deuxième édition intitulée « Quotidienne éternité de la vie », Raoul Vaneigem raconte l'aventure de ce manuscrit : il a été envoyé à treize éditeurs et treize fois refusé... Gallimard fut de ceux qui l'écartèrent et justifièrent leur refus en expliquant que seuls Raymond Queneau et Louis-René Des Forêts l'avaient défendu au comité de lecture. Le secrétariat de l'éditeur envoie une lettre à Raoul Vaneigem : « M. Gallimard hésite toujours. Il aimerait savoir qui vous êtes, votre âge, vos projets, le climat dans lequel vous avez écrit ce copieux essai, qui dissimule sous la litote du titre une grande fureur. » Raoul Vaneigem répond en renvoyant à la revue *L'Internationale situationniste*. La lettre de refus arrive sur le bureau de Raoul Vaneigem le jour où *Le Figaro littéraire* consacre un article aux Provos d'Amsterdam en faisant des situationnistes leurs inspirateurs. Queneau envoie un télégramme et demande le retour du manuscrit. Raoul Vaneigem réduit un développement sur le conseillisme. L'éditeur accepte. Le livre sort des presses le 30 novembre 1967, six mois avant les événements de Mai. Celui de Guy Debord, *La Société du spectacle*, le 14 novembre.

Pour mémoire, rappelons que cette année-là paraissent : *Les Étapes de la pensée sociologique* de Raymond Aron, *La Part maudite* de Bataille, *Le*

Normal et le pathologique de Canguilhem, *Présentation de Sacher-Masoch* de Deleuze, *La Voix et le Phénomène* et *De la grammatologie* de Derrida, *Le Discours de la guerre* de Glucskmann, l'*Introduction à la métaphysique* de Heidegger, *Le Pardon* de Jankélévitch, le deuxième tome des *Mythologiques* de Lévi-Strauss et les *Recherches logiques* de Wittgenstein...

22

Une critique de gauche de la gauche. Le *Traité de savoir-vivre à l'usage des jeunes générations* est le premier livre publié par Raoul Vaneigem – les *Banalités de base* étaient un article paru en 1962 dans la revue de l'I.S. Une phrase permet de comprendre ce que signifie ce titre porteur de litote : « Savoir vivre, c'est savoir ne pas reculer d'un pouce dans sa lutte contre le renoncement » (104). Le coup d'essai est un coup de maître. L'ouvrage propose *une critique de gauche de la gauche* : les situationnistes en général, et Raoul Vaneigem en particulier, ne défendent ni l'aile droite socialiste et réformiste, ni l'aile gauche, léniniste et bolchevique, bien sûr, ils s'opposent également aux dictatures dites de gauche de Staline, Mao et Castro. Le panthéon de l'auteur est anarchiste : Makhno, Durruti, Ravachol, Bonnot, Libertad et Bellegarrigue sont toujours cités de façon positive.

Dans un esprit nietzschéen, Raoul Vaneigem écrit : « L'homme du ressentiment est la version officielle du révolutionnaire » (178). Il stigmatise l'homme rongé par l'envie, la haine, le désespoir, le dépit. Cet homme déteste la hiérarchie parce qu'il sait qu'il ne pourra y prendre sa place. L'arrivisme déçu fonctionne comme un moteur puissant chez celui qui veut moins construire un monde meilleur pour les autres qu'abolir et détruire un monde qui ne lui fait pas la part assez belle. Le révolutionnaire animé par des passions basses est le produit du monde qu'il combat : il est un symptôme de la pulsion de mort triomphante.

Là où le marxisme veut une dictature du prolétariat qui dépossède le prolétaire de son pouvoir au profit de ceux qui prétendent le représenter, via un parti qui produit l'aliénation qu'il prétend abolir, Raoul Vaneigem veut, *pour les fins*, une société sans classes, sans hiérarchie, sans castes (celle des membres du parti et des apparatchiks de la bureaucratie), *pour les moyens*, une insurrection pour la part de vie et de vitalité qu'elle porte, une guérilla activée qui ne fasse pas l'économie de la violence révolutionnaire. On comprend que pareilles thèses effraient la SFIO et déplaisent au PCF !

Raoul Vaneigem propose ensuite une *critique de la survie au nom de la vie* : la survie, c'est la vie sans la vie. Cette vie oblige à se lever de bonne heure le matin, à quitter son appartement qui ressemble à un clapier dans un quartier sordide de ville dite nouvelle, à emprunter les transports en commun, à se tasser dans les rames et les wagons, à subir de petits patrons, à supporter des chefs, des contremaîtres, à louer sa force de travail pour un salaire presque totalement englouti dans les dépenses de base, à consommer les produits qui aliènent au marché, à s'endetter pour avoir, à posséder au lieu d'être, à accéder à la propriété, à accumuler les signes extérieurs de modernité (télévision, machine à laver, voiture, réfrigérateur), à vieillir dans la répétition de jours semblables et sans saveur, à mourir de son vivant, à disparaître en ayant vécu une vie semblable à celle de millions de personnes aliénées.

23

Vie mutilée, vie surabondante L'ouvrage propose l'analyse des moments de cette aliénation : *l'isolement* dans les transports en commun, dans la pratique de la drogue et de l'alcool qui séparent d'autrui ; *l'ennui* qui suinte des existences sans passions et sans goûts, sans désirs et sans plaisirs et qui explique qu'on puisse choisir la folie ou le crime ; *la souffrance* générée par ce renoncement à la vie et entretenu par les religions qui invitent à mourir de son vivant sous prétexte d'obtenir une vie éternelle après la mort qui n'est pourtant suivie que du néant – elle est chrétienne, certes, mais aussi socialiste ou communiste quand, dans des régimes autoritaires, on exige du sang et des larmes sous prétexte de réaliser la société sans souffrance et sans larmes ; *le travail* qui est séparation de soi d'avec soi au profit de la production, elle-même indexée sur la religion de la consommation ; jadis épanouissant, il est devenu aliénant avec le capitalisme et le taylorisme, la productivité et la division des tâches ; *le sacrifice* qui en appelle au don de soi et invite chacun à devenir le bourreau de lui-même selon la logique de la servitude volontaire – Dieu, le Parti, le Progrès, la révolution fonctionnent en causes légitimantes de la castration de soi-même ; *la séparation*, l'autre nom du spectacle, une coupure en vertu de laquelle il n'y a que coupures entre soi et soi, mais aussi entre soi et les autres, soi et la nature, soi et le monde, soi et le cosmos ; le *rôle*, autrement dit, la fonction modèle, le comportement type dans lequel s'enferment les individus qui sacrifient leur subjectivité propre au profit d'un stéréotype qui les dispense d'être à moindres frais pour se contenter de paraître dans une hiérarchie ; *la folie*, qui n'existe pas en tant que telle, car elle est décidée par le pouvoir qui y recourt pour anéantir toute figure rebelle à la logique capitaliste. Voilà tout ce qui montre la survie à l'œuvre : isolement, ennui, souffrance, travail, sacrifice, séparation, rôle, folie...

Contre la survie, Raoul Vaneigem propose la vie. Il veut le contraire de ce qui définit la survie. Autrement dit : la communauté, le ludique, le plaisir, le jeu, la réalisation, l'affirmation, la réconciliation, la subjectivité, la fête, la créativité, la spontanéité, ce qui, dans le langage situationniste, suppose *la création de situations*. Contre la quantité de vie, il veut la qualité de vie. La première page du livre comporte cette phrase qui fonctionne comme un programme existentiel qui deviendra graffiti : « Nous ne voulons pas d'un monde où la garantie de ne pas mourir de faim s'échange contre le risque de mourir d'ennui » (7).

Dans ce nouveau monde s'activeront de nouvelles vertus, ou de nouvelles forces politiques actives : *la fête* et son monde d'exubérance, d'absence de retenue, son dionysisme subjectif comme arme de destruction massive de l'apollinisme de la société ; *le don*, un don pur sans contre-don obligé, car dans un monde où tout est marchandise susceptible de spéculation, où la valeur d'échange fait la loi contre la valeur d'usage, où tout se paie puisque, selon l'adage fameux du capitalisme, « le temps, c'est de l'argent », donner gratuitement c'est subvertir les codes et pervertir le mouvement du spectaculaire, voilà pourquoi « il faut retrouver le plaisir de donner ; donner par excès de richesse ; donner parce que l'on possède en surabondance » (81) ; *le vol*, qui est subversion des catégories de la propriété et qui célèbre l'appropriation, autrement dit, la possession, la jouissance d'un objet que l'on arrache au circuit de la production capitaliste et de la consommation libérale : « La passion la plus répandue, chez les jeunes, de voler livres, manteaux, sacs de dames, armes et bijoux pour le seul plaisir de les offrir laisse heureusement présager l'emploi que la volonté de vivre réserve à la société de consommation » (81) ; *le détournement* qui est tactique ludique, renversement de perspective, une fois de plus déplacement des codes, parce qu'on cesse de voir le monde avec le regard de la communauté mais avec son œil personnel et subjectif, il faut « tout fonder sur la subjectivité et suivre sa volonté subjective d'être tout » ; *l'amour*, qui est éros léger des corps qui se prêtent, s'échangent sans jamais se donner ni se monnayer, des chairs qui s'associent dans la franche liberté du désir faisant la loi et du plaisir comme seule fin, un amour dissocié des contraintes judéo-chrétiennes de la monogamie, de la fidélité, de la cohabitation, de la procréation.

24

Le couple pivotal. Le *Traité* propose une révolution des corps qui s'apparente à la révolution sexuelle indissociable de ce que fut Mai 68. Lecteur de Wilhelm Reich, dont il dit sans cesse du bien, ou de Groddeck, le psychanalyste pour qui la maladie est une invention du corps qui attire l'attention sur lui et propose qu'on le traite bien pour qu'il ne nous maltraite pas, Raoul Vaneigem abolit le dispositif amoureux fabriqué par le judéo-christianisme pour asservir les âmes par la domination du corps et pour asservir les corps par la domination des âmes.

La relation au corps de l'autre s'effectue en regard du schéma posé par la religion et par l'économie. Le christianisme et le capitalisme ont formaté le corps pendant un millénaire en faisant de la souffrance, de la douleur, de la mutilation les seuls projets pour la chair : « La bourgeoisie n'a connu d'autre plaisir que celui de les dégrader tous » (260). Castration, mutilations, autodestruction, les hommes ont rivalisé d'ingéniosité perverse pour transformer leur vie corporelle en vallée de larmes. Raoul Vaneigem fait de la religion du « poilu de Nazareth » (61) ou du « crapaud crucifié de Nazareth » (117) l'idéologie de la destruction de la chair avec son cortège d'impuissance, de jalousie, de tromperie, d'adultères, de mensonge.

Raoul Vaneigem veut débarrasser l'amour de ses mythes, de ses images, de ses fictions, il veut le libérer de ses attaches au monde du faux et du spectacle pour le rendre à sa vérité qui est la spontanéité. L'amour ne doit pas se cantonner à un domaine qui lui serait propre, il doit contaminer la totalité de la vie et des relations. Il doit viser la réalisation du principe de plaisir qui permette une authentique communication. Le langage sensuel doit supplanter le langage verbal, la prose de la chair doit remplacer celle des mots.

Concrètement, Raoul Vaneigem écrit qu'il faut « favoriser les expériences collectives de réalisation individuelle, et multiplier ainsi les rencontres amoureuses en réunissant une grande variété de partenaires valables » (263). Ce qui n'exclut pas, citation fouriériste évidente, « le couple pivotal » (266), autrement dit, le couple autour duquel s'organisent les jeux sexuels, bien au contraire, puisqu'il est même la garantie de l'amour qui trouve dans cette complicité une nourriture pour augmenter sa richesse, fortifier sa vitalité et exprimer son exubérance. La sexualité libre ainsi pratiquée transforme les amants en frères et sœurs.

Entre deux individus consentants, seul le plaisir doit faire la loi, sans aucune autre considération. Voilà pourquoi, on l'a vu, Raoul Vaneigem n'exclut pas les relations incestueuses entre un père et sa fille adulte ou un fils adulte et sa mère, voire les relations entre frères et sœurs, pourvu qu'ils soient capables de consentir intellectuellement à cette relation voluptueuse. « Dans l'érotique, il n'y a d'autre perversion que la négation du plaisir, que sa falsification dans le plaisir-angoisse » (266). En 1967, pareilles idées sont de la dynamite.

25

Esthétique de la poésie vécue. Comme Guy Debord, Raoul Vaneigem fait de Lautréamont une figure tutélaire de sa révolution. L'auteur des *Chants de Maldoror* voulait que la poésie soit faite par tous. Non pas qu'il ait souhaité que le peuple dans sa totalité versifie et compose des rimes pour le papier, mais parce qu'il révolutionne la poésie qui n'est plus art de trousser des alexandrins, de fabriquer des sonnets ou de composer des rimes riches, croisées ou embrassées, mais, dans le sillage de Dada et du dadaïsme, de Breton et du surréalisme (voire d'Isou et du lettrisme, qui est absent du *Traité...*), art de construire son existence comme une œuvre d'art, sans double, sans duplication possible, comme une production originale. En ce sens, Rimbaud est moins poète quand il fabrique « Le bateau ivre » que quand il part brûler sa vie au soleil du Harrar en réalisant la poésie dans une existence vécue comme un long poème de subjectivité.

Voilà pourquoi *l'improvisation,* comme en jazz, devient une mécanique essentielle dans le dispositif poétique : l'étymologie le rappelle, la poësis est création, invention, production, construction ; *la spontanéité* doit faire la loi, et non la raison pure, elle suppose le jaillissement d'une énergie propre au corps et commune à tout ce qui vit dans l'univers, force des animaux, force des plantes, force des astres ; *l'immédiateté* doit régner comme exercice du pouvoir du pur présent, loin de tout calcul, aux antipodes du projet rentable. La mesure apollinienne, l'ordre des raisons, comptent moins que la richesse de la démesure de l'artiste : il faut abolir la pensée analytique et réaliser la praxis poétique.

Improvisation, spontanéité, immédiateté renvoient au temps. Raoul Vaneigem souhaite abolir le temps de la marchandise pour réaliser le temps ludique et joyeux. Dans la configuration capitaliste, puisque le temps, c'est de l'argent, il faut l'accumuler, l'exploiter, le monnayer, le vendre ; dans la configuration poétique situationniste, le temps, c'est la richesse en tant que telle. Il faut donc le ralentir afin de jouir du pur plaisir d'exister. Le présent est la seule modalité du temps heureux. L'ici et maintenant dans l'ici-bas, voilà la vérité d'un temps d'après sa modalité capitaliste.

Le culte du passé tout autant que celui du futur sont réactionnaires parce qu'ils invitent à ne pas vivre le temps présent qui est le seul. Il ne faut pas polluer l'instant par la nostalgie d'hier ou par l'attente de ce qui adviendra. Le grand art, c'est l'art de vivre l'instant : « Vivre intensément, pour soi, dans le plaisir sans fin et la conscience que ce qui vaut radicalement pour soi vaut pour tous. Et par-dessus tout cette loi : "Agis comme s'il ne devait jamais exister de futur" » (119). *Hic et nunc*, voilà la loi.

Raoul Vaneigem écrit : « Qu'est-ce que la poésie ? La poésie est l'organisation de la spontanéité créative, l'exploitation du qualitatif selon ses lois intrinsèques de cohérence. Ce que les Grecs nommaient *poiein*, qui est le "faire" ici rendu à la pureté de son jaillissement originel et, pour tout dire, à la totalité » (206). Nous sommes loin, en effet, de sa vieille définition. C'est donc la négation de la poésie classique qui rend possible la réalisation de la poésie : la mort de la poésie d'hier permet la généalogie de la poésie d'aujourd'hui et de demain.

La poésie n'a plus rien à voir avec la vieille formule des esthètes : « Elle réside avant tout dans les gestes, dans un style de vie, dans une recherche de ce style » (209). Où l'on retrouve le projet nietzschéen de l'invention de nouvelles possibilités d'existence et de l'art pensé comme une éthique et non comme une pratique susceptible de générer des objets dits d'art avec lesquels se constitue un marché de l'art. Tout art vendable, commercialisable, exposable, quantifiable, monnayable, négociable, vendable, n'est pas art, n'est plus art.

L'art selon les situationnistes en général, et selon Debord & Vaneigem en particulier, est production pure de formes existentielles, construction de situations, atelier de subjectivités, création de formules de vies inédites, invention de dispositifs politiques, au sens étymologique, à savoir : de communautés nouvelles. La poésie faite par tous nomme une nouvelle façon de faire collectivité. « L'œuvre d'art à venir, c'est la construction d'une vie passionnante » (209). L'éthique est esthétique ; l'esthétique, éthique. Et le tout, politique.

26

Logique des microcommunautés Le *Traité* n'est pas producteur de recettes existentielles ou politiques. Normal. On voit mal comment un ouvrage qui fait l'éloge de la liberté dirait comment il faut en user concrètement dans le détail. Le livre cartographie le réel et les possibles ; il dit, *d'un côté,* l'idéal ascétique, la vie mutilée, le judéo-christianisme, le dolorisme, la survie, la société du spectacle, les logiques de l'aliénation, *de l'autre*, l'idéal libertaire, la joie, la chair, le corps, la fête, les sens, le plaisir. Mais il laisse à chacun le soin de construire selon sa propre idiosyncrasie *son* plaisir, *sa* joie, *sa* liberté, *sa* fête, *son* corps.

Cependant, comme en écho aux propositions nietzschéennes élitistes et aristocratiques des *Banalités de base*, le *Traité de savoir-vivre à l'usage des jeunes générations* reprend cette idée des microsociétés qui sont « des zones de protection où l'intensité du conditionnement tend vers zéro » (206). D'où « une microsociété dont les membres se seraient reconnus sur la base d'un geste ou d'une pensée radicale, et qu'un filtrage théorique serré maintiendrait dans un état de pratique efficace permanent, un tel noyau, donc, réunirait toutes les chances de rayonner un jour avec suffisamment de force pour libérer la créativité du plus grand nombre des hommes. Il faut changer en espoir le désespoir des terroristes anarchistes ; corriger dans le sens d'une stratégie moderne leur tactique de guerrier médiéval » (206).

Ce concept de microsociété constitue un apport majeur de Raoul Vaneigem à la pensée révolutionnaire concrète. Certes, elle n'est pas sans passé, et l'auteur a pris soin, dès le début de son livre, de dire qu'il n'avançait pas avec des idées neuves mais avec une ardeur neuve pour défendre des idées anciennes : on songe aux associations d'égoïstes de Stirner, aux phalanstères de Fourier, aux communautés des Milieux libres, et à ce qui deviendra la Zone d'Autonomie Temporaire (TAZ) chez

Hakim Bey. Ce que veut Raoul Vaneigem, ce sont des microcommunautés susceptibles de propager le feu révolutionnaire.

Ces microstructures viseront le dépassement de l'organisation patriarcale, celui du pouvoir hiérarchisé, et celui de l'arbitraire subjectif du caprice autoritaire. C'est, dit l'auteur dans les dernières lignes de son ouvrage, ce que se propose l'Internationale situationniste : la formule d'un groupe qui « va servir de modèle à la nouvelle organisation sociale » (286). Cette communauté veillera à éviter que les problèmes d'autorité, de hiérarchie, de pouvoir personnel ne fassent la loi dans la communauté et la détruisent sur place avant même qu'elle ait pu produire ses effets par capillarité ou exemplarité combattante. Comment faire pour éviter cela ? « En exigeant que la participation soit subordonnée au maintien de l'égalité réelle entre tous les membres, non comme un droit métaphysique mais au contraire comme la norme à atteindre. C'est précisément pour éviter l'autoritarisme et la passivité (les dirigeants et les militants) que le groupe doit sans hésiter sanctionner toute baisse de niveau théorique, tout abandon pratique, toute compromission. Rien n'autorise à tolérer des gens que le régime dominant sait fort bien tolérer. L'exclusion et la rupture sont les seules défenses de la cohérence en péril » (286).

Les situationnistes voulaient la liberté, mais ils n'ont pas su la réaliser dans leur petite communauté ; ils souhaitaient conjurer et congédier la hiérarchie, le pouvoir personnel, le risque autocratique dans le fonctionnement de leur petit cercle, mais ils ont reproduit cela même qu'ils voulaient combattre : la distinction entre les élus et les autres au sein de la communauté égalitaire, la place prise par un ou deux dans l'économie du fonctionnement de la totalité groupusculaire. Les logiques d'exclusion faisaient la loi chez ceux qui visaient l'inclusion ; le rétrécissement a triomphé là où ils se proposaient l'élargissement. Le projet de société situationniste qui souhaitait révolutionner la planète n'a pas même révolutionné sa communauté qui, au plus fort de son activité, n'a jamais dépassé la centaine d'acteurs. Les situationnistes voulaient changer le monde ; le monde les a changés. Debord s'est réfugié dans une posture d'esthète narcissique ; Vaneigem est devenu un penseur libertaire dégagé de la gangue strictement militante de ces années où tout semblait possible – sauf l'échec… Le *Traité* se proposait un idéal sublime : « être maître sans esclaves » (221), la voie de Mai n'y a pas conduit. Peu importe, Raoul Vaneigem a emprunté d'autres sentiers pour parvenir à une même clairière existentielle.

27

Une radicalité rousseauiste. En matière de politique, le monde se sépare en deux camps : les uns croient l'homme naturellement bon et les autres le savent naturellement mauvais. D'une part, les rousseauistes pour lesquels, à la naissance, l'homme est indemne de toute négativité et ne s'en trouve affecté que par les effets pervers et délétères de la civilisation – la propriété, en priorité, dont découle une série de maux ; d'autre part, ceux qui souscrivent à la thèse chrétienne du péché originel et qui effectuent des variations sur ce thème – la faute augustinienne, le mal radical kantien, sa formule sadienne, la pulsion de mort freudienne.

Raoul Vaneigem illustre le lignage rousseauiste dans sa pureté : il croit l'homme naturellement bon et rendu méchant par la société. En conséquence de quoi il suffit, pour rendre l'homme meilleur, de changer de société afin de le ramener à sa bonté naturelle. Cette affirmation de Rousseau, Raoul Vaneigem le souligne, constitue une révolution métaphysique, anthropologique et politique dans l'histoire de l'humanité. Avec le *Discours sur l'origine de l'inégalité parmi les hommes,* le mal n'est plus une affaire ontologique mais politique.

Aux tenants du mal radical, il reste à attendre de la politique qu'elle fournisse les moyens de contenir les effets de cette méchanceté naturelle par un régime ad hoc ; aux tenants de la bonté naturelle, il suffit d'inviter à détruire la société existante pour obtenir de facto la naissance d'un homme nouveau. Le lignage rousseauiste nourrit la Révolution française, pour le meilleur de Condorcet et le pire de Robespierre, les socialismes utopiques à la Fourier ou dits scientifiques à la Marx, les communismes théoriques à la Cabet ou pratiques à la Lénine et à la soviétique, les gauches girondines ou jacobines, les droites révolutionnaires, les situationnistes d'avant Mai 68, aussi, qui imaginaient que la destruction de la société du spectacle conduirait naturellement à l'émergence d'un homme réconcilié avec lui-même – le fameux homme total des *Manuscrits de 1844.*

Aux premières pages de ses réflexions sur la

justice, *Ni pardon, ni talion,* Raoul Vaneigem écrit : « Rousseau suggérant que l'homme naît bon et que la société le rend mauvais exprime un courant de pensée, radicalement nouveau, jailli du formidable heurt entre l'immobilisme agraire et le dynamisme capitaliste dont la Révolution française concrétise l'onde de choc. L'intuition de Rousseau ne pressentait pas seulement la secousse sismique qui allait jeter à bas et ruiner un édifice économique, politique, social et culturel, dont la structure datait de l'ère néolithique. Elle supposait une reconstruction de l'homme et de la collectivité sur des assises que la tour de Babel de notre civilisation avait enfouies dans l'oubli du passé » (12). Raoul Vaneigem incarne le rousseauisme dans sa formule la plus pure.

28

La société : coupable et responsable. Ainsi, quand Raoul Vaneigem analyse le négatif à l'œuvre dans le monde, il accable moins les criminels que la société qui rend celui-ci ou celui-là criminel. Un meurtrier, un assassin, un violeur, un délinquant, un tueur sont avant tout les victimes d'un système qui, pour se dédouaner et persévérer dans son être, utilise des boucs émissaires afin de détourner l'attention de son caractère pathogène et accabler l'individu qui n'en peut mais. Dans *Ni pardon ni talion,* sous-titré *La question de l'impunité dans les crimes contre l'humanité,* Raoul Vaneigem pousse au plus loin les conséquences de cette thèse : « La justice (...) crie haro sur un coupable et ne touche pas au système qui incite à la malfaisance » (41).

Pourquoi donc s'acharner sur un petit voleur à la tire dans les banlieues et décorer le vendeur d'armes international de la Légion d'honneur ? Qu'est-ce qui justifie qu'on stigmatise un empoisonneur de sous-préfecture, le massacreur d'une victime dans un village, qu'on les punisse, les enferme, les condamne à une longue peine alors qu'on honore les criminels de masse que sont ceux qui se trouvent présentés comme les grands hommes dans l'histoire ? Et Raoul Vaneigem de citer Alexandre, César, Gengis Khan, Tamerlan, Calvin, Napoléon, Kissinger...

Lorsque le crime est commis de façon individuelle, la société ne l'accepte jamais : une vengeance personnelle, un crime passionnel, un règlement de comptes entre voisins, une réponse faite à une offense sur le mode du talion, un passage à tabac pour voler un portefeuille, voilà ce que la communauté ne tolère pas. En revanche, s'il s'agit d'un crime de masse effectué au nom d'un idéal, d'une religion, alors le vice devient vertu, le crime, puissance, la destruction, un chef-d'œuvre de la civilisation. Raoul Vaneigem écrit : « Convenez donc, en l'occurrence, qu'envelopper le crime dans le manteau de l'idéologie ou de la religion en délave impunément l'infamie » (68). Deux poids, deux mesures, suivant qu'on tue pour soi, ou qu'on extermine au nom de la société. La société nomme crime ce qui met en péril son existence ; ce qui en favorise l'être et la durée, elle le nomme grandeur, bravoure, nécessité, courage...

Violence illégale contre violence légale, le

philosophe libertaire choisit son camp : pas question pour lui de légitimer la punition de boucs émissaires pendant qu'on laisse de plus grands criminels libres d'exercer leurs forfaits – les banquiers qui affament les peuples, les industriels qui polluent la nature, les patrons qui exploitent leurs ouvriers, les marchands d'armes qui exterminent des populations, les scientifiques qui mettent au point des machines à détruire la vie, les chefs de guerre qui déciment les civils. Il y a scandale quand « nos sociétés policées envoient de pauvres bougres en prison pour quelques traites impayées et absolvent les dirigeants de consortiums, coupables d'avoir arnaqué le bien public de plusieurs millions, au motif qu'aucun tribunal ne possède – et s'arroge moins encore – la compétence de les mettre en accusation » (45). « Selon que vous serez puissant ou misérable », écrivait déjà La Fontaine...

29

« Le dogme de la culpabilité et du libre arbitre ». Raoul Vaneigem effectue une généalogie nietzschéenne de la justice et renvoie aux soubassements judéo-chrétiens qui supposent l'homme libre, capable de choisir entre le bien et le mal, donc responsable des choix qu'il ferait. Le voleur qui n'a rien à manger choisit, grâce à son libre arbitre, de voler le rôti pour nourrir sa famille, ce qui le conduit sur les bancs de justice où il doit répondre de ses actes devant une cour qui lui reprochera d'avoir choisi de voler, donc d'être coupable. Libre, choisissant le mal contre le bien, responsable, il devient donc coupable et dès lors punissable.

Le châtiment fait partie de l'arsenal chrétien avec le rachat, la faute, l'expiation, la pénitence. La punition est cruelle, elle doit être exemplaire : d'où la monstruosité des peines au travers de l'histoire – tortures, supplices, martyrs, écartèlements, violences, humiliations, expositions publiques. « Le valet pendu pour avoir dérobé un objet à son maître, le faux-monnayeur bouilli, le contrebandier roué, des millions d'infortunés enterrés vifs dans les bagnes, les camps d'extermination, les goulags de rééducation démontrent à suffisance que, ne redoutant rien tant qu'un aveu de faiblesse, le pouvoir ne peut se passer du forfait ; il le sollicite, le provoque, l'invente » (53).

La société, pour pouvoir justifier son discours et sa pratique sécuritaire, a besoin de la délinquance qu'elle invente donc – sinon, pourquoi honorer celui qui tue mille fois, lui élever des monuments, lui dédier des rues et des places, lui consacrer des hagiographies, et stigmatiser celui qui n'a assassiné qu'une seule victime, l'enfermer dans des culs de basse-fosse, le torturer, le mettre à mort ? Attirer l'attention sur de petits boucs émissaires lui permet donc de mieux épargner les grands prédateurs qu'elle protège : « Le châtiment est une façon commode de laver le crime en blanchissant les gouvernements et les systèmes qui les commanditent » (54).

La justice de cette civilisation construite sur la pulsion de mort préfère donc la répression à la prévention. Elle choisit la punition et le châtiment contre l'éducation et l'instruction. Elle veut des prisons et non des écoles. Elle fonctionne avec des bourreaux, pas avec des professeurs. Elle requiert des tribunaux, pas des universités. Elle ignore qu'à l'origine de toute délinquance il y a la sensibilité blessée d'un enfant qu'on aura éduqué contre la vie et pour le renoncement, la survie, la renonciation à soi, à ses désirs. Raoul Vaneigem souhaite qu'on épargne les coupables et qu'on accable les circonstances qui les ont rendus tels, qu'on ne s'acharne pas sur des individus, mais qu'on abolisse les mécanismes sociaux qui, avec un homme bon, fabriquent des gens mauvais.

30

Généalogie du crime contre l'humanité. Les crimes contre l'humanité relèvent-ils de la même logique ? Évidemment... Il faut moins combattre des individus qui s'en sont rendus coupables que les « conditions inhumaines qui y conduisent » (14). Il est trop facile, là encore, de charger tel ou tel, Eichmann par exemple, et d'épargner ce qui a rendu possible un pareil homme : un régime politique capitaliste, patriarcal, misogyne, phallocrate, machiste, viriloïde, raciste, sexiste, homophobe, belliciste, tout entier construit sur la célébration de la pulsion de mort comme grande force architectonique de la communauté.

S'il faut un procès, que ce soit moins celui du bourreau victime de ce système que du système coupable de fabriquer ces bourreaux avec l'idéologie de l'argent, du marché, de la marchandise, de l'avoir, de la propriété, de la guerre, de la compétition, de la hiérarchie. La liberté du libre échange a écarté toute vie véritable au profit d'une survie dans laquelle on se contente d'obéir aux diktats de l'unidimensionnalité. La haine de la vie structure ces régimes et cette haine est un produit de la religion chrétienne et de l'idéologie capitaliste. Dieu et le capital fabriquent des individus vidés de leurs vies, aliénés, désireux de reproduire sur autrui ce qu'ils auront eux-mêmes vécu, autrement dit, une spoliation de leurs plus belles forces et leur remplacement par des puissances de mort.

Le crime contre l'humanité est une fiction car il n'y a que des crimes d'individus contre d'autres individus : « La souffrance est celle d'êtres particuliers, elle est existentielle et n'a pas à être délayée dans cette identité ethnique, rituelle ou idéologique sous laquelle se dissimule la seule vérité concrète à laquelle un homme puisse s'identifier : sa part d'humanité. Juifs, Tziganes, Bosniaques ou Tutsis, il n'est pas d'hommes, de femmes, d'enfants, martyrisés au nom de quelque raison que ce soit, qui ne nous concernent universellement en tant qu'êtres de chair, non en tant que groupe, masse ou donnée numérique » (35). Raoul Vaneigem pense donc en nominaliste : s'il existe un crime contre l'humanité, c'est en tant qu'il concerne des particularités qui relèvent de l'universel, et non de groupes susceptibles de s'approprier les bénéfices d'un crime.

Raoul Vaneigem souscrit à la thèse controversée du « marché de l'Holocauste » (82) analysée en premier par certains membres de la communauté juive, un marché « qui avait la particularité de rentabiliser les tourments du passé en sanctifiant les victimes et en indemnisant leurs légataires. Certains petits-enfants de déportés en sont arrivés de la sorte à réclamer la prébende des chambres à gaz comme un héritage qui leur est dû. N'est-ce pas une façon lucrative de jeter l'oubli sur les causes d'une barbarie que de sanctifier les victimes ? » (82-83).

Raoul Vaneigem s'inscrit en faux contre la passion commémoratrice qui triomphe en Europe. Il parle même de « l'imposture du devoir de mémoire » (59). La mise en scène d'une mémoire morte devenue occasion de spectacle ne permet aucun remède, elle n'empêche aucune réitération du pire. Les lamentations couvrent la misère, la condamnation suffit et rien n'est fait pour empêcher le retour de la barbarie passée. « Incriminer les causes sans obéir à la volonté de les éradiquer, c'est conserver, voire accroître, leur potentiel de nuisance » (59). Les commémorations n'agissent pas comme une prophylaxie mais comme une duplication du pire. La repentance collective est un exercice d'expiation communautaire, un exorcisme hérité de la mécanique religieuse. Pendant que l'on commémore les tragédies passées, on ne fait rien pour arrêter les tragédies présentes et encore moins pour empêcher les tragédies à venir.

Le pardon n'est pas plus défendable. Il est rachat d'une faute et absolution rendue possible par le paiement de la dette sans que rien soit fait, une fois encore, pour interdire le retour du mal. Ni l'oubli qui tient les leçons de l'histoire pour nulles et non avenues – comme si l'exemple des ravages de la pulsion de mort dans le passé ne devait pas servir à empêcher les mêmes ravages de la même pulsion de mort dans le futur. Auschwitz aurait dû empêcher la Kolyma qui aurait dû empêcher le Darfour qui aurait dû empêcher le Rwanda qui aurait dû empêcher l'Irak, etc. Les commémorations n'ont servi à rien, le pardon non plus.

Par ailleurs, le tribunal, le jugement et la condamnation ne servent à rien. Raoul Vaneigem précise en effet qu'une justice de vainqueur est toujours une parodie de justice et qu'on ne saurait juger d'un crime inexistant au moment où on le commet : Nuremberg n'était donc pas une cour de justice et le motif du procès, le crime contre l'humanité, n'est pas recevable puisqu'il n'existait pas au moment où les nazis ont commis leurs forfaits. À quoi bon ce procès qui fonctionnait comme un spectacle inutile (une « hypocrisie » et une « imposture » pour reprendre ses mots...) puisqu'au même moment se poursuivaient dans d'autres endroits de semblables ignominies causées par le colonialisme, le capitalisme, le marxisme-léninisme.

Que faire alors ? Se souvenir du crime et non pas du criminel ; se rappeler ce qui conduit au mal pour activer ce qui interdira qu'il réapparaisse plutôt que de se polariser sur des individus qui auront commis ce mal ; garder mémoire des conditions de possibilité des crimes contre l'humanité afin de lutter contre elles et cesser de transformer en boucs émissaires une poignée de criminels de guerre probablement bourreaux, certes, mais sûrement victimes d'une société à changer de fond en comble. Raoul Vaneigem se fait ici héritier de Reich qui, dans *La Psychologie de masse du fascisme*, proposait une généalogie des régimes qui produisent les crimes contre l'humanité pour inviter à sectionner les racines qui nourrissent cette plante vénéneuse : la célébration de la pulsion de mort par le patriarcat, le christianisme et le capitalisme. « Les hommes se haïssent les uns les autres à proportion qu'ils se haïssent » (107), écrit-il comme Reich aurait pu l'affirmer.

31

Que faire ? Cette généalogie du crime de guerre qui condamne moins le criminel de guerre que la civilisation qui le rend possible interdit-elle toute action ? Non. Raoul Vaneigem propose une positivité ontologique et donne quelques exemples. *D'abord*, d'un point de vue métaphysique, en bon rousseauiste, il fait l'éloge de « la générosité de la vie » (75) et croit à son pouvoir social homéostasique – il croit par exemple qu'un jour les prisons disparaîtront (100), et que, déjà, la disparition de la peine de mort montre dans quelle (bonne) direction va l'humanité...

Ensuite, il réitère selon son axe militant : prévenir pour n'avoir pas à guérir. Ce qui suppose changer l'école, car elle enseigne tout ce avec quoi on fabrique les régimes mortifères : des consciences pathogènes, des corps cuirassés par la névrose, des individus coupés de leurs désirs, des sujets dociles jouissant de leurs souffrances, des personnes aliénées tout à l'exercice de la servitude volontaire, des petits soldats prêts à sortir de la tranchée pour aller égorger leur prochain qui a lui aussi été formaté pour agir dans le même sens. « La prévention des crimes contre l'humanité commence dès l'enfance » (97). Il faut un enseignement voué à la vie, déconnecté du marché, ludique, joyeux, entretenant la passion de connaître naturelle chez les enfants.

Puis il propose de lutter contre la paupérisation : on ne naît pas voleur, on le devient ; pas plus qu'on ne naît délinquant, criminel, violeur. Connaître la misère, subir la pauvreté dans un monde où la richesse est présentée comme la valeur suprême génère le ressentiment avec lequel on fabrique les soldats du crime contre l'humanité. La publicité s'avère plus coupable que le voleur qui, pauvre, n'a pas su résister à son désir et a dérobé un objet que les marchands lui ont fait désirer par des techniques de sujétion moderne. Les coupables véritables que sont le publicitaire et le marchand ne se trouveront pas au tribunal ; leur victime, en revanche, si. Et cette victime sera présentée par eux comme le coupable.

Faire confiance à la vie, prévenir pour avoir à éviter de guérir, abolir la société qui fabrique des désirs impossibles à satisfaire, voilà trois axes politiques majeurs pour remplacer une civilisation qui s'appuie sur les pulsions de mort, pour supprimer une société qui croit plus aux prisons qu'aux écoles, pour abolir la tyrannie des marchands et de leurs produits. Raoul Vaneigem croit à la vie comme à un cordial qui guérit la négativité. Il ne croit plus à la violence, comme au moment du *Traité*, pour réaliser ce monde-là, il le croit programmé pour advenir naturellement...

32

Agir pour la justice. *Ni pardon ni talion* donne quelques exemples très concrets pour activer ce processus historique de transvaluation. Raoul Vaneigem reconnaît un « droit d'ingérence humanitaire » (79) individuel. Dès qu'une barbarie est commise contre la vie, une inhumanité visible et repérable, chacun doit pouvoir s'insurger et dénoncer, puis agir pour l'empêcher : « Il n'existe ni liberté, ni loi, ni droit privé ou public, ni excuse, ni protection, ni exception qui puissent autoriser un acte contraire à l'humanité, qu'il soit le fait d'un gouvernement, d'un État, d'une nation, d'une région, d'une ethnie, d'une tribu, d'une collectivité, d'une entreprise, d'une idéologie, d'une religion, d'une famille, d'un groupe, d'un individu. À chacun est dévolu le droit de le dénoncer et d'intervenir avec les moyens dont il dispose et le secours de la solidarité qu'il éveille ; car il n'est personne qui ne se trouve concerné par une barbarie, même perpétrée aux dépens d'un seul être » (79-80).

À contre-courant, Raoul Vaneigem légitime donc la dénonciation. Pour ce faire, il prend soin d'en définir au moins deux modalités : indexée sur la pulsion de mort, la première obéit au ressentiment, aux passions tristes, à la méchanceté, à la vengeance, on songe évidemment à celle qui fut à l'honneur, hélas, pendant l'occupation de la France par les troupes nazies ; indexée sur la pulsion de vie, la seconde prend le parti de tout ce qui veut la vie, l'humanité, le bonheur, la solidarité, la fraternité, l'entraide, la justice. La première suppose qu'on livre des gens à ceux qui prétendent exercer la justice, elle suppose qu'on en appelle à la police qui ne fait qu'ajouter de la violence à la violence ; la seconde permet d'empêcher qu'un mal soit commis.

Contre la police policière habituelle qui recourt à la violence répressive, Raoul Vaneigem propose une police populaire qui propose de prévenir la violence. Il renvoie à une expérience activée dans certaines townships d'Afrique du Sud : des habitants du quartier s'arment, se constituent en milices et se font voir dans les rues, ce qui dissuade les agresseurs de passer à l'acte. « Les malfrats appréhendés sont chapitrés, chassés, confrontés à la vanité de leur pouvoir. Ce qui les tient à l'écart n'est certes pas le sermon, c'est la résistance pacifique et déterminée qui leur est opposée ; c'est, au sein d'un territoire, qu'ils méditaient par la ruse et de contrôler par la force, la présence de citoyens qui l'occupent et affirment leur droit d'y vivre en paix » (88). Ainsi, la milice empêche que le mal soit commis.

Et s'il l'est tout de même ? Raoul Vaneigem répond théoriquement et pratiquement. Théoriquement : « Nous ne sortirons de l'ornière qu'en agissant localement avec une perspective globale » (75). Pratiquement : il renvoie à une expérience concrète qui a été menée dans les communautés paysannes du Chiapas. Le coupable d'un délit se présente devant l'assemblée qui réunit tout le village, y compris les enfants. Chacun s'exprime. Le tribunal communal évite d'en appeler à la culpabilité ; il ne recourt pas à la morale moralisatrice ; il ne tance pas la personne avec laquelle il échange ; il exclut le châtiment et la sanction, mais il demande réparation. « Le principe est important : le refus de juger et d'être jugé implique la reconnaissance du droit à l'erreur » (86). La communauté demande au contrevenant d'effectuer des travaux utiles à la collectivité. « En cas d'assassinat, le meurtrier est tenu de travailler pour assurer la subsistance de la famille lésée, jusqu'à la majorité des enfants » (87). Raoul Vaneigem convient que ce qui s'avère possible dans une communauté réduite à quelques habitants ne l'est pas dans un grand pays. Mais il veut retenir cette leçon qu'il vaut toujours mieux préférer corriger un délit que châtier le coupable – une leçon susceptible de révolutionner le dispositif juridique hérité du judéo-christianisme.

Dénonciation préventive libertaire contre délation sécuritaire, constitution d'une milice populaire dissuasive contre les pratiques de la police institutionnelle, recours à la réparation contre la punition et la répression, tribunaux populaires animés par le bon sens contre prétoires de techniciens du droit désireux de maintenir l'ordre injuste de la société, l'arsenal de justice de Raoul Vaneigem table sur la raison, l'intelligence, la bonté naturelle des hommes, il suppose que la société a tort et l'individu raison, il pose que le délinquant est une victime et la communauté coupable. Ces thèses montrent dans leur superbe à quoi conduit le rousseauisme qui pose la bonté naturelle des hommes et explique la méchanceté par les effets mauvais d'une société mauvaise. Mais Raoul Vaneigem évite de se demander pourquoi les hommes, s'ils sont si naturellement bons, produisent *partout* une société si mauvaise. Comment le mal du Tout peut-il naître de la somme des biens de Tous ?

33

Libertés sans limites. Ce même irénisme fonctionne sur la question de la liberté. *Ni pardon ni talion* (2009) examinait la question de la justice, *Rien n'est sacré, tout peut se dire* (2003) envisage celle de la liberté d'expression. Dans cet ouvrage, Raoul Vaneigem défend la liberté d'expression totale et ne lui met aucune limite en vertu de la thèse que la vérité finit toujours par triompher, quels que soient l'étendue des mensonges, leur quantité, leur qualité, leur degré de perversion, leur ignominie, leurs auteurs.

Voici le cœur de l'analyse formule cette croyance : « Il n'y a ni bon ni mauvais usage de la liberté d'expression, il n'en existe qu'un usage insuffisant » (15). Comme dans la pensée libérale il existe une main invisible qui régule le marché et finit par générer un ordre à partir de ce qui semble un chaos primitif, la pensée libertaire de Raoul Vaneigem affirme que du désordre des avis librement exprimés surgira un ordre accordant à la vérité un triomphe absolu sur le reste. La vérité vainc toujours la méchanceté, la haine, la jalousie, la calomnie, l'envie, la diffamation, la médisance, l'allégation, l'insinuation, l'accusation – parce qu'elle est vérité... Certes, il faut éduquer à la vérité afin que chacun puisse savoir qu'elle existe, donc, afin de pouvoir faire la part des choses et renvoyer aux poubelles ce qui mérite de l'être. Mais en attendant une société révolutionnée par l'éducation à l'intelligence, la liberté d'expression dispose des pleins pouvoirs. Peu importe, écrit Raoul Vaneigem qui persiste dans son ontologie rousseauiste.

Raoul Vaneigem propose un argument rhétorique : « Nous voulons, par souci d'écarter la moindre ambiguïté, accorder toutes les libertés à l'humain et aucune aux pratiques inhumaines. L'absolue tolérance de toutes les opinions doit avoir pour fondement l'intolérance absolue de toutes les barbaries. Le droit de tout dire, de tout écrire, de tout penser, de tout voir et entendre découle d'une exigence préalable, selon laquelle il n'existe ni droit ni liberté de tuer, de tourmenter, de maltraiter, d'opprimer, de contraindre, d'affamer, d'exploiter » (15-16). On peut donc appeler à tuer dans un livre, mais le lecteur n'a pas le droit de tuer ceux que l'ouvrage invite à massacrer.

Autrement dit : liberté pour les révisionnistes et les négationnistes de publier leurs revues, leurs livres, leurs thèses ; liberté pour Hitler de publier *Mein Kampf ;* liberté pour les éditeurs de mettre en librairie les pamphlets antisémites de Céline ou *Les Protocoles des sages de Sion,* puisqu'on tolère bien le Coran, la Bible, les publicités, tout aussi toxiques... Mais pas de liberté pour ceux qui se réclament de ces livres quand ils commettent des voies de fait – ce qui est une façon de nier la relation de cause à effet entre les livres et les lecteurs décidés à réaliser ce à quoi ces livres invitent. Raoul Vaneigem écrit pourtant des livres parce qu'il en connaît la puissance et l'efficacité dans le monde réel. Dans l'œuvre de l'auteur du *Traité,* le livre semble disposer d'un statut d'extraterritorialité mondaine – or il est dans le monde et produit des effets dans le monde. Le Talmud, la Bible, le Coran, *Le Capital, Que faire ?, Mein Kampf* en apportent, hélas, la preuve depuis des siècles...

Raoul Vaneigem défend d'autres libertés. Il critique le secret de fabrication dans les entreprises, le secret défense pour les États, le secret de l'instruction en matière de justice, le secret de la confession catholique, le secret de la recherche scientifique, le secret pharmaceutique, et souhaite « la transparence » (43) ; il respecte le secret de la vie privée, sauf quand la publication d'une information empêcherait un crime contre le vivant ; il défend les paparazzi qui montrent sans leur consentement les stars qui assurent leur statut en s'exhibant selon leurs caprices ; il soutient l'appel public au meurtre des tyrans, des exploiteurs, des mafieux ; il défend la calomnie car, soit elle dit vrai, et elle est utile, soit elle dit faux, mais tout homme qui s'en trouverait atteint mettrait plus haut « la réputation à soutenir » (63) que la vérité de son être ; il ne condamne pas la moquerie, les insultes, le quolibet, la raillerie, le persiflage, car « une campagne de haine dirigée contre un individu manque toujours son but : ce n'est pas l'homme inhumain qu'il faut abattre mais le système qui l'a façonné » (65)....

34

Haro sur la société ! Raoul Vaneigem s'oppose à la loi Gayssot qui qualifie de délit la contestation de l'existence des crimes contre l'humanité (article 9). Il souhaite l'abolition du délit d'opinion sous prétexte que souscrire au négationnisme c'est être victime d'une société qui, elle, est malade et à changer. De la même manière que *Ni pardon ni talion* accablait la société et déchargeait le délinquant, *Rien* *n'est sacré, tout peut se dire* charge la société coupable de générer les crimes contre l'humanité et épargne le négationniste ou le révisionniste moins coupables de tenir des propos délictuels que victimes d'une société qui les a abîmés au point qu'ils souscrivent à ces propos délirants.

Lisons : « La scandaleuse hypocrisie de nos sociétés consiste à promulguer des lois contre les propos racistes, xénophobes, sexistes, terroristes, haineux, sans obvier à la banalisation de l'horreur que perpétue le fétichisme de l'argent, d'où découle partout dans le monde l'indigne traitement des femmes, des enfants, des hommes, de la faune et de la flore. Il s'agit en l'occurrence d'exonérer spectaculairement par des mesures abstraites, voire démagogiques, une politique criminogène qui privilégie le profit, multiplie les ghettos de riches et de pauvres, développe un enseignement concentrationnaire, précipite la paupérisation matérielle et mentale, attise le cynisme du désespoir et accentue le nihilisme de ceux qui, ayant tout à perdre et rien à gagner, regardent la mort comme un soulagement » (30).

L'interdit, affirme Raoul Vaneigem, invite à la transgression. Dès lors, soustraire à la publicité un certain nombre de livres, de revues, de films, de documentaires, c'est leur conférer une odeur de soufre qui attire les victimes de la société qui s'abandonnent à la pulsion de mort et souscrivent aux thèses négationnistes, révisionnistes, fascistes, etc. Interdire, c'est faire la publicité. Restreindre la liberté d'expression, c'est faire le jeu de ceux que l'on prétend combattre.

Par ailleurs, tolérer n'est pas cautionner. « Permettre la libre expression des opinions antidémocratiques, xénophobes, racistes, révisionnistes, sanguinaires, n'implique ni de rencontrer leurs protagonistes, ni de dialoguer avec eux, ni de leur accorder par la polémique la reconnaissance qu'ils espèrent » (20). Ce qui revient à dire qu'il faut laisser le champ libre à des expressions qu'on ne critiquera pas, car ce serait leur accorder crédit et leur donner une puissance qu'elles ne méritent pas. Mais laisser des individus libres d'exprimer des opinions délictueuses sans restaurer la vérité à leur endroit, n'est-ce pas faire le jeu de ces idéologies toxiques ?

Non, car la vie triomphe toujours... Et Raoul Vaneigem de donner un exemple, celui du voile islamique : « Il n'est pas de symbole, si odieux soit-il, que les jeux du vivant n'aient pouvoir de dissoudre. Il est absurde d'interdire le port du voile à des jeunes filles assujetties à l'islam. Imposé par la famille, il suscitera la révolte ; revendiqué comme l'expression d'une identité religieuse, il deviendra, quand elles découvriront les libertés de l'amour et de la femme, un colifichet pareil à la voilette ou à la mantille, que les convenances chrétiennes exigeaient des croyantes à l'époque où l'Église tyrannisait encore les esprits et les corps, il n'y a pas si longtemps » (29). L'amour comme antidote à l'« odieux » ? Raoul Vaneigem y croit.

35

La violence, encore. Ce n'est pas par hasard que Raoul Vaneigem a autant travaillé sur le christianisme des origines, sur le millénarisme apocalyptique, sur les gnostiques licencieux, sur les Frères et Sœurs du Libre-Esprit, car il est l'un des leurs. En digne descendant des gnostiques Basilide, Carpocrate, Valentin, Épiphane, Cérinthe, mais aussi des Frères et Sœurs du Libre-Esprit Amaury de Bène, Cornelisz d'Anvers, Bentivegna de Gubbio, Walter de Hollande, et quelques autres que j'ai rassemblés sous l'étiquette de « chrétiens hédonistes », Raoul Vaneigem croit à l'exercice du monde dans ses moindres détails comme à un genre de prière païenne effectuée en direction de la vie et du vivant. Il pense également que ce monde va vers sa perfection et non sa destruction. En ce sens, il s'inscrit vraiment dans les courants millénaristes pour lesquels le Bien est destiné un jour à régner sur Terre...

L'instrument de cette réalisation fut, si l'on se réfère à ses textes de jeunesse, la violence – d'où ses références aux anarchistes poseurs de bombes, à la bande à Bonnot, aux milices de Durruti dans le *Traité de savoir-vivre à l'usage des jeunes générations.* Cette croyance au rôle purificateur de la violence dite révolutionnaire et anarchiste ne l'a pas totalement quitté si l'on en croit *Ni pardon ni talion.* Car en 2009, le penseur qui affirme détester ceux qui sacrifient à la pulsion de mort n'exclut pas une exception à sa règle et rappelle que Ravachol, Vaillant, Émile Henry, Bonnot et ses amis ont eu recours à une violence de laquelle il dit : « De la bombe jaillit alors l'éclat du désespoir, l'éclair appelé à illuminer la conscience d'un combat salutaire » (26) avant de fustiger Netchaïev, les Brigades rouges, les Fractions armées, Action Directe, le Sentier Lumineux pour leur haine du vivant.

Rappelons pour mémoire que Ravachol a profané

une sépulture pour récupérer des bijoux, tué et dévalisé un vieillard de quatre-vingt-treize ans qui vivait d'aumônes qu'il thésaurisait, qu'il a placé des explosifs dans leurs immeubles pour tuer un président de cour d'assises puis un avocat général, mais qu'il a blessé des innocents, qu'il a posé une bombe dans un restaurant et tué le patron et un client, qu'il a aussi probablement assassiné deux vieilles filles qui tenaient un commerce de quincaillerie ; quant à Bonnot et à sa bande, on leur doit des vols, des casses, des braquages et des tirs sur un employé, un gardien de nuit, un caissier, autrement dit des salariés, pas des agents du capitalisme ; Bonnot abat son copain anarchiste Platano allégé de la grosse somme d'argent qu'il portait sur lui, et révolvérise le numéro deux de la Sûreté nationale. On voit mal comment Ravachol et Bonnot ont pu ainsi faire avancer dans le sens anarchiste, sinon la cause prolétarienne, du moins celle de la vie chère au cœur de Raoul Vaneigem.

36

Une pédagogie libertaire. Raoul Vaneigem semble souscrire à la geste anarchiste pour la carte postale, pas pour l'histoire. Sa critique juste et pertinente de l'impossibilité de la justice révolutionnaire bolchevique, sa condamnation des tribunaux marxistes-léninistes, sa critique des politiques répressives de Mao et de Castro s'effectuent au nom de la haine de la mort et de l'éloge de la vie. On voit mal comment il pourrait défendre l'anarchie supposée, revendiquée, parlée, de Ravachol et Bonnot quand les effets pratiques de l'anarchie dans le monde prolétarien restent invisibles. On peut préférer l'illégalisme pacifiste du modèle d'Arsène Lupin, ou de Marius Jacob qui affirme : « Puisque les bombes font peur au peuple, volons les bourgeois, et redistribuons aux pauvres ! » – ce qu'il fit et ce qui justifiait les cambriolages, les braquages, même si, au cours de l'un d'entre eux, un policier perdit la vie...

Publié en 1995, l'*Avertissement aux écoliers et lycéens* montre que pour changer le monde, Raoul Vaneigem croit moins aux bombes qu'à l'éducation. Exit Ravachol, Bonnot et consorts : bienvenue dans la constellation libertaire des révolutionnaires qui croient plus à *l'éducation populaire* qu'à la guillotine, à la bombe, aux fusils, au goulag et à toute autre forme de négativité thanatophilique pour réaliser un monde meilleur. Ainsi, dans l'esprit d'un William Godwin, auteur en 1793 (!) d'une *Enquête sur la justice politique,* qui accorde un rôle majeur à l'éducation pour produire une société harmonieuse, la pédagogie libertaire a produit quelques beaux monuments concrets : « Iasnaïa Poliana » de Tolstoï en 1859, l'« Orphelinat de Cempuis » de Paul Robin en 1880, « l'École Moderne » de Francisco Ferrer à Barcelone en 1901, « La Ruche » de Sébastien Faure en 1904, « Summerhill » de A.S. Neill en 1921. Avec son *Avertissement aux écoliers et lycéens,* Raoul Vaneigem inscrit son nom dans la liste de cette sensibilité libertaire biophilique.

Ce bref texte commence avec un coup de tonnerre : l'école se trouve associée à la famille, l'usine, la caserne, l'hôpital, la prison et autres lieux du formatage. Ces enclos que sont le domicile familial, l'atelier, le bureau, le dortoir du conscrit, la chambre d'hôpital, la maison d'arrêt contraignent le corps, donc l'âme. Dans tous ces lieux, on dresse l'homme pour qu'il soit rentable. L'enfant entre dans l'institution scolaire avec un désir, une vitalité, une envie brisés par le système qui distille l'ennui, la fatigue, le désintérêt. Les bâtiments mêmes, par leur laideur concentrationnaire, incitent au vandalisme.

Le système éducatif reproduit le système patriarcal avec son ordre, sa hiérarchie, sa célébration de la force virile, son goût de la compétition, de la guerre, de l'émulation brutale, sa haine de la vie, des désirs et des plaisirs, des femmes et du vivant. L'apprentissage est fondé sur la répression des désirs et l'entrave aux désirs génère et stimule l'agressivité. Apprendre, c'est toujours souffrir, acquérir des savoirs inutiles dans la douleur, la peine, les larmes, la sueur et le sang. C'est maltraiter le corps, renoncer aux plaisirs de l'enfance, vieillir prématurément.

Il faut inverser cette logique et vouloir le contraire : contre la *survie* qui propose de célébrer le travail, le paraître, qui s'appuie sur l'éternel cycle refoulement/défoulement et sur l'association peur/contrainte, la culpabilité et l'ennui, Raoul Vaneigem propose la *vie* qui magnifie la créativité, honore l'authenticité, sublime la luxuriance des désirs, exalte le merveilleux. L'apprentissage doit s'appuyer sur l'attraction passionnée qui habite naturellement les enfants, un tropisme naturel qu'il faut solliciter, puis entretenir. Le corps habituellement confiné dans un petit espace, contraint dans des horaires, dans un espace, ou bien réduit à la performance physique dans les activités sportives, doit donner toute sa mesure : on doit le solliciter dans sa totalité par des ateliers qui s'adressent à la totalité des sens.

Contre la priorité donnée à l'intelligence abstraite et à la raison dite objective, la pédagogie libertaire sollicite l'intelligence sensible et sensuelle indissociable des désirs et des plaisirs. La pédagogie qui triomphe actuellement procède de Pavlov : on crée un réflexe conditionné en associant la récompense à la bonne réponse et la punition à la mauvaise réponse. Ce dressage est du meilleur effet lorsque l'enfant entre dans le monde du travail où il peut rapidement se trouver intégré dans la logique de rentabilité qui fait la loi.

37

Assassiner la princesse de Clèves. Raoul Vaneigem cite des textes terribles publiés par la Commission européenne en décembre 1991 sur l'enseignement supérieur : « Elle y recommandait aux universités de se comporter comme des entreprises soumises aux règles concurrentielles du marché. Le même document exprimait le vœu que les étudiants fussent traités comme des clients, incités non à apprendre mais à consommer. Les cours devenaient des produits, les termes "étudiants", "études" laissant place à des expressions mieux appropriées à la nouvelle orientation : "capital humain", "marché du travail". En septembre 1993, la même Commission récidive avec un *Livre vert sur la dimension européenne de l'éducation*. Elle y précise qu'il faut, dès la maternelle, former des "ressources humaines pour les besoins exclusifs de l'industrie" et favoriser "une plus grande adaptabilité des comportements de manière à répondre à la demande du marché de la main d'œuvre" » (49). Dans cette configuration le grec et le latin, la littérature et la poésie, la sociologie et la philosophie disparaissent de l'université. Homère et Lucrèce, Proust et Dante, Bourdieu et Montaigne, n'ayant aucune chance de contribuer au grand projet pédagogique européen, disparaissent donc des programmes universitaires. À quoi bon lire encore *La Princesse de Clèves* dans cette configuration ?

Raoul Vaneigem propose une généalogie à cet état de fait : au XIXe siècle, la production requiert la méthode despotique, il s'agit de conquérir les marchés, le pillage des ressources mondiales suppose le colonialisme ; pour se défendre, le prolétariat s'organise, mais il reproduit le mécanisme de ce qu'il veut dépasser, les partis et les syndicats étouffent la revendication libertaire sous la bureaucratie qui, sous prétexte de libérer les masses, les asservit ; ensuite, le capitalisme privé passe au capitalisme d'État avec le fascisme, le nazisme, le stalinisme ; après la guerre, le consumérisme prend le relais en célébrant un hédonisme de l'avoir qui fait plus pour détruire le système patriarcal que toute entreprise révolutionnaire ; après Mai 68, une société de consommation a transformé les individus en assistés à sécuriser, encadrer, conseiller, soutenir, guider, aider, protéger, les mafias se sont emparées de ce marché aux moindres coûts, d'où la pollution, la nourriture frelatée, le pillage de la planète. Dans cette configuration, l'éducation est devenue un auxiliaire de cette entreprise nihiliste : l'école fabrique des soldats de cette mécanique à détruire les corps, les gens, la vie, la communauté.

38

Éloge du professeur-artiste. Si le capitalisme contemporain a détruit l'éducation pour transformer l'école en antichambre de la production, le désir libertaire refonde l'école pour lui demander de contribuer à une société où la vie fait la loi – et non plus la mort. Contre les professeurs castrateurs, qui recourent au cynisme, méprisent, insultent leurs élèves, les mettent dans des situations déshonorantes, utilisent les notes comme des outils pour humilier, le savoir comme une occasion de trier les sujets dociles récompensés et les individus rebelles punis, Raoul Vaneigem invoque le professeur-artiste.

Aux antipodes de l'enseignant qui brime, terrorise sa classe et se fait terroriser par elle, méprise ses élèves et se fait mépriser par eux en retour, Raoul Vaneigem oppose « les artistes, jongleurs et funambules du savoir, capables de captiver sans avoir jamais à se transformer en gardes-chiourme ou en adjudants-chefs » (28). Cet enseignant part de la capacité naturelle de l'enfant à s'émerveiller, s'étonner, questionner, vouloir savoir et comprendre, pour transmettre des connaissances utiles à la construction de soi dans le sens de la pulsion de vie.

Dans ses jeunes années, l'enfant a posé des questions, il a été naturellement philosophe. Au fur et à mesure, le temps passant, il a renoncé à (se) poser des questions parce que les adultes l'ont renvoyé à lui-même. Face à ces perpétuelles fins de non-recevoir, il a fini par imaginer qu'il n'était pas digne de savoir, de connaître et de comprendre. Il s'est dévalorisé. « Lorsque, rebuté enfin par tant d'interrogations jugées sans intérêt, il entre dans le cycle des études, on lui assène des réponses dont il a perdu le désir. Ce qu'il avait souhaité passionnément connaître quelques années auparavant, il est contraint de l'étudier par force et en bâillant d'ennui » (29).

Si l'on entretient le désir de savoir, le savoir reste un désir, rien ne le retient. Le professeur-artiste ne refuse pas le contrôle de l'assimilation des connaissances, le degré de compréhension de ce qui lui aura été transmis, l'habileté expérimentale de son élève, mais pas sur le mode répressif. Il évitera de stigmatiser la faute là où il n'existe qu'une erreur qui se corrige ; il ne jouera pas sur la corde du mérite ou du démérite, de l'honneur ou du déshonneur, de la peur et de la menace, en prenant le risque de blesser à vie la conscience fragile de l'enfant ; il préférera en appeler à sa bonne nature qui lui permet d'apprendre facilement quand il le désire, à bien retenir ce qu'il aura appris sans contrainte, à aimer le savoir et à jouir des connaissances quand il a compris leur utilité existentielle.

39

« L'Université de la Terre ». Dans *Ni pardon ni talion,* Raoul Vaneigem souhaite des écoles indexées sur la vie et non sur le marché, axées sur le désir et le plaisir et non sur la contrainte et l'autorité, il veut des professeurs-artistes et non des gardes-chiourme, des écoles ouvertes sur l'extérieur et non renfermées sur elles-mêmes à la façon des prisons ou des casernes. Pour ce faire, il souhaite limiter les effectifs à une douzaine d'élèves, ce qui permet un enseignement individualisé : il ne s'agit pas d'instruire des masses, mais d'éduquer des subjectivités.

L'informatique y serait bannie. L'abbaye de Thélème de Rabelais servirait de modèle à un apprentissage joyeux, ludique. La compétition et la concurrence n'auraient pas droit de cité : ce sont des vices du système marchand qui construit son école en regard des impératifs de rentabilité du monde du travail capitaliste. Les enseignants seraient passionnés, ils transmettraient leur ferveur et leur flamme pour des savoirs utiles à la construction de soi.

Raoul Vaneigem renvoie une fois encore à l'expérience zapatiste. Il confie avoir visité en novembre 2006 une structure expérimentale non loin de San Cristóbal au Mexique. Voici ce qu'il écrit : « Le Centre indigène de formation intégrale (*Centro indígena de capacitación integral*), mieux connu sous le nom d'Université de la Terre, forme sur quelque vingt hectares un territoire autonome et insoumis, disposant du seul soutien d'une solidarité internationale offerte sans contrepartie. Quiconque le souhaite y reçoit gratuitement l'enseignement de son choix. On y trouve aussi bien un atelier de cordonnerie que des départements de menuiserie, de métallurgie, d'informatique, de tissage, de médecine officielle et traditionnelle, de musique, d'alphabétisation, d'architecture, d'agriculture biologique, de confection, de broderie, de cuisine, de maçonnerie, de dessin industriel... Les élèves y sont reçus dès douze ans, sans autre limite d'âge, sans épreuves préliminaires, sans capacités particulières. Tout commence par la pratique, la théorie en découle. Une seule condition est requise : avoir envie d'étudier, être épris de savoir. Un savoir qui ne sera ni monnayé ni diplômé, mais propagé dans les communautés paysannes dont sont issus les étudiants ou dans lesquelles ils jugent utile d'enseigner leur art en dispensant à d'autres la richesse de leurs connaissances » (99-100).

Petits effectifs, désir de transmettre le goût de la vie et non la passion pour la mort, individualisation de la construction des subjectivités, mélange des âges, association de la théorie et de la pratique, enseignement de ce qui sert à mener une vie heureuse, sollicitation hédoniste des potentialités sensuelles des corps, conservation de l'esprit ludique consubstantiel à l'être dans ses premières années, invitation aux créations individuelles et collectives, voilà comment on peut apprendre l'autonomie à des êtres vivants qui l'enseigneront à leur tour. Par capillarité libertaire, la révolution s'effectuera. Raoul Vaneigem y croit.

En 2009, il écrit dans *Ni talion ni pardon* : « Nous sommes au cœur d'une mutation où s'amorce un renversement de perspective » (95). Autrement dit, non seulement il y croit, mais il estime cette révolution imminente. De quoi constater que, fidèle au Grand Belin de son enfance, Raoul Vaneigem est resté le même avant, pendant et après Mai 68 : il porte toujours l'espoir d'un monde dans lequel la vie ferait plus la loi que la mort. Il a juste estimé qu'on ne fait pas triompher la vie comme fin avec des moyens qui la nient, dont la violence, et que la cohérence veut que cette fin juste et légitime exige des moyens ad hoc – une révolution sans guillotine. Celle que désirait Charles Fourier...

CONCLUSION

Le silence des vies quotidiennes transfigurées

Mitterrand parlant des acteurs de Mai 68 :
« La seule chose qu'ils aient obtenue,
c'est de retarder mon arrivée
au pouvoir de treize ans ! »

Jacques ATTALI,
Verbatim I, p. 157.

1

Mai historique, Mai métaphysique. Il y eut deux Mai 68 : le premier, *historique*, couvre une période qui s'étend du désormais célèbre « mouvement du 22 Mars » au raz-de-marée gaulliste des législatives du 30 juin 1968, en gros, trois mois... Le second, *métaphysique*, va de la mort du général de Gaulle le 9 novembre 1970 au tournant de la rigueur décidé par François Mitterrand le 21 mars 1983, soit treize années. Ce tournant marque la fin du socialisme de gauche consigné dans le Programme commun de gouvernement au profit d'un socialisme libéral qui permet au chef d'État, qui s'est servi du socialisme pour parvenir au pouvoir, d'y rester sous prétexte d'un grand chantier nouveau : l'Europe, construite sur le couple franco-allemand, présentée comme une panacée à tous les maux du capitalisme.

Le premier Mai fut un grand chambardement qui, dans sa diversité, se définit par une déconstruction du patriarcat judéo-chrétien. Que les acteurs aient été communistes, trotskistes, maoïstes, situationnistes, lambertistes, anarcho-syndicalistes, libertaires, anarchistes, gauchistes ou autres, qu'ils se soient retrouvés dans des groupuscules qui naissent, se fractionnent et meurent dans une vitalité sans précédent, qu'ils aient arboré les portraits de Marx, Lénine, Mao, Marcuse, Hô Chi Minh, qu'ils fassent partie du chahut de Cohn-Bendit demandant la mixité des dortoirs au ministre de l'Éducation nationale, des groupes qui occupent la Sorbonne, ou qu'ils soient ouvriers, paysans, étudiants, commerçants grévistes, tous se retrouvent sous une même rubrique : l'abolition d'un vieux monde dans lequel la hiérarchie faisait la loi. Jadis le pouvoir venait de Dieu, s'y opposer c'était dire non à la divinité ; désormais, Dieu est mort et l'on peut dire non au pouvoir.

Étymologiquement, la hiérarchie suppose le pouvoir du sacré : avec Mai, après Mai, le sacré ne fait plus la loi, il n'a plus le pouvoir. Les parents ne parlent plus de la même manière à leurs enfants, les enseignants à leurs élèves, les patrons à leurs ouvriers, les hommes aux femmes, les Blancs aux Noirs, les hétérosexuels aux homosexuels, les vieux aux jeunes, les riches aux pauvres, les intellectuels aux manuels, les Européens aux habitants du tiers-monde, les Français aux peuples anciennement colonisés. Cette déchristianisation généralisée constitue le second Mai – celui-ci a incontestablement réussi.

2

L'effet Mai 68. L'effet Mai 68 s'est manifesté dans des domaines divers : *le retour à la nature*, le goût de l'ensauvagement, l'exode urbain, les communautés dans le Larzac, l'écologie, la décroissance pratiquée au petit bonheur la chance dans les communautés ; *la sexualité libre*, les pratiques libidinales communautaires, la déculpabilisation de toute sexualité, l'indexation du sexe sur le seul plaisir, la loi Neuwirth votée le 19 décembre 1967 permettant la contraception a facilité une sexualité dissociée du régime familial habituel ; *l'émergence d'un féminisme* qui conduit les femmes à lutter pour la contraception, l'avortement, la maternité libre, l'autonomie financière, l'indépendance sociale, l'abolition radicale des manifestations du patriarcat ; *le combat homosexuel et lesbien* qui permet d'en finir avec la sexualité indexée sur le modèle du couple hétérosexuel, familialiste, monogame, cohabitationniste ; le *corps hédoniste*, ce qui suppose moins l'alcool d'un certain prolétariat que les drogues douces et dures dans leurs usages doux et durs – LSD, marijuana, herbe, haschich, champignons hallucinogènes ; *le goût de la fête* et des communautés ludiques et joyeuses réunies par le désir de « jouir sans entraves », la culture alternative, la pop, le rock, les concerts, les grands rassemblements ;

les pratiques expérimentales, sexuelles, donc, communautaires, bien sûr, mais aussi pédagogiques : on congédie la mémoire à laquelle on préfère la créativité, on cesse d'apprendre ce que l'on ignorait car désormais, le maître-libertaire (platonicien plus qu'il ne le croit...) incite à découvrir ce que l'on sait déjà, on abolit l'apprentissage de savoirs précis, de dates, de chronologie, on intègre l'orthographe non plus en l'apprenant avec des dictées mais en pratiquant l'autodictée ou le texte à trous, on abolit le règne de la note, l'évaluation de l'acquisition des connaissances s'effectue par les élèves eux-mêmes, soit seuls, soit en groupe ; le *militantisme antipsychiatrique* renverse les valeurs et charge la société pour mieux disculper l'individu : la folie n'est pas chez le fou, mais dans le système qui appelle fou celui qui refuse de souscrire aux diktats stupides de la communauté ; de même en matière d'*ontologie juridique,* un même renversement transforme le délinquant en victime d'une société seule coupable...

Dans cette configuration, ce qui faisait l'arsenal idéologique du PCF disparaît : le Parti communiste français croyait au rôle révolutionnaire de la classe ouvrière, il construisait sa force sur le mythe ouvriériste, il pensait que la révolution s'effectuerait grâce à l'avant-garde éclairée du prolétariat constitué en parti, il vouait un culte à la révolution, il stigmatisait l'avortement, la contraception, la drogue comme autant de perversions capitalistes venues d'Amérique et destinées à détourner le peuple du droit chemin révolutionnaire, enfin, parce que l'URSS l'avait invité à négocier avec le pouvoir gaulliste sous prétexte que les conditions historiques de la révolution n'étaient pas réunies, il croyait qu'il fallait empêcher les « gauchistes » d'acquérir une visibilité gênante pour leur monopole obtenu de conserve avec le général de Gaulle.

Le PCF signe les accords de Grenelle, il ne s'oppose pas à la stratégie arrêtée par le général de Gaulle de la dissolution et des élections à l'Assemblée nationale, il joue le jeu électoraliste et se plie aux résultats : le PCF montre qu'il ne souhaite pas une révolution qui semble à portée de main après Baden-Baden et qu'il préfère travailler à son être et à sa durée comme organisation dans une logique de partage des lieux de pouvoir avec le régime capitaliste. Il cogère avec les gaullistes : à l'Assemblée, au Sénat, dans les villes, il joue le jeu électoral et se conforme aux décisions des urnes. Il a cessé d'être révolutionnaire. Un certain gauchisme prend la place.

Sartre, qui fut de toutes les erreurs (attentiste avant la guerre, opportuniste et vaguement collaborationniste pendant, communiste après, anticolonialiste tardif, guevariste, castriste, maoïste, puis soutien des causes terroristes palestiniennes, enfin défenseur d'un judaïsme messianique sur la fin de ses jours), est passé à côté de Mai 68. Le 10 février, avant d'intervenir à la Mutualité, Sartre découvre sur le pupitre, près du micro, un petit papier sur lequel est écrit : « Sartre, sois clair, sois bref : nous voulons discuter des consignes à adopter »... Le règne de Sartre et le type de magistère qu'il exerçait sont terminés.

3

Destruction du prolétariat. Arrive une jeune génération d'intellectuels et de philosophes qui, sages professeurs à l'université avant Mai, soucieux de publications et de thèses, désireux d'accomplir au plus vite un trajet dans l'institution, comprennent l'intérêt qu'il y a à franchir les portes ouvertes par Mai 68. Dans la première vague, ils se nomment Lacan, Althusser, Foucault, Deleuze, Guattari, Lyotard, Barthes, Derrida, Baudrillard ; dans la seconde, ce sont les « Nouveaux Philosophes » Maurice Clavel, André Glucskmann, Bernard-Henri Lévy, Lardreau et Jambet, plus quelques autres, Jean-Marie Benoist ou Gilles Susong. Ceux-là ont moins fait Mai 68 qu'ils n'ont été faits par lui.

Le prolétariat passe aux oubliettes chez les penseurs de la première vague pour lesquels il est plutôt question de structures anhistoriques, de régimes de discours, d'épistémè, de plans d'immanence, de ruptures épistémologiques, de modèles linguistiques, de sémiologie, de logique du texte, d'économie libidinale. Désormais, cette nouvelle génération se soucie plus des fous, des schizophrènes, des homosexuels, des pédophiles, des criminels, des marginaux, des hermaphrodites, des immigrés, des prisonniers, que des souffrances concrètes des ouvriers et de la misère des prolétaires. La rupture est consommée entre les philosophes et le peuple. Nizan et Politzer meurent une seconde fois.

De fait, chez ces intellectuels, la référence est moins à Marx qu'à Sade & Gilles de Rais, moins à Lénine qu'à Artaud & Hölderlin, moins à Staline qu'à Bachelard & Lacenaire, moins à Engels qu'à Bataille & Genet. En 1969 paraît un collectif, « Qu'est-ce que le structuralisme ? » Deleuze & Guattari publient *L'Anti-Œdipe* en 1972, Derrida *La Dissémination* la même année et *Glas* en 1974, Foucault *Moi, Pierre Rivière* en 1973, Lyotard son *Économie libidinale* en 1974, Guy Hocquenghem publie *Le Désir homosexuel* en 1972, puis *La Beauté du métis* en 1979 sous-titré *Réflexions d'un francophobe.* Son compagnon René Schérer fait l'éloge de la pédophilie dans *Émile perverti* en 1974 (l'ouvrage paraît dans une collection intitulée « Liberté 2000 » chez Robert Laffont, dirigée par Jean-François Revel) et dans *Une érotique puérile* en 1978. Deleuze préface le livre de Hocquenghem *L'Après-mai des faunes* en 1974. André Gorz pourra bientôt publier *Adieux au prolétariat* (1980)...

Car le prolétariat est évincé du jeu intellectuel et politique : les philosophes se soucient désormais des marges qu'ils mettent au centre – conséquemment, ils mettent le prolétariat en marge. Le PCF amorce une descente et se dilue dans un programme commun (27 juin 1972) qui l'associe au parti socialiste de Mitterrand et au Mouvement des radicaux de gauche de Robert Fabre. Cette stratégie d'alliance permet à François Mitterrand, venu du pétainisme quand il triomphait, puis de la Résistance quand elle devient plus rentable (mai 1943, après Stalingrad, quand on sait la guerre perdue pour les nazis...), d'être le candidat unique de la gauche le 10 mai 1981.

Une fois parvenu au pouvoir, il réduit les communistes à la portion congrue, puis renonce franchement à mener une politique de gauche le 21 mars

1983. Sous l'impulsion de Jacques Delors, une politique de rigueur est conduite par Pierre Bérégovoy dans le gouvernement Fabius. Le socialisme a vécu. Nombre d'anciens combattants de Mai 68 s'impliquent dans ce virage libéral et contribuent de ce fait à nourrir un Front National qui passe devant le PCF aux européennes de 1984. Le PCF quitte le gouvernement cette année-là – exsangue... Les Nouveaux Philosophes ont joué un rôle majeur dans la disparition de la gauche communiste et, via Mitterrand, dans cette conversion du socialisme au libéralisme.

4

« **Vive la crise !** » Les Nouveaux Philosophes apparaissent dans le champ médiatique le 27 mai 1977, lors d'une soirée que Bernard Pivot leur consacre dans son émission « Apostrophes ». Cette école philosophique a joué un rôle majeur dans la refondation intellectuelle du paysage politique à gauche dans la seconde moitié du XXe siècle : André Glucskmann dans *La Cuisinière et le mangeur d'homme* (1975) et Bernard-Henri Lévy dans *La Barbarie à visage humain* (1977) effectuent une critique du communisme, du marxisme, du goulag, du PCF, ils associent cette sensibilité politique au totalitarisme. La parution de *L'Archipel du Goulag* en 1973 permet d'enrôler Soljénitsyne dans ce combat. Le goulag et Auschwitz sont apparentés et critiqués comme l'avers et le revers de la même médaille totalitaire. Ces idées dupliquées à la télévision et dans tous les médias connaissent une grande fortune auprès d'un public très large. Barthes, Foucault, Sollers apportent leur soutien.

Si cette gauche bolchevique peut effectivement ne pas séduire dans les années 1970, tant le Parti communiste français accumule les ratages de l'histoire au XXe siècle (pacte germano-soviétique, velléités collaborationnistes pendant ce temps, puritanisme misogyne à la Libération, critique de la contraception, discrédit du combat anticolonial dans l'immédiat après-guerre, soutien aux régimes soviétiques barbelés de l'Europe de l'Est, opposition au Manifeste des 121, combat antiféministe, duplicité lors de l'invasion de Prague par les Soviétiques, opposition à Mai 68, etc.), faut-il pour autant croire qu'à gauche il ne reste qu'une formule sociale-libérale, celle qui trouve son incarnation politique concrète dans le socialisme mitterrandien de 1983 ?

L'alternative est-elle entre le goulag et Yves Montand promu conscience critique de cette nouvelle gauche dans une terrible émission de 1984 intitulée « Vive la crise ! », une soirée fomentée en partie par Alain Minc au cours de laquelle l'acteur, qui passa du chantier de jeunesse pétainiste à la défense du soviétisme, réhabilite l'argent, les vertus du patronat, la grandeur du capitaine d'industrie, l'austérité budgétaire, l'excellence de l'entreprise privée ? Le journal *Libération*, passé maître dans l'art d'enterrer la gauche de gauche au profit de cette gauche de droite publie le lendemain un supplément également intitulé « Vive la crise ! »...

Les Nouveaux Philosophes ont réussi leur entreprise : parvenir à faire croire à un large public que la gauche communiste était ontologiquement totalitaire (une vérité), que la seule gauche acceptable était sa formule antitotalitaire (une autre vérité), mais que la seule expression de cette gauche était libérale (une erreur), et non libertaire. Car d'Albert Camus, partiellement utilisé par les Nouveaux Philosophes pour son antitotalitarisme malhonnêtement dissocié de son anarchisme, aux théories conseillistes de « Socialisme ou barbarie » comme Claude Lefort, Cornelius Castoriadis ou Jean-François Lyotard, en passant par les situationnistes, il existe une véritable gauche libertaire française qui permet d'éviter l'alternative entre une gauche libérale de droite, celle que Mitterrand baptise en 1983, et une gauche césarienne des barbelés, jacobine, qui fut celle de Sartre.

5

Le règne des « bêtises ». Dans « Mai 68 n'a pas eu lieu », Gilles Deleuze et Félix Guattari affirment : « Il y a eu beaucoup d'agitations, de gesticulations, de paroles, de bêtises, d'illusions en 68, mais ce n'est pas ce qui compte. Ce qui compte, c'est que ce fut un phénomène de voyance, comme si une société voyait tout d'un coup ce qu'elle contenait d'intolérable et voyait aussi la possibilité d'autre chose » (215-216). On me permettra de croire que l'analyse des *bêtises* et des *illusions* permet de réfléchir à la meilleure façon d'achever positivement Mai 68, dans le sens de parachever, là où d'autres, à droite mais aussi à gauche, souhaitent l'achever négativement, comme on le fait avec une bête malade.

Le trajet ne conduit pas forcément à écrire,

comme André Glucskmann dans *Stratégie et révolution en France 1968* : « Le feu a pris » (48) pour s'en réjouir avant de faire de la France le fer de lance révolutionnaire dans le monde en juillet 1968, puis d'appeler à voter pour Nicolas Sarkozy dans une tribune du *Monde* lors des présidentielles de 2007. Il écrivait alors : « Je vous présente mes condoléances pour cette overdose de Mai 68. » Guy Hocquenghem a magnifiquement analysé les reniements d'une partie de l'intelligentsia française dans *Lettre ouverte à ceux qui sont passés du col mao au Rotary* (1986) en montrant ce que furent les trajets d'une poignée d'acteurs de cette dévitalisation de la gauche – July, Bruckner, Finkielkraut, Lang, BHL, Glucskmann, Kouchner, Cohn-Bendit. La solution n'est ni dans la célébration de Mai dans sa totalité, ni dans sa critique intégrale, mais dans son analyse dialectique.

Pour le dire autrement, Mai 68 exige un droit d'inventaire de gauche là où le droit d'inventaire de droite vise une pure et simple envie d'en finir avec tout ce que fut Mai au profit d'une politique réactionnaire – autrement dit, au sens étymologique, d'une politique qui voudrait restaurer l'état d'avant Mai comme remède aux bêtises et aux illusions de Mai – bêtises et illusions auxquelles, *fort heureusement*, ne se réduit pas tout Mai 68. Seul le droit d'inventaire de gauche permet d'éviter que les acquis de Mai ne succombent sous les assauts des réactionnaires.

Dans un entretien avec Peter Sloterdijk, *Les Battements du monde*, Alain Finkielkraut racontera ce que fut son Mai 68 : « J'étais une marionnette de la radicalité. C'est de la prise de conscience de ce conformisme lyrique que date mon entrée dans l'âge adulte » (223). Dans une formule drolatique, Guy Hocquenghem parlera du trajet « d'un ex-gaucho passé au rabbinat » (*Lettre ouverte*, 45).

Il existe donc une liste de ceux qui n'ont pas aimé Mai 68 à l'époque, mais ont été prudents et très discrets ensuite, quand il s'agissait de formuler leurs réserves, célébrité post-soixante-huitarde oblige : Althusser, Bourdieu, Lacan, Derrida, Barthes ; une autre constituée par ceux qui l'ont particulièrement aimé, mais détesté plus tard : Glucskmann, Bruckner, Finkielkraut, BHL, Gauchet ; une dernière avec ceux qui ne l'ont aimé ni pendant ni après : Aron, Lévi-Strauss, Debray – soit : les opportunistes, les renégats, les constants...

6

« La vie cochonne des bourgeois ». Mai 68 a également produit des effets sidérants dans la justice. La pensée juridique soixante-huitarde en vertu de laquelle, en matière de délinquance, la société est coupable, pas le délinquant, a généré le meilleur et le pire. Le meilleur : une déchristianisation du dispositif métaphysique judéo-chrétien en vertu duquel les hommes disposeraient d'un libre arbitre avec lequel ils pourraient choisir en toute conscience entre le bien et le mal. Ils seraient donc responsables des usages de leur liberté conçue comme une donnée a priori ontologique sans aucun souci des déterminismes historiques dans lesquels elle se trouve. Libres, donc responsables, donc coupables, donc punissables.

Or la liberté n'est pas une forme a priori de la sensibilité morale, mais une faculté qui s'acquiert. Et dans certaines circonstances historiques, la construction de soi comme individu libre se trouve entravée, voire empêchée. Pour devenir libre, il vaut mieux en effet naître dans une civilisation développée où le gîte et le couvert sont assurés plutôt que dans un pays du tiers-monde qui contraint à la prostitution pour survivre, dans un environnement disposant d'un capital culturel important plutôt que dans un milieu de naissance intellectuellement défavorisé, dans une famille équilibrée mentalement plutôt que dans une tribu incestueuse et violente...

Que Mai 68 sorte la pensée juridique de son formalisme idéaliste judéo-chrétien est une bonne chose. Qu'on ne rende plus la justice comme si l'on avait en face de soi des choses en soi kantiennes, mais des individus de chair et d'os impliqués dans une histoire et victimes, la plupart du temps, de déterminismes sociologiques, psychologiques, voire psychiatriques, familiaux, sociétaux, voilà qui permet un très utile mouvement de balancier dans le sens inverse de l'idéalisme juridique.

Mais cette inversion de valeurs se fait aussi dans un sens qui n'était guère plus réjouissant et qui, parfois, fut pire... Rappelons-nous l'affaire de Bruay-en-Artois : le 6 avril 1972, on retrouve dans un terrain vague le cadavre dénudé et mutilé d'une jeune fille de mineurs âgée de quinze ans et demi, Brigitte Dewèvre. Le juge Henri Pascal, l'un des premiers adhérents au Syndicat de la magistrature, inculpe puis incarcère le notaire Pierre Leroy et sa maîtresse Monique Béghin-Mayeur, la fille du plus gros marchand de meubles de la ville, parce que l'un et l'autre donnent des versions divergentes – pour dissimuler leur liaison adultère.

Cet homme, surnommé « le petit juge », a eu un trajet laborieux dans la magistrature ; il trahit le secret de l'instruction et inaugure le règne de la collaboration de la presse avec les médias : c'est à Bruay qu'apparaît pour la première fois la concentration de journalistes qui transmettent et diffusent en direct à partir de camions dotés d'antennes paraboliques. À l'époque, *La Voix du Nord* met de l'huile sur le feu : dans une atmosphère de reconfiguration de la presse quotidienne régionale, l'affaire fournit au journal une bonne occasion de prendre un leadership alors contesté. La presse nationale lui emboîte le pas.

Le journal maoïste *La Cause du peuple,* dont Sartre est le directeur, titre le 1er mai : « Et maintenant ils massacrent nos enfants. » L'article est signé : « La ville ouvrière de Bruay en colère. » On peut y lire : « Il n'y a qu'un bourgeois pour avoir pu le faire. » Le jeune journaliste qui couvre l'événement a pour nom Serge July, pseudonyme : Marc. Sartre intervient dans le numéro suivant : il a la sagesse de mettre un peu de raison dans cette légitimation de la violence, du talion et de la vengeance sans retenue. Il en appelle à une justice qui n'exclut pas le regard militant mais ne perd pas de vue non plus qu'on juge d'abord des hommes et qu'a priori ils sont innocents tant qu'on n'a pas démontré leur culpabilité. *La Cause du peuple* stigmatise alors « la vie cochonne des bourgeois »...

Le journal en rajoute : « Pour renverser l'autorité de la classe bourgeoise, la population humiliée aura raison d'installer une brève période de terreur et d'attenter à la personne d'une poignée d'individus méprisables, haïs. Il est difficile de s'attaquer à l'autorité d'une classe sans que quelques têtes des membres de cette classe se promènent au bout d'une pique. » Et le journal de reprendre des propos prêtés au peuple qui voudrait faire lui-même justice avec le notaire : « "Oui nous sommes des barbares. Il faut le faire souffrir petit à petit ! – qu'il nous le donne, nous le couperons morceaux par morceaux au rasoir ! – je le lierai derrière ma voiture et je roulerais à 100 à l'heure dans les rues de Bruay ! – il faut lui couper les couilles !" Et combien d'autres châtiments imaginent les mineurs et leurs familles ? Barbares, ces phrases ? Certainement, mais pour comprendre il faut avoir subi 120 années d'exploitation dans les mines. De pères en fils, de grand-pères en petits-fils, ce n'est dans chaque famille que larmes, sueur et sang. » Un comité se crée, il s'intitule… Comité Vérité et Justice !

Un an après les faits, le 18 avril 1973, un jeune de Bruay-en-Artois, très actif dans ce Comité Vérité et Justice animé par les maoïstes venus de Paris et disposant d'un relai ouvrier sur place, Jean-Pierre Flahaut, s'accuse du meurtre. Orphelin, psychologiquement dérangé, ancien camarade de la victime, il affirme disposer de preuves et prétend avoir les lunettes de Brigitte Dewèvre chez lui : on retrouve en effet une monture à son domicile. Le Comité affirme qu'il est manipulé par la bourgeoisie. La mère de la victime et l'opticien disent ne pas reconnaître les lunettes. Qui manipulait qui ?

Après ses aveux, Jean-Pierre Flahaut se rétracte, puis il est jugé : il sera relaxé au bénéfice du doute. On relâche le notaire qui officialise sa liaison par le mariage. L'affaire se trouve classée sans suite en 1981. Le crime est prescrit en 2005. Entre-temps, que sont devenus les protagonistes de cette affaire ? Serge July est devenu directeur de *Libération*, créé dans la foulée comme contrepoids révolutionnaire à la domination de la presse bourgeoise. Benny Lévy s'est converti au militantisme talmudique. François Ewald, jeune professeur de philosophie alors très actif dans le Comité, auteur d'articles sur cette affaire dans *La Cause du peuple*, a rencontré Michel Foucault à Bruay, il en est devenu l'assistant au Collège de France. Ensuite, il assure les fonctions de directeur de l'École nationale d'assurances, puis de conseiller à la Fédération française des sociétés d'assurances, enfin de président du Comité scientifique et éthique du groupe AREVA. Il a travaillé avec le numéro deux du MEDEF entre 1998 et 2002. Dans *L'État providence* (1986), François Ewald fustige la société d'assistanat. Il fut également conseiller du MEDEF à l'époque d'Antoine-Ernest Seillière. Il s'occupe toujours de la publication des séminaires de Foucault… Bruay-en-Artois a changé de nom en 1987, la ville s'appelle désormais Bruay-la-Buissière… Le crime de Brigitte Dewèvre est resté impuni. Justice de classe, en effet…

7

Destruction de la raison. La libération sexuelle a produit des effets terribles stigmatisés par Michel Houellebecq dans son roman *Les Particules* *élémentaires.* Ce romancier qui incarne actuellement l'image de la France sur la planète avec ses romans est, si l'on en croit ses aveux réitérés, un pur produit des impasses soixante-huitardes en matière d'éducation, de pédagogie, de couples défaits, refaits, décomposés, recomposés à la lumière mélancolique et dépressive du consumérisme sexuel de ces années-là.

Dans la meilleure des hypothèses, le fantasme du retour à la nature n'a généré que des communautés défaites après constat de leur échec à mener concrètement une révolution libertaire voulue pour la planète entière. Ceux qui voulaient la révolution pour la France, sinon l'humanité, et n'ont pas su la mener dans leur collectivité d'une dizaine de personnes, ont parfois investi ensuite dans une longue psychanalyse (souvent chez Lacan ou les lacaniens, Jacques-Alain Miller, l'héritier matériel et immatériel du maître, qui fut son beau-père, est un ancien de la Gauche prolétarienne lui aussi), parfois dans une interminable déprime – l'histoire des suicidés d'après-Mai, dont Michel Recanati qui se jette sous un train à vingt-huit ans, ou des déprimés sévères, dont Robert Linhart qui fut mutique plusieurs années, reste à écrire.

D'aucuns ont choisi la voie mystique juive : ainsi Benny Lévy (1945-2003), surnommé Pierre Victor, secrétaire de Sartre de 1973 à la mort du philosophe en 1980, auteur à ses côtés avec Philippe Gavi d'un *On a raison de se révolter* (1974), fondateur et dirigeant de la Gauche prolétarienne maoïste qui, selon son expression, passe de « Mao à Moïse », apprend l'hébreu, étudie la Torah et le Talmud, infléchit le dernier Sartre très malade vers ses idées mystiques, part vivre en Israël, y crée l'École doctorale de Jérusalem et fonde avec BHL et Alain Finkielkraut l'Institut des études lévinassiennes en 1997.

Benny Lévy sous-titre son livre *Le Meurtre du Pasteur* : *Critique de la vision politique du monde.* Il commence son analyse en précisant : « Tôt, je rencontrai le Tout-Puissant. Dans le texte de Lénine, qui fut l'objet d'étude de ma première année à l'École normale supérieure : je mettais en fiches les 36 tomes des Œuvres de Moscou » (13). La vérité du politique se trouve donc dans le théologique. Sartre avait indiqué la direction dans ses entretiens avec Benny Lévy dans *L'Espoir maintenant* (1980) : il y affirmait que la vérité de la révolution était le messianisme, que la vérité du messianisme était le judaïsme et que, dès lors, la vérité de la révolution, c'était le judaïsme. Moyennent quoi, avec assez de sophistique, en affirmant le contraire de ce qu'il avait dit, Sartre pouvait prétendre que ce qu'il devenait, il l'avait toujours été. C'était évidemment oublier que ses *Réflexions sur la question juive* font du juif une invention de l'antisémite, ce qui dénie donc au juif toute historicité, ce qui en fait une fiction créée par son ennemi – ce qui contredit la vérité universelle du juif peuple de l'histoire ayant compris la vérité messianique de la révolution...

Parmi ceux qui quittent le gauchisme pour la religion, on trouve également Guy Lardreau (1947-2008) et Christian Jambet (1949), deux activistes de la Gauche prolétarienne eux aussi qui, après Mai, publient *L'Ange* (1976), un ouvrage souvent présenté comme fondateur de la Nouvelle Philosophie. Dans ce livre nourri de patristique et de scolastique thomiste, la révolution chrétienne est présentée comme la seule véritable et authentique révolution culturelle ! Peu de temps avant de mourir, Lardreau envisageait d'écrire sur Joseph de Maistre... De son côté, Jambet infléchit sa mystique du côté musulman après sa rencontre avec l'islamologue Henri Corbin. En 2011, il est élu à la chaire de Philosophie islamique de Corbin à l'École pratique des hautes études.

Dans *Sartre, le temps des révoltes*, Jean-Pierre Barou confesse en janvier 2006 qu'après avoir découvert le monastère privé du Dalaï-Lama il a changé d'avis : « Militant mao, j'avais dans l'ignorance soutenu une Chine qui enterre vivants les hommes et les femmes du Tibet. Adolescent, j'avais fait une croix sur le bouddhisme. Je découvre, auprès des Tibétains de l'exil, que le bouddhisme, c'est une science de l'esprit (*sic*) où nos meilleurs neurologues puisent aujourd'hui » (182) – avant de célébrer les chamanes de l'Arizona qui répandent des poudres colorées sur le seuil de leurs maisons... Ancien militant de la Gauche prolétarienne, membre fondateur du journal *Libération*, on lui doit en 1993 la création de la maison d'édition « Indigènes » connue pour avoir publié le fameux libelle de Stéphane Hessel, *Indignez-vous !...*

8

Destruction de l'école. Destruction du prolétariat au profit des marges, destruction de la raison en faveur de la croyance, Mai 68 a également contribué à la destruction de l'école. Le délire pédagogique a contribué à la destruction de l'instruction publique.

Raoul Vaneigem constate que le capitalisme post-soixante-huitard a précipité la culture dans les poubelles de l'histoire. Les normaliens agrégés issus des beaux quartiers qui voulaient détruire l'université et la culture parce qu'ils disposaient du savoir par tradition familiale ont précipité les filles et fils de déshérités dans l'inculture, ce qui a creusé l'abîme entre les enfants de la bourgeoisie, qui compensaient l'impéritie scolaire par la transmission parentale, et les enfants des classes modestes, qui ajoutaient le produit de la faillite institutionnelle scolaire à l'inculture de leur milieu.

En Mai 68, Alain Geismar veut mettre le feu à l'université ; dans une déclaration faite à son procès, en octobre 1970, et intitulée « Vive le marxisme-léninisme maoïsme ! Vive la Guerre populaire ! », il veut envoyer les prolétaires dans les amphithéâtres et les intellectuels aux champs ; en 1986, il entre au parti socialiste ; en 1990, il devient Inspecteur général de l'Éducation nationale ; dans la perspective de la présidentielle de 2012, il affirme son soutien à Dominique Strauss-Kahn…

Roland Barthes pouvait bien annoncer dans sa leçon inaugurale au Collège de France en 1977 que « la langue est fasciste », il ne lui vint pas une seule seconde à l'esprit qu'il est bien plus fasciste de ne pas transmettre le bon usage de la langue aux enfants de pauvres que de la détruire en compagnie des fils et filles de bonne famille qui suivent des études universitaires, assistent à ses leçons et disposent de l'argent qui leur permet d'acheter ses livres. S'il fallait vraiment recourir à ce mot, c'est bien plutôt proclamer que la langue est fasciste qui est fasciste ! La destruction de l'école a favorisé les héritiers ; elle a massacré les garçons et les filles d'ouvriers, de paysans, d'employés.

La débâcle d'une *grande partie de l'élite* des soixante-huitards a donc laissé le champ libre au capitalisme qui a imposé sa loi. Les analyses de Guy Debord et de Raoul Vaneigem sont parfaites, il n'y a rien à redire sur ce sujet. Le capitalisme est donc passé d'une formule patriarcale, paternaliste, locale, à une formule barbare, brutale et planétaire. Pendant que les leaders de Mai devenaient patrons de presse, mandarins dans les universités, les grandes écoles ou le CNRS, dirigeants de grandes entreprises, publicitaires au service du marché, conseillers en image pour les politiciens, stratèges en entreprise, requins de la finance, directeurs de programmes à la télévision, administrateurs de banque, sénateurs ou ministres socialistes, etc.

Mais, la plupart du temps, *la base* des acteurs anonymes de Mai 68 n'a pas connu ce recyclage dans les hautes sphères de la société du spectacle. Une grande majorité silencieuse n'a pas franchi les barricades pour collaborer à la société qu'ils avaient un temps voulu détruire. Cette foule immense et anonyme a vécu simplement, modestement, fidèlement, sans trahison, en essayant de nourrir un peu de leur vie quotidienne avec les rêves qui furent ceux de leur jeunesse. Là aussi, là encore, une ligne de partage traverse les soixante-huitards d'en haut et les soixante-huitards d'en bas en reproduisant l'éternelle lutte des classes. Si l'esprit de Mai a soufflé, c'est bien dans le silence des vies quotidiennes transfigurées.

BIBLIOGRAPHIE

1

L'esprit de Mai. Premier de cordée dans l'avant-garde littéraire qui conduira à l'événement historique de Mai 68 : Marinetti, *Manifeste du futurisme*, L'Âge d'Homme. Le second : André Breton, *Manifeste du surréalisme*, Idées Gallimard. Pour une théorie du mouvement surréaliste : Ferdinand Alquié, *Philosophie du surréalisme*, Champs Flammarion. Le troisième : le lettrisme. Lire Roland Sabatier, *Le Lettrisme*, Z'éditions.

Sur Mai 68 : Alain Schnapp et Pierre Vidal-Naquet, *Journal de la commune étudiante*, Seuil. Une somme de documents.

2

La vie philosophique d'Henri Lefebvre. Pour un panorama général : Jean Thau, *La Philosophie française dans la première moitié du XXe siècle*, Éditions de l'université d'Ottawa. Rémi Hess, *Henri Lefebvre et l'aventure du siècle*, Métailié. Vif et entraînant : Patricia Latour et Francis Combes, *Conversations avec Henri Lefebvre*, Messidor. Henri Lefebvre, *La Somme et le Reste*, Méridiens Klincksieck : une somme philosophique construite sur le principe du collage. Henri Lefebvre, *Logique formelle, logique dialectique*, Éditions sociales.

3

Un nietzschéen de gauche. Avant Foucault et Deleuze, Henri Lefebvre incarne un moment du nietzschéisme de gauche français. Ainsi avec *Nietzsche*, Syllepse, et *Hegel-Marx-Nietzsche*, Casterman.

Un jeune fossile stalinien répondant au nom d'Aymeric Monville anone sans fin et dans chacun de ses livres son catéchisme appris chez Lukács et fait de Nietzsche un penseur fasciste à la solde du capitalisme européen dont le nazisme fut un avatar. Un bijou dans le genre avec *Misère du nietzschéisme de gauche*, Aden.

On trouve un abord sociologique plus sérieux chez Louis Pinto, *Les Neveux de Zarathoustra*, Seuil. Autres lectures étudiant la pénétration de Nietzsche en France : Giuliano Campioni, *Les Lectures françaises de Nietzsche*, PUF. Jacques Le Rider, *Nietzsche en France*, PUF.

C'est en nietzschéen de gauche qu'Henri Lefebvre attaque Sartre bille en tête dans *L'Existentialisme*, Anthropos. Il procède de la même manière avec une autre cible : *L'Idéologie structuraliste*, Points Seuil.

4

Pour un « réformisme révolutionnaire ». L'expression « réformisme révolutionnaire » est de Lefebvre. Elle constitue un véritable programme politique – y compris aujourd'hui.

Sur des moments de la gauche historique traités par Lefebvre : *Mai 68, l'irruption de Nanterre au sommet*, Syllepses, et *La Proclamation de la Commune*, Gallimard.

Ses livres majeurs : *La Vie quotidienne dans le monde moderne*, Idées Gallimard, et *Critique de la vie quotidienne*, 3 tomes, L'arche. Voir également *Introduction à la modernité*, Minuit.

Sur son œuvre : Armand Ajzenberg, Hughes Lethierry, Léonore Bazinek, *Maintenant Henri Lefebvre*, L'harmattan.

5

Marcuse et l'hédonisme marxiste. Un précurseur : Schiller, *Lettres sur l'éducation esthétique de l'homme*, Aubier. Sur le milieu philosophique : Paul-Laurent Assoun, *L'École de Francfort*, PUF. Marcuse, *Culture et Société*, Minuit, et *L'Ontologie de Hegel et la théorie de l'historicité*, Tel Gallimard.

6

Heur et malheur du marxisme transcendantal. Profitant d'une bourse que lui offraient les États-Unis qu'il a pourtant préférés à l'URSS lors de son exil, Marcuse publie un éloge de l'URSS dans *Le Marxisme soviétique*, Idées Gallimard.

Sur la réalité des camps dans l'Union soviétique : Margarete Buber-Neumann, *Prisonnière de Staline et d'Hitler*, tome 1 *Déportée en Sibérie*, tome 2 *Déportée à Ravensbrück*, Seuil. Mais aussi, bien sûr, le chef-d'œuvre de Soljénitsyne, *L'Archipel du Goulag*, 3 tomes, Seuil. On pouvait aussi lire plus tôt Gide, *Retour de l'URSS*, Pléiade.

7

La civilisation esthétique. À partir de Freud et de Marx, Marcuse élabore une pensée freudo-marxiste dont les deux plus célèbres textes sont *Éros et civilisation*, Points Seuil, et *L'Homme unidimensionnel*, Minuit. Voir également dans cet esprit *Philosophie et révolution*, Denoël Gonthier, et *Pour une théorie critique de la société*, Denoël Gonthier.

Sur Marcuse, quelques ouvrages d'introduction : André Nicolas, *Marcuse*, Seghers. Jean-Michel Palmier, *Sur Marcuse*, 10/18. André Vergez, *Marcuse*, PUF.

Plus récent, par l'un de ses assistants à l'Université de Californie : Claude Dupuydenus, *Herbert Marcuse ou les vertus de l'obstination*, Autrement.

Sur la haine de la démocratie qui anime le philosophe : Marcuse, *Vers la libération*, Denoël Gonthier, et *Critique de la tolérance pure*, Éditions John Didier. À propos du radicalisme de la Nouvelle Gauche : Marcuse, *Philosophie et révolution*, Denoël Gonthier. Marcuse, *La Dimension esthétique*, Seuil, et *Contre-révolution et révolte*, Seuil.

8

Le cas Guy Debord. La première biographie, Christophe Bourseiller, *Vie et mort de Guy Debord*, Plon. Vincent Kaufmann, *Guy Debord. La révolution au service de la poésie*, Fayard.

De Guy Debord, *Potlatch*, Folio ; *Considérations sur l'assassinat de Gérard Lebovici*, Gallimard. De Gérard Lebovici, *Tout sur le personnage*, éditions Gérard Lebovici. Sur le fait qu'il n'y a pas de situationnisme : Anselm Jappe, *Guy Debord*, Via Valeriano, et Cécile Guilbert, *Pour Guy Debord*, Gallimard.

On trouve le corpus situationniste dans *L'Internationale situationniste*, Champ libre. Et ce monument : Guy Debord, *Correspondance*, Fayard (8 volumes). Un récit sur le personnage : Ralph Rumney, *Le Consul*, Éditions Allia.

Debord avant Mai : Jean-François Martos, *Histoire de l'Internationale situationniste,* Gérard Lebovici. Importance du groupe « Socialisme ou barbarie » dans sa formation : Philippe Gottraux, *Socialisme ou barbarie,* Payot. Fabien Danesi, *Le Mythe brisé de l'Internationale situationniste,* Les presses du réel. *De la misère en milieu étudiant,* Champ libre. Influence également du Henri Lefebvre de l'*Introduction à la modernité,* Arguments. Pendant Mai : Pascal Dumontier, *Les Situationnistes et Mai 68,* Gérard Lebovici.

Autour de *La Société du spectacle,* un livre majeur sans lequel on ne comprend pas ce livre trop célèbre de Guy Debord : Ludwig Feuerbach, *L'Essence du christianisme,* Tel Gallimard. Donc : Guy Debord, *La Société du spectacle,* Gallimard. Voir également : *Panégyrique, In girum imus nocte et consumimur igni, Commentaires sur la société du spectacle, La Planète malade, « Cette mauvaise réputation... ».*

Patrick Marcolini, *Le Mouvement situationniste,* L'échappée. Gérard Lebovici, Jean-Jacques Raspaud, Jean-Pierre Voyer, *L'Internationale situationniste. Protagonistes/Chronologie/Bibliographie (avec un index des noms insultés),* Champ libre. Toulouse-la-Rose, *Debord contre Debord,* Nautilus. Patrick Straram, *Lettre à Guy Debord* (1960), Sens & Tonka.

9

Biographie d'un tempérament. Un texte en partie autobiographique : Raoul Vaneigem, *Le Chevalier, la Dame, le Diable et la mort,* Le Cherche Midi. Sur les hérésies : *La Résistance au christianisme,* Fayard, et *Les Hérésies,* PUF. Raoul Vaneigem, *Le Mouvement du Libre-Esprit,* L'ordres fous Éditeur.

René Viénet, *Enragés et situationnistes dans le mouvement d'occupation,* Gallimard. Laurent Six, *Raoul Vaneigem. L'éloge de la vie affinée,* Luce Wilquin. Sur la question de « l'affinement situationniste » : Raoul Vaneigem, *Journal imaginaire,* Le Cherche Midi, et *Voyage à Oarystis,* Estuaire. Son livre le plus célèbre : Raoul Vaneigem, *Traité de savoir-vivre à l'usage des jeunes générations,* Gallimard. Vaneigem est l'un des derniers représentants du socialisme utopique. Voir Jean Servier, *Histoire de l'utopie,* Idées Gallimard. Charles Fourier, *Vers la liberté en amour,* Idées Gallimard. Celui-ci s'appuie sur un rousseauisme intégral : *Avertissement aux écoliers et lycéens,* Mille et Une Nuits.

Sur son optimiste rabique : *Rien n'est sacré, tout peut se dire,* La découverte. *Ni pardon, ni talion,* La Découverte.

Quelques-unes des variations sur le *Traité* qu'il réécrit sans cesse : *Nous qui désirons sans fin,* Le Cherche Midi ; *Le Livre des plaisirs,* Encre ; *Banalités de base,* Verticales ; *Entre le deuil du monde et la joie de vivre,* Verticales ; *Déclaration des droits de l'être humain,* Le Cherche Midi ; *Pour l'abolition de la société marchande, pour une société vivante,* Payot.

19 juillet 1898 : naissance de Marcuse.

16 juin 1901 : naissance de Lefebvre.

1914 : Première Guerre mondiale.

1917 : Révolution bolchevique en Russie.

1922 : Mussolini au pouvoir en Italie.

1924 (21 janvier) : mort de Lénine.

28 décembre 1931 : naissance de Debord.

1933 (30 janvier) : Hitler arrive légalement au pouvoir.

21 mars 1934 : naissance de Vaneigem.

1936 : Sartre, *L'Imagination.*

1936 : Front populaire.

1938 : Sartre, *La Nausée.*

27 avril 1938 : mort de Husserl.

1939 : Sartre, *Esquisse d'une théorie des émotions.*

1939 : Lefebvre, *Nietzsche.*

1939 : déclaration de la Seconde Guerre mondiale.

1939 (23 août) : pacte germano-soviétique.

1940 : Sartre, *L'Imaginaire.*

4 janvier 1941 : mort de Bergson.

1941 : Marcuse, *Raison et révolution.*

1943 (avril) : Sartre, *Les Mouches*
(octobre) *L'Être et le Néant.*

1944 (6 juin) : débarquement allié en Normandie.

1944 : Beauvoir, *Pyrrhus et Cinéas.*

1945 (8 mai) : fin de la Deuxième Guerre mondiale.

1945 (30 avril) : suicide d'Hitler.

1945 : libération des camps nazis.

1945 : Hiroshima et Nagasaki.

1945 : conférence de Sartre,
L'Existentialisme est-il un humanisme ?

1946 : Lefebvre, *L'Existentialisme.*

1947 : Beauvoir,
Pour une morale de l'ambiguïté.

1947 : Lefebvre, *Marx et la liberté.*

Critique de la vie quotidienne.

1948 : Beauvoir,
L'Existentialisme et la sagesse des nations.

1952 : Beauvoir, *Faut-il brûler Sade ?*

1952 : Sartre, *Réponse à Albert Camus.*

Début du compagnonnage avec le PCF :
Les Communistes et la paix.

1952 : Debord, *Hurlements en faveur de Sade.*

1954 (novembre) : début de la guerre d'Algérie.

1955 : Beauvoir, *Privilèges.*

1955 : Marcuse, *Éros et civilisation.*

1956 (24 février) : rapport Khrouchtchev.

1957 : Debord, *Rapport sur la construction des situations.*

1957 : Beauvoir,
La Longue Marche. Essai sur la Chine.
1957 : Barthes,
Mythologies.
1957 : Heidegger,
Lettre sur l'humanisme.
1957 : Husserl,
Logique formelle, logique transcendentale.

1958 : de Gaulle président de la République.

1958 : Marcuse, *Le Marxisme soviétique.*

1958 : Beauvoir,
Mémoires d'une jeune fille rangée.
1958 : Heidegger,
Essais et conférences.
1958 : Lévi-Strauss,
Anthropologie structurale.

1959 : Lefebvre, *La Somme et le Reste.*

1959 : Castro à Cuba.

1959 : Heidegger,
Qu'appelle-t-on penser ?

1960 : Beauvoir, *La Force de l'âge.*

1960 : Sartre, *Critique de la raison dialectique.*

1961 : Lefebvre, *Critique de la vie quotidienne, II.*
(Fondements d'une sociologie de la quotidienneté)

1961 : Foucault, *Histoire de la folie à l'âge classique.*

1961 : Wittgenstein, *Tractatus logico-philosophicus.*

1961 : Levinas, *Totalité et infini.*

1962 : Beauvoir, *Djamila Boupacha.*

9 juillet 1962 : mort de Bataille.

1962 : Deleuze, *Nietzsche et la philosophie,*

1962 : Heidegger, *Chemins qui ne mènent nulle part.*

1962 : Lévi-Strauss, *La Pensée sauvage.*

1962 : indépendance de l'Algérie.

1963 : Beauvoir, *La Force des choses.*

1963 : Barthes, *Sur Racine.*

1963 : Deleuze, *La Philosophie critique de Kant.*

1963 : Foucault, *La Naissance de la clinique.*

1963 : Sartre, *Les Mots.*

1963 : Husserl, *Recherches logiques.*

1963 : Ricoeur, *Finitude et culpabilité.*

1963 : Jakobson, *Essais de linguistique générale.*

1964 : Marcuse, *L'Homme unidimensionnel.*

1964 : Sartre Prix Nobel de littérature.

1964 : Barthes, *Essais critiques.*

1964 : Deleuze, *Proust et les signes.*

1964 : Heidegger, traduction française d'*Être et temps.*

1964 : Lévi-Strauss, *Mythologiques, III.*

1964 : Husserl, *Idées directrices pour une phénoménologie.*

1965 : Lefebvre, *La Proclamation de la Commune.*

1965 : Marcuse, *La Tolérance répressive.*

1965 (décembre) : Sartre appelle à voter Mitterrand.

1965 : Althusser, *Pour Marx.*

1965 : Ricoeur, *De l'interprétation.*

1966 : Barthes, *Critique et vérité.*

1966 : Foucault, *Les Mots et les Choses.*

1966 : Hyppolite,

Genèse et structure de la Phénoménologie de l'esprit.

1966 : Lacan, *Écrits.*

1967 : Debord, *La Société du spectacle.*

1967 : Vaneigem, *Traité de savoir-vivre à l'usage des jeunes générations.*

1967 : Bataille, *La Part maudite.*

1967 : Deleuze, *Présentation de Sacher-Masoch.*

1967 : Derrida, *La Voix et le Phénomène.*

De la grammatologie.

1968 : Deleuze, *Le Bergsonisme.*

1968 : Lefebvre, *Le Droit à la ville.*

La Vie quotidienne dans le monde moderne.

1968 : Marcuse, *La Fin de l'utopie.*

1968 : Mai 68.

1969 : Althusser, *Lénine et la philosophie.*

1969 : Blanchot, *L'Entretien infini.*

1969 : Badiou, *Le Concept de modèle.*

1969 : Deleuze, *Différence et répétition.*

1969 : Foucault, *L'Archéologie du savoir.*

1969 : Marcuse, *Pour une théorie critique de la société.*

Vers la libération.

1970 : mort du général de Gaulle.

1970 : Barthes, *S/Z.*

1970 : Deleuze, *Spinoza.*

1971 : Lefebvre, *Le Manifeste différentialiste.*

Au-delà du structuralisme.

1971 : Foucault, *L'Ordre du discours.*

1971 : Heidegger, *Qu'est-ce qu'une chose ?*

1971 : Husserl, *Philosophie première.*

1971 : Lévi-Strauss, *Mythologiques IV.*

1971-72 : Sartre, *L'Idiot de la famille.*

1972 : Beauvoir, *Tout compte fait.*

1972 : Deleuze & Guattari, *L'Anti-Œdipe.*

1972 : Derrida, *La Dissémination.*

Marges de la philosophie.

1972 : Girard, *La Violence et le Sacré.*

1972 : Lyotard, *Discours.*

1972 : Marcuse, *Contre-révolution et révolte.*

1973 : Althusser, *Réponse à John Lewis.*

1973 : Barthes, *Le Plaisir du texte.*

1973 : Derrida, *L'Archéologie du frivole.*

1973 : Foucault, *Moi, Pierre Rivière.*

1973 : Lacan, *Le Séminaire.*

1973 : Lyotard, *Dérives à partir de Marx et Freud.*

1974 : parution de L'Archipel du Goulag, Soljénitsyne.

1974 : Althusser, *Éléments d'autocritique.*

1974 : Balibar, *Études sur le matérialisme historique.*

1974 : Sartre, *On a raison de se révolter.*

1974 : Derrida, *Glas.*

1974 : Lacan, *Télévision.*

1975 : Lefebvre,
Hegel – Marx – Nietzsche.

1975 : Barthes, *R.B. par lui-même.*

1975 : Deleuze & Guattari, *Kafka.*

1975 : Foucault, *Surveiller et punir.*

1975 : Lacan,
De la psychose paranoïaque dans ses rapports avec la personnalité.

1975 : Serres, *Esthétique sur Carpaccio.*

26 mai 1976 : mort d'Heidegger.

1976 : Althusser, *Positions.*

1976 : Deleuze & Guattari, *Rhizomes.*

1976 : Foucault, *La Volonté de savoir.*

1976 : Jambet, *Apologie de Platon.*

1976 : Sartre, *Situations X.*

1977 : Barthes, *Fragments d'un discours amoureux.*

1977 : Glucksmann, *Les Maîtres penseurs.*

1977 : Lévi-Strauss, *Séminaires 1974-1975.*

1977 : Lyotard, *Les Transformateurs Duchamp.*

1977 : Bernard-Henri Lévy, *La Barbarie à visage humain.*

29 juillet 1979 : mort de Marcuse.

1979 : Vaneigem, *Le Livre des plaisirs.*

26 mars 1980 : mort de Barthes

15 avril 1980 : mort de Sartre.

1981 : Beauvoir,
La Cérémonie des adieux.

1981 : Lefebvre, *Critique de la vie quotidienne, III.*
(De la modernité au modernisme).

1981 (10 mai) : François Mitterrand arrive au pouvoir.

9 septembre 1981 : mort de Lacan

1983 : Beauvoir,
Simone de Beauvoir aujourd'hui.
Six entretiens avec Alice Schwarzer.

1983 : Deleuze, *L'Image-temps*
L'Image-mouvement.

1983 : tournant dit de la rigueur : Mitterrand renconce au socialisme.

1984 : André-Comte Sponville, *Le Mythe d'Icare.*

25 juin 1984 : mort de Foucault.

1984 : Foucault, *Le Souci de soi.*

L'Usage des plaisirs.

1985 : Ferry & Renaut, *La Pensée 68.*

1986 : Vaneigem, *Le Mouvement du Libre-Esprit.*

1986 (14 avril) : mort de Beauvoir.

1986 : Deleuze, *Foucault.*

1987 : Ferry & Renaut, *68-86. Itinéraires de l'individu.*

1988 : Debord, *Commentaires sur la société du spectacle.*

1989 : chute du mur de Berlin.

1989 : Debord, *Panégyrique. Tome 1.*

1990 : Debord, *In girum nocte et consumimur igni.*

1990 : Vaneigem, *Adresse aux vivants sur la mort qui les gouverne et l'opportunité de s'en défaire.*

1990 (posth.) : Sartre, *Journal de guerre.*

1990 (posth.) : Beauvoir, *Lettres à Sartre.*

22 octobre 1990 : mort d'Althusser.

29 juin 1991 : mort de Lefebvre.

1991 (décembre) : fin de l'URSS.

1991 : collectif, dont Ferry, Comte-Sponville, Renaut,

Pourquoi nous ne sommes pas nietzschéens.

1991 : Mitterrand renonce au pacifisme de la gauche :

guerre du Golfe.

29 août 1992 : mort de Guattari.

1993 : Debord, *« Cette mauvaise réputation... ».*

1993 : Vaneigem, *La Résistance au christianisme.*

30 novembre 1994 : mort de Debord.

4 novembre 1995 : mort de Deleuze.

1995 : Debord, *Des contrats.*

1995 : Vaneigem, *Banalités de base.*

Avertissement aux écoliers et lycéens.

1995 : André Comte-Sponville, Petit Traité des grandes vertus.

1996 : Ferry, *L'Homme-dieu ou le sens de la vie.*

1996 : Vaneigem, *Nous qui désirons sans fin.*

1996 (8 janvier) : mort de François Mitterrand.

1997 (posth.) : Beauvoir, *Lettres à Nelson Algren.*

1997 : Debord, *Panégyrique. Tome second.*

1998 : Ferry & Comte-Sponville, La Sagesse des modernes.

21 avril 1998 : mort de Lyotard.

1999-2010 : Debord, *Correspondances* (huit volumes).

2000 : Bernard-Henri Lévy, *Le Siècle de Sartre.*

2000 : Vaneigem, *De l'inhumanité de la religion.*

2001 : Vaneigem, *Déclaration des droits de l'être humain.*
Pour une internationale du genre humain.

2002 : Vaneigem,
Pour l'abolition de la société marchande, pour une société vivante.

23 janvier 2002 : mort de Pierre Bourdieu.

9 octobre 2004 : mort de Derrida.

2003 : Vaneigem, *Rien n'est sacré, tout peut se dire.*

2004 : Debord, *La Planète malade.*

2005 : Vaneigem, *Voyage à Oarystis.*

6 mars 2007 : mort de Baudrillard.

30 octobre 2009 : mort de Lévi-Strauss.

2009 : Vaneigem, *Ni pardon ni talion.*

2014 : Vaneigem, *Rien n'est fini, tout commence.*

INDEX

PRESSE

PSYCHANALYSE

Cinéma

DU MÊME AUTEUR

LE VENTRE DES PHILOSOPHES, *Critique de la raison diététique*, Grasset, 1989. LGF, 2009.

CYNISMES, *Portrait du philosophe en chien*, Grasset, 1990. LGF, 2007.

L'ART DE JOUIR, *Pour un matérialisme hédoniste*, Grasset, 1991. LGF, 2007.

L'ŒIL NOMADE, *La peinture de Jacques Pasquier*, Folle Avoine, 1993.

LA SCULPTURE DE SOI, *La morale esthétique*, Grasset, 1993 (Prix Médicis de l'essai). LGF, 2003.

LA RAISON GOURMANDE, *Philosophie du goût*, Grasset, 1995. LGF, 2008.

MÉTAPHYSIQUE DES RUINES, *La peinture de Monsu Desiderio*, Mollat, 1995. LGF, 2010.

LES FORMES DU TEMPS, *Théorie du sauternes*, Mollat, 1996. LGF, 2009.

POLITIQUE DU REBELLE, *Traité de résistance et d'insoumission*, Grasset, 1997. LGF, 2008.

HOMMAGE À BACHELARD, Éd. du Regard, 1998.

ARS MORIENDI, *Cent petits tableaux sur les avantages et les inconvénients de la mort*, Folle Avoine, 1998.

À CÔTÉ DU DÉSIR D'ÉTERNITÉ, *Fragments d'Égypte*, Mollat, 1998. LGF, 2006.

THÉORIE DU CORPS AMOUREUX, *Pour une érotique solaire*, Grasset, 2000. LGF, 2007.

PRÊTER N'EST PAS VOLER, Mille et une nuits, 2000.

ANTIMANUEL DE PHILOSOPHIE, *Leçons socratiques et alternatives*, Bréal, 2001.

ESTHÉTIQUE DU PÔLE NORD, *Stèles hyperboréennes*, Grasset, 2002. LGF, 2004.

PHYSIOLOGIE DE GEORGES PALANTE, *Pour un nietzschéisme de gauche*, Grasset, 2002. LGF, 2005.

L'INVENTION DU PLAISIR, *Fragments cyrénaïques*, LGF, 2002.

CÉLÉBRATION DU GÉNIE COLÉRIQUE, *Tombeau de Pierre Bourdieu*, Galilée, 2002.

LES ICONES PAÏENNES, *Variations sur Ernest Pignon-Ernest*, Galilée, 2003.

ARCHÉOLOGIE DU PRÉSENT, *Manifeste pour une esthétique cynique*, Grasset-Adam Biro, 2003.

FÉERIES ANATOMIQUES, *Généalogie du corps faustien*, Grasset, 2003. LGF, 2009.

ÉPIPHANIES DE LA SÉPARATION, *La peinture de Gilles Aillaud*, Galilée, 2004.

LA COMMUNAUTÉ PHILOSOPHIQUE, *Manifeste pour l'Université populaire*, Galilée, 2004.

LA PHILOSOPHIE FÉROCE, *Exercices anarchistes*, Galilée, 2004.

OXYMORIQUES, *Les photographies de Bettina Rheims*, Janninck, 2005.

TRAITÉ D'ATHÉOLOGIE, *Physique de la métaphysique*, Grasset, 2005. LGF, 2009.
SUITE À LA COMMUNAUTÉ PHILOSOPHIQUE, *Une machine à porter la voix*, Galilée, 2006.
TRACES DE FEUX FURIEUX, *La Philosophie féroce II*, Galilée, 2006.
SPLENDEUR DE LA CATASTROPHE, *La peinture de Vladimir Velickovic*, Galilée, 2007.
THÉORIE DU VOYAGE, *Poétique de la géographie*, LGF, 2007.
LA PENSÉE DE MIDI, *Archéologie d'une gauche libertaire*, Galilée, 2007.
FIXER DES VERTIGES, *Les photographies de Willy Ronis*, Galilée, 2007.
LA SAGESSE TRAGIQUE, *Du bon usage de Nietzsche*, LGF, 2008.
L'INNOCENCE DU DEVENIR, *La vie de Frédéric Nietzsche*, Galilée, 2008.
LA PUISSANCE D'EXISTER, *Manifeste hédoniste*, Grasset, 2006. LGF, 2008.
LE SONGE D'EICHMANN, Galilée, 2008.
LE CHIFFRE DE LA PEINTURE, *L'œuvre de Valerio Adami*, Galilée, 2008.
LE SOUCI DES PLAISIRS, *Construction d'une érotique solaire*, Flammarion, 2008. J'ai lu, 2010.
LES BÛCHERS DE BÉNARÈS. *Cosmos, Éros et Thanatos*, Galilée, 2008.
LA VITESSE DES SIMULACRES. *Les sculptures de Pollès*, Galilée, 2008.
LA RELIGION DU POIGNARD, *Éloge de Charlotte Corday*, Galilée, 2009.
L'APICULTEUR ET LES INDIENS, *La peinture de Gérard Garouste*, Galilée, 2009.
LE CORPS DE MON PÈRE, Hatier, 2009.
LE RECOURS AUX FORÊTS. *La tentation de Démocrite*, Galilée, 2009.
PHILOSOPHER COMME UN CHIEN. *La Philosophie féroce III*, Galilée, 2010.
NIETZSCHE, SE CRÉER LIBERTÉ, dessins de M. Leroy, Le Lombard, 2010.
LE CRÉPUSCULE D'UNE IDOLE. *L'affabulation freudienne*, Grasset, 2010.
APOSTILLE AU *CRÉPUSCULE*, Grasset, 2010.

Journal hédoniste :

I. LE DÉSIR D'ÊTRE UN VOLCAN, Grasset, 1996. LGF, 2008.
II. LES VERTUS DE LA FOUDRE, Grasset, 1998. LGF, 2000.
III. L'ARCHIPEL DES COMÈTES, Grasset, 2001. LGF, 2002.
IV. LA LUEUR DES ORAGES DÉSIRÉS, Grasset, 2007.

Contre-Histoire de la philosophie :

I. LES SAGESSES ANTIQUES, Grasset, 2006. LGF, 2007.
II. LE CHRISTIANISME HÉDONISTE, Grasset, 2006. LGF, 2008.
III. LES LIBERTINS BAROQUES, Grasset, 2007. LGF, 2009.
IV. LES ULTRAS DES LUMIÈRES, Grasset, 2007. LGF, 2009.
V. L'EUDÉMONISME SOCIAL, Grasset, 2008. LGF, 2010.

VI. Les Radicalités existentielles, Grasset, 2009. LGF, 2010.
VII. La Construction du Surhomme, Grasset, 2011.
VIII. Les Freudiens hérétiques, Grasset, 2012.
IX. Les Consciences réfractaires, Grasset, 2012.
X. La Pensée postnazie, Grasset, 2018.
XI. L'autre pensée 68, Grasset, 2018.
XII. La résistance au nihilisme (à paraître).

Contre-Histoire de la philosophie en CD
(chez Frémeaux et associés) :

I. L'Archipel pré-chrétien (1), *De Leucippe à Épicure*, 2004, 12 CD.
II. L'Archipel pré-chrétien (2), *D'Épicure à Diogène d'Œnanda*, 2005, 11 CD.
III. La Résistance au christianisme (1), *De l'invention de Jésus au christianisme épicurien*, 2005, 12 CD.
IV. La Résistance au christianisme (2), *D'Érasme à Montaigne*, 2005, 12 CD.
V. Les Libertins baroques (1), *De Pierre Charron à Cyrano de Bergerac*, 2006, 12 CD.
VI. Les Libertins baroques (2), *De Gassendi à Spinoza*, 2006, 13 CD.
VII. Les Ultras des Lumières (1), *De Meslier à Maupertuis*, 2007, 13 CD.
VIII. Les Ultras des Lumières (2), *De Helvétius à Sade*, 2007, 12 CD.
IX. L'Eudémonisme social (1), *De Godwin à Stuart Mill*, 2008, 12 CD.
X. L'Eudémonisme social (2), *De Stuart Mill à Bakounine*, 2008, 13 CD.
XI. Le Siècle du Moi (1), *De Feuerbach à Schopenhauer*, 2009, 13 CD.
XII. Le Siècle du Moi (2), *De Schopenhauer à Stirner*, 2009, 12 CD.
XIII. La Construction du Surhomme, *D'Emerson à Guyau*, 2010, 12 CD.
XIV. Nietzsche, 2010, 13 CD.

Composition et mise en pages
Nord Compo à Villeneuve-d'Ascq

Cet ouvrage a été imprimé par
CPI BRODARD ET TAUPIN
pour le compte des Éditions Grasset
en mars 2018

Grasset s'engage pour
l'environnement en réduisant
l'empreinte carbone de ses livres.
Celle de cet exemplaire est de :
1,7 Kg Éq. CO_2
Rendez-vous sur
www.grasset-durable.fr

Dépôt légal : mars 2018
N° d'édition : 20343 – N° d'impression : 3027487
Imprimé en France